CARLA POWER

HOME, LAND, SECURITY:
DERADICALIZATION AND THE JOURNEY BACK FROM EXTREMISM

普通の若者がなぜテロリストになったのか

戦闘員募集の実態、急進派・過激派からの脱出と回帰の旅路

カーラ・パワー

星慧子［訳］

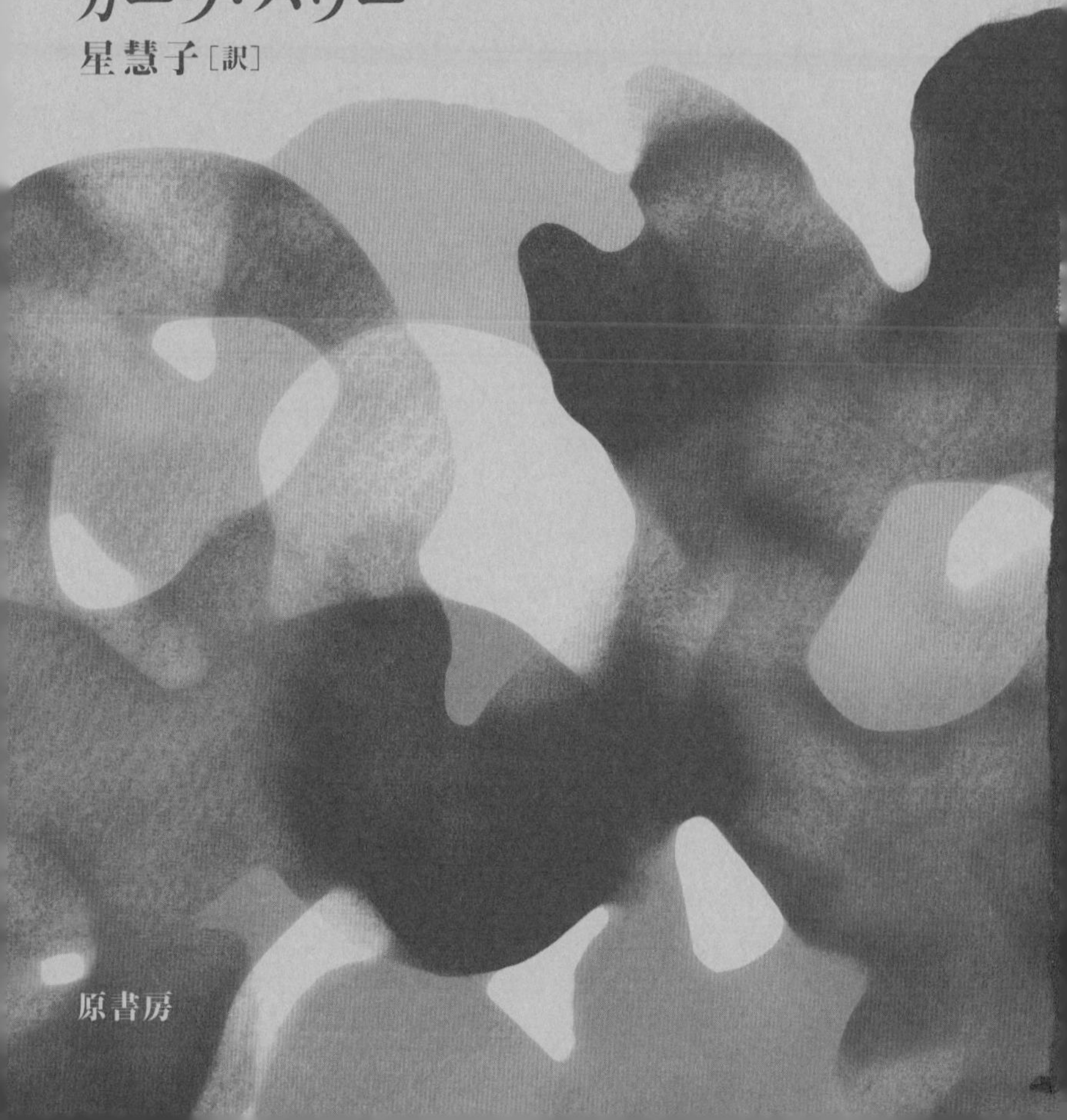

原書房

普通の若者がなぜテロリストになったのか

この部屋にいつ爆弾が落ちてきてもおかしくない。[1]　一、二、三、四、五……そして六秒が過ぎる。爆弾は落ちてこなかった。しかし不安にさいなまれているあいだ、思考は完全に停止していた。ぼんやりとした恐怖をのぞいて、すべての感覚は消えていた。全身が釘でかたい板に打ちつけられていたかのようだ。怖さや憎しみといった感情は実を結ぶこともなく、生まれもしない。恐れが過ぎ去ると、心はわれに返り、あたかも創造しようとするかのように本能的に蘇生する。

——ヴァージニア・ウルフ『空襲のさなかに平和について思索する（*Thoughts on Peace in an Air Raid*）』一九四〇年

目次

まえがき

二〇一六年の選挙でドナルド・トランプがアメリカ大統領に選ばれた。その冬、多くのアメリカ人と同様にわたしの心は落ち着きを失くしていた。あたかも得体の知れない新たな毒がこの国とわたし自身の体に広がっていくような感覚だった。夜になると熱くなった頬を枕にうずめながら、禁止令や壁の建設、規制の再導入といった、ぞっとするような報道を思い返した。胸が締めつけられ、呼吸は浅くなり、筋肉はかまえるように緊張した。何に対して身がまえているのか自分でもわからなかった。天井を見つめ、朝に向けてゆっくりと進む時計をときおり確認しながら、アドレナリンが体を駆けめぐり、トランプとその政党、そして彼に票を投じた人々に対する怒りが噴出するのを感じていた。その怒りは憎悪へと形を変えることもあった。

日中には、この本を書こうと考え始めるようになった。アメリカの政治がこれまでになく二極化し、過激主義者の声が高まるなか、ドイツ、ノルウェー、パキスタン、サウジアラビアで暴力的過激主義に傾倒し、そしてそこから脱退する人々について読んだ。さらに過激主義組織「イスラム国」（ＩＳ）に加入した西欧人の若者たちについて調査を始めると、彼らのなかに選挙後にわたしが陥っていた精神状態と同じものを見いだすことがあった。過激化という言葉の定義のひとつが、世界観が狭小化し、他人の意見を理解しようとする意思や能力を削り取られることだとしたら、わたしはじかにその感覚を味わっていた。収集していた情報は外国での戦争やジハード主義の戦闘員についてだったが、彼らにはアメリカに蔓延していたのと同じ、熱に浮かされたような雰囲気があった。ある日の午後、知りあいに本書の執筆案を語っていると、驚かれてしまった。それはちょっと飛躍しすぎではないかと彼は言った。アメリカ人にはまだ、自分たちとIS戦闘員を同列に並べているような本を受け入れる準備はできていないという意見だった。

しかし、いろいろな出来事を見ていると、以前には過激と思われていた考えが今では普通になっている。二〇二一年二月に非営利・独立系報道機関で、「オハイオ州民と州政府をつなげる」という目的をうたうオハイオ・キャピタル・ジャーナルが、トランプ政権を支持する過激主義組織とIS戦闘員のどこに共通項があるのかと脱過激化の専門家にきいていた。[1] アメリカで二〇二一年一月六日に起こった連邦議会議事堂への襲撃事件のあと、トランプ政権下で三年間にわたり国土安全保障省の次官補としてテロ対策を指揮していたエリザベス・ノイマンは『タイム』誌に、大統領は暴徒たちにとって、ウサマ・ビンラディンがアメリカ同時多発テロ事件のハイジャック犯の「精神的指導者」であったのと同等の役割を果たしていたと語っている。[2] そしてアメリカは襲撃犯に対して「アルカイダに対処したのと同じ厳しさで」のぞむべきだと主張した。

同時多発テロ事件以降、政府とほぼすべてのマスコミは暴力的過激主義とイスラム主義者によるジハード主義を同一視した。アメリカにおけるテロリズムはまさに青天の霹靂で、九月の澄みきった青空から降ってきたのだという物語が繰り返し語られた。そしてアメリカ国民が心に深い傷を負ったあの日から二〇年になろうとする今日、多くのアメリカ人は統計から、そして有色人種の人々は長年の経験から、もっとも深刻な脅威となるテロリストは外国人や肌の色が浅黒い人々、イスラム教徒ではなく、アメリカ生まれの白人であるという事実を理解している。ホラー映画で連続殺人犯は森ではなく家のなかにいると気づくベビーシッターのように、この国はようやく暴力的過激主義者が身のまわりにいると認識し始めたのだ。「われわれにとってのもっとも深刻な脅威は国外ではなく国内にあるのだ」と元国防長官チャック・ヘーゲルは言う。[3]「政治的信念によって突き動かされた武装襲撃犯、過激主義者、ファシズムを信奉する集団、そのほかの暴力的集団は、今やアメリカ社会の一部なのだ。先週に起こった、アメリカを象徴する民主主義の殿堂である連邦議会議事堂への襲撃事件がまさにそれを物語っている」

＊＊

この国が国内の政治的暴力という問題の解決に向けて取り組むなか、複数の問題が浮かびあがってきた。国家の安全保障と個人の自由のバランスをどう保てばいいのだろう？　力強い多元主義、もしくは寛容さだけでも受け入れるように人々を導く方法はあるのか？　脱急進化プログラムを作成するうえで、政府はどのような役割を果たすべきなのか？　正当性のある政治的意見の相違と社会への脅威の境界線はどこにあるのだろう？

本書では他国の人々――そしてアメリカで脱急進化に取り組んでいるひと握りの先駆者たち――がこれらの問題に対してどのように立ち向かっているのかについて取材した。わたしは警察官、政治家、神経科医、ソーシャルワーカー、そしてＩＳ戦闘員になった若者の母親たちに会って、いったい何が人々を暴力的過激主義へと駆り立てるのかを話しあった。インドネシアとパキスタンに行き、外国人ではなく、自分たちの隣人や親戚のなかでテロリストになった人々を、地域社会がどのように社会復帰させているのかを調査した。デンマークとベルギーでは元過激主義者に対するプログラムを考案した警察官の話を聞いた。このプログラムは革新的であるにもかかわらず、評論家からは「テロリストを抱き締める」ものだと批判されている。さらにベルギーでは市民が急進化するのを阻止する方法を見いだした市長から話を聞いた。ナチスによる支配を経験し、過激主義者を社会復帰させる取り組みの先駆者と考えられているドイツでは、七二〇の脱急進化プログラムの可能性とともに限界を知ることができた。

こうした取材の過程で、ロングアイランド鉄道を爆破しよう、あるいは宗教行事で街なかを行進する人々をナイフで襲撃しようとするような卑劣な計画を企てた人々にも会った。わたしはテロリズムと過激主義に対して新たなとらえ方をするようになり、同時に不思議かつ疑いようのない楽観的な気持ちも抱くようになった。世界各地で、刑務所や武力による応酬という従来の手段に代わる、人道的で革新的な方法が試みられている。本書に記した方策の多くは急進的すぎるように思われるかもしれないが、批評家のレイモンド・ウィリアムズがかつて述べたように、「真に急進的であるということは、絶望を確信させるのではなく、希望を実現させること」なのだ。[4]

しかしわたしはその先を行こうと思う。

＊＊

ドナルド・トランプの就任式から数日後、わたしは一週間ほどテキサスに滞在した。これがやがて本書へと結実する旅の始まりになった。ダラスを訪問したのは国際問題に関心を持つあるグループから、わたしの最初の著作『コーランには本当は何が書かれていたか?』(秋山淑子訳・文藝春秋)について講演を依頼されたからだった。わたしはこれが、昨今ずっと報道されている憎悪、高い壁、閉じられた国境などのニュースから少しでも解放される機会になればと願っていた。そして会場に足を踏み入れたときの印象からは、その思いが叶ったのだと思われた。建築家I・M・ペイが設計した建物に入ると、洗練された人々がチーズやフルーツをつまんでいた。講演会を主催したグループの代表である銀行家は、パリから来た人とフランス語で話をしている。パキスタン系アメリカ人の医師とアルジェリア系アメリカ人のビジネスウーマンは開催の迫った寄付金集めのパーティーについて話しあっていた。

わたしの本がメラミン化粧板のテーブルに積まれており、だぶだぶのTシャツを着た、あごひげの青年が楽しそうに接客していた。この作品は伝統的なイスラム学者と友情をはぐくみ、彼からコーランを学んだ経験を語ったものである。このなかでは宗教に関心のない、フェミニストのアメリカ人であるわたしの世界観と、インドの農村出身で、神学校《マドラサ》で教育を受けた保守的なイスラム教徒の世界観のどこが似ていて、どこが違っているのかを探ろうと試みた。意外なことに、わたしたちには共通するものがあり、道徳的に共感するところが大いにあった。ふたりとも民主主義、科学、論理的思考、多元主義、人権を尊重しており、さらにはたくましい、好奇心旺盛な娘たちを一生懸命に育てているという共通点があった。一年にわたって学ぶなかで、わたしとは根本的に異なる世界観を持つ相手と、驚くほどの意見の一致が生まれることになった。

わたしはイスラム教が不寛容や、ニュースの見出しを飾るような武装グループによる暴力行為とはほど遠い、公正で人道的な教義であることを説明するために『コーランには本当は何が書かれていたか?』を執筆した。このようなわたしの主張に対して、これまで数多くの異議が唱えられてきたが、ダラスの会場に集まった国際人《コスモポリタン》を目にしながら、今夜の講演会ではわたしの話が受け入れられることを願った。

だが、その願いは裏切られる結果となった。

質疑応答の時間になると、針金のように痩せた老齢の男性が手をあげた。「お話のなかで、あなたは一度たりとも、ジハードについて触れませんでしたね」と非難するように彼は言った。「イスラム教でジハードについて語られている部分を、インターネットからダウンロードして持ってきました」そう言いながら紙の束を見せると、コーランからの一節を読み始めた。「どこであれ多神教徒を見つけたら殺し……」。「それは」わたしは彼が読みあげるのをさえぎった。「いわゆる、『剣の節』と呼ばれている部分ですね。イスラム嫌悪《イスラモフォビア》の人々とジハード戦士が好んで使いたがる言葉です。暴力を正当化しているように見えますから」

読者のみなさんには、正直に打ち明けよう。わたしは堅苦しい学校の先生がお説教するように、その男性に対応してしまった。このような質問は以前にもされたことがあった。コーランのなかから特定の言葉だけを抜粋して、勝ち誇ったようにあげつらうのだ。

「その箇所はこれまで長いあいだ、全体の文脈から切り離されて、一部分の言葉だけが注目されてきました」わたしは頬を紅潮させながらも、声を冷静に保って言った。「あなたが読みあげた箇所だけでなく、節全体を読めば、コーランの大部分と同じく、慈悲をうたっているのがわかるでしょう」。わたしは続けて、ほとんど引用されることのない、この節の後半部分を語った。「もしも彼らが悔い改め、礼拝の務めを守り、喜捨をするならば、開放するがよい。神は寛容にして、慈悲深くあられる」。[5] すなわち、敵が心を改めたら和解するということだ。

さらに、わたしは言った。この節でうたわれている非イスラム教徒への対応がすべてであると考えるべきではない。コーランと預言者ムハンマドの言葉はともに、ユダヤ教徒やキリスト教徒への寛容を繰り返し訴えている。『剣の節』はイスラム教の歴史において、ある特定の時期に預言者ムハンマドが受けた啓示なのだ。その時期とは、イスラム教が始まった当初にイスラム教徒《ムスリム》が自分たちを迫害する、ある異教徒の部族と対立していたときだった。

男性はわたしの考えが甘いと言わんばかりにため息をつき、眉をひそめながら持っていた紙束を折りたたんだ。

「ほかに質問のある方はいらっしゃいますか?」気を取り直すように、わたしは続けた。

**

赤信号のたびに悪態をつき、乱暴にブレーキを踏みながら、わたしは車で滞在先のホテルへ帰った。同様の質問をされたことは以前にもあった。どうして「イスラム世界」はこれほど多くのテロリストを生みだしているのか、そして、なぜ「彼ら」は「われわれ」を憎んでいるのかという問いが投げかけられた。「イスラム世界」とはインドネシアのスンダ族の人々からテキサスに住む神経科医までをひとくくりにするあいまいな枠組みであり、さらに武装したジハード戦士は世界における一九億人のイスラム教徒のうちで、ほんの一部にしかすぎないことを指摘しておきたい。それだけでなく、「彼らはわれわれを憎んでいる」という決まり文句も、ジハード戦士による犠牲者の大半はイスラム教徒自身であるという事実を認識すれば、おのずと意味をなさなくなる。しかしこのような論理的説明も、偏った考えに凝りかたまっている人々の心を動かすことはほぼ不可能だ。

なぜイスラム教は暴力的なのかと質問する人々に対し、教えの根幹では平和と慈悲を説いているのだが、すべての一神教と同じように——すなわち、人がたくさん集まったときと同様に——そのなかには暴力を支持する人が一定数いるからだとわたしは説明している。そして歴史の長きにわたって十字軍から、スペインのアメリカ大陸征服者《コンキスタドール》、クー・クラックス・クラン、アイルランド共和国軍（IRA）にいたるまで、主戦論者やテロリストたちはキリスト教を信仰する人々なのだと続ける。さらにミャンマーのロヒンギャ族に対する民族浄化を叫ぶ仏僧たちや、メイル・カハネが結成したユダヤ防衛同盟など、ほぼすべての宗教には独自の宗教的解釈をよりどころに、暴力でもって政治的目的を達成しようと試みる少数派がいるのだ。

ダラスでの講演のように、聴衆がジハードについて質問してくると、わたしはジハードという言葉の背景を説明することにしている。ジハードとは「戦い」ではなく、「奮闘・努力」という意味だ。預言者ムハンマドは、ジハードのもっとも大切な形とは武器を手にするのではなく、内へのジハード《ジハード・アル・ナフス》、すなわち悪に傾倒する己の心に打ち克つべく奮闘することだと言った。[6] 戦闘行為に関する厳しい規定があるために、イスラム教では戦闘的ジハードが制限されている点をわたしは指摘する。宗教的な根拠のない自称指導者や武装勢力ではなく、正当なイスラム教指導者のみが軍事行動に踏みきるのを許される。女性、子供、民間人は保護されることになっている。古典的なイスラムの教えによると、敵のものであっても作物と農地に触れてはならない。

さらに、アメリカにおいてジハードを理由とするテロリズムへの恐怖は誇張されすぎであるとわたしは続ける。二〇〇八年から二〇一五年のあいだに、テロ攻撃によって命を落とす人は年間で三〇〇〇万人にひとりで、動物に殺される人は一六〇万人にひとりの割合だ。[7] 二〇一九年までに、九二人にひとりのアメリカ人が麻薬性鎮痛薬の過剰摂取によって亡くなる危険性があり、自動車事故で亡くなる可能性は一〇七人にひとりの割合である。[8] その上、西欧に暮らす人々がテロ攻撃にあう確率は数十年前に比べて減少している。北アイルランド問題やイタリアの赤い旅団、スペインにおけるバスク分離独立運動で多くの血が流された一九七〇年代から八〇年代に比べると、政治目的の暴力行為は著しく減少している。[9]

そして、西欧のマスコミによる危険なまでの偏向報道にも言及する。トランプ大統領の当選にともなって白人至上主義者によるテロ行為がマスコミに取りあげられる機会が増え始めたが、テロリズムの報道は圧倒的にジハード戦士に関するものが多い。アラバマ大学による二〇一八年の調査によると、二〇〇六年から二〇一五年のあいだにアメリカで起こったテロ行為のうち、首謀者が非イスラム教徒の場合よりも、イスラム教徒による事件のほうが三五七パーセントも多くマスコミで報道された。[10] 二〇一八年に行われた別の調査では、失敗したテロ計画においても、首謀者がジハード主義者の場合は極右主義者に比べて七・五倍も多く報道された。[11]

ジハード主義者による暴力があるのは否定しようのない事実であるが、アメリカ人にとって右翼の過激主義者が引き起こす暴力行為のほうがはるかに危険であり、トランプ政権下においてはその傾向がより強くなっている。反政府過激主義組織がオクラホマシティで連邦政府ビルを爆破して一六八人の犠牲者を出した一九九五年以降、極右主義のテロリストによって殺害されたアメリカ人の数は二〇一八年に最多となった。[12] 名誉棄損防止同盟によると、二〇一八年に過激思想が原因で起こされた殺人はすべて、右翼の過激主義組織によるものである。

こうした統計が出ているにもかかわらず、わたしの講演会で疑問を抱く人は驚くほど多い。「イスラム教は武力によって拡大してきたのですよね?」あるいは「ムハンマドは武装勢力の指導者だったのでしょう?」といった質問をしてくる人たちは恐怖に取りつかれているように見える。どれだけ慎重に言葉を選んでいたとしても、「なぜムスリムはそんなに狂暴なのですか?」という内容の質問の裏側には偏見と悪意がひそんでいる。イスラム教の名のもとに暴力をふるう人々がいるのは事実だが、暴力に訴える人はどんなことでも理由にするものだ。暴力的過激主義者はどんな宗教においても存在する。ムスリムが少数派の社会では、「暴力的なジハード主義者」という思いこみが無意識のうちに人種差別を生む。この状態も過激主義者が際限なく増加し、暴力による攻撃が起こる危険をはらんでいる。

西欧の安全保障当局者は過激主義の疑いで調査をする際に、容疑者が外国人や有色人種の場合には一定の厳しさで行う一方、白人には手ぬるいというダブルスタンダードを批判され続けている。二〇二一年一月六日に「選挙を盗むな」というスローガンを掲げた暴徒たちによる米国連邦議会議事堂の襲撃を未然に防げなかった安全保障上の失策について、元テロ対策担当官であり外交官でもあるR・P・エディーは「あのようなことをするのは、わたしのような『ひげを生やした男』たちだという予断が警察当局者にあったのが一因だ」と『ニューヨーク・タイムズ』紙に語っている。[13] 二〇一九年にニュージーランドのクライストチャーチにあるモスクで、五一人の礼拝者が白人至上主義者によって殺害された銃乱射事件に対する公式調査では、ジハード主義者によるテロの脅威のほうに「資源を投入しすぎていた」という国の対テロ戦略の欠陥が明らかになった。[14]

＊＊

トランプ政権が始まったばかりのころ、わたしはどのような宗教や団体、国においても過激主義や暴力に走る人がいるものだというふうに説明していた。そしてこうした議論をするたびに必ず敗北感を覚えてきた。だがそれも仕方のないことだった。多くのアメリカ人と同じく、わたしはこれまでの選挙よりも今回の結果にいらだちを感じていた。あまり話題にしたいと思わず、警戒さえしていた。とりわけ怒りや二極化、不寛容さが――わたし自身と、わたしの国のなかに――顕著になってくると、ジハード戦士について議論するのがはばかられるようになった。われわれは権力の座から恐怖と不和の種をまくような大統領を選んでしまったのだ。わたしがテキサスを訪れた週に、彼はシリア難民とイスラム教徒が多数派を占める七カ国の人々のアメリカ入国を制限する大統領令に署名した。すべての過激主義者はその思想にかかわらず、互いの強硬な発言や姿勢からエネルギーを得ることで存在を維持しあっている。ISのソーシャルメディアのアカウントは「祝福された入国禁止」と題した投稿を歓迎した。[15] トランプ大統領による差別はムスリムが抱いている疎外感をあおり、ISへの新規加入者が増加したことで、この組織をよろこばせる結果になったと言われている。トランプ大統領を「イスラム教にとって最高の勧誘者《リクルーター》」だと言い放つものもいた。

ムスリムやそのほかのマイノリティへの憎悪犯罪《ヘイトクライム》が増加している時期に、ジハード戦士について語りたくなるだろうか？　イスラム主義者によるテロリズムはもちろん、イスラム教から影響を受けたと主張する非暴力的過激主義についてさえも議論することは、斬首や理解しがたいイスラム法《シャリーア》について嫌悪感たっぷりに話す、イスラモフォビアの人々による論説を誇張するだけに見えてしまう。わたしは憎悪に取りつかれているような少数のムスリムについて語ることによって、このような偏狭な考え方に信憑性を与える結果を招くつもりはない。そんなわけで、わたしはこのテーマを避けていた。

ある日、国の安全保障に関係する機関で働く大学院時代の友人と飲みながら話していると、彼女が信じられないことを口にした。「あなたはわたしに、『イスラムは平和の宗教である』なんていう決まり文句を繰り返すつもりじゃないでしょうね？」

実際のところ、そうするつもりだった。一四〇〇年間にわたって続く世界的な信仰をひとことでまとめるのを腹立たしく思うのと同じくらい、この困難な時代において、イスラムの教えのなかで見いだした寛容と公正さに目を向けるほうがよほどいいとわたしは感じている。わたしが生まれた国と現在暮らしているイギリスの両方で二極化が進むなか、武装勢力ではなく、平和を重んじる大多数について、さらには暴力ではなく寛容を、そして憎悪ではなく互いに共有されている人間性に焦点をあてる必要性があるのだ。「イスラム教徒はわれわれを憎んでいる」と公言する人間がホワイトハウスに入った今、ジハード戦士について語るのは間違いだろう。[16] 多元主義を公言するコーランの節や、預言者ムハンマドの寛容を説く言葉について話すほうがよほどいい。

＊＊

ダラスでの講演会の翌日、わたしはオースティンに移動して、今度はテキサス大学で講演を行った。ダラスの場合と同じく、聴衆はコスモポリタンだった。講堂に集まった人々の多くはイスラム学や国際関係、世界史について勉強していた。ヒジャブ（スカーフ）で頭部をおおっている女性の姿もあった。講演が終わると、若い女子学生が手をあげた。なぜムスリムの多くや、彼らを擁護するリベラルな人々は、ジハードやシャリーアという概念を本当に恐ろしいと感じている人が、非ムスリムのなかにいるという事実を理解できないのかと彼女は言った。そして、さらに続けた。「イスラム教を擁護する人々がこのような概念と闘わなければ、過激主義者に屈するのと同じではありませんか？」

今回もわたしは動揺してしまった。リベラルな街として知られているオースティンにある大学の講堂でこんな質問をするとは、彼女はいい度胸をしている。聴衆のなかにはムスリムの姿もあり、彼らは今の風潮のなかで憎悪の対象にされているというのに。その場に立ちつくしながら、わたしは彼女の発言は挑発的ではあるものの、まさに正しいのだと理解した。暴力的過激主義について声高に非難する姿勢は、過激主義者と同じである。過激主義者に対して平和を説いたり、彼らの解釈がイスラムの教えと矛盾する点を指摘したりして反論しても、相手の暴力行為とどれほどの違いがあるのだろう？　アルカイダやボコハラム、ＩＳなどの組織にとって、議論の手段とは言葉ではなく爆撃や斬首だ。西欧諸国の政府は怒りにまかせ、自国内のムスリムを厳重に監視し、国外への派兵を増加して対抗する。

アルカイダによって破壊された世界貿易センタービルのツインタワーがテロ攻撃の象徴として、アメリカ人の心に刻みこまれて以降、アメリカとその同盟国はイラクとアフガニスタンに侵攻した。それから約一〇年後、自称「イスラム国（ＩＳ）」は残忍な狂信者であると証明するかのように焼殺や斬首の映像を次々に公表し、衝撃と畏怖に訴える戦略で台頭してきた。西欧のマスコミは彼らの残虐行為を報道することで、意図せずしてＩＳの恐ろしさを世に広める結果となった。ＩＳのプロパガンダとそれを伝える報道があいまって、ジハード戦士は極悪非道だというイメージがかたまってしまった。アメリカ同時多発テロ事件以降、テロリズムは異世界からもたらされる災難であり、それを生みだした社会政治的状況とは無関係だと見なされるようになった。

政府の高官たちをまわりにはべらせた三人の男たちが、発光する球体の上に手を置いている映像が二〇一七年にサウジアラビアから発信された。サウジアラビア国王、アメリカとエジプト両国の大統領は、テロリズム関連のニュースやビデオ、データが次々に映しだされているたくさんのスクリーンが並ぶ「指令室」にいる。[17] 室内は薄暗く、過激主義者を監視するために設計された「最高のシステム」を見つめる三人の顔は、手をのせた地球儀からの光に照らされていた。まるで映画『スター・ウォーズ』のテーマ曲が聞こえてきそうな、デス・スターを彷彿とさせる雰囲気だ。

この二〇一七年に開設されたサウジアラビアの過激主義対策グローバルセンターでは、暴力的過激主義を非人間的な問題ととらえているようだ。指令室では容疑者をデータポイントのみで表示し、顔写真すらない。トランプ大統領が先だって行ったテロ対策についてのスピーチでは、テロリストから人間性をさらに奪うような表現がされていた。「追いだすのだ」と彼は叫んだ。[18]「祈りの場から彼らを追いだせ。地域社会から追いだせ。聖地から追いだせ。この地球から追いだすのだ」と連呼した。そして、テロとの闘いについては、「善と悪の闘いだ」と声を張りあげた。

テロリズムを文明社会に対する実存的脅威だと決めつけるのは、ほんの一瞬は心が落ち着き、気持ちが晴れるものの、現実を単純化しすぎている。二〇〇一年にわたしは『ニューズウィーク』誌の記者だった。

世界貿易センタービルとペンタゴン（米国防総省）に旅客機が突入した衝撃と悲しみのなかで、ジャーナリストたちは情報を交換しながら、アメリカが攻撃された理由を理解しようとしていた。さまざまなスタッフたちが歴史的、政治的、宗教的、社会的な観点から説明を試みるなか、ひとりの編集者が臆面もなく言った。「邪悪ということでまとめられないだろうか？」

二〇年を経てもなお、邪悪とは露骨で無神経な概念であり、暴力的過激主義に訴える理由を問うのもはばかられる。心の変化や贖罪の可能性を排除し、なぜそのような行為におよんだのかを深く理解する道を閉ざしてしまう。ハンナ・アーレントはナチスの邪悪さについて陳腐だと表現したが、現代のジハード主義を信奉するテロリストの動機は依然として異世界のもの扱いだ。テロリストは普通ではないと決めつけられ、テロを起こすにはそれなりの理由があったのかもしれないという事情を否定される。もちろんそれを言い訳にはできないが、このような背景のせいで彼らはテロを起こすのかもしれない。ジハード主義者によるテロ事件の見出しは悲惨さによって決まる。ものものしさや怒りの感情に漠然と左右され、破壊を伝えるだけだ。二〇一五年にパリで死亡者一三〇名、負傷者四〇〇名以上の犠牲を出した、イスラム主義の過激主義組織による同時多発テロ事件では、オーストラリア首相が「悪魔の所業」だと言い放った。[19]この二年後にロンドン橋で起きたテロに対し、イギリスのテリーザ・メイ首相は「憎しみを伝道し、分断の種をまき、宗派の対立をあおるイスラム主義の過激主義組織の邪悪なイデオロギー」と非難した。[20]マンチェスターで開催されたアリアナ・グランデのコンサート会場において、死亡者二三名を出した自爆テロ事件について、イギリスのタブロイド紙は例のごとく実行犯が残忍な極悪人であるかのような論調で報じた。この自爆テロによる犠牲者のうち最年少である八歳の少女の顔写真には「純粋（ＰＵＲＥ）」という言葉、その隣に並べられた自爆テロ犯のほうには「邪悪（ＥＶＩＬ）」という言葉がそれぞれそえられ、ふたつあわせて「生粋の悪（ＰＵＲＥ　ＥＶＩＬ）」と読める見出しをつけた新聞もあった。[21]

＊＊

フィジェン・マレーは自爆テロ犯の顔に邪悪さを見いださなかった。息子マーティンとそのほか二一名の命を奪った張本人であるにもかかわらずだ。マンチェスターでの事件のあと、彼女はニュースを見たり、読んだりせず、犯人の顔写真を目にしないように努めていた。にもかかわらずマーティンが亡くなって二日後に新聞が積まれた店の前を偶然に通りがかり、一面に掲載された自爆テロ犯の写真を意図せずして見てしまった。思わず顔をそむけたが、そのときでさえ、「本当にばかな子ね」という言葉しか浮かんでこなかったと当時を思いだしながら語ってくれた。

彼女が目にした顔は邪悪ではなく、愚かにしか見えなかった。「いちばん悪そうな写真を選んで掲載したのでしょうね。でも正直なところ、まぬけな顔に見えました。ぼうっとしているみたいに。『あなたはいったい何を考えていたの？』という問いかけしか頭に浮かびませんでした」その出来事から数カ月後の電話取材で彼女は言った。

彼女が話をした警察関係者たちはみな、自爆テロ犯は自分の行為を確信しているものだと断言したが、五人の子供の母である彼女は同意しかねていた。「わたしにも子供がいます。彼は二二歳でしょう？　そのくらいの年齢では、まだ自分のしていることの意味などわかっていないものです。その子はうちの息子を殺害してしまったけれど、人から吹きこまれたくだらない考えを疑いもなく信じ、そのために命まで投げ捨ててしまうような愚かな子に対して、どうしても怒りを抱くことができないんです」と彼女は語った。

どうしてフィジェンはそんなふうに理解を示せるのだろう? 彼女自身が移民で、トルコ人の両親の娘としてドイツで育ち、その後はイギリスに移り住んだという経緯のせいかもしれない。カウンセラーという仕事柄、言葉を慎重に選ぶ習慣が身についているからだろうか。いずれにしても彼女は会った当初から、分断をあおるような言葉を口にしようとはしなかった。

自爆テロ事件から数週間ほど過ぎたころにテロ対策機関のトップがフィジェンの自宅を訪れた。彼女がテロで命を落とした二三人と言ったところ、その役人が訂正を入れた。「違います。亡くなったのは二二人です」

「自爆テロ犯も亡くなりましたよ」フィジェンは言った。

「警察では加害者は犠牲者と見なさないのです」役人が説明した。

「加害者とはいえ、彼も人間でしょう」フィジェンは言葉を続けた。「彼も誰かの子供なんです」

「あなたのお考えはとても立派です」彼女は役人の言葉を今でも覚えている。「しかし、われわれは彼らについて、そのようには考えません」

**

「彼ら」とは分断をあおる言葉のひとつで、センセーショナルな報道をするマスコミが好む。(「彼らがわれわれの少女たちを殺害した!」と叫ぶ見出しがあったが、自爆テロ犯のサルマン・アベディ自身もマンチェスター生まれだった[22])。

死んでもなお、テロリストには人格が与えられず、死亡者数に入れられることも、人として認められることもない。

自爆テロ事件から数週間のあいだ、フィジェンは「われわれ」と「彼ら」の境界線をまたぎ続けていた。息子マーティンの葬儀の数日前に別のテロ事件がロンドンで起きると、彼女はさらに意図的にその境界線を無視した。このテロ事件では、ムスリムをみな殺しにしてやると叫ぶ男がモスクの近くにいた人々めがけて車で突っこみ、ひとりが亡くなった。その場にいた人々は容疑者を袋叩きにしたが、モスクの礼拝の指導者《イマーム》と信徒が容疑者のまわりを囲み、警察官が到着するまで彼を保護した。

この現場の写真を見たフィジェンは、怒りに駆られて暴行に加わるのをよしとしなかった信徒たちに心を動かされ、マーティンを殺害した犯人をゆるそうと決めた。息子の死を悼む母親であり、なおかつムスリムとして生まれた移民の女性が公にゆるしを表明したことで、狂信者や大衆迎合主義者《ポピュリスト》が支持する「われわれ」対「彼ら」という論調が弱まると思われた。自爆テロ事件から一カ月後に彼女は英国放送協会（BBC）の朝の番組に出演し、放送中に自爆テロ犯をゆるすと言った。そののちに、彼女はわたしに自爆テロ事件への最善の対応は、分断と敵意をきっぱりと拒絶することだと語ってくれた。「テロリストは怒りと憎しみ、そして大混乱を求めています」彼女は静かな声で言った。「わたしはそうしたものを彼らに与えるのは断固としてゆるしません」

自制心を表明した彼女に対する非難もあった。インターネットの掲示板には、ずっと微笑みを浮かべていたので、悲しみに暮れる母親らしくないと書かれた。「母親がそんな態度だから、息子が死んで当然だ」とツイートするものもいた。事件後にフィジェンは大学院に入ってテロ対策について学んだ。人々が過激主義組織に加入する理由を理解したかったのだ。なぜなら「社会として、わたしたち全員が残忍な極悪人《テロリスト》を生みだすのに加担していた」からだ。

＊＊

アメリカ同時多発テロ事件以降、テロリスト養成は成長産業となった。二〇〇二年から二〇一七年までのあいだに、アメリカ政府は裁量的経費の一六パーセント――約二兆八〇〇〇億ドル――をイラク、アフガニスタン、シリアへの派兵を含めたテロ対策費用として計上した。[23] そのために国内では監視と刑務所への投獄が増加し、国外においては自国民と外国人双方を暗殺する権利が強化された。テロに対する安全策は機能しておらず、二〇〇〇年から二〇一四年のあいだにテロの犠牲者は世界で九倍に増えた。国務省とスタンフォード大学による過激主義組織マッピングプロジェクトによると、ジハード主義の過激主義組織は三万二二〇〇人から一一万人へと三倍になった。[24] ケイトー研究所のA．トレバー・スロールとエリック・グプナー両研究員によると、ムスリムが多数派を占める国々においてテロリストによる攻撃が四二パーセント増えたのに対し、アメリカが「対テロ戦争」の名のもとに爆撃や侵攻をした七カ国では、テロリストによる攻撃が一九〇〇パーセントも増加した。[25]

大西洋の両側では、二極化した――世界を「高潔なわれわれ」と「邪悪な彼ら」で分断する――見方があちらこちらに転移している。単に外国人を敵と見なすだけでなく、同じ国籍の相手や隣人との分断も増えている。二〇一六年にイギリスで欧州連合（ＥＵ）からの離脱の是非を問う国民投票が行われた翌月には、人種的および宗教的な動機によるヘイトクライムが四一パーセント増えた。[26] 都市部、郊外、民営化された警察機関や消防機関、出入ゲートに警備員がいる高級住宅地など、いたるところで分断が見られた。ツイッターのつぶやきやフェイスブックの投稿など、インターネット上でも分断が声高に叫ばれた。アメリカ政府でも同様だ。わたしたちはだんだんと、国勢調査員や市場調査のために集められたグループの意見をまとめる係員のように、国民をアフリカ系、ラテン系、あるいは白人、アメリカ生まれ、または移民、国民の一パーセントに含まれるか、それとも九九パーセントのなかに含まれるか、共和党員か民主党員かなど、一面的な見方でとらえるようになった。以前に比べて、政治家のように支持政党に固執するようになった。

「われわれ」と「彼ら」という構図のように、個人のレベルでも対立する「あちら側の人」という概念がある。たとえばわたし自身、ジハード主義者の話を聞くときのような熱心な態度で、ネオナチのメンバーや終末論を信仰するカルト教団の信者の話に耳を傾けるだろうか？　もちろんだと断言したいところだが、実のところはわからない。故郷の街セントルイスを訪れたときに、わたしも日常のなかで「あちら側の人」を作りだしていたという事実を突きつけられた。一四歳になる娘のニックと一緒にある食料品店で買い物をしていたところ、昔近所に住んでいた顔見知りの女性に遭遇した。愛想よく言葉を交わして別れたあと、ニックがわたしの耳元でささやいた。「あの人はトランプ支持者なのかな？」

一瞬ためらったが、わたしは言葉を選んで言った。「たぶんそうなんでしょうね」

ニックは振り返ると、まるで冷凍食品売り場に忍びこんだ怪物を見るかのように、遠ざかっていく女性の姿を目を丸くして見つめた。

世界貿易センタービルへの攻撃以来、イスラム主義者のテロリストは、移民問題からグローバリゼーシヨンや西欧の主要国の力の衰えまで、漠然とした不安の責任をすべて押しつけられる受け皿になって、「あちら側の代表」にされてしまっている。グアンタナモ収容所の囚人、アメリカの無人攻撃機《ドローン》による空爆のターゲット、あるいはIS戦闘員であるかに関係なく、ジハード戦士の命は文明社会の枠組みから――法的にもわたしたちの思考においても――外れてしまっている。ブッシュ政権が「非合法な敵の戦闘員」という言葉を使うことで、テロの容疑者はジュネーヴ条約を無視して勾留され、尋問されるようになった。ISによるカリフ制国家が壊滅したあと、世界の国々はシリアに渡った約五万人の外国人戦闘員を本国に送還するか、難民キャンプに送って自己責任にまかせるかを議論した。西欧の指導者による率直な言葉は外国人戦闘員の人間性を奪うものにほかならない。イギリスの国防大臣は「死んだテロリストはいかなる悪影響もイギリスにおよぼすことはない」という理由から、政府はシリアで戦闘行為に加わったすべての「命を奪う」べきだと公言した。[27] きわめて洗練された――イギリスの元閣僚であり、九カ国語を話し、ハーバード大学で人権について教鞭をとり、アフガニスタンの職人を助けるNPOを設立した――ローリー・スチュアートでさえも、シリアから外国人戦闘員を帰国させる脅威について次のように語っている。

「残念ながら彼らに対処する方法は、ほぼすべての場合において、殺すことしかありません」[28]

この声明を読んだときに、わたしの頭にはジョゼフ・コンラッドの『闇の奥』に出てくるいまわしい台詞しか思い浮かばなかった。作品のなかで蛮習廃止国際協会に提出するアフリカに関する報告書の最後に、かつては高尚だったクルツが書いた言葉だ。「けだものはすべて殺害しろ」

＊＊

テロリストを定義するのは当然のことながら、政治的なプロセスにほかならない。「テロリスト」と呼ばれるか、いわゆる「自由の戦士」と見なされるかは、定義づけする人と、さらには時代情勢によって決まるのだ。アメリカ陸軍はかつて、テロリズムについて一〇〇以上の定義づけをしていた。[29] この言葉をふりかざしたり、濫用したりする方法がいくつもあるので、そうなったのも理解できる。北アイルランド和平合意において中心的役割を果たしたジョナサン・パウエルは、テロリズムとは「国内においては恐怖感を醸成し、国外では自国の敵に敵対する勢力を支持するために政府が利用するものである」と説明している。[30] 一九八〇年代にさかのぼると、ウサマ・ビンラディンはアフガニスタンでソ連の覇権主義に抵抗する「自由の戦士」として、当時のアメリカ大統領ロナルド・レーガンから手放しで称賛されていたのだ。人種隔離政策への抵抗運動が行われていた時代には、南アフリカ政府はネルソン・マンデラをテロリストとして収監していた。二〇二〇年にサウジアラビアの反テロ法廷である特別刑事裁判所は、女性が車を運転する権利を求めた活動家ルジャイン・ハズルールを反テロリズムとテロリストへの資金提供に関する法律違反で有罪とした。[31]

過激主義者や急進派という言葉は、あまりにも軽率にテロリストと結びつけられているだけでなく、政治的にも軽々しく使われている。二〇一七年から二〇一九年にかけて、FBIは暴力行為を助長していると考えられる活動家を取り締まるために、「黒人アイデンティティー過激主義者」という分類を新たに作りだした。ロシアではエホバの証人が「過激主義者」であるという理由で禁止されている。中国の政府高官は一〇〇万人のウイグル族のムスリムは再教育収容所で脱過激化教育を進んで受けていると言ってはばからない。イギリス政府は長年にわたり「過激主義者」という言葉を法律用語にしようとしてきたが、定義があいまいすぎるため、二〇一九年になって最終的に断念した。[32]

一九六三年にマーティン・ルーサー・キング・ジュニア牧師は自分の活動が白人の穏健派から「過激主義者」だとレッテルを貼られているのに失望し、収監されていたバーミングハムの刑務所から過激主義には立派な伝統があるのだと指摘した。[33] キング牧師を過激主義者とするなら、パウロやマルティン・ルター、イエスも同様だ。とりわけキング牧師の言う「過激主義」とは、テロリストによる黒人へのリンチや爆破事件が頻発していたアメリカ南部の現状と、慣習や法律で定められているだけでなく、暴力による行使もいとわない人種隔離政策に対抗する手段であった。ほぼすべての過激主義というレッテルは相対的である。何を過激とするかは、定義づけする側の立場や考え方によって決められてしまうのだ。

そして、以前はテロリストだった人物が、時代情勢が変化すると政治家になっていたという場合も多々ある。現実的な政治の世界において、かつての過激主義組織が尊敬を集めるようになる様子を、二〇世紀中期に活躍したイギリスの政治家ヒュー・ゲイツケルが皮肉をまじえながら、「どんなテロリストでも、政府へ招き入れられると、ドーチェスター（ホテル）でグラスを傾けるようになるのだ」と表現した。[34] もちろん、テロリスト全員が政治家になるわけではない。歴史学者のマイケル・バーリーは「ウサマ・ビンラディンがネルソン・マンデラに進化できると考えているのなら、歴史学者よりも精神科医から話を聞くべきだ」と言った。[35] とはいえ、元IRA司令官マーティン・マクギネスのように、過去にテロリストであっても第二の人生を立派に歩むことができる。[36] 彼は一九九〇年代に和平合意に貢献し、のちに北アイルランドの副首相を務めたのだ。二〇一七年に亡くなったときには、かつてアイルランド共和軍の司令官としてイギリスの兵士を殺害していたにもかかわらず、エリザベス女王を含む、世界の首脳から弔意が示された。

昔の敵にはやり直しがゆるされても、現在のテロリストが更生できると思われることはまずない。西欧の国々でテロ攻撃が起こると、マスコミは犯人の経歴、すなわち最後は必然的に暴力で終わる物語を伝える。少年がアルシャバブやアルカイダに入る、あるいは少女がＩＳに加入するために家出すると、その子たちは死んだのも同然だ。テロ組織の一員になると、もはや命のある人間ではなく、無機質な攻撃対象にすぎなくなってしまう。指名手配犯になったり、起訴されたりしない限り、その存在は忘れられる。一度テロリストになるとその後もずっと、殺害されるか投獄されるまでテロリストとして語られるのだ。

＊＊

オースティンの講演会で若い女性が投げかけた質問について考えていると、自分があえてテロリズムや急進主義、過激主義にこだわってきたことに気づいた。ジャーナリズムの世界に飛びこんだ当初は、異質だと思われている人の異質な部分だけを際立たせない記事を書いていた。移住や技術の発達により、世界が小さくなったと感じられる時代において、「あちら側の人」としてくくられる人々だけでなく、そう見なされるようになった状況や論理を理解したいと常々思ってきた。物事が正しいかどうかという議論ではなく、そうなるにいたった過程や仕組みをひとつずつ解明するほうに関心がある。わたしのデスクの上には、映画監督ジャン・ルノワールの言葉を記したポストイットが貼ってある。「真に恐ろしいのは、すべての人がそれぞれに理由を持っていることだ」

イスラム主義の過激主義組織に引き入れられる人々について、わたしはなぜ調査を途中でやめてしまったのだろう？　世界観が異なる人々のなかに共通点を見いだしたいと本気で思うのなら、前作のように物静かで親切なイスラム学者だけでなく、暴力行為にたずさわった人々も相手にして共通項を探るべきだ。不快な出来事や面倒な事柄から目をそむけていては、本当に意味のある調査はできない。偏狭な考えから結論を導きだすのと同じである。これではディック・チェイニー元副大統領が出した「われわれは邪悪な相手と交渉などしない。叩きのめすのだ」という強硬な声明のリベラル版になるだけだ。[37]

それだけでなく、テロリストや──さらには、暴力的ではないが「急進派」と目される相手とも──正面から向きあうのを避けていては、邪悪な極悪人をのさばらせてしまう。不和をあおる人々に背を向けるのは、彼らの「邪悪さ」を温存するのと同じだ。調査も検証もしなければ、「テロリスト」だと一面的にとらえられた人たちについて何も説明されず、彼らのなかにある邪悪な部分も問題にされない。そして、もはや静かに信仰と信条を守る人々を相手に対立していた時代でないのは明らかだ。どんなところにも過激主義者はいると考えなければ、この急進的な時代において対立を克服できる望みはないも同然だ。

あの若い女性の質問に気力をくじかれ、道義的な責任も中途半端に放棄しているように感じながら、以前テキサスへ行ったときにヒューストンにあるロスコ・チャペルを訪れたことを思いだしていた。ここは信仰の有無や宗派を問わずに人々が黙想できる場所だ。なかにはマーク・ロスコの有名な暗色の抽象画が一四点も展示されている。わたしが訪問した日は天気がよかったので、明るい外とは対照的に、ロスコの黒と濃い紫色の絵が巨大な四角いブロックのように見えた。最初は平面的で威圧的にすら思われたが、目が慣れてくると、絵の深みと躍動感を感じられるようになった。ロスコは絵の制作に取り組んでいた六年間を「苦悩」と表現し、「人が見たいと思わないようなもの」を描きたかったのだと説明した。[38]

見たくないものを見なければいけないときに、わたしは目を閉じてしまった。もしも極悪人に正面から向きあい、そして「あちら側」に追いやられてしまった人々とかかわれば、何が学べるのだろう？　不寛容な信念に凝りかたまった人に対面したら、わたしたち自身の不寛容さや想像力の限界について、どんなことを教えられるのだろう？　彼らが過激主義に傾倒した道筋をたどれば、わたしたちのなかにある二極化や過激化を正す方法がわかるのだろうか？

非人間的扱いをされるようになった人々の人間らしい部分を探るにあたり、その手始めとしてわたしはISに加入した若い西欧人の母親たちから話を聞くことにした。彼らが暴力的過激主義にいたる経緯を聞くなかで、ジハード戦士を生みだす原因に対するわたしの理解が深まればいいと考えた。

学術的に厳格な調査をしている本をお探しの方は、シンクタンクや大学から出版されている過激主義やテロ対策についての膨大な文献にあたっていただきたい。世界の急進主義や対テロ戦略についての本を求めるなら、すでにいろいろ出版されている。本書はわたしたちがイスラム主義のテロリズムというときに、その言葉がいったい何を意味しているのかを明らかにするために、ジハード戦士本人や、ジハード戦士が暴力から離れるのを手助けしている親、保護観察官、カウンセラー、メンターなどから聞いた話をもとに書かれている。ジハード主義の過激主義組織を中心に調査を進めるなか、もっと広い視点から、どうしても追求したいことがあった。「あちら側の人」はどのように生みだされ、そして運がよければ、元に戻れるのかを知りたかったのだ。

わたしがテキサスを訪れた翌年、ロスコ・チャペルの建物の外に落書きされ、マーティン・ルーサー・キング・ジュニア牧師に捧げられた彫刻作品のまわりに白人至上主義のスローガンを書いたビラがまかれるという事件が起きた。白いペンキの落書きを消す作業を進める一方で、チャペルの責任者はスタッフを外に行かせて来訪者に落書きがあったという「事実を率直に伝え」させたと『ヒューストン・クロニクル』紙に語っている。[39] ヘイトクライムの被害にあったという事実を直視して、毅然とした態度を表明することで、黙想と対話の場所であるというチャペルの使命を守ったのだ。さらに、チャペルに展示されている抽象画にこめられた精神性に敬意を表したことになる。その抽象画の画家は言った。力強さの大部分は、「人が見たいと思わないようなもの」から生まれるのだ。

第一部

行ってしまう子供たち、子供を待つ母親たち

ネバーランドに暮らすロストボーイ

使い古した布巾のような灰色の湿った一一月の空の下、わたしは自宅のあるイギリスのブライトンからミッドランド地方のバーミンガムへ向かった。シリアでISの戦闘員になった若者の母親であるニコラ・ベンヤヒアに会うためだ。わたしは緊張していた。この日になるまでのあいだにわたしの心のなかで、ニコラのイメージが人間離れした人物であるかのように大きくふくらんでしまっていた。過激主義組織がカリフ制国家の樹立を目論んで、土地や信奉者を獲得するなか、ヨルダン人のパイロットを檻に閉じこめたまま火をつけたり、ヤジディ教徒の女性を性的奴隷にしたり、同性愛者であるというだけで男性をビルの屋上から突き落とすという冷酷な戦闘員たちにじわじわと恐怖を抱くようになっていた。息子をこうした戦闘員になるように育てる母親とは、いったいどんな女性なのだろう?

イギリスの田園地帯を行く列車に揺られ、カプチーノのカップが落ちないように押さえつつ、わたしは目の前の読み物に集中しようとした。法廷と生活の場において、テロリズムを語るために新たな方法が必要であるという、イギリス人の法学者が書いた短い論文だった。テロに関する法案を策定するにあたり、「人間の感情の力強さを適切に理解する倫理体系」が必要であるとニューカッスル大学のイアン・ウォードは言う。[1] 理想的には、わたしたちには「議論や正当性の主張をするのと同じく、感情や同情の思いも考慮されるような法体系」が必要だとウォードは続ける。「テロリズムに関する『法律』などよりも、テロによって引き起こされた悲劇を思いやる心をはぐくむほうがはるかに重要なのだ」

わたしはその言葉に下線を引き、横には星印を書きなぐった。テロリストが法によってのみ裁かれるのであれば、法律の世界ではそもそも人がテロリストになりたいと思わせるきっかけなどには目を向けないという点を心にとめておく必要がある。

わたしにとってテロリストの脅威を感情的に理解するには、母親という観点から話を聞くのが最適だと思われた。これから会う女性とわたしのあいだに共通するのは母親であるという点のみだ。そしてこれは、もはや心のある人間だと見なされず、正しく理解してもらえなくなった人々のなかに人間性を見いだし、うまくいけば理解する手立てにもなる可能性がある。一般的に人は、ＩＳ戦闘員を母親がいるような人間だとは思わない。母親ほど人に人間味を感じさせる存在はいないので、怪物や悪魔には母親がいないものだ。戦争のプロパガンダを作成する人々はこの点をよく理解しており、「われわれ」には母親がいて、「彼ら」にはいないという構図を前面に押しだす。第二次世界大戦中にイギリスの国債を販売する広告には、ピンクと白、金色を基調にし、暖炉のあるあたたかい家で聖母マリアのような母親が赤ん坊を抱いている絵が使われた。さらにはその母親に向かって忍び寄る、鉤十字のついた灰色の悪魔のような手が描かれ、「手出しはさせない！」というスローガンが記されていた。

母親がいるという事実は幼いころの依存を思いださせる。つまり、人は運命を常に自らの手に握っているわけではないと知らされるのだ。だからこそ思春期の若者は、つい最近まで自分が赤ん坊だったという証拠を突きつける存在、つまり母親と一緒にいるところをあまり他人に見られたがらない。これが本当かどうか確かめたいのなら、親に学校でのダンスパーティーへ送ってもらった子供や、「じゃあね……もう行ってよ。ねえ、早く」といらだたしげに子供から言われた親にきいてみればいい。わたしは子供たちが母親と一緒にいるのを見られて気恥ずかしく思わないように、校門や街なかでは目立たないようにしていた。読者のみなさんも母親にきいてみると、わたしと同じだったという答えが返ってくるだろう。母親とはわたしたちが泣くしかできない赤ん坊、つまり人間としていちばん弱い状態だったころの自分を思いださせる、生きた証なのだ。

バーミンガムへ行くのは少年がテロリストになった原因を探るのが目的だったので、わたしは絶対に彼の母親と会う必要があった。子供の人間性をはぐくむうえで母親以上に影響力を持つ存在はいない。なぜ事件を起こしてしまったのかという手がかりを探るために、子供時代について何度も思い返す母親ほど熱心な捜査員など安全保障機関にはいない。わたしたち母親は子供がたどってきた道のりをさかのぼって考えるのが得意だ。これは個人的な経験からもたしかだ。わたしの子供たちが失敗したり苦しんだりしていたとき、わたしが何をしたから、あるいは何に気づかなかったのが原因だろうかと、眠れぬまま天井をじっと見つめて考え続けたものだ。母親の愛情によって客観的な事実が見いだせるとは必ずしも言えない。むしろ盲目的にもなり得る（アメリカで有名なギャングだったアル・カポネの母親は、亡くなる間際に「アルはいい子だったんです」とつぶやいたと伝えられている）。それでもわたしはなぜ少年がテロリストになったのか、そしてどうすればその少年を止められたのかを理解するためには、彼の母親に会うのが不可欠だと感じていた。

この数年、テロ対策の専門家が暴力的過激主義に対抗する手段として母性に注目している。国連ではテロ対策に女性の活用を増やす動きが高まっている。オーストリアのＮＧＯ〈国境なき女性たち〉は、母親のための学校《マザー・スクール》をイギリスやパレスチナなど世界中に展開し、家族や地域社会のなかで過激主義が生まれる兆しを見つけ、それを恐れずに公表できるように女性を訓練している。テロ対策についての専門家会議で、設立者のエディット・シュラッファー博士が安全保障の専門家たちを前に、「過激主義に対する防衛の最前線」における母親の役割がいかに重要であるか説明するのを聞いたことがあった。結論としては時間と愛だ。「母親は決してあきらめないのです」と博士は聴衆に言った。「時間を惜しまず、自分の子供を守るためなら必要なだけ時間をかけるのです」

すべての人がこの考えに納得しているわけではない。この流れは単に伝統的な男女の役割を助長しているだけで、おとなしく子供の世話をし、子供の心を見張る役を母親に押しつけていると指摘する評論家もいる。女性の権利と平和、安全を守る団体ＩＣＡＮの設立者サナム・ナラギ・アンデリーニは「ワシントンやロンドン、バグダッド、ニューヨークの政策立案者は自らの目的を達成するために母親たちを動員したいのだ」と書いている。[2]「とはいえ彼らは政策に異議を唱えるような母親は敬遠する。母親の役割という言葉のなかには、政治に干渉せず、脅威にはならない女性、すなわちひと昔前の、さらにはライオンの雌がわが子を守るような、生物学的な女性性を持つ女性像が想定されている……政府はいちばん身近な内部告発者に仕立ててあげるという方法で女性を利用しているのだ。あるイラク人女性は『政府は自分たちの失敗のあと始末を女性にさせようとしているのです』と言う」

最悪なのは、テロ対策に母親を利用するという最近の流行が、社会問題に対するネオリベラリズム的な解決策、つまり「ママならもっとうまくやってくれる」という考えを彷彿とさせるところだ。保育や高齢者介護について、社会全体ではなく、家庭のなかで――すなわち女性が――解決すべき問題だと見なされるのと同じ構図である。ある母親がわたしに言った。「フルタイムで仕事もしている上に、テロリズムとも闘わなければならないの?」

テロ対策の一員として母親を起用する理由が、あたたかな家庭を守る母親という根本的な概念のせいであるなら、わたしにも思いあたるところがある。フェミニストであるわたしは、家族の心の支えとなるのは父親ではなく母親だという考えに苦しめられた。しかし取材をしていると、このように母親が偏重されるのも仕方がないと思える。なぜならジハード戦士になった西欧人の若者を助けてくれと社会に対して求め、声をあげるのは、たいていの場合、彼らの母親であるからだ。「わたしたちに最初に連絡してくるのは、六五パーセントから七〇パーセントが母親ですね」イスラム主義の暴力的過激主義組織に加入した子供を持つ家族を支援している、ドイツの組織ハヤットで働くクラウディア・ダンシュケは言う。ホットラインに電話をしたり、国際的なサポートグループを組織したりして、助けを求め、過激主義組織に加わった子供の経緯や、自分の苦しみを公の場で語るのはおもに母親だ。

母親は子供がIS戦闘員になってしまった悲しみを口に出すが、父親は反対に、絶望して沈黙するという反応を示す。悲しみに暮れるひとりの母親がわたしに語ってくれた。「もしもわたしひとりの問題なら、ずっと前に声をあげています。この問題を語る姿勢を変える必要があると、強く思っているからです。ところが夫の気持ちを考えると慎重にならざるを得ません。彼は自分の殻に閉じこもって、ぼうぜんとしているのです」

子供を亡くした別の母親は言う。「父親は忘れてしまいたいのです」

父親に比べて母親のほうが声をあげるとはいえ、実際のところ、こうした事実を公の場で語ろうとする家族はほとんどいない。列車がバーミンガム駅に着こうとするとき、わたしはあることを思った。過激主義組織に加入した子供のまわりの人間が沈黙しているからこそ、彼らがテロリストであるというイメージがかたまってしまうのだ。ニコラ・ベンヤヒアと話をすることで、そのイメージをより深く理解できるようわたしは祈っていた。

＊＊

バーミンガム駅を出ると大きなコンクリート張りの広場があった。足早に行きかうビジネスマンや、ウーバーで手配した車を待つ人々がいる。白髪の女性がふたり腕を組みながら、つるつるした歩道を歩いていく。髪をポニーテイルにした一〇代の女の子たちがおしゃべりをしながら駅のショッピングモールへ向かっている。ニコラと待ち合わせているわたしは無意識のうちに、険しい顔つきで無表情の女性を探し、黒いブルカを着用しているかもしれないとまで考えていた。しかし実際の彼女は、広場の向こう側からにこやかに手を振り、スティレットヒールのパンプスを履いて颯爽とわたしのほうに歩いてきた。

ニコラは目鼻立ちの整ったきれいな中年の女性で、トレンチコートを腰のベルトをぎゅっと締めて着こなし、コバルトブルーのシャツに長いパールのネックレスを合わせていた。頭をおおっているクリーム色のヒジャブは模造ダイヤモンドのブローチで留められ、ブロンドのおくれ毛が見えている。首には小さなダイヤモンドがついた細いチェーンのネックレスがあった。その日の朝、彼女は息子ラシードがシリアへ発つ少し前にこのネックレスをプレゼントしてくれたときのことを思いだしていた。きれいに包装された箱がベッドの上に置いてあり、そのなかにはネックレスと手紙が入っていた。手紙には「ママへ。どれほどの金や宝石を使ったとしても、ぼくにとってママがいかに貴重な存在であるかを表現することはできない」と記されていた。IS戦闘員になろうと決意した息子は別れのプレゼントとして、紛争地域から産出されたのではないエシカルなダイヤモンドを選んで母親に贈った。

ニコラの家は労働者階級が暮らす地域にある連棟住宅で、リビングルームはとても狭かった。壁には夫と五人の子供たちの写真がかけられ、暖炉の炉棚に飾られたピンクと白の花がその場の雰囲気を明るくしていた。その横にはラシードの写真があった。栗色のくしゃくしゃの髪と薄い茶色の目をした少年で、にっこりと笑っている。

その隣に立ててあるアルバムには、彼がシリアに行って以降、家族とやり取りしたメッセージをプリントアウトした紙の束がぎっしりとはさまれている。ニコラがお茶を用意してくれているあいだに、わたしはそのアルバムを見た。「たくさん、たくさん愛してるよ」ラシードからのメッセージだ。「あなたは誰よりも強い人間よ」といったニコラのメッセージは、感情があふれたもの（「愛しているわ。あなたはいつまでもわたしのかわいい子供よ」）から、冷静に相手を気づかうもの（「バイクに乗るときは気をつけなさいね。ママが言ったことを守って、健康と安全に注意するのよ！」）までさまざまだ。

バイクについてはラシードとニコラのあいだで意外な会話が交わされていた。彼は指揮官のバイクに乗ってもいいかと母親に許可を求めるために、ラッカから電話をかけてきたのだ。一九歳の少年はバイクが大好きだったが、乗るのは危ないと母親が心配するのをわかっていた。「ママ、バイクに乗ってもいい？」彼はニコラに言った。「指揮官がぼくに乗らせてくれるって言ったんだ」

このような電話をかけてくる息子に、ニコラは一瞬言葉を失った。三カ月前にこのひとり息子はイスラム国で戦うために何も告げずに行ってしまったのに、今ごろになって、バイクに乗る許可を求めて母親に電話してきたのだ。バイクに乗ってもいいかと尋ねる息子の声を電話越しに聞いていると、門限に一〇分遅れてしまうと連絡を入れたり、母親の頬におやすみのキスをしたあとに、お母さんは化粧品の味がするとふざけたりする、素直な少年だったころのラシードの声を耳にしているようだった。

ラシードが家を出て以来ずっと、ニコラは息子が電話をかけてきたときにはいつでも落ち着いた声で話し、音沙汰がないときには黙ってその状況に耐えた。彼女は取り乱した声を出さないように自分をおさえていた。「落ち着くのよ」といつも自分に言い聞かせた。「怒ったり、怖がったりして、あの子を怯えさせてはだめ」

だが電話でバイクに乗りたいと言われたときには、笑うのをこらえなければならなかった。「そうねえ……」彼女はためらいながら言った。「乗ってもいいけど……ちゃんとヘルメットをかぶってね」

シリア側からは沈黙が返ってきた。そうかと思うと、すぐに聞き覚えのある、うれしそうな笑い声が響いてきた。

「膝のプロテクターも忘れないでね」雰囲気をなごませるために、彼女は普段の調子でつけ加えた。「それから、目立つ色の服を着るのよ」

彼女の言葉に、ふたりで笑いだした。お互いに「滑稽さを感じていた」のだとニコラは語る。「爆撃にさらされているラッカで、バイクに乗るためにヘルメットと膝のプロテクターを手に入れようとしている、ひ弱なブロンドの白人少年の姿」を思い浮かべていたのだ。

イスラム国との戦争の記録には、このような逸話は残されないだろう（この話を残せばいい）。しかしニコラはバイクの話がイスラム国への小さな打撃になったと考えている。息子を笑わせたことで、彼女は彼とISとのあいだに紙のように薄くではあるものの、くさびを打ちこんだ。彼が母親に許可を求めたり、一緒に笑いあったりしたのは、まさに彼女が息子を完全に失っているわけではないという証拠だった。ニコラにとって、ふたりはまだ家族であり、今のところ、息子はISに完全に籠絡されていないのだ。笑いは人と人をつなげ、これは一方がシリアの戦地にいて、もう一方がイギリスのリビングルームにいようとも関係ない。深夜番組でコメディアンが辛辣な言葉をユーモアで包んで大統領に投げかけるのは、笑いが化けの皮をはいで真実を明るみに出すと知っているからだ。注意深く聞いていると、笑い声のなかに響く独特の音に気づける。これは笑いにつられて、心の底で思うことがちょっとした空気として発せられるからだ。

ニコラがバイクの話をするのを聞きながら、わたしは自分が笑顔になっているのに気づいて、一瞬たじろいだ。なんと言っても、IS戦闘員になった息子の話を聞くために来ているのだ。だが少し甲高く不自然ではあるものの、この朝初めてわたしは笑っていた。

＊＊

ウェールズ地方の村で、アルコール依存症の母親と暴力をふるう父親のもとで育ったニコラは早く自立したいと考えていた。一五歳で家を出て、老人ホームで働き始めた。二〇代前半でイスラム教に改宗し、それから少ししてアルジェリア生まれの男性と結婚した。ラシードの誕生までに三人の娘に恵まれ、その後四人目の女の子も授かった。「自分の子供時代の経験のせいで、母親となり、その役割をきちんと果たすことが、わたしにとってとても重要だったのです。きちんと子育てをしたいと強く思っていました」と彼女は快活に言った。現在は精神的疾患を抱える若者のカウンセラーとして働いている。クライアントから料理用ナイフで脅されるという経験もあったが、彼女はこうした仕事に必要とされる、落ち着いた雰囲気を漂わせていた。

息子について話すとき、ニコラは紙製の船をそっと池に放つかのように、慎重に言葉を発する。ラシードは「よろこびに満ちた」子供だった。おおらかな性格で、感性が豊かだが、お金の使い方は下手だった。優等生ではなかったものの、地元の電子機器会社で見習いとして楽しく働いていた。冗談を言って家族を笑わせるのが好きで、ときどき母親の服に体を押しこんで、姉たちや妹を大笑いさせていた。アマゾンで買ったいたずら用のお菓子を食べさせたりもした。ティーンエイジャーらしく、街のなかでアクロバティックな技を見せながら走るフリーランニングをしていた。足だけで壁に駆けのぼったり、ベンチから空中で宙返りをしたり、コンクリート塀を跳躍台にして大技《トリック》を見せたりもした。しょっちゅう地面に落下して、打撲や骨折で救急病院に運ばれることが何度もあったので、救急病院の永久会員になるべきだと言ってニコラはよく息子をからかった。

ラシードは肉体的にむちゃをするだけではなく、性格的にも無鉄砲なところがあった。「物事に夢中になりすぎるので、『ねえ、ラシード、ちゃんと考えてみましょう』と言って引きとめる必要がありました」

ビジネスに誘われて、投資をするとかたく心に決めて帰ってきたことがあった。エナジードリンクの販売だ。「すごいんだよ、ママ！」彼は興奮していた。「たくさんお金を投資すれば、もっともっと増えるんだ！」

「ラシード、ママは長く生きてきたから、そういう話を聞いたことがあるの。九〇年代よ」昔を思いだしながら彼女は言った。「これはピラミッド商法と呼ばれている、詐欺なのよ」

「違うよ、ママ！　たとえば、一〇〇ポンド払ったら……」

「ラシード、聞いて。ちゃんと聞いてちょうだい。これは詐欺だから、絶対に手を出さないで。儲かったとしても、それはピラミッドの上のほうの人だけなの。あなたみたいな下っ端は、何ももらえないのよ」

その数日後にニコラがラシードを学校へ迎えに行くと、車に乗ってくるなり母親の頬にキスをしてきた。

「ママ、ありがとう」

「なんのこと?」

「ママの言うとおりだったよ。エナジードリンクの話。詐欺だったんだ」

ニコラは一瞬言葉を切ってから、言った。「あの子はいつも、こんな感じでした。すぐに信じてしまうんです。世間知らずで。息子にはつけこまれやすいところがありました」

二〇一四年の夏、イラクとシリアで急成長していた組織が報道されるようになると、一八歳の少年はすぐに心を奪われた。二〇〇三年のイラク戦争のあとにアルカイダの残党から生まれたこの組織は、自分たちをイスラム国と名づけ、終戦後のイラクとシリアの混乱に乗じて勢力を拡大した。ＩＳ指導者のアブ・バクル・アル・バグダディがカリフ制国家の樹立を宣言したときに、バシャール・アル・アサドのような残忍な独裁主義者ではなく、イスラム法にもとづいて統治される国の可能性について息子が夢中になっている様子をニコラは覚えていた。彼はバグダディが混乱状態の国に秩序を回復させせられる強い指導者だと考えた。「ラシードがシリア情勢を語り始めたので、わたしたちは『ちょっと待ちなさい。この人物がどんな人なのかわからないでしょう。急に出てきたのよ』と言ってたしなめました。でも息子が興奮しているのがわかりました」

わたしはニコラが語るラシードの人物像をマスコミが伝えるIS戦闘員のイメージに重ねることができなかった。彼女によると、彼はイデオロギーに感銘したのでも、政治に特別な関心があったのでもなく、夢のような話に魅了されてこの組織に引きこまれたのだ。ニュースで目にしてきた戦闘員たちとは違って、わたしには彼がピーター・パンか、ネバーランドに暮らすロストボーイのひとりのように思えた。つまり、空を飛びたいと夢を見て、母親から逃げだし、無邪気にリスクを求めてピーター・パンのように永遠の少年でい続ける子供だ。ほかのジハード主義の過激主義組織の勧誘者《リクルーター》たちと同じく、ISのメンバーがイスラム教の知識がほとんどない、あるいは皆無の若者を狙う理由は、もっとも危険な種類の、カリフ制国家や不信心者《カーフィル》、世界征服という、ゆがんだおとぎ話で洗脳しやすいからだ。プロパガンダのなかでイスラム国は自分たちが国際社会の秩序という枠組みを超え、西欧の支配と独裁者の権力が届かない土地であると描かれている。少し考えるだけで、それがどれほど強力にラシードのような信じやすい少年を引きつけるのかを理解できる。

わたしは自分のティーンエイジャーの子供たちのことを考えてみた。ふたりともあれこれと理想を抱き、将来を思い描いている。下の娘はベルリンのロフトに住み、音楽家として活動しながら子育てをするのが夢で、姉のほうは高校の英語教師とメンタルヘルス専門の心理学者になって、アカデミー賞を取りたいと話す。壮大な計画やスリルを追求するのは若者の特徴だ。数週間前に娘のニックが、アメリカのティーンエイジャーがバスタブをゼリー《ジェロ》でいっぱいにして、そこに飛びこむ動画をわたしに見てくれと言った。彼女はその動画に夢中になり、自分もやりたいと言いだしたが、食べ物を無駄にすべきではないし、ジェロを提供してくれるスポンサーもいないとわたしから諭される結果となった。

このように不健全な悪ふざけをしたくなる気持ちと暴力的な過激主義組織に加入する動機を並べて語るのは無理があるかもしれない。とはいえニコラが話してくれた、論理的な話にすら聞く耳を持てなくなるような子供の激しい感情は、わたしにも母親としてなじみがある。結果は違えども、動機は同じである。神経科学者のロバート・サポルスキーは、ティーンエイジャーが危険や目新しさ、情熱に対して魅了されることが、どのように脳の発達に組みこまれているか、すなわち思春期の子供たちの未成熟な前頭葉前部皮質の機能について記している。サポルスキーによると一〇代と二〇代前半とは、

殺す、殺される、家を離れて二度と帰らない、芸術形式を発明する、独裁者の打倒を手伝う、村を民族浄化する、貧しい人に奉仕する、依存症に陥る、自分が属する集団の外の人と結婚する、肉体を改造する、悪趣味な服装を好む、娯楽のために全力をつくす、人生を神に捧げる、老女を襲って金品を奪う、といったことに手を染める時期である。あるいは、すべての歴史が集約されて、この瞬間が必然になり、危険と約束のせいで困難に満ち、自分たちが率先して違いを生みだす必要があるほどまで厳しくなっているのだと確信させられてしまう年ごろである。[3]

＊＊

ラシード・ベンヤヒアは二〇一五年五月二九日に家を離れてシリアへ行ってしまった。この日は金曜日

だった。普段の金曜日であれば仕事が半日で終わり、そのあとはモスクに行き、夜に最後の礼拝が終わってから家に帰ってくるはずだった。「あの子には習慣になっていることがありました。決して破ったりしませんでした」ニコラは当時を振り返る。「モスクから帰ってくると、いつも必ず、わたしの寝室に来ておやすみのキスをしてくれたのです」

しかしその夜、ベッドに入った彼女に顔を寄せてきたのは息子ではなく夫だった。彼はヘッドボードをつかみながら、青ざめた顔で言った。「ラシードを止められなかった」

月曜日の朝、ニコラはラシードから送られたとされるショートメッセージを受け取った。今後三〇日間は連絡できないという内容だった。形式ばった堅苦しい文面だったので、息子自身の言葉ではないとすぐにわかった。

とても安全で、信頼できる人と一緒です……あなたを守り、至福の楽園へとお導きくださるように神《アッラー》に祈ります。心配しないでください。これまで以上に愛しています。最後にもう一度、ごめんなさい。

ニコラと夫は車に飛び乗って、バーミンガム警察の本署に直行した。月曜日の早朝だったが待合室には人がいっぱいで、受付カウンターにいる警察官はうんざりしたような顔をしていた。ニコラはラシードからのメッセージを表示した電話を彼に差しだした。「息子から連絡が入ったんですが、とても心配なんです」ニコラは訴えかけた。警察官は文面に目をとおした。「目の前の現実が消えてしまうほど、彼が驚いたとわかりました」彼女は当時を振り返って言った。

それから一〇週間のあいだラシードから連絡はなかった。ある朝、ニコラの電話が鳴った。画面にラシードの顔写真が表示されているのが目に入ると、体に震えが走った。ほっとしたのと同時に、「本当に脳卒中を起こしたのかと思ってしまいました。すぐには言葉が出てこなかったんです」

「どこにいるの?」ニコラはきいた。

「わかっているでしょう」

「どこにいるのよ?」彼女は繰り返した。知ってはいたが、息子の口から聞きたかったのだ。

「ラッカにいるんだ。心配してるよね」ラシードが言った。「こっちの友達にも『母親はパニックになってるはずだよ』ってずっと話していたんだ」。彼は連絡しなかったことを謝った。訓練所では電話ができなかったのだ。

「自分のやったことをわかっていないのよ」ニコラは訴えかけた。「どれだけ大変なことをしでかしたか。お姉ちゃんたちも妹もショックを受けてるわ。こちらではみな半狂乱よ」

ニコラはずっとよどみなく、取り乱しもせずに語ってくれているが、いまだに精神的な苦痛を感じているのだとわかる。息子が死んでしまった可能性に怯えながら、彼女は一〇週間もこの電話を待ち続けた。しかしシリアにいる息子と初めて交わした会話について彼女が語るのを聞いていて、わたしは特異な状況下で苦しんでいる彼女のなかに異様なほどの平凡さがあるのを認識した。子育ての本には、思春期とは子供が親の気持ちなど考慮しない時期であり、自分が正しいと思い、ひどく独善的になる時期だと書かれている。このような一般論がニコラのたぐいまれな経験にもあてはまるという発見にわたしは動揺した。

ラシードの電話での会話は異様だとさえ感じられた。彼はあたかもサマーキャンプから家に電話をして、山小屋で同室になった気の合う友達について、親にあれこれしゃべっているようなのだ。ニコラがその様子を聞かせてくれる。「ラッカでできた友達について話し始めたのです。その子たちがどれほどすばらしいか。そこには大勢の人たちがいて、世界中の国から集まっている。貧しい家の子も、裕福な家の子も。大富豪が生活を捨ててまで、戦いに来ているというのです」

「わたしは電話の向こうにいる息子に、『その人たちは、友達なんかじゃないのよ!』と叫びたくなりました。でもそんなことをすれば、それ以上何も話してくれなくなるでしょう。だから、『彼らはあなたの友達かもしれないけど、わたしたちはあなたの家族なのよ』とだけ伝えました」とニコラは言った。

彼はあとに残してきた家族がどれほどつらい思いをしているかを理解していないようだった。ラシードは「ママは祝福されるんだよ!」と母親を元気づけるように言った。

ニコラは一連の話を言いよどんだり、息を継いだりすることなく語ってくれるが、彼女が「ママ」という言葉を口にするたびに、わたしは喉が締めつけられるようだった。ラシードの言葉というだけではなく、息子の一言一句を覚えているニコラの姿に胸が詰まるのだ。

この日以降、ニコラは息子と電話で話すときには軽い話題だけを選ぶように心がけた。最初にラッカから送られてきたメッセージを警察に報告して以降、ウエスト・ミッドランズ・テロ対策ユニットの捜査員が定期的に彼女に連絡してくるようになり、ラシードに帰国を促すようにと命じていた。

押しつけがましいことを言ってはならないとニコラは本能的にわかっていた。「最初のうちは家に帰ってきてほしいと伝えていましたが、ほどなくしてやめました」と彼女は言った。「あの子との心のつながりを切ってはならないと思ったんです」。ＩＳにパスポートを没収され、新入りであるがゆえに特に厳しく監視されているなか、逃げだせと言えば息子をかえって追いつめてしまう。「なので、『あなたの心が決まったら、ママはなんでもするからね』とだけ言ったのです」と彼女はわたしに語った。もしも奇跡が起こり、パスポートなしで帰国できたとしても、彼は投獄されただろう。だが息子が帰ってくるのであれば、彼女はそれを甘んじて受け入れたはずだ。

彼女はSNSの通話機能を使って息子が電話してくるのを待ちこがれるのと同時に、怖くもあった。息子がちゃんと生きているのを知りたかったが、警察は彼の居場所や活動内容を探ろうとしている。電話がかかってくるたびに、彼女は母親、カウンセラー、保護観察官、そして諜報部員というういくつもの役割を同時にこなさなければならなかった。

「どうすればいいのか、わからないわ」彼女は姉妹に相談した。「もうこれ以上、続けられない」

「普段はどんなふうにしているの?」

「気楽な会話をしているわ。冗談を言ったり」

「それでいいじゃない。自分らしく話をすればいいのよ」

ニコラとラシードはしょっちゅう大笑いしていたので、電話を切ったときに、息子が今どこにいるのかを忘れそうになっていることもあった。彼が家に置き去りにした大切なものを思いださせ、このような場違いな陽気さをいましめようとしたときもある。生まれたばかりの妹を抱いている子供時代の彼の写真を送り、「あなたを抱っこしていた時間は短かったけれど、あなたはいつもわたしの心のなかにいるのよ」というメッセージをそえたときもあった。

ラシードは戦場で撮った写真を送ってきた。ニコラはその写真を長く見ていることができなかった。「彼は笑顔でした。でも悲しそうな目をしているのです。わたしにはわかります。あの子がそういう表情をするのは、『ママ、ごめんなさい。ぼくが間違っていたよ』とわたしに言いに来るときなのです」と彼女は語った。

数カ月ほどすると、彼女は息子の魂をつなぎとめるのが難しくなってきたと感じた。指揮官から結婚をすすめられていると聞いたニコラは、彼に言った。「もしあなたが死んでしまって、わたしの孫がそちらにいたら──つまり、あなたの一部が永遠にそちらに残るなんて──わたしには耐えられないわ」。それからすぐに気を取り直して、彼女はからかう口調に戻った。「それに、気をつけたほうがいいわよ。相手がどんな顔かわからないもの。みなベールをつけているでしょう!」

＊＊

ニコラは電話でラシードと話す際はいつも、明るくふるまうように努力していたが、暗い雰囲気になるときもあった。「死や、息子が亡くなることを話すときです」と彼女は言った。シリアでは指揮官たちが、彼の死が姉妹や両親に恩恵をもたらすのだとラシードに信じこませていた。「息子は家族に祝福がもたらされるなんていう幻想を吹きこまれていたんです」ニコラは無念そうに首を左右に振った。

「ママ、心配しないで」とある日、彼が言った。「ぼくが死んだら、ママたちに幸運が訪れるんだよ。ぼくは聞いたんだ。戦闘員が亡くなったら、その家族全員が幸せになるって」

「祝福のことを言ってるの?」

「それだよ! ここにはたくさんの人がいるんだけど、国に残ったその人たちの家族には友達がいないんだ。お金もない。誰からも知られていない。でもここに来ている人が死んだり、戦場で殉教したら、家族のところにたくさんの人が訪ねてくるんだよ！　寂しくなくなるんだ！」

「ラシード、突然には家族に友達が増えたりしないのよ」彼女はぴしゃりと言った。「家に来るのはマスコミと警察関係者なの。そんなの祝福でもなんでもないわ」

＊＊

ラシードがだまされやすい少年だったというのが火を見るよりも明らかで、わたしは動揺してしまった。IS戦闘員に対するイメージが複雑になっただけではなく、この若者――外国の内戦で武器を手にして、今ではイギリスのテロ対策法違反の「容疑者」――が何かへのあいまいな憧れを抱いていたのだとわかった。彼は心に空いた名もない穴を埋めようとしていた。だが本人にも母親のニコラにも、その穴をどう理解すればいいのかわからなかったのだろう。彼がシリアへ渡ったのは、信仰や政治的信条に突き動かされたというよりも、人間の根本的な欲求を満たすためだったらしい。それがなんであるか、完全性を求めたのか、目的を手に入れたかったのかは不明だ。彼がジハード戦士になるために家出をすることで心の穴を埋めたのであれば、ニコラと夫による論理的な説得に効果がなかったのも仕方がない。

彼女の家のカウチに腰をおろして一時間も経たないうちに、ニコラは彼女の息子がISに加入した理由についてわたしが立てていた仮説を打ち壊した。彼はコーランが強く訴える正義に感銘を受けたのだろうというわたしの考えは甘かった。以前からずっとイスラム教そのものが理由ではないとわかっていた。一四〇〇年にわたって続く信仰にはさまざまな解釈があり、大多数の慎重なムスリムは過激主義や暴力に関与せず、中庸と平和を尊重するのを見てきたからだ。しかしわたしはずっと、ジハードに志願する人たちは、イスラム教の経典から気に入ったところだけを抜き出して、都合のいい解釈をする過激主義者のイデオロギーに魅了されているのだと思いこんでいた。これはイギリスで政治家がイスラム国について語るときの常套句だ。元首相のデイヴィッド・キャメロンはＩＳの「有害なイデオロギー」との長い闘争と言った。[4] テリーザ・メイは「イスラム主義の過激主義組織の邪悪なイデオロギー」を打倒する必要性を叫んだ。[5]

しかしジハード主義者の独断的な教義に言及した部分だけを抜粋するのは偏向報道にほかならない。テロリズムについて研究している学者たちのあいだでは、ジハード主義の過激主義者にとって宗教的な理想がどれだけ重要な動機になっているかについて、長年にわたり議論が続いているのだ。宗教が動機の大きな部分を占めるという考えがある一方、根本的には自分が何者か、どこに属しているのか、あるいは人生の目的を探すのが動機だとする分析もある。暴力的過激主義にはさまざまな側面があるので、イデオロギーの重要性はそれぞれの事例によって大きく異なる。

一個人の心のなかでも場合によって変化が起きる。シリアへ渡航する前にアマゾンでコーランの入門書を買うような若者にとって、宗教的信条が動機でないのは明らかだ。[6] しかしＩＳの訓練所で感化されたり、戦闘に参加したりして、あとから重要な動機へと変わる可能性もある。個人的な理由から過激主義組織に加入し、そののちに宗教的信条に目覚めるというのはよくあることだ。急進化についての著名な専門家ジョン・ホーガンは、ジョージア州立大学の研究室での電話取材で次のように語ってくれた。「イデオロギーはまだ十分に解明できていない大きな問題のひとつです。組織の性格、方向性、あるいは存在意義についてはイデオロギーが大きく関係します。ところが個人のレベルでは、物事はもっと複雑で、あいまいです。あるイデオロギーをかたく信じて揺るがない人もいる可能性がありますが、わたしの経験では非常に少なく、ごくまれです。実際には多くの場合、イデオロギーが理由で加入していません。冒険や高揚感、仲間意識を求めているのです」

＊＊

ラシードがシリアへ行ってしまって以降、ニコラは警察と緊密に連絡を取りあい、息子との電話やメッセージの内容を報告した。望むことのできる最良の結果は、彼が家に戻り、その後テロリスト集団に加入した罪で服役することだ。「わかっています」と彼女は息子の件を担当してくれている捜査官に言った。「あの子は悪いことをしたのです。間違った選択をしてしまいました。もしも幸運に恵まれて、あの子をこの国に連れ戻せたら、刑務所に入れられるのだと理解しています。それでも、わたしは息子に帰ってきてほしいのです」

ラシードがシリアに滞在していた六カ月のあいだ、ニコラは息子の居場所を警察関係者以外には口外しなかった。「考えがあってのことです。というのも、世間の人たちがどんな反応をするかわかりませんでしたから」と彼女は説明してくれた。「わたしはアルコール依存症の親を持つ子供だったので、恥となるような事柄はすぐに広まると知っています」。その恥は罪悪感をともなう。「わたしは『どうしてこんなことに？　悪い母親だったのだろうか？』と思うばかりでした」

ニコラは仕事に行き、頻繁に電話を確認し、ラシードからの電話には必ず出るという生活を続けた。彼女は当時の気持ちを語ってくれた。「社会から外れた人間になったように感じました。普通ならどれだけ深く傷ついても——自動車事故にあったり、がんになったりしても——誰かが共感してくれます。ところが急進化に関する政治的イデオロギーは公然と話せるものではありません。何もできないので、余計に孤立してしまうのです」

サポートグループのような、同じ境遇の母親と会って語りあえる場がないかどうか、彼女は女性の警察官にきいてみた。数週間後、彼女を担当しているその警察官が得意気に——ニコラいわく「意気揚々と」——情報を持ってきてくれた。地域で活動している女性グループがあると彼女は教えてくれた。家族が出払った午前中に集まってコーヒーを飲んだり、エステに行ったりもしているらしい。ラシードについて語ることはできないが、今の状況をひとときのあいだ忘れて気晴らしになるはずだ。

ニコラは懐疑的だった。「友達ならいるのです。コーヒーを飲みたければ、〈コスタコーヒー〉に行きます」とニコラは言った。彼女が必要としていたのは、テロ組織に加入してしまった子供を持つ親であり、法律的に正しく行動しながら、その子供たちを救いたいと思っている人々なのだ。

孤独感に押しつぶされそうになったある日、ニコラがインターネットでテロ容疑者の家族をサポートするグループを探してみると、脱過激化の専門家であるダニエル・ケーラーがドイツで行っている活動を発見した。彼女がEメールを送ると、すぐに返信が来た。「まさに天の賜物でした。彼ははっきりと断言してくれたんです。わたしは責められるべきではないし、こんなことは誰にも予測できないのだと」

ケーラーはニコラにクリスティアンヌ・ブドローという女性を紹介してくれた。彼女はカナダ人で、息子のダミアンが前の年にシリアで殺されていた。ニコラはその女性に連絡を取った。

子供をシリアで失った人と話をするのは心の癒しになった。それだけでなくクリスティアンヌとケーラーは、ラシードとどのように話せばいいかという実践的なアドバイスをくれた。彼が初めての戦闘から戻ったときなど、転機となり得るタイミングがあると教えられた。戦闘経験がトラウマになって、攻撃的な態度になる可能性があるとも注意してくれた。ところが実際には、ラシードはその逆の反応を示したのにニコラは驚いた。母親を遠ざけるどころか、これまでよりも強く求めるように、彼女いわく「依存する」ようになった。ニコラに彼の出てくる「おもしろい夢」を見たかときいたり、彼が父親と話し終わったら、また電話に戻ってくるように約束させたりした。「最後に自分の頭に残るものがわたしの声であってほしいと願っているようでした。目にしたものの恐ろしさが頭から離れなかったみたいです。死が身近にあるのだと感じたんでしょう」

ニコラがクリスティアンヌとケーラーにこうした息子とのやり取りを話すと、ラシードが母親にいろいろ聞かせ、母親をどれほど恋しいと思っているかを素直に表現する様子にふたりは驚いた。「あの子が電話の向こうで、まわりにいる友達に言っているのが聞こえるんです。自分がどれほど母親と仲がいいかと か、母親との関係がいかにすばらしいかと」ニコラが当時を振り返って語ってくれた。

クリスティアンヌはラシードの開放的な性格が、指揮官たちからにらまれる原因になると心配した。彼女はニコラに言った。「彼とあなたは仲がいいでしょう？　その関係こそ、ISが断ち切りたいものなのよ」

母親との絆が強いとはいえ、ラシードには彼女に言わないようにしていることがあった。父親には戦闘の話をし、姉のひとりから斬首を目撃したかときかれたときには、ラッカで一度見たと認めた。

ラシードを見放さず、バイクのヘルメットからイギリスのサッカー事情までなんでも話し続け、息子には今より前の子供時代があったのだから、テロに加担したとしても今後の人生もあると信じていた。そのため、ニコラはイスラム国とイギリスにおいて絶対論を唱える人々の主張を受け入れなかった。彼女の息子をＩＳは大義のために戦う戦士と見なし、イギリス人の大半はテロリストとして切り捨てるだろう。しかしニコラにとっては、小さいころには歩き方や読み方を覚え、のちには建物の側面を駆けあがっていた、ひとりの少年だ。そして、彼女は息子が大人へと成長し、自分が犯した恐ろしい間違いから学ぶのをゆるされることを願っていた。

リビングルームに何枚も飾られている、いたずらが好きそうな少年の写真を見ていると、親というものは子供の人生を見守る歴史家であり、預言者であると思いついた。成長する方向を決定づけたきっかけを探るために過去を振り返り、どんな大人になるのだろうと未来を思う。親としては子供たちの成長を信じるしかできない。もちろん、子供が自立できるように導くのはわたしたちの仕事だ。その長い過程のなかで、精神には柔軟性があるという信念を持ち続ける必要がある。おむつをつけた赤ん坊から大人になるまで子供を育てあげるには、人間は変われるのだと信じている必要がある。

精神の豊かさ、そしてどんな人間にも多様な面があるという信念は、暴力的過激主義とポピュリストの強硬派の双方が消滅させたいと願っている考え方だ。「やつらを牢屋にぶちこんで、鍵を捨ててしまえ」と叫ぶ群衆は、人生のほんの一瞬の状態だけを見て人を定義づけしてしまう。テロリズムを「暴力的なイデオロギー」のせいにする政治家も、テロにいたる複雑な経緯があるにもかかわらず、信条が動機なのだと単純化している。親はただ一度の行為ではなく、人生全体を見ようとする。ニコラが会話を続けようと決めたのは、すなわち、きわめて愚かな選択のせいで人は永久に消えない烙印を押されるというのを拒否したのは、言うまでもなく、必死になった母親の行為にすぎないのだろう。しかし人々のあいだに憎悪と分断の意識が高まっていた時期にラシードと会話を交わしていたという彼女の話には、特に心を打たれる。気持ちのこもった会話と、罪の償いの提案は、きわめてまれなことなのだ。

＊＊

ラシードが行ってしまったあと何カ月にもわたり、ニコラは彼の部屋へ足を踏み入れられなかった。ある日、彼女はなぜか引きこまれるように息子の部屋に入った。気がつくと床に座り、彼がおもちゃを入れていたプラスチックの浅い箱のなかを見ていた。ミニカー、ニンジャ・タートルズのフィギュア、マクドナルドのハッピーセットのおもちゃ、そしてカードの束。そのほとんどは彼女が贈ったもので、誕生日や、ときおり息子だけでなく娘たちにも、愛していると伝えたいときに渡していたカードだ。「ちょっとしたプレゼント、たとえばアフターシェーブローションなどと一緒に、こうしたカードをベッドの上に置いていました」と昔を思いながら彼女は語ってくれた。「それをあの子は全部残していたんです」

その束のなかに、見慣れないカードがあった。青い線で縁取られた封筒には「ぼくの死」と記してある。なかには次の手紙が入っていた。

いつ死ぬかはわかりません。ぼくのお金はすべてママに渡してください。銀行のカードは携帯電話のケースに入っています。祈りを捧げるときには、ぼくを思いだしてください。死は誰にでも訪れるものです。神のもとに向かうときが来ました。神のためにみなを愛します。ママと父《ババ》に尊敬と敬意を持って接してください。

ニコラがこの手紙を見つけてからまもなく、ラシードからスカイプを使って連絡が来た。ラッカの街なかで歩道の縁石に座り、電話を手に持っている。子供がふたり一緒で、カメラに映りこもうとしている。ひとりはまだよちよち歩きだ。「とてもかわいらしい子供たちでしたが、片方の子は目のまわりが黒くあざになっていました。これは決して忘れられません。ふたりとも目がうつろで、何も見ていないようでした。心が傷ついているのです」とニコラが言う。ラシードは近所の人に、なぜ子供の目にあざができたのか尋ねているのだが、誰も理由を知らないらしい。

話をしていると、黒い服を着た年配の女性が足を引きずりながらラシードのそばに来た。彼女は彼が持っている銃を指さすと歩道に横たわり、今度は空を指さした。ラシードはうなずきながら、彼女がアラビア語でまくし立てるのを理解しようとした。彼女はふたたび空に向かって指をさした。「わたしの息子」と彼女が言った。「彼らはわたしの息子を殺した。銃を借りてもいいかい？　飛行機を打ち落としてやりたいんだ」

ニコラが見ていると、ラシードは首を左右に振りながら、つたないアラビア語で返事をしようとした。「高すぎるよ」彼は空を指さした。「遠すぎる」

携帯電話の画面で繰り広げられたシーンには、ふたつの大陸における三世代の苦しみが表現されていた。ニコラは言葉の力を使って息子の心に触れようとしている。年配のシリア人女性はティーンエイジャーに、息子を殺したアメリカ主導の有志連合の飛行機を打ち落としたいと言った。そして傷つき、疲れきった幼い子供たち。

ニコラは息子の死を悼む母親に対して、ラシードがどれほど真剣に、やさしく接していたかを思いだしながら微笑んだ。彼はその女性に言った。「ぼくの銃では届かないんだ。飛行機ははるか上空を飛んでいる。届かないんだよ」

「届くわ」女性は言い張った。「届くわよ」

＊＊

最後にラシードと話をしたとき、ニコラは言い続けた。「気をつけてね。ママが愛しているのを忘れないでね」母親の言葉にこたえ、彼も言い続けた。「ママ、愛してるよ。愛してるよ」

「止まりませんでした」彼女はわたしに言った。「どちらもやめようとしなかったんです。わたしは息子の命が長くないのだと感じました」

そのあとで彼女はショートメッセージを送った。「もうここでは、つまり今世では、あなたに会えないのでしょうね。でもきっと来世で会えるわ」

一一月下旬のある夜、ニコラが仕事から家に帰ると夫が彼女のもとに来て、キスをした。離れようとすると、彼はさらに強く抱き締めた。

「電話があった」と夫が言った。もうそれ以上言葉にする必要はなかった。

少ししてから、彼は妻に語った。電波の状況が悪いなか、男から片言の英語で彼らの息子が一〇日前に殺されたと伝えられた。シリアとイラクの国境付近で有志連合のドローン攻撃によって、ラシードは即死した。

　息子が亡くなってから、ニコラは彼が急進化した手がかりと平和な時間を仕分けながら過去を振り返った。ベンヤヒア一家はイスラム教とのかかわりについて特に注意をしてこなかったが、今から考えると、いつのまにかラシードが信仰を厳格にとらえるようになった時期があった。ある日、彼は父親に、それまでずっと一緒に通っていた「退屈な」モスクにはもう行かないと告げた。街外れのグリーンレーン・モスクに変更すると言いだした。[7] そのモスクは若者に人気があり、急進的な信者が多いという噂があった。またあるときはズボンの裾を短く直し、超保守派のサラフィー主義者が好むようなくるぶし丈にしてくれと母親に頼んだ。「親がまともな洋服すら買ってやらないと思われてしまうわ！」とニコラはいやがったが、結局は丈を短くしてやった。

　突然に髪を切らなくなった。そして夜の一〇時から始まるハラカ——コーランの勉強会——に参加したいと言いだした。「そんなに遅い時間に始まるなんて、いったいどんな勉強会なんだろう？」とニコラは不審に思った。思い返せば、彼が通っていたジムに問題があったのかもしれない。みすぼらしいところだったのに、彼は行きたがった。バーミンガムには麻薬の売買やギャングの勧誘が横行しているジムがあると彼女は聞いたことがあった。もしかすると、ＩＳも戦闘員を勧誘するためにジムを利用していたのだろうか？

　ニコラが言うように、ラシードの件はある家族の悲劇であり、国家の安全保障問題ではない。「人間関係として考えれば、これは信頼を得る行為《グルーミング》と同じです。しかし息子のような場合は急進化と呼ばれます。状況は異なりますが、過激主義組織に誘いこむ手法は小児性愛者がオンライン上で子供をグルーミングするのと何も違いません。ターゲットにされた子供には、相手に会いに行くか行かないかという選択の余地があります。ラシードにもシリア行きに関して選択肢がありました。そしてわたしの息子は行くという選択をしてしまいました。しかし彼は、それが何を意味するかにまで考えがおよばなかったのです」

西欧への脅威だと自動的に見なされてしまうことを、ニコラは被害者になるととらえる。わたし自身は今回初めて、暴力的な過激主義組織への勧誘方法がグルーミングと同じだという考え方があることを知った。だが警察や安全保障当局のあいだでは、かなり前から性犯罪者と暴力的な過激主義組織の手口の類似性が認識されていた。『ガーディアン』紙に掲載された、イギリスの元検事総長ナジール・アフザルの見解によると、どちらの場合も「加害者は、自分が理解されていないと悩むティーンエイジャーに近づき、今よりもいい世界や人生があると思わせ、家族や友達と距離を置かせる。そして彼らを手中におさめるのだ」[8]

ラシードをグルーミングしたのが誰であれ、彼の弱さを見抜いていたのだろう。二〇一四年にニコラと夫は数カ月のあいだ別居していた。一時的なことだったが、親の別居はラシードを動揺させた。リクルーターはラシードの傷つきやすい性格を見て、勧誘しやすいと思ったのだろうか？　過激主義組織に賛同するのと、加入するのとではまったく違う。過激主義者の考えに傾倒しているだけの状態から、実際に組織の一員へと移行するには、単なる共感だけでなく、ある種の怒りが必要とされる。人生におけるつらい出来事、トラウマ、あるいは被害者になった経験のある若者は特に、過激主義組織が声高に叫ぶ復讐や報復というメッセージに引きつけられやすくなる。息子の心のなかにそのような怒りの種を探していたニコラは、自分が抱えていたストレスが原因だったのかもしれないと思って恐ろしくなった。

ニコラはムスリムの生徒がたくさん通っている地元の公立学校の理事をしていた。バーミンガムに強硬派のイスラム主義を奨励している学校があるという新聞報道が出ると、国の教育委員会は二一校を調査すると発表した。[9] そのなかにはニコラが理事をしている学校も含まれていた。これは「トロイの木馬事件」として知られ、全国ニュースにもなった。理事会で唯一の女性だったニコラにとって、この事件のせいで緊張状態が続いた数カ月間は大変だった。ストレスが原因で脚に湿疹が出た。夫とのあいだも険悪になった。最終的にはほかのメンバーとともに彼女は理事を辞任したが、政府が主張する事件性は立証されなかった。当時を振り返ると、ラシードが政府に対して怒りを抱くように、誰かがこの件を利用したのかもしれない。「息子に『政府がおまえの母親に何をしたか考えてみろ』と言えばいいだけです。あの子はいつも、わたしを守ろうとしてくれていました」とニコラは言う。このときにラシードの心に「怒り」が芽生えたのかもしれないと彼女は思った。

不満を抱えた一〇代とは対照的に、ラシードには遠いムスリムの国で幼少期を過ごした楽しい思い出がある。ベンヤヒア家は彼が二歳のときから四年間イエメンに住んでいた。一家にとって最高の時期で、シンプルな生活と太陽の光がまぶしい海岸や中世の城跡への日帰り旅行を楽しんでいた。あるときレストランで魚を注文すると、ウエイターが船に乗って海へ漕ぎだし、紅海で釣ってきた魚がランチになった。イエメンでは一日に何時間も停電になってエアコンが使えなかったりしたが、ラシードの両親に仕事上のストレスはなかった。「イギリス社会のような、周囲の期待がないのです」ニコラが説明してくれる。「ただ単純に家族が一緒にいられました。贅沢な旅行をしているとか、たくさんのものや、よりよいものを持っているなどと、周囲の人に思われる必要がありません」。曇りの多いイギリスのミッドランズに戻ってくると、イエメンで過ごした日々は一家にとっての格別なひとときとして美化されるようになった。

ラシードにとってこのイエメンでの思い出が、ＩＳに加入する一因になったのではないかとニコラは考えている。シンプルな生活を求めているのは、シリアへ行ってしまう子供たちだけではない。すべてから逃げだすのは、ほぼ万人にとっての叶わぬ夢だろう。「ジャングルや無人島に送られて、タブレットや電話を没収され、人と話しあいながらシンプルな生活をする人たちのリアリティ番組がたくさんあるのは、なぜでしょう？」と彼女は言う。ＩＳのプロパガンダは「われわれは住む場所、そして目的を提供しよう。そこでは資本主義社会の物質主義と無縁でいられるのだ」と言って巧妙に、この現代社会に広がる郷愁の念につけこんでいる。

ニコラの話を聞いていると、ＩＳの語り口はあらゆる場所で紡がれている話と大差ないように見え始めてきた。住む場所、生きる目的、そして信仰の対象がすべて簡単にそろうシンプルな世界をラシードが探し求めたのも、アメリカ人が望みを託して「アメリカをふたたび偉大にする」と約束した大統領に投票したのも根底にあるものは同じだ。これは「権限を取り戻す」ためにEUからの離脱に賛成票を投じたイギリス人の願いとも一致する。二〇一八年に行われた調査では、「昔のほうがよかった」と思うイギリス人の数が、明るい未来が待っていると考える人の約三倍にのぼるという結果が出た。[10]

ラシードの心の叫びと同じ響きが、わたしの祖国からも聞こえてくる。自分の部屋にひとりでこもり、確信できるのはただひとつ、不確かな未来だけだと考えている一〇代の子供たちの声だ。彼らは炭鉱や自動車工場、製鋼所が閉鎖された地元の社会で、自分には父親や祖父のような安定した将来がないとわかっている。友達にすすめられてユーチューブでジョーダン・ピーターソンの動画を見る。そしてこの動画に、今日の「カオス」の先に目を向け、「男性」による支配——真の道——がまかり通っていた時代へ戻るのだと強く促される。彼らはインターネットのアルゴリズムによって表示されるおすすめや、興味を引かれる動画を見るなかで、現代のアメリカが苦境に陥っているのは黒人と同性愛者、フェミニストのせいだと連呼するグループのほうへと誘導されるのかもしれない（二〇一六年のフェイスブックの社内調査によると、フェイスブックのなかにある過激主義者のグループに入った人のうち六四パーセントは、フェイスブックからのおすすめに誘導されたからだという結果が報告された[11]）。

白人至上主義者の活動に引きこまれたアメリカのティーンエイジャーと同様に、カリフ制国家へと導かれた若者は、現実から目をそむけて架空の理想郷《ユートピア》を見ている。過激主義者の黄金期とは必然的に、過去と未来にしかない。今この瞬間には権力も支配力もないと感じている人々に対して、過去と未来であればその力を持てると約束できるからだ。

ラシードの判断を誤らせた時代精神はほかにもある。大量の移民によって世界が再編されつつある時代において、人々は自分たちの先祖の物語を渇望している。西欧諸国へ移住してきた親を持つ子供、ムスリムである自分の文化的背景に興味のある青少年、さらには父祖の地と生まれた国のどちらにおいても疎外感を持つ若者たちは、過激主義組織のリクルーターに取りこまれやすい。しかしニコラが指摘するように、ふたつの文化のはざまで立ち往生したり、自分がどこに属しているのかわからなかったりする気持ちに苦しめられているのは、移民の子供たちだけにとどまらない。「誰もが自分の歴史や出自に大きな関心があるようです。家系をさかのぼるウェブサイトがたくさんあるのが、何よりの証拠でしょう」と彼女は言う。純粋であることは、右翼の過激主義者とジハード主義の過激主義者のどちらも重要だと見なしているが、本物を求める普通の人々の心にはもっと深く響くようだ。ポップコーンからシャンプーまで、製品を販売するあらゆる企業もこの本物志向を利用している。

ニコラはさらに、ラシードの急進化とほかの過激主義のあいだに共通項を見つけている。息子が亡くなって四カ月ほど経ったころ、彼女はドイツの急進化の専門家ダニエル・ケーラーに招かれて、オランダで開催されたテロ対策担当者向けの研修会に参加した。そのなかのひとつのワークショップで、過激主義の動物愛護運動家が新入りを急進化している動画をケーラーが参加者に見せた。彼は事前にニコラに対し、このワークショップの内容は強烈すぎると感じるかもしれないので、つらくなったら退席すればいいと忠告していた。しかし彼女は教室に残り、自らの信念に凝りかたまった過激主義者が新入りを屈服させる様子を最後まで見た。「その人は体調を崩していました。食事もできず、眠ることもできなくなってしまったのです」。彼女は政治的信条のせいで体まで病むのを見て驚いたと語ってくれた。

動画に出てきた新入りを見ていて、ニコラはラシードを思った。シリアに行ってしまう数週間前、彼はよく眠れず、食欲もなくし、ジムに通うのもやめてしまった。げっそりとやつれた姿を見て、彼女と長女は彼が薬物を使用しているのではないかと心配した。実際には、急進化する過程でよく起こる、極度に無気力になる時期にあたっていたのだ。「極限まで疲れてしまうと、このような無気力な状態に陥るのです。このときにリクルーターが介入して、『状況を打破する、いい方法を知っている。これを実行すれば、二度と今のような気持ちにはならない』と言うのです。そして、進む道が決まってしまいます。気持ちが晴れるのだと信じながら、シリアに行くのです」と彼女が説明する。ISに加入すると決めてからは、ラシードの食欲も回復して、運動も再開するようになった。

ニコラはさらに、新入りの動物愛護運動家の様子と、彼女がかかわっているメンタルヘルスに問題を抱えた患者の状態に共通点を見いだしていた。「ひどいうつ状態になり、自殺したい衝動に駆られ、生きる気力をなくしたときとほぼ同じです。自ら命を断つことを決心すると、落ち着きを取り戻すのです」

リクルーターの執拗さと、急進化の過程でたどる精神状態を理解して、ニコラは罪悪感を軽減できた。「リクルーターがどれほど相手を洗脳する能力に長けているのかを目にして、わかりました。わたしの当時の知識では、何もできませんでした」と彼女は言った。

＊＊

戦うためにシリアに行ってしまった子供を持つ親という汚名を着せられたことを思えば、ラシードの死後、ニコラが悲しみに打ちひしがれながら引きこもっていたとしてもおかしくない。彼女のような立場の母親には、そうなる人がほとんどだ。実際にニコラの夫もそうなった。しかし彼女はカウンセラーという職業柄、近年では性的虐待や家庭内暴力について口にするのがタブーではなくなったように、急進化について忌憚なく語れるようにしたいと考えた。「もしもわたしに自分の考えをざっくばらんに、安心して話せるような場所があったなら、息子を救えたかもしれないと思うのです。わたしが目にした息子の変化を打ち明けて、『わたしの考えすぎなのかしら？』と言えるような場です」

彼女がそう言ったとき、わたしはふとインドのタミルナドゥに住んでいるM・C・ラジという古い友人のことを思いだした。彼と出会ったのは、不可触民としてカースト制度の最下層に位置するダリットの人々の社会や政治組織について取材していたときだった。ダリットの権利拡張のために、地域で中心となって活動していた彼と仲間のダリットの人たちも長いあいだ、排斥され、差別を受けて、学校、住宅、地域社会、職場から締めだされた存在だった。仲間からラジと呼ばれているこの男性は何十年にもわたり、野外で活動していた。

そんなある日、彼は土地を購入する助成金を受けた。志が高く、急進的な抵抗運動を展開する方法にも精通していたので、彼はダリットの権利拡張のための施設建設という大規模な計画を立てた。

わたしは地域社会が今すぐにも必要としているものは何かと彼に尋ねた。指導者育成トレーニングに使うための会議室だろうか？　無料食堂か？

そのどれに対しても首を横に振り、「井戸端会議所です」と彼は言った。「つまり、地域の人たちが立ち寄って腰をおろし、噂話をする場所です」

彼が冗談を言っているのだろうと思い、わたしは笑った。

「わたしは真剣です」と彼は続けた。「社会における真の変革とは、噂話から生まれるのです！」

人々が社会の問題について、今までとは違う新しい意見を言いあえる場所を作る必要があるとニコラが話すのを聞きながら、わたしはラジのことを思った。「これまでと同じようにしていたら、本当の解決策はもたらされません。安全な枠組みのなかから出て、何か違うことをする必要があるのです。そうやって初めて、真の変化というものが起きるのです」と彼女は説明してくれた。

＊＊

過激主義組織への勧誘について沈黙を決めこむという風潮を打破するために、ニコラはファミリーズ・

フォー・ライフという組織を立ちあげ、急進化に悩んでいる人々とその家族にカウンセリングを行う活動を始めた。バーミンガム郊外のオフィスが集まった一角の、くすんだ赤レンガづくりのヴィクトリア朝様式のビルに借りた二部屋がその拠点だ。ニコラに話を聞いてもらおうと電話してくる人は圧倒的に女性が多く、その大半が何かがおかしいと感じている状態だ。引きこもりがちになった息子や、以前より好戦的になった娘の母親。街外れで行われているコーランの勉強会に異様な熱心さで通い始めたボーイフレンドに戸惑う女性。

このような人々を悩ませているのは、ほんのささやかな変化の場合が多く、本人たちも電話をしようと思った理由をはっきりと説明できないでいる。まとまりのない話をする彼女たちのなかに、ニコラはラシードを理解しようと苦しんでいた自分の姿を見る気がする。「あなたがどう感じているのか、わたしにはよくわかりますよ。藁にもすがる思いで、あれこれとしゃべっているように感じているんでしょうね」と言うこともあるのだろう。彼女がおもに行うのは、批判をせずに聞くことだ。テロ容疑者の可能性をうっかり通報してしまった場合に、地域社会でどれほどの混乱が起きるかを考えると、このような組織の存在は貴重だ。彼女は言う。「家族が本当になんでも話せるような場であることが大切なのです。家族が積極的に連絡できて、急進化の兆候を察知する技術を学べる場所です」

だがそれは途方もなく難しい。急進化する過程を研究している人々は、それがきわめて複雑であることだけが、唯一たしかなのだという。暴力的過激主義の予防に関する文献では繰り返し、急進的な思想を持っているからといって必ずしもテロを起こすのではないと提言されている。主義に共感しただけで、コンベアベルトにのせられたように自動的に暴力行為へと発展したりしない。[12] 過激思想を持っていても暴力を支持しない人がいるし、過激思想にかぶれていなくてもテロ犯罪に走る人がいる。[13] 元ＣＩＡ職員でテロ対策専門家のマーク・セイジマンは単刀直入に言う。「数十年におよぶ調査にもかかわらず、何が人を政治的暴力に向かわせるのか、まだわからないのです」[14]

長年にわたってさまざまな国で、暴力的過激主義の原因と更生についていろいろな説明を聞いてきたが、まるで群盲象を評すという寓話のように感じていた。寓話では一頭の象を撫でるのだが、現実には群れの象を評しているのかもしれない。フランス人の学生がシリアへ渡航する目的は、アフガニスタンの部族民がタリバンと共同して戦うのに同意した理由とは大きく異なるはずだからだ。国によっても大きな違いがある。一九九〇年代半ばにわたしはパキスタン北西部にあるマドラサで、アフガニスタンへ行ってジハード戦士として戦うように教育されている子供たちと話をした。彼らの多くがこの神学校に来た理由は、両親が貧しく、子供たちを養えなかったり、別の学校へ行かせられなかったりしたからだ。わたしはホテルに帰り、急進化を根絶する鍵はきちんとした教育であり、貧しい人々には無料で提供しなければならないと確信した。

だがその考えがあてはまらない場合もある。その数年後に会ったパキスタン人の陸軍少佐が急進化した理由には、貧困も教育の欠如も無関係だった。彼は裕福で、ラホール郊外の高級住宅街にある列柱の並んだ白亜の豪邸に住み、英文学を学んでいる娘がいた。アフガニスタンでロシア軍と戦うために米陸軍特殊部隊《グリーンベレー》で訓練を受け、私財を投じてカシミールにジハード戦士の訓練キャンプを設立した。彼が戦闘に傾倒しているのは、カシミール地方をめぐるインドとパキスタンの対立に強い思いを抱いていたからではない。カシミール問題が解決したら戦いをやめるのかときいたところ、彼の答えはノーだった。彼は全世界の人々がムスリムになるまで戦いを続けるつもりなのだ。

このパキスタン人の少佐を戦闘へ向かわせる原動力は宗教的なイデオロギーだったが、わたしがアメリカ同時多発テロ事件のあとにバーミンガムで出会った若者の場合はまったく違う。彼はウサマ・ビンラディンを一種の反帝国主義者のヒーローとして見なして感銘を受けるまでは、違法薬物に依存して、クラブ通いをしていたと認めた。

戦闘へ向かわせる原動力がどれほど多様かを垣間見るには、二〇一六年に国連から発表された『暴力的過激行為を防ぐ行動計画』を読む必要がある。この文書にはこうした原動力が列挙されている。社会経済的な機会の欠如、疎外化や差別、政情不安、法の原則と人権の侵害、紛争の長期化と継続、刑務所内での急進化などの「プッシュ要因」に人は影響を受けやすい。[15] さらには個人的な経歴や動機、統治や抑圧、服従、外国からの干渉によって引き起こされる人々の不満や犠牲、悪用や歪曲されている信仰、政治的イデオロギー、人種や文化的違い、指導者やソーシャルネットワークなどの「プル要因」にも容易に影響されてしまう。

わたしはこの行動計画を読みながら、人がジハードに引き寄せられる理由はジハード戦士の数だけあるのだと思った。

＊＊

ひとつとして同じ事例はないと理解したニコラは、有能なカウンセラーの手法を採用することにした。クライアントから情報を引きだし、両親との関係から学校生活の様子まで網羅した「その人の全体像」を描くのだ。そうして初めて、本当に急進化している場合の特徴を認識し、一時的な変化や憂鬱と区別できるようになる。ファミリーズ・フォー・ライフに電話をしてくる人々の多くは、イスラム教について今までとは違う解釈をし始めた子供を正そうとするが、それは避けるべきだとニコラは必ず忠告する。「ぬかるみにはまってはいけません。夫とわたしはラシードの間違いを正そうとしました。ところが、そんな議論では埒があきません。そもそも子供がこうなったのは感情的な問題を抱えているからであり、宗教的イデオロギーはあとづけです。子供がこの道に引きこまれた、いちばんの原因に目を向けてください」

二〇〇三年にイギリスは急進化したり、テロ行為におよんだりする危険性のある人物を特定するために、プリベントという戦略を策定した。しかしこの戦略のなかで「急進化」と「過激化」の意味するところが不明確だったので、二〇一一年に政府文書で「国内の数箇所において——（ムスリムが）——国家的な『スパイ行為』の犠牲者だと感じていた」ことが認められ、戦略は修正された。[16]

二〇一五年にはさらなる論争が起こった。テロ対策法案が拡大され、イギリス国民に互いを監視する責任が課されたからだ。教師やソーシャルワーカー、医師などの一般市民が、暴力的か非暴力的かを問わずに「過激化」やテロリズムに引きこまれる危険性のある人物を通報するように求められたのだ。急進化についてオンラインで数時間のトレーニングを受けただけでいきなり、保育園の先生から心臓外科医にいたるまで、テロ対策が職務のひとつに加えられた。二〇一五年の法案によって、「すべての人が過激化について語るのではなく、避けるようになったのです」とニコラが教えてくれた。「警戒する風潮になったので、懸念を厄介な問題として報告してしまうのです」

政府が脆弱な個人を保護するという名目で法律制定を行うなか、これは国家による監視を拡大し、個人の自由を侵害するものだと見なす人々もいた。人権団体が抗議し、大学の教授、生徒、教師たちも、報告を義務づける法律はムスリムに汚名を着せ、言論の自由を縮小させる危険があると議論した。捜査網が広がったために、不条理な事件も起こった。スタフォードシャーでは、大学院生が学校の図書館でテロリズムについて書かれた教科書を読んでいると、勉強を中断させられて、同性愛とアルカイダについてどう思うかと尋問された。[17] ある保育園の職員は、父親が「圧力なべ《クッカー》爆弾《ボム》」を準備していると話す四歳児がいると通報したが、実のところその児童は「きゅうり《キューカンバー》」と言っただけだった。[18] プリベントのガイドラインに違反したと見なされるのを恐れ、イスラモフォビアやイスラム教についての会議がいくつも中止された。[19]

アメリカでも同様の過剰反応によって引き起こされる出来事があった。二〇一五年にテキサス州に住んでいた一四歳のムスリムの少年が手錠をかけられて少年拘置所へ送られてしまった。原因は彼の英語教師が、少年の組み立てた置き時計を爆弾を仕込んだブリーフケースだと勘違いしたためだった。あやふやな指針はテロリズムの容疑ではなく、「犯罪予備群」という広大な範疇のなかにいる人に目星をつけるために使われていると人権擁護団体は警告する。国家テロ対策センターが二〇一四年に警察官、ソーシャルワーカー、教師を対象に、自分たちが働いている地域社会の人々を、「集団同一性とのつながり」（人種、国籍、宗教、民族性）と、絶望している、および目的を見いだせないという発言の有無などのカテゴリーにしたがって、評価するように求める質問票が配布された。国土安全保障省では研究者たちが将来兆候検査技術と呼ばれるものを開発している。[20] これはアルゴリズムを利用して人間の心拍数や視線の安定性などを測定し、その人が犯罪を計画しているかどうかを断定できる技術だ。

『マイノリティ・リポート』はSF作家フィリップ・K・ディックの短編小説をもとにして、二〇〇二年に公開されたスティーブン・スピルバーグ監督の映画だ。舞台は二〇五四年のワシントンDCで、ここでは犯罪行為について考えただけで逮捕されてしまう。予知能力者たちの力を使い、警察のエリート組織犯罪予防局《プリクライム》は殺人を実際に犯す前に人を逮捕する。このトム・クルーズ主演のSF映画と、アメリカ同時多発テロ事件以降のイギリスおよびアメリカにおけるテロ対策の類似点をアナリストの多くが指摘している。[21] 二〇〇六年にマイアミで実施されたおとり捜査によって、FBIが七人の男性を逮捕した。容疑はテロ攻撃の計画で、これにはシカゴにあるシアーズタワーの爆破も含まれていた。テロリストを装った捜査官がこの「リバティー・シティ・セブン」に潜入したのちの逮捕劇だったが、FBIはグループがテロ組織とまったく接触しておらず、爆発物も所持していなかったことを認めた。シアーズタワーへの攻撃は「実行計画を立てていたのではなく、想像にすぎないものだった」とFBI副長官が説明した。にもかかわらず、七人のうち四人はテロ行為に対して物質的な支援を行ったとして有罪判決を受け、グループの「指導者」と目されていた男性は禁固一三年六カ月を言い渡された。『マイノリティ・リポート』と同じ手法が地方の警察機関にも取り入れられた。無党派の法律と政策を専門とするシンクタンクのブレナン司法センターは二〇一八年に、全米の警察署と保安官事務所が潜在的な急進化リスクを判断するための指標チャートを作成した。ボストンでは「アメリカの政策と世界での出来事に対する欲求不満」だけで容疑が確定された。[22] ネブラスカ州リンカーンにおいては「テロ攻撃の前に借金を返済する」という項目だけがリスク指標だ。チャートによるとオークランドでは「意義と社会集団を見つけようとする」と容疑者と目される。

この指標チャートに目をとおすだけでも背筋が寒くなる。美しさや悪、愛国心などによって見る人の目が曇らされるのと同様に、急進化を判断できると言われている指標チャートもあてにならない。この指標に照らしあわせれば、わたしはたくさんの理由で有罪確定になる。もしもわたしがムスリムだったら、いとも簡単に犯罪者予備軍という範疇に入れられていただろう。

＊＊

ニコラに会いに行った帰りの列車で、彼女の話のなかでいちばん驚かされたのは、ほぼすべてが普通に感じられたことだった。フリーランニングに熱中していたラシードがＩＳ戦闘員になったのは普通とは言えないが、ニコラの話す限りにおいては、その過程における彼の感情はありふれたものにすぎない。たとえば若者特有の理想主義、だまされやすさ、簡単に利用できると他人から思われてしまう心の弱さなどだ。

よく考えてみれば、ニコラの話のなかに普通さを感じた――もう少し正確には、なじみがあると感じた――のは偶然ではない。結局のところわたしは自分と同じ、白人の母親に話を聞いたのだ。ニコラはウェールズ生まれで、英語を母国語とするだけでなく、うちの娘と同じ名前だ。ＩＳ戦闘員になった息子を持つイギリス人の母親のなかで、彼女のように社会に出て語ろうとする人はほとんどいない。彼女がわたしに経験を語るのを承諾してくれた唯一の女性であるという事実は、多くの移民社会でプリベントの恐ろしさが浸透している証拠かもしれない。

最初に戻って考えてみると、どうしてわたしは取材を始めるにあたり、飛行機に飛び乗って、アフガニスタン人やイラク人、ナイジェリア人の母親から話を聞こうとしなかったのだろう？　二〇一九年の世界テロ指数では、この三カ国がテロの影響をもっとも受けた国々なので、統計的に過激主義組織に加入した子供の数がはるかに多いはずだ。[23]

列車がロンドンに近づいたころ、この問いに対する答えがようやく見つかった。わたしは西欧人におけるテロリズムという枠組みを最初に設定していたのだ。テロは「こちら側のわれわれ」に対して起きているもので、「あちら側の彼ら」にではない。発生件数を見れば、この考えはおそらく間違っているだろう。しかし無意識のうちに、わたしはこのような見方をしていた。西欧人の戦闘員について焦点をあてるわたしの心の奥には、潜在的に西欧とは違うもの《オリエンタリズム》という偏見があった。ＩＳに加入するバーミンガムやブルックリンの子供たちに対して単純に心を痛めているのではなかった。テロリストを「あちら側」の人間として考えるとすれば、イスラム主義の過激主義組織に加入する西欧人は標準から逸脱していることになる。母親にとって、これはまさに悲劇であり、通常の悲しみという枠を超えてしまっている。しかし「あちら側のムスリム」という見方をすれば、過激主義組織の一員になったアフガニスタン人やイラク人、ナイジェリア人は、雑に「あちら側」としてひとまとめにされた地域の混沌とした情勢に比べて、それほど悲劇的には映らない。

　わたしとニコラには文化的な共通項が多いので、わたしがラシードの行動をより深く理解できるのは当然の帰結である。ニコラは犠牲者で、ラシードがネバーランドに暮らすロストボーイに憧れたごく普通の少年だと見なすのは、白人の母親であるわたしにとって簡単だ。わたしたちが誰かを過激主義かどうか判断する場合、その人物と自分との関係の深さによって結果が左右されることが多々あるのだ。

「あなたはテロリストの母親だ」

誰も母親に対してふるまい方など命令できない：
法が破棄されたら、もう決まりなどないし、呼びかける名前もない。
——リタ・ダヴ『ペルセポネの誘拐（Persephone Abducted）』[1]

初めてニコラと話した日にわたしの印象に残ったのは、彼女の孤独であり、恥にさいなまれ、沈黙している姿だった。ラシードがＩＳに加入した二〇一五年五月は、ＩＳがヨーロッパでの大規模な攻撃の犯行声明を出した時期で、西欧の政治家たちはＩＳを文明社会に対する脅威だと明言していた。ＩＳ戦闘員に忠誠心を抱くものは、たとえそれが感情だけであろうと、汚名を着せられ、法的リスクを負った。

「わたしは異常じゃないと請けあってくれた」とニコラが顔をひきつらせながら言うのは、ダニエル・ケーラーとクリスティアンヌ・ブドローだった。クリスティアンヌはカナダ人の女性で、長男のダミアンがシリアで亡くなったあと、ケーラーに教えを受けて急進化した子供の家族専門のカウンセラーになった。のちに彼女は過激主義組織に身を投じた子供を心配する親のためのメンターおよび支援者となった。電話、ソーシャルメディア、面会などをとおして人脈を広げながら、彼女は急進化と暴力的過激主義者の更生に関する情報公開が必要だと声をあげている。

わたしは急進化した若者の家族同士の会話について考えた。戦うためにシリアへ渡航する西欧人の若者に共通するパターンが解明されたのだろか？　わたしたちがテロリズムについて語るときに抱いている既成概念を打ち壊すための一助になっているのか？

ダミアンがシリアへ行ってしまってから二年後、クリスティアンヌと一二歳の次男ルークは故郷のカナダを離れ、生活を立て直すために、彼女の両親が老後の生活を送っているドルドーニュ県の村に移った。クリスティアンヌが自身の試練と、いろいろな家族のカウンセリングをとおして学んだことを取材するために、わたしはフランス行きの航空券を予約した。

＊＊

トゥールーズに到着したわたしは、ここで一泊して、次の日にクリスティアンヌの村へ移動する予定を立てていた。空港からの移動のためにウーバーで手配した運転手はわたしを乗せると、どこから来たのかときいてきた。イギリスだと答えると、まるでわたしが桃源郷《ザナドゥ》から夜行便で飛んできたと言ったかのように、振り向いてこちらを見た。「あなたの国はいったい何を考えているんですか？　ヨーロッパ連合から離脱するのがいい方策だなんて、いったいどうすれば思えるんですか？」。信じられないと言わんばかりの口調だった。

彼と同じくらい驚いているとわたしは言った。ショックだったのは、ブレグジットが可決されただけでなく、わたしのまわりでは誰も賛成票など投じていなかったのに、イギリスがふたつに分断されていたと明らかになったからだ。

「それにしても、ヨーロッパから切り離されて、あの小さい島に閉じこもっていたいと思うのはなぜですか？」

「わたしにもさっぱりわからないのです」とわたしは言った。「ここ数カ月間ずっと、あの人たちは何に取りつかれていたのだろうと考えているところです」

「わかりましたか？」

わたしは「権限を取り戻す」というスローガンや、移民の流入とグローバリゼーションが起きる以前の、シンプルでバランスの取れた世界の再現を約束するEU離脱支持者《ブレグジッター》について言葉に詰まりながら説明した。

運転手はあきれたように笑った。「そんな時代はもう過ぎてしまったのですよ。そもそも、以前にはあったと仮定しての話ですが」彼にとっては、そのような時代はなかった。モロッコ系ユダヤ人の家系で、スペインで生まれ育ったのだと彼は言った。フランスに移住し、イタリア人女性とのあいだにかわいい子供がいるらしい。賃金水準が高いのでベルギーに住んでいたこともあるそうだ。だが雨が嫌いで、家族と離れているのも寂しかったので、冬のあいだはほとんどスペインに戻っていたそうだ。

「まさに地中海沿岸を闊歩しているのね！」わたしは言った。

「まあ、世のなかにはもっとひどいことだってありますからね」と運転手は肩をすくめた。

エアビーアンドビーで予約した宿泊先に到着するころには、壁の建設や国境線の強化、文化の純粋性を求めて熱狂するのは愚かだという結論で、わたしたちは合意していた。

しかし世界中でたくさんの人々が対話や多元主義を求めるのではなく、もっと単純明快なほうへ流れているようだ。純粋性と確実性とは、壁の建設と主権を約束する人々の売り口上だ。これは過激主義組織に加入する若者が切望しているものでもある。さらに、イスラム国が実現するとプロパガンダでうたっているのもこの純粋性と確実性なのだ。二〇一五年にISが発行していた英語の機関誌『ダービク』が「グレーゾーン」の消滅を祝った。[2] グレーゾーンとはISにも、ISが敵と呼ぶ西欧の「十字軍」にすら加入していないムスリムが取り残されている場所である。グレーゾーンで立ち往生している人々は弱く、地球を分断するような文明間の戦いにおいて支持する側を表明するのを拒否している。だが『ダービク』にはよい知らせがある。今ではグレーゾーンが「近絶滅種」になった。伝道者は読者にそう断言した。

彼らの絶滅の始まりは、九月一一日の祝福された作戦行動だった。この作戦行動によって、世界は……イスラム教の陣営……そして十字軍とその同盟組織から成る不信心者の陣営という、ふたつの陣営に分かれていると明らかになった。そして（ウサマ・ビンラディンも）「今日の世界はふたつの陣営に分裂している」と言った。……ブッシュの「あなたがたは、われわれの側かテロリスト側かのどちらかだ」という言葉も正しいのだ。つまり、あなたがたは十字軍側か、イスラム側かのどちらかに立っているのだ。

まやかしの文明の対決のなかで支持する側を決めるのを拒否したらグレーゾーンの住人になるというのであれば、わたしはもう長いあいだグレーゾーンで暮らしている。ニコラも同様だとわたしは思う。彼女は息子が間違った行動に走ったと理解していたが、ずっと彼を愛していた。ほかの親たちも同じだろう。テロリストになった子供たちをあきらめずに思い続ける気持ちが、狂信者や国粋主義者たちによって引かれた黒く太い境界線をにじませているからだ。わたしが会ったジハード主義の新人戦闘員の親たちのなかで、西欧人のほうがほかの人々よりもグレーゾーンに残っている時間が長い。このような親たちは、「われわれ」対「あちら側」という表現、分断したり容疑をかけたりする要求、既成概念や本質主義への依存を拒絶する。子供を失った苦痛があるがゆえに、世界の人々、文化、そして国々の相互関係が複雑にからみあい、ときにはもつれているのだと気づける。子供を愛しながらも、彼らが間違いを犯したのを理解しているので、正義をふりかざすことの虚しさを理解している。彼らの世界ではパスポートや国境線、あるいは法律ではなく、個人的な絆によって秩序が保たれているのだ。クリスティアンヌは言う。「わたしたちの情熱は感情と苦痛から生まれているのです。権力や金銭、政治的な指示によるものではありません。これらが原動力であれば制御できます。しかしわたしたちの情熱は感情的なので、政府もカリフ制国家もおさえられないのです。だからこそ、わたしたちは危険なのです」

＊＊

翌朝わたしはトゥールーズから列車に乗って、クリスティアンヌとルークが彼女の両親と暮らしているエイメ村に向かった。日のあたるテラスに座り、タバコを片手にコーヒーを飲んでいる彼女の姿は、テネシー・ウィリアムズの作品に登場する、小さな町の偏屈者に立ち向かっていく、深く傷つき、やつれながらも美しい女性を思わせた。ニコチンと悲しみのせいで声がしゃがれ、美しい目のまわりにはしわができている。ひどい外見だと自分で言うが、それは違っていた。彼女には決意をしたような強い雰囲気がある。そのせいで、二〇代のときにボディビルをやっていたと聞かされても、わたしは驚かなかった。

二〇一三年の寒い年明けから数カ月のあいだ、クリスティアンヌの生活はカルガリーとシリアの二箇所にまたがっていた。夜になって当時一〇歳だったルークを寝かしつけると、地下室におりていった。コンピュータを立ちあげ、ジハード主義者のウェブサイトを閲覧したり、シリアでバシャール・アル・アサドの軍隊と戦う過激主義組織がユーチューブに投稿した動画を見たりする。カメラに向かって勝利を叫び、自動小銃をふりかざし、爆弾がさく裂して煙が立ちのぼるなかを走っていく黒い服の男たちの顔を拡大し、細部まで見ながら、画面に映ったすべての戦闘員を詳しく調べる。特定の顔立ちの人物を発見すると、さらにじっくりと確認する。それから死亡者の発表に目をとおす。もしも発見してしまったら卒倒するであろう名前がのっていないのを確認して、翌日まで希望がつながったことに安堵する。彼女が探しているのは秋にシリアへ行ってしまった、二一歳の息子ダミアンの顔だった。

コンピュータの前に座りながら酒に酔う夜が明けると、日中はやきもきしながら電話の画面を見つめ続ける。目が覚めて――運よく眠れた場合に――最初に思うのは電話のことで、ダミアンからショートメッセージが入っているかどうかすぐに確認する。シャワーを浴びるときは浴室に電話を持って入り、彼からの連絡を逃さないように着信音を最大にする。会計士として仕事をしている非営利団体での会議中には、息子からのメッセージが来た場合にマナーモードにした電話の震えがわかるように、テーブルの上に置いておく。彼女はわたしに言った。「何が起きているのだろうかと常に考えてしまうのです。息子はつかまってしまっただろうか？　彼は拷問されているのだろうか？」

そして暇があるといつも、同じことを自問してしまうのだ。なぜノヴァスコシアに生まれてカトリック教徒として育てられた少年が、自分の使命はシリアで戦うことだと思うのだろう？　彼は思いやりがあり、遊び場で弱い子がいじめられていると助けに入るような子供だった。群を抜いて優秀で、IQは一五四もあった。幼稚園のころからずっと、学校が退屈だった。クリスティアンヌの意に反して、彼は一六歳で学校をやめてしまったが、学ぶことにはきわめて熱心で、特に世界政治と社会的正義に興味を持っていた。権力者に対しては懐疑的で、政治家はばかだと言って切り捨てていた。

クリスティアンヌの家庭生活は、ダミアンに対する心配を軽減してくれるものではなかった。彼女はダミアンが七歳のときに、彼の父親と離婚した。男の赤ん坊を乳幼児突然死症候群で亡くしており、新しいパートナーによる家庭内暴力の被害者でもあった。

一〇代になるとダミアンはうつ病に苦しむようになり、彼の世界はコンピュータの画面のなかだけに縮小してしまった。家からほとんど出ず、一七歳のときには自殺未遂をした。その直後にイスラム教に改宗したので、クリスティアンヌはこの信仰によって息子が生きる指針と心の平和を得られるだろうと安心した。しばらくのあいだは、そのとおりになった。正社員となって倉庫で箱を積みあげる仕事をして、母親と暮らした。モスクへ車で送るのも母親だった。

しかし彼はまもなく仕事を辞め、精神疾患の患者を対象にした障害年金で暮らすようになった。「彼は自分が何者かという葛藤を抱えていました。自分の人生から十分なものを受け取れていませんでした。欲求不満で退屈していたのです」クリスティアンヌが言った。

ダミアンは二〇歳になると、実家を出てカルガリー中心部のアパートメントで三人の若者と一緒に生活し始めた。彼らは全員ダミアンと同じイスラム教の勉強会に参加し、その母体となっているモスクに通っていた。家族とはさらに疎遠になり、友達を家に連れてこなくなった。クリスティアンヌの生活スタイルを非難し、家族が「密通と不貞に際限なく合法的にふけり、酩酊するのをやめられずにふらつく」のを目にするのが耐えられないとフェイスブックに投稿していた。アメリカ同時多発テロ事件の陰謀論を支持した。クリスティアンヌの家にいるときに電話がかかってくると、外で出るようになった。夕食の席で彼女がワインの栓を開けると、彼はテーブルを離れた。

二〇一二年一一月のある日、ダミアンは行ってしまった。イスラム学者になるための勉強をしたいので、アラビア語を学ぶためにカイロに行くと家族には言い残していた。しかし二カ月後の二〇一三年一月、カナダ安全保障局の捜査員がふたり、クリスティアンヌの家にやってきた。彼らはダミアンを監視していて、彼がカイロではなくトルコへ行き、過激主義組織が運営する訓練所に入ったのだと確信していた。そしてそこから国境を越えてシリアへ渡り、シリアのアルカイダと呼ばれているアル・ヌスラ戦線のために戦っていると言った。

**

怒りを抱え、うつになり、人生の意味を見つけようと躍起になっていた――とクリスティアンヌが言う――ダミアンは、うぶですぐに夢中になるラシードよりも、わたしがジハード主義者の組織に引き寄せられやすいと思うような若者に似ているようだった。長きにわたって「イスラム教信者の怒り」や「ジハード主義者の憤慨」という見出しを目にしてきたせいで、理想主義よりも怒りと疎外感のほうが人を過激主義組織へと走らせるのだと、わたしは思うようになっていた。戦うためにシリアに行きたいと願う若者の典型的なプロフィールを知りたければ、ダミアンの経歴がまさにあてはまるだろう。彼は幼いころに両親の離婚を経験し、精神的な問題を抱えている。母親が赤ん坊を亡くした悲しみと、家庭内暴力に苦しむ姿を目の当たりにしてきた。ダミアンは電話で、シリアに来たのは苦しむ女性と子供たちを守りたいからだと母親に話した。ジハードに参加して戦うことは、「代償行動」のひとつなのだとクリスティアンヌは言う。家庭内では勝てなかった戦いを、シリアで行おうとしたのだ。おそらくシリアでは純粋性と確実性、そして目的を手にできると考えたのだろう。

さらにダミアンはイスラム教に改宗した西欧人だ。正確な数値を出すのは難しいが、研究によると、改宗してイスラム教徒になった人の割合は西欧諸国のイスラム社会においては少数だが、過激主義組織のなかでは非常に多いという結果が出ている。この理由については、研究者のあいだでも議論が続いている。あとから改宗した人は信仰に対して熱心であるがゆえに、古典的文献を厳格で正統に解釈する組織へ流れるのだという学者もいる。ムスリムの家庭で育っていないので、ジハード主義のリクルーターの甘言に反論できるだけの、十分なイスラム教の知識がない状態で取り残されているのが原因だという意見もある。急進化に関する学術論文を読んだり、研究者に取材したりするたびに、ひとりの人間が暴力的過激主義に傾倒するプッシュ要因とプル要因はきわめて複雑なのだと教えられる。

長年にわたって多くの悩める親たちと話してきたクリスティアンヌもこれに同意する。「人はテロリストについて単純な人物像を求めるのです。父親が行方不明だとか、悲劇的な経験のせいでテロ行為にいたったとか。きちんと理解して、簡単に解決できるような、つかみどころのある理由を見つけたいのです。ところが人間というものは簡単ではなく、複雑です」

カナダ安全保障局はダミアンがシリアに渡る二年前から急進化の容疑をかけていたが、母親には告げなかったと伝えられ、彼女は裏切られた気がした。息子を助けてやれたかもしれないと思うのと同時に、捜査員たちの目的に不信感が芽生えた。彼らは本当に彼女の息子が戻るのを助けようとしているのだろうか？　別の容疑者を追跡するために、ダミアンの動きを利用しているだけなのか？　ダミアンの居場所を誰にも言うなと捜査員から口止めされると、ダミアンの仲間について「わたしからできるだけ情報を引きだすために」彼女自身も「利用されている」のだとクリスティアンヌは思い始めた（事件について公表するという規則があるはずだが、カナダ安全保障局はクリスティアンヌの証言に対してコメントするのを拒否した）。振り返ってみると、捜査員たちはダミアンのコンピュータから情報を――氏名、住所、連絡先を――手に入れるために、クリスティアンヌを「グルーミング」していたのだと彼女は確信している。「わたしは彼らに情報を提供しました」彼女は肩をすくめて言った。「彼らは『わたしたちは助けに来ました。できることならなんでもします。息子さんが帰国できるように全力をつくします。ですが、あせらないでください』と言い続けて、わたしの目の前にニンジンをぶらさげていただけなのです」

当局に不信感を持つだけでなく、恐怖も重なった。捜査員たちはダミアンを勧誘した男たちはクリスティアンヌが息子のルークと娘のホープと一緒に暮らしている家だけでなく、子供たちの学校も知っている可能性があると警告した。「いつも背後を気にしなければなりませんでした」彼女は言った。マスコミに話さないようにとも注意された。この秘密主義は彼女の安全のためというより、カナダは自国民がテロなど起こす国ではないというイメージを維持するのが目的なのだと彼女はにらんでいる。

クリスティアンヌは息子を失うだろうと予感していた。あるとき話をしながら、彼が死にかけているのを感じた。「もちろん彼は生きていましたが、声が冷たかったのです。暗い声で、生気が感じられませんでした」。彼のフェイスブックのページに、あとに残された家族が途方に暮れていると書きこんだ。「もう二度とあなたに会えない、あなたを抱き締めることができないと思うと、心が粉々に砕かれてしまうようです」

ダミアン――仲間の戦闘員たちからの呼び名は、「カナダ人」という意味のアブ・タルハ・アル・カナディ――から返信があった。

この現実を受け入れて、わだかまりなく話をしよう。「家族はあなたがいなくて寂しいと思っているのよ。心が引き裂かれそうだわ」と繰り返すのをやめてほしい。そんなことを言われても罪悪感などわかないし、話をする気が失せるだけだ。ぼくはようやく、いるべき場所にいるんだ。

六カ月のあいだ、クリスティアンヌはほぼ誰にもダミアンの現状を話さなかった。時間が過ぎるにしたがい、彼女は気持ちがおさえられなくなってきた。ルークはいつもダミアンに父親像を求めており、兄と電話で話をする様子を見ていると、彼女は胸が締めつけられた。彼はまだ兄がカイロでアラビア語を勉強していると信じていたので、彼女には真実を告げる勇気が出なかった。ルークは足を踏み鳴らして、家に帰ってくるようにと兄に懇願した。「お兄ちゃんが必要なんだよ」と彼は言った。

リベラルなカトリック教徒として育ったクリスティアンヌは、子供たちにはほかの宗教に対して偏見を持たないでいてほしいと教えていたが、今では彼女自身の心にイスラム教を嫌悪する気持ちが浮かんでくるのだった。「ムスリムを毛嫌いしていた時期がありました」と彼女は振り返る。スーパーマーケットでヒジャブをつけた女性を目にすると、カートで轢いてやりたくなった。車を運転中にヒジャブ姿の女性を見ると、そちらへハンドルを切りたい衝動に駆られた。「自分の怒りをどこにぶつければいいのか、わからなかったのです」

わたしが二六歳のとき、父がメキシコの別荘で強盗に殺害された。警察は犯人を逮捕できなかったが、人違いで殺されたのだろうと考えられている。別荘を貸していた相手が、麻薬の密売人に間違われていたのだ。建物の修理をするために別荘を訪れた父は、支払いトラブルを起こしている密売人だと思われてしまったらしい。ある日、犯人たちがやってきて、金を返せと言いながら、父を縛りあげて暴行した。それから一週間後に父は多臓器損傷で亡くなった。

これは不運が重なったとしか言えないのだが、その後の数年間、わたしは恐怖、悲しみ、そして怠惰という材料から憎しみ《モンスター》を作りだしていた。わたしの頭のなかでメキシコは、大聖堂に置かれたイエスの像はすべて血の涙を流し、玄関のドアをノックするのは友人やブーケの配達、トルティーヤを売る女性ではなく、暗殺者しかいないような恐ろしい場所に成りさがっていた。

それから何年も経ってふたたびメキシコを訪れたが、そのときにはまだ自分を悲しみのどん底に突き落とした国だという思いがあった。クリスティアンヌがイスラム教への嫌悪感が浮かぶ自分にショックを受けたと語ってくれたように、わたしも自分自身の偏見におののき、その気持ちが過ぎ去ってからは、悲しみに心を毒されるがまま放置していた自分を恥ずかしく思った。わたしはクリスティアンヌから怒りの矛先を向けられた女性たちを思った。その怒りとは、まるで遠くで起きた火事の現場から飛んできた有毒な灰のような、外国での紛争の副産物なのだ。

クリスティアンヌは崩壊しそうになる家族のために専門家の支援を受けようとしたところ、ますます孤立するような気持ちになった。ルークの話を聞いてもらえるような人を紹介してほしいと安全保障局の捜査員に頼んだところ、彼らはにべもなくはねつけた。「すぐには無理です。適任な人を探す必要があるので」とか「それは予算でカバーされないのです」と言うこともできたはずだ。仕方ないので彼女は自分で子供専門の精神科医に電話をかけた。「うちの長男がテロ組織に加入して、戦闘に参加するためにシリアへ行ってしまいました。どうすれば次男がこの出来事を受け入れられるようになるのか、わたしにはわからないのです」。ところが誰ひとりとして彼女の件にかかわろうとしなかった。「何もこたえないか、ただ『ああ、そうですか』というひとことだけなのです。カチッ」と言ってから、彼女は受話器を置く手振りをした。

ダミアンがシリアに行ってしまったと知らされてから七カ月が過ぎた。精神的に参ってしまいそうになり、彼女は安全保障局の捜査員の忠告を無視して、記者に話をすることにした。彼女の発言は引用されたが、名前は伏せられる形で記事になり、二〇一三年六月二三日の『ナショナル・ポスト』紙に掲載された。その日の午前中、彼女は仕事場にいた。ルークを診察してもらうために子供専門の精神科医に電話していたところ、ダミアンの件を担当している捜査員からショートメッセージが入り、今すぐに話す必要があると書かれていた。引き続きまたメッセージが来て、この瞬間に話したいと書いてあった。

「もう我慢の限界でした」とクリスティアンヌは当時を思い返す。「家族のカウンセリングについて情報を教えてくれるのでなければ、引っこんでいて。急いで話すことなどいっさいありませんから」という返事を打つと、それ以後、捜査員からの連絡はなくなった。

ダミアンがシリアへ渡ってから一年ほど経ったある夜、彼女の電話が鳴った。それは記者からで、彼女の息子の最近の写真はあるかという問いあわせだった。なぜそんなものがほしいのかときくと、彼は言った。ダミアンが亡くなったのです。

＊＊

クリスティアンヌはタバコを深々と吸うと、大きなサングラスをかけた。前の晩遅くまで眠れなかった女性のように見える。彼女がフランスに移った理由のひとつは悲しみを癒すためだったが、カナダで疎外されているように感じたのがいちばんの原因だった。ダミアンがカナダを離れて以降、彼女を支えてくれる人はなく、職も失って破産した。そうなったのは、語り続けたからだと彼女は感じていた。カナダは自国から出たテロリストについて口をつぐんでいたのに、彼女がその沈黙を破ったのだ。彼女は自分が目にしてきた、この問題に対する政府の誤りを率直に言葉にした。そして、若者はリクルーターのたくみな言葉にだまされやすいのだと主張した。

マスコミで発言して以降、彼女は批判の的になった。「おまえが何か間違ったことをしたからだ」、「おまえの育て方が悪かったんだ」、「おまえの信念に影響されたんだろう」といった非難の言葉が投げつけられたのを、今でも覚えている。ネット上のコメントはもっと辛辣だった。「わたしも死ぬべきだと言う人々がいました。まったく知らない人たちです」彼女は口元をゆがめながら語ってくれた。コンピュータ画面の向こうに身を隠した、地元のカルガリーで、会計士として働いていた非営利団体との契約が終わったので、クリスティアンヌは新たな契約先を探した。履歴書を送ると、いつも面接の直前に人事部の担当者から電話がかかってきた。それは例外なく、予想外に早く新しい人が決まってしまったとか、募集要項が変わったという内容だった。最後には彼女に同情した採用担当者が教えてくれた。おそらく人事部がグーグル検索で彼女を調べ、その経歴が企業側の評判を落とすのではないかと懸念しているのだ。「あなたはテロリストの母親という目で見られていますから」とその女性は言った。

クリスティアンヌは彼女の率直な言葉をありがたく思った。仕事を見つけられず、負債も大きかったので、彼女は家を銀行に差し押さえられてしまった。「正直になった結果がこれです」彼女は肩をすくめた。「とてもショックでした。それなのに、世間ではＩＳ戦闘員の母親がもっとたくさん声をあげるべきだと言うんです。信じられないでしょう?」

採用担当者がクリスティアンヌを言い表すのに使った言葉――「テロリストの母親」――すなわち、愛情深く育てる人と恐怖に陥れる人という、不自然な言葉の組みあわせがわたしたちの心にのしかかった。辞書には「母親（mother）」という言葉を使った「the mother of all...（とてつもない〜）」という言いまわしがのっていて、これはある物事のなかの最大のもの、あるいはもっとも基本的なものという意味である。「the mother of all evils（とてつもない悪）」や「the mother of all battles（とてつもない戦闘）」と言われるときも、使われる言葉はあくまで「mother」であり、「父親（father）」ではない。テロリストの母親であるとは、邪悪なものの根であり、直接の原因という意味になる。若者がジハード主義の組織に加入したら、母親が非難の矢面に立たされるのは避けられないとクリスティアンヌは言う。「誰も父親を非難しません。『父親はどこにいるんだ？　彼はいったい何をしていたんだ？』と言う人などいないのです。すべては母親の責任にされてしまいます」

わたしはうなずきながら頭のなかで、昔からずっと母親のせいにされてきた社会悪にテロリズムを追加した。フロイトが提唱した子供を統合失調症にする母親、アメリカで前世紀半ばに「冷蔵庫マザー」とレッテルを貼られ、その冷淡な子育て方法のせいで子供が自閉症になったと責められた母親、そして一九八〇年代と九〇年代に、妊娠中に違法薬物を摂取したせいで子供を「クラックベビー」にしたという理由で起訴された何百人もの——多くは黒人の——母親の次に、「テロリストの母親」は入るのだろう。[3]

＊＊

母親は子供に命を与えるが、他者は子供たちの怒りや不安、心的外傷につけこんで過激主義へと導く。ドイツ急進化および脱急進化研究所の所長であるダニエル・ケーラーはあごひげを生やし、眼鏡をかけた男性だ。彼はブランデンブルクにある高校に通う一〇代のころから、学校にいたスキンヘッドのネオナチ集団を観察し、暴力的過激主義の問題について考えていた。仕事を始めた当初は暴力的過激主義者のなかでも右翼を専門に扱っていたが、のちに驚くほどの共通点を持つジハード戦士にまで対象を広げた。宗教的過激主義であれ、白人至上主義であれ、リクルーターは不寛容な考えにもとづいて世界観を狭めようとする。ケーラーはこれを「政治的な価値観と理想の脱多元化」であると言った。[4]　リクルーターは狙いをつけた人々に、自分たちの問題は「不信心者からのイスラム教に対する世界的な戦争……あるいは、移民によって破壊されるアーリア人の人種的純度」といったさらに大きな、架空の闘争と結びついているのだと信じこませる。[5] 腕のいいリクルーターは相手の孤独感や、恋人や仕事を見つける苦労をたくみに過激主義者の世界観と結びつける。[6] 徐々にターゲットの孤独や失望、怒りが心のなかで、もっと大きな闘争と融合されるようになる。このときにリクルーターは、カリフ制国家あるいはアーリア人社会を創設すれば、「そのあかつきには、すべての問題は解決する」とすかさず口にするのだとケーラーは説明する。[7]

ダミアンが亡くなった年にケーラーはカルガリーにあるクリスティアンヌの家に来て、彼女を急進化した家族のいる家庭に寄りそうカウンセラーにする訓練を始めた。ダミアンが行ってしまった理由をひとつずつ集めようとしていたときに、「ゆっくりと隅に追いつめて、視野を狭くさせる」という脱多元化の過程についてケーラーが語るのを聞いて、まさにそのとおりだと思ったと彼女は言った。「彼のおかげで、感情と動機の重要性と、それらがゆがめられる過程を関連させながら理解できました」。ふたりは共同でマザーズ・フォー・ライフを設立した。これはオンライン上の組織で、ジハード主義の過激主義組織に加入した子供を持つ親たちの拠点として機能している。

＊＊

昼食をとるために、クリスティアンヌとわたしは彼女の両親の家を出て丘をくだり、近所のレストランへ行った。セットメニューをふたつ注文し、クリスティアンヌは赤のハウスワインをグラスで頼んだ。食事をしながら、彼女は家族のひとりが急進化したせいで、そのまわりの人間か社会から孤立させられる仕組みを説明してくれた。急進化によってもたらされた悲しみは家族を超えて、波紋のように大きく広がっていくのだ。

何年にもわたり、彼女は孤立した家族からの電話やメッセージを受けてきた。兄弟や姉妹に追随してシリアへ渡りたいという人々の話を聞いた。自分たちを助けてくれると思っていた警察や安全保障局とだんだん疎遠になってしまった家族もいた。「彼らは社会のシステムや、人間を信じられなくなった」のだ。あるフランス人夫婦は、孫たちがだまされてイスラム国へ移住してしまったので、自分たちもラッカへ引っ越しをして彼らと再会しようと計画していた。クリスティアンヌはストレスが原因で結婚生活が破綻し、アルコールの過剰摂取にまで発展することがあるのも理解している。あとに残された家族が精神障害に苦しむようになるのもめずらしくない。息子を亡くしたあと、密航業者にお金を払ってトルコから国境を越え、死亡した現場を見に行った母親もいる。彼女はそこに一週間滞在し、息子の仲間だった戦闘員たちと話をしてから戻ってきた。その旅から帰っても、彼女が望んでいたような心の平穏は得られなかった。それからほどなくして、この女性は精神が破綻し、現実を認識できなくなった。今では息子がまだ生きているかのごとくふるまっている。

＊＊

わたしたちはレストランで二時間も話をしていた。コーヒーカップはすっかり空になり、ほかの客の姿は消えていた。床にモップをかけたいので足をあげてくれないかとウエイトレスに言われてしまった。わたしはクリスティアンヌに問いかけた。「なんでも可能な世界だと仮定して、あなたなら暴力的過激主義にどう立ち向かいますか?」

クリスティアンヌは驚いたように眉をあげて、短く笑った。「なんでも可能な世界で? 地域社会と家族を立て直し、若者に教育することから始めます。わたしたちは人間関係の大切さを忘れてしまっているのです。今では若者に寄りそうような場所が、どんどん減っています。組織の青年部や、コミュニティーセンターなど。テクノロジーの力でなんでも単純にしようとしているせいで」

「それだけ?」とわたしは思った。「青年部?　放課後のスポーツ活動?　ボーイスカウト?　スケートボード場?　公民館や町内でのバーベキュー?　こんなことが、長いあいだ文明社会を脅かしてきた過激主義に対する解決策だというのか?」。クリスティアンヌの提案はごく普通だ。むしろ普通すぎて違和感を覚えるほどだった。わたしは過激主義組織に勧誘されてしまった若者たちは西欧の崩壊した社会の犠牲者だという考えに、心から納得することはできなかった。

彼女は言葉を続けた。社会的なつながりが弱まるのを放置していたのに加えて、わたしたちは恐怖のせいで疑問や異なる意見を口にしないようになってしまった。「急進化」という言葉も、本来は変化するための機動力として、よい意味にも使えるのだ。「わたしたちはこの単語を、悪い意味の言葉におとしめてしまったのです」と言って、彼女は体を後ろに引いて椅子の背にもたれ、降参したように両方の手を上にあげた。「今ではあらゆる急進化を悪いものだと思っています。人々は壁を建設し、自分たちを恐怖と一緒にそこに閉じこめるのです。恐怖は希望を押しつぶすので、わたしたちはふたたび希望を取り戻さなければならないのです」。さらに、こうした恐怖は、お金の流れにも影響するのだと彼女が言い足す。爆弾やドローン、刑務所には莫大な予算が投入される一方で、恐怖が大きく関係する家族のカウンセリングという彼女の仕事の大半は無償で行われている。

＊＊

二〇一五年の春、マザーズ・フォー・ライフの女性たちはＩＳに加入した子供たちに公開書簡《オープンレター》を書くことにした。母の日にフェイスブックに投稿された手紙には、子供たちにシリアから帰ってきてほしいという強い願いや、多元主義を絶賛し、イスラム国を強く非難する声がつづられた。

　わたしたちはみな姉妹のように互いを思いやり、国境や国籍など関係ありません。こうして七カ国から集まっていますが、全員が同じ経験をしています。わたしたちはみな母親で、あなたたちの帰りを待っています。ひたすら待っているのです……。わたしたちは母親として、あなたたちにいろいろ教えてきました。そのなかでもっとも大切なのは、正義、自由、敬意、そして慈悲心が生きとし生けるものへ、そしてすべての人々にもたらされることです。[8]

この手紙は各国政府への批判、そして暴力的過激主義が高まっている責任は、個人とその家族だけでなく、世界の指導者たちにもあるのだという提言で締めくくられている。

　最終的な決断をくだす責任を持つ方々へ：わたしたちは子供を失った母親です。わたしたちの声を聞いてください。わたしたちには助けが必要なのです。それぞれの経験が語るように、たくさんのことが間違った方向へ進んでしまいました。わたしたちは嘘をつかれ、助けもないまま取り残されました。子供たちを奪った人々が、そのような所業におよんだ理由のひとつは、あなたがたが目をそむけていたからです。

この手紙はすぐに一〇カ国語に翻訳され、一五〇〇〇本の記事になったが、西欧諸国の政府からもイスラム国からも正式な回答は出されなかった。

一年後、古代ギリシャ劇で合唱隊《コロス》が有力者に道徳的真実を気づかせるように、マザーズ・フォー・ライフは公の場に戻ってきた。この二通目となる「母の日の手紙」では、政府がやらないと公言していることを試みた。テロリストへの語りかけである。「アブ・バクル・アル・バグダディ宛」と記された公開書簡には、彼女の子供たちは「貪欲で罪深く、権力に飢えた男たちにだまされた」のだと率直に記されていた。[9]

ISの指導者に向かってこんなにずけずけとものを申すのは怖くなかったかときくと、クリスティアンヌは喉が締めつけられたような声で笑った。「あいつらにこれ以上、何ができるの？　わたしはすでに息子を奪われているのよ」

喪失によって人は孤立し、目に見えない壁と塀に囲まれる。あるいは恐怖を感じなくなり、人間が作りあげた慣習や法律を無視するのをいとわなくなることもある。正しいと考えられている慣例に異を唱えたり、さらに大きな真実を求めて礼儀やしきたりを無視したりする勇気や、「あちら側」にいると見なされる人さえも含めた、人々との深い絆を得られるようにもなる。マザーズ・フォー・ライフの母親たちが社会やテロリストに向けて声をあげる方法を見つけだしたのは、息子の死という衝撃的な経験があってのことだった。これはわたしたちがいかに、沈黙しているほうが安全だという理論をかたく定着させてきたかを物語っている。

＊＊

悲しみはフィジェン・マレーにも大胆な行動を起こさせた。彼女の息子マーティン・ヘットは、二〇一七年五月二二日にマンチェスター・アリーナでの自爆テロに巻きこまれて、ほかの二二人の人々とともに命を落とした。本書のまえがきでも触れたように、彼女はマーティンの死から一カ月後に、全国放送で自爆テロ犯をゆるした。身長一五三センチメートルほどで、めずらしいくらいに率直な人柄の、異世界の人のような雰囲気の女性だ。

ランカシャーの街プレストンで会った日、まっすぐな黒髪の彼女は上から下まで黒い服を着ていた。手首の内側にはハチ——マンチェスター・シティのシンボル——のタトゥーがあり、その下には#BeMoreMartyn（もっとマーティンと一緒に）と入っている。

フィジェンはこの日、セントラル・ランカシャー大学の大学院でテロ対策についてのセミナーを行う予定だった。ずっと人前で話をするのが怖かったが、マーティンが亡くなってからはもう緊張しなくなったそうだ。「最悪の出来事はすでに起きてしまいましたから。もう怖いものがなくなったのです」と彼女は説明する。彼女の職業はカウンセラーだが、自爆テロ事件以降、憎悪の感情には断固反対だと社会へ発信するのを仕事にしようと決意した。自爆テロ犯が「わたしのなかにあった何かを解き放ち、それがどんどん大きくなっているのです」と彼女は言った。「これはとても強力で、母親だからこそわいてくる感情でしょう。憎悪の感情に抵抗し、拒否するためならなんでもします。わたしは恐れていません。『やっつけてやる』というくらい強い気持ちです」

にぎやかな通りを抜けて大学まで歩いている途中、彼女は立ち止まって腰を落とし、歩道に落ちていた光るものをつまみあげた。それから手のひらを広げ、宝物をわたしに見せてくれた。家で普通に見かけるようなネジだった。「マーティンがわたしと一緒にいるの」と彼女は言った。

マーティンの命を奪った爆弾は自家製で、ナットやネジ、ボルトがたくさん詰まっていた。自爆テロ犯のすぐ後ろに立っていたので、爆発に巻きこまれたマーティンの体には一六本のネジが突き刺さっていた。息子が亡くなってから、フィジェンはネジを見つけると必ず拾うようになった。イギリスの家のなか、父祖の地トルコ、プラハ、ブリュッセルで彼女はネジを拾った。わたしたちが会った日に、彼女のコレクションは一五〇個になった。「いつでも光っているんです。絶対にさびません。ネジを拾うというのはささやかな行為ですが、わたしにとっては大切なのです」と彼女は顔を輝かせて言った。自爆テロ事件の捜査が終了したら、マーティンの体から見つかったネジを彼女に渡すと警察は約束してくれた。彼女はそれを熔かしてハートの形を作ろうと考えている。美しいものを作ることで、「テロリストが『くたばる』のです」と彼女は言う。

グレーがかったグリーンの目を輝かせて彼女はネジをポケットに入れ、わたしたちはまた歩きだした。

＊＊

フィジェンは息子を殺した犯人を極悪人だと考えたことはない。新聞に掲載されていたスクリーンショットの顔写真を初めて目にしたときから、「ばかな子」としか思わなかった。彼女は若いころから、青少年がどれほどたやすく、単純明快でわかりやすい回答を与えてくれるグループに取りこまれてしまうかを理解していた。一六歳のときに一度、彼女自身がグルーミングされた経験があった。

フィジェンはトルコで生まれ、ドイツのフランクフルト南部で育った。アルコール依存症の父親は頻繁に暴力をふるい、ある夜にはフィジェンと母親を殺すと脅したこともあった。ティーンエイジャーだった彼女は恐怖と孤独から逃れるために、喫茶店でアルバイトをしていた。その店の経営者はエホバの証人の信者だった。これは信者個人の意思決定をコントロールする、「要求が厳しい」と考えられている宗派だ。彼女の雇い主はティーンエイジャーに特別な関心を持っていた。「あの人たちはわたしをハグしてくれました。気にかけて、親切にしてくれたのです。いつもあたたかく迎えてくれました。死ぬかもしれないと怯えるほど家が危険な状態だったときに、安心感を与えてくれました」。彼らは彼女を聖書の勉強会や、エホバの証人の集会に誘った。「ひどい場所にいたわたしを、彼らが見つけたのです。徐々に、わたしは洗脳されていきました」

ほんの数カ月のあいだに、彼らは彼女に四〇歳の男性と結婚することを承諾させてしまった。ある日の午後、彼女はもう辞めたいと喫茶店まで言いに行った。すると雇い主の夫妻は彼女を辞めさせるのを拒否した。「きみは今、正常な精神状態じゃない。だから数日のあいだここにいてもらう必要がある」と夫のほうが言った。夫妻が彼女の世話をするから、ここに泊まればいいと言いながら、妻が空いている部屋を見せた。このとき突然に魔法が解けた。「わたしは『この人たちはわたしを監禁するために、強要している。いい人たちなんかじゃない』と思いました」。幸い、フィジェンの姉が迎えに来てくれることになっていた。大声をあげたり、警察を呼ぶと叫んだりしたあげく、なんとかふたりは逃げだした。数日後にフィジェンは喫茶店まで出向いて、彼らからもらった聖書を返した。そしてその積みあげられた聖書の上に、結婚するはずの男性からもらった婚約指輪を置いた。

この夏の記憶があったので、フィジェンは自爆テロ犯を極悪人だとは思いこめず、ゆるしたのだ。「ばかな子を相手に本気で怒ったりできません。とはいえ、そのばかな子がうちの息子を殺してしまったのですが」。マーティンの死から数カ月のあいだ、彼女は憎しみに溺れないように注意し続けていた。「わたしは自分を犠牲者だとは思いません。そんなことをすれば、テロリストの思うつぼですから」

その九月にフィジェンはイギリスのチェシャーで開催された〈平和のための女性たち〉の会議に出席した。マンチェスターの自爆テロ被害者の母として有名だった彼女は、スタッフのひとりの若い女性に席まで案内された。その女性は席まで来ると、彼女の隣に腰をおろした。壇上では頭にヒジャブをつけ、パールのネックレスをしてスティレットヒールの靴を履いた女性がスピーチを始めた。彼女は息子がＩＳに加入し、彼らのために戦いながら亡くなった経緯を語った。

横に座った若い女性はフィジェンから目を離さず、反応をじっとうかがっている。いったいどうして、こちらを凝視しているのかとフィジェンはいぶかった。

ニコラ・ベンヤヒアのスピーチが終わるころには、会場に集まった多くの人が涙を流していた。フィジェンの隣の女性が彼女から目を離さずに言った。「どう感じましたか？」

「ステージにあがって、彼女をぎゅっと抱き締めてあげたいわ」とフィジェンは言った。

フィジェンはまっ先にステージに駆けあがったりはしなかった。彼女がテロリストの母親に襲いかかったと思われるのを心配したのだ。ニコラのまわりから人が去るまで待ってから近づいた。ニコラが握手をするために腕をのばした。

「握手はしないわ」フィジェンが言った。「ハグをするのよ」。彼女は驚いた様子のニコラを腕に抱き締めた。「彼女は少しよそよそしかったのです」フィジェンはそのときのことを思いだして言った。「冷たくはありませんが、ちょっと距離を感じました」

ニコラのほうは、驚いたというよりも「ショックを受けた」と言うのが正しい感覚だった。初めてテロリストによる爆破事件の犠牲者の家族に会ったからだ。この出会いによって、「彼女のなかにあって消えないもの、すなわち罪悪感」がわいてきた。

ぎこちない雰囲気にもかかわらず、フィジェンはニコラの電話番号を聞きだし、その週のうちに電話をかけた。「わたしたちはふたりとも、息子を亡くした母親であり、心のなかで血を流していました」とフィジェンが言う。「どちらの青年も命を奪われました。ひとつの行為のせいで亡くなってしまったのです」

ふたりの女性は電話で話をするなかで、アルコール依存症の親を持ち、カウンセラーを職業とし、そして悲しみに暮れている母親という共通項があるのを発見した。この友情は、過激主義者――そしてイギリス人の多く――が引きたがっている一線を越え、超越していた。テロ攻撃のあとふたりとも、「われわれ」と「あちら側の彼ら」という構図に反対すると社会に向かって声をあげた。彼女たちのソーシャルメディアには見知らぬ人々から、率直に意見を述べることを非難するコメントが寄せられた。世間はフィジェンが憎悪の感情をあらわにし、ニコラが恥に耐えきれずに黙って萎縮するのを望んでいた。ニコラを「悪魔の母親」と呼ぶ投稿もあった。彼女の息子が母親を求めて叫び、苦しみながら死んだことを望むと言ってはばからないものもいた。

出会って数カ月後、ふたりはイギリスで人気の報道番組に出演することになった。朝の番組のお決まりのスタジオセット——コーヒーカップと、ゲストの話に耳を傾けるブロンドのキャスター——の前で、フィジェンとニコラはふたりに共通した経験を語った。「わたしたちはふたりとも、同じ極悪人のせいで息子を亡くしたのです」とフィジェンが言った。[10]「どちらの側かは関係ありません。同じ組織の、同じ理想主義のせいでわたしたちの息子は死んでしまいました」

「おふたりは怒っているんですか?」キャスターが質問した。

どちらの女性も、ノーだと答えた。ポピュリストや過激主義組織が望むような行動をするつもりはないと言った。

ＩＳに対して言いたいことはあるか?

ニコラが一瞬沈黙してから口を開いた。「わたしの口を封じることはできません。こうしてマスコミに顔をさらして話をするのは、実際にはとても危険な行為です。しかしわたしが口を閉ざすと、彼らが恐怖をはびこらせ続けて、何も状況は変わりません」

「彼らはある意味で厄介な母親を持つ子供たちを殺害しました。殺す相手を間違えたのです」とフィジェンがつけ加えた。

カメラマンたちがふたりを撮り終えたときに涙を流していたと聞いても、わたしは驚かなかった。わたしが感動したのは、ふたりの喪失がつながりあるものだと言いきった急進的な発言だ。テロリストは現状を壊そうとするだけでなく、同盟も再編しようとする。そして人々をそれぞれの恐怖によって作られた陣営に加わらせる。フィジェンとニコラは、テロリストの陣営と、テロリストは「こちら側」とは無関係で、彼らがこちら側を破滅させるために攻撃を仕掛けてくる以外には接点などない、と切り捨てる人々の陣営の、どちらに入るのも拒否したのだ。

大切な人の死を悼む女性たちが戦争中に引かれた一線を公然と越えるという話はギリシャ時代にまでさかのぼる。エウリピデスの『救いを求める女たち』では、ふたつの都市の母親たちが権利の拡大のために同盟して、征服された都市アルゴスの母親たちが息子を埋葬できるように求めたのだ。ソフォクレスの『アンティゴネ』では、ヒロインが反逆者となった兄の埋葬を求めて国王クレオンと対立し、幽閉されてしまう。

悲嘆に暮れた女性が戦時下で容認されている慣習に異議を唱えると、時代に関係なく汚名を着せられる。イギリスのタブロイド紙『デイリー・メール』はフィジェンとニコラのテレビ出演について、同じ極悪人のせいで息子を亡くしたというフィジェンの言葉を見だしに引用した。[11]「一方は罪のない犠牲者だが、もう一方は人殺しの野蛮人だ」とある読者はインターネット上でコメントした。[12]フェイスブックでは番組の視聴者が、現状――すなわち暴力的過激主義者と、過激主義と暮らしている社会のあいだの関連性を認めようとしない人々によって引かれた一線――を擁護しようと躍起になった。「テロリストみたいな人間のクズは死んで当然で、それ以外にないだろう」というコメントがあった。[13]さらには「いかなる類似性もない」、「殺害された若者は気の毒だと思うが、戦いに行って死んだやつは軽蔑するだけだ」という投稿もあった。

投稿者の多くは、フィジェンを殉教者の巻きぞえになった罪なき青年の親と見なし、ニコラを単なるテロリストの親だと切り捨てた。「わたしたちに対する見方の違いにとても悲しくなり、それがしばらくのあいだ頭から離れませんでした」とニコラは言った。

どちらの女性も社会への発信を続け、自分たちの経験について学校や専門会議で講演している。しかしニコラには主催者側が神経質になっているのがわかる。高校では彼女のスピーチを事前に確認したいと言われる。「フィジェンの言葉はテロリズムの被害者の声なので、信用できると即座に思われます。わたしの言葉を聞くことに対しては、人はやや神経質になってしまうのです。『この人はIS戦闘員の母親だ』と思うからでしょう」。自分の経験を何度語ろうとも、警察とテロ対策機関の捜査員にどれほど熱心に協力したかを言葉をつくして説明しようとも、彼女をテロリズムに共謀した人間だと見る人々が今なおいるのだ。ニコラは言った。「ときどき思うのです。どれだけわたしが必要とされているのだろうか？ どれほどわたしの話を聞きたいと思っているのか？」

フィジェンの息子マーティンは故郷のマンチェスターで地元の英雄のように扱われ、頭に羽根飾りをつけた白馬に引かれていく棺を見送るために大勢の人々が集まった。しかしニコラのほうはラシードの遺体や死亡証明書もなく、葬儀も行われなかった。「フィジェンに会って、わたしがいかに多くのものを逃していたのかに気づいたのです」とニコラは言った。「たくさんのことを目の前から追いやり、葬りました。どれほど失ったことか」。その当時は「これを乗り越え、生きのびなければならないとしか考えられなかったのです」と彼女は言う。「しかしフィジェンの話を聞きながら、『どうしてわたしは、こんなに孤独でいなければならないのだろう？』と思いました」

ニコラとクリスティアンヌの話から、急進化の複雑性だけでなく、その副次的な影響が明らかになった。多くの場合、わたしたちが語るのは爆破事件や犠牲となった青年など、ひとつの出来事だ。この母親たちは急進化において違いがあるという事実だけではなく、テロ行為がもたらす幅広い影響、すなわち暴力がどれほど反対意見の表明を躊躇させ、疑念を募らせ、社会に広がっていくかに光をあてているのだ。

アメリカ同時多発テロ事件のあと、西欧の社会では安全保障問題化《セキュリタイゼーション》が進んだ。コペンハーゲンの政治学者によるこの造語は、国家の安全保障に対して存在する脅威を引きあいに出しながら、政治家がどのように政治判断と国民を国家の安全保障に結びつけているかに言及している。西欧諸国の大半では、テロリズムが安全保障問題化されたことで、ムスリムの日常生活が嫌疑の対象にされてしまった。警察はモスク、ショッピングモール、移民の多い地域でムスリムを監視する。あごひげ、縁なし帽《スカルキャップ》、ヒジャブが突如として多様性ではなく、危険分子の象徴になってしまった。問題のあるウェブサイトをクリックしたり、高校の教室で誤った発言をしたりすると、それだけでムスリムは容疑者にされる可能性がある。ニコラとクリスティアンヌが孤立に直面したり、当初は社会に向けて発言するのを躊躇したりしたのは、安全保障問題化の風潮が大きく影響している。彼女たちは自分たちの経験を決然とした態度で公表し、ほかの母親たちをカウンセリングして、体験を語る手助けをすることをとおして、容疑者にされる可能性や恐怖に屈するまいとしている。彼女たちは経験を語ってはいるが、ニコラのテレビ出演への反応が示すように、多くの人々は耳を傾けようとはしないのである。

ゴッドマザーとゴッドドーターたち

暴力的過激主義組織に加入したり、そこから脱退したりする過程を理解するには、話を聞くしかないのだろうか？　別の母親からニコラたちとは違う体験を取材して、それ以上のものがあると教えられた。シリアで戦闘員になった息子に医療費を送ってやったせいで、ベルギーで共謀罪となり服役させられたという母親がいると、フランスでクリスティアンヌが教えてくれた。それから数カ月後にわたしはその母親と連絡を取り、しばらくしてロンドンから列車に乗ってブリュッセルに住む彼女に会いに行くことになった。

わたしはシャーロットという仮名の女性とともに、ブリュッセルの静かな通りにあるカフェに入った。そこは海外での植民地支配によってこの国が隆盛をきわめていた時代に建てられた、深い色のレンガと灰色の石造りの高級な住宅が並ぶ地域だった。シャーロットとわたしは初めにフランス語で、そのあとは英語で話しながら、近くのテーブルからときおり流れてくるタバコの煙を手で払い、クロワッサンを食べてカフェ・クレームを飲んだ。状況はこれ以上にないほどヨーロッパ的なのだが、わたしたちの話はヨーロッパからひどく孤立させられたという内容だった。クリスティアンヌ同様、シャーロットも自国では有名になっていた。店の従業員やウエイトレスから頻繁に、どこかで見た顔だというような態度をされる。青い目とブロンドの、大柄でやや太りぎみな五〇代後半の女性だ。「人からしょっちゅう『あなたを見たことがある』と声をかけられます」と彼女は言った。「それから、『思いだした！　そうだ！　シリアだ！テレビに出ていた母親でしょう！』と騒がれるのです」

まるで額に「わたしはテロリストの母親です」という「タトゥー」を入れているようだと彼女は皮肉っぽく言う。

本書は他人の悲劇を扱った内容であり、取材を進めるなかでは相手の傷口に触れるときもあるので、わたしは常に相手の感情を尊重するようにと自分に言い聞かせていた。ジャーナリストというものは、声をあげられない人々の声を代弁するという一時しのぎの中途半端な真実で満足することがしばしばある。しかしシャーロットのような女性を相手に、そんなことは通用しない。彼女は自分の話をベルギーとトルコ両国の、さまざまな階級の警察官、外交官、安全保障当局、裁判官、弁護士、刑務所長、脚本家、マスコミに対して語ってきた。わたしがシャーロットにインタビューするのは、彼女の声を代弁するためではない。会うたびにわたしの質問のせいで彼女は何度か涙した。そして社会に向けて発言したせいで、彼女はすでに仕事を三つ失っている。もとは会計士だったが、今は教師になるべく再教育を受けている。ベルギー国民のなかには、ブロンドで自国生まれのムスリムという存在に当惑する人々もいる。「わたしが『シャーロットです。ムスリムになって二〇年以上になります』と言うと、一メートルくらいあとずさりされてしまいます」と彼女は言う。「さらにわたしが『モレンビークに住んでいます』と言うと、三メートルくらい飛びのきます」。モレンビークはブリュッセルのなかではモロッコからの移民が多い地区で、ＩＳのリクルーターが潜伏していると広く報道されている。

シャーロットの息子で、カリームという仮名の青年の急進化は、このような偏見による影響も大きい。

ニコラの息子がシリアに行ってしまったいちばんの原因は彼のだまされやすさで、クリスティアンヌの息子は怒りを抱えていたからだった。シャーロットの息子が急進化したのは、褐色の肌をしたムスリムがヨーロッパ人として生きることの難しさのせいだ。カリームが一八歳のときにシリアへ発ったのは、自分の肌の色と名字のせいでまともな将来を描けなかったのが最大の理由だった。彼はフランス語、オランダ語、英語、そしてアラビア語も話せたのだが、仕事を見つけられそうになかった。父の出身地であるモロッコも、母の国ベルギーも故郷だとは思えなかった。「ぼくはどこで仕事ができるのかな？」彼はシャーロットに尋ねた。「どこを故郷にすればいいんだろう？」

彼はパレスチナ人の闘争に取りつかれるようになったが、ガザに行くのを両親に反対されると、シリアの内戦に関心を移した。バシャール・アル・アサドは同胞を殺害し、投獄していると彼はシャーロットに言った。ベルギー政府もシリア大統領を非難していた。昔のカリームは礼拝やラマダン期間中の断食をそれほどまじめに行ってはいなかったが、父親とよきムスリムのあり方について議論するようになった。父は彼の意見に反対だったものの、彼にとってよきムスリムであるとは、シリアに行って苦境にあえぐムスリムの同胞を助けることだった。

シャーロットと彼女の夫は、紛争から帰国した人たち、またはイマームと話をしてほしいと息子に懇願した。しかしカリームはベルギーの大規模なモスクのイマームたちは軟弱で意気地がなく、「クマのキャラクター《ケアベア》のようだ」とばかにしていた。[1]

カリームがシリアへ行くつもりだとわかったシャーロットと夫は警察へ行き、息子の計画を司法当局に通報した。担当の警察官はカリームの件を登録したので、搭乗拒否リストに名前がのったと言った。彼は出国できないはずだった。ところが実際には出国できてしまった。二〇一四年一月二二日にシャーロットは見知らぬ番号からの電話を受け、カリームがシリアへ向かう途中のトルコにいると告げられた。彼女は通話を切るとすぐに警察に電話をかけて担当者に報告した。それは不可能だと彼は言った。

しかし可能だったのだ。カリームはすでに一八歳になって数カ月経っており、未成年ではなかったので、出国を止められなかった。今日にいたっても、シャーロットは彼の出国をゆるした司法当局を非難している。「わたしは自分の務めを果たしました」彼女は言う。「それなのにベルギーの安全保障当局は義務をまっとうしなかったのです」

カリームに電話がつながると、彼はムスリムを助けるためにシリアにいるだけだと請けあった。それだけでなく、もしも彼が死んだら、シャーロットに天国への扉が開くのだと言った。

彼女は息子に「カミカゼ」にはならない、すなわち自爆テロはしないと約束させた。「ぼくはばかじゃないよ、ママ。人の言いなりになって、そんなことをしたりしないから」と彼は母親を安心させた。真のムスリムは決してそのような行為に走らないし、ぼくは真のムスリムだと彼は言った。

その後、カリームがけがをしたときに、シャーロットは医療費および生活費として息子に一〇〇〇ユーロ送った。彼女はカリームの友達で、ヨーロッパからシリアへ渡り、そこで彼と結婚しようと計画している若いフランス人女性にそのお金を託した。シャーロットはその女性に渡航を断念するよう説得したが、聞き入れられなかったので、現金を届けてもらうことにしたのだった。「息子はお金がなく、しかも紛争地域で負傷していました」と彼女はのちに説明してくれた。彼は飢え死にするか、爆死するかもしれなかった。彼女は息子を飢えから救うことはできた。彼が亡くなったのは二〇一五年二月にアメリカ軍によって行われた、デリゾール空港のＩＳに対する攻撃のさなかだった。

カリームに送ったお金のせいで、シャーロットは刑務所へ送られることになった。[2] 息子が亡くなった翌年、ベルギー当局は彼女をテロリストに対する資金供与の罪で起訴した。彼女がシリアに渡航するフランス人女性に現金を託したという理由で、さらにテロリストを勧誘した罪でも起訴された。ある日の朝五時に警察が家に来て、彼女の顔写真を撮り、指紋を採取すると、拘置所へ連行して収監した。「とても大きなテロリストがとても小さな部屋に入れられたのよ」と彼女は言った。

裁判官は翌日に彼女の釈放を認めたが、逮捕された屈辱はいまだに尾を引いている。カリームのリクルーターだった男性が近所を歩いているのを見かけたときには特に、その屈辱感が強くよみがえる。「彼は生きているんです。彼は食事をしているんです」シャーロットは苦々しく言う。彼女はそのリクルーターの所在を二度も通報してきたが、彼を有罪にする十分な証拠がないのだと警察関係者は言うばかりだった。

彼女はしばらくのあいだ力を振り絞って、モレンビークにある、シリアに行ってしまった人々の家族の会で活動をしていた。その会はレ・パロン・コンセルネ、すなわちフランス語で〝心配する両親〟と呼ばれているものの、失った子供のために活動しているのはおもに母親で、父親はひとりしか入会していなかった。「父親たちは忘れてしまいたいのです。彼らにとっては恥以外の何ものでもないから」シャーロットは言う。

これは取材のなかで何度も耳にした言葉だ。家族問題を抱えた女性は社会的ネットワークを構築しようとする傾向にあるが、シャーロットは別の理由もあると考えている。彼女いわく、リクルーターや過激主義組織の指揮官は若者とその父親の絆を断ち切るために、彼らが正統派のムスリムとして育てられなかったのは父親の過失だと吹聴するのだ。「しかしISは母親との絆は簡単に切れないと知っています。コーランには『天国は母親の足元にある』と記されていますから」

カリームは射殺されたデリゾール空港のそばに埋葬された。シャーロットはそこに行くことはできないし、訪れたとしても墓はないはずだと思っている。しかしできるだけ息子のそばに行くために、彼と同じように亡くなったベルギー人戦闘員たちの母親ふたりと一緒に、シリアとの国境沿いにあるトルコの街キリスへ向かった。「息子が歩いたのと同じ通りをわたしも歩いてみたかったんです」とシャーロットは言った。遺体も、葬儀や墓もなかったが、カリームが祈った場所で祈りを捧げられたのは彼女のなぐさめになった。そこは丘の上に立つ青いモスクで、遠くにアレッポが見えるように思えた。「彼と一緒にいるように感じられた瞬間でした」彼女は言う。「時間は共有できませんが、同じ場所にいられたのです」

だがその心の平穏はすぐに破られた。彼女が丘の上から写真、すなわちシリアの景色を撮っていると、トルコ側の警察官がやってきた。彼女はふたたび逮捕された。同行の母親たちとともに警察署へ連行されて携帯電話を没収され、スパイ行為の罪を着せられた。「彼らはわたしたちをスパイだと思ったんです。ジェームズ・ボンドみたいな」と彼女は言った。半日におよぶ事情聴取のあと、彼女たちは刑務所へ送られることが決定していたが、ベルギー大使館が介入してくれた。まったくばかげた話だとシャーロットは言う。「わたしは『あなたたちは一万人もの若者が越境するのを見逃しているのに、三人の母親に対してここまでするの？』と思っていました」

シャーロットはカリームの服をかばんに詰めてキリスに持っていった。トルコに逃げてきたシリア難民に配ることができればいいと思ったからだ。国境の検問所付近で彼女はひとりの女性に出会った。元教師で息子と一緒に紛争から逃れてきたばかりだった。シャーロットはその女性のところへ行き、もともとカリームはシリア人を助けるためにシリアに渡航したので、彼の遺志を継いで服や靴を役に立てたいと思っているのだと説明した。

その女性は妊娠しており、生まれてくる子供にはカリームにちなんで名前をつけると約束してくれた。「わたしの息子はあなたの息子さんの服を着続けるでしょう」と彼女はシャーロットに言った。「そしてあなたの息子さんはうちの息子の心のなかに生き続けるのです」

シャーロットの国境への旅は、国境というものの完全な欺瞞、荒唐無稽な誤解、西と東、「あちら側の人」と「われわれ」の交流といった、大変な出来事の連続だった。スカーフで頭をおおったブロンドの女性がモスクの横に立ち、息子が亡くなった国境の向こう側にあるシリアを眺めていた。警察がやってきて、彼女をその丘から連行した。トルコからベルギーへ電話で必死に助けを求めた。そして最後は、戦地に向かったカリームの靴とサッカーチームのTシャツを、そこから逃げだしてきた難民の女性に渡すという悲しいやり取り。

解体してみると、彼女の話には聖典に記された教訓が含まれている。それは喪失、懲罰、そして恩寵だ。法律に照らせば、彼女は犯罪者だ。敵の味方をして戦った息子に援助した。彼の死に導かれて彼女は、国境の向こうにシリアが望めるトルコの丘を訪れた。シャーロットは「われわれ」という枠組みから出て「あちら側の人」に愛と物資を手渡した。

カトリック教徒として生まれたブロンドのベルギー人女性にとって、彼女は稀有な立場を獲得していた。ベルギーの警察当局はその価値をはっきりと認識しており、イスラム国から戻った若者のために働く気持ちはないかと彼女に打診してきた。彼女は息子をシリアへと駆り立てた悲しみについて誰よりも理解していたので、もとに戻りたいと思っている若い女性たちの更生を手助けできるかもしれないと思った。帰国後は大半の若者がテロ組織に加入した罪で刑務所へ送られるが、刑期は短い。こうした若い女性たちにとって、出所後の生活のほうが大変だという事実をベルギーの安全保障当局は理解していた。社会復帰にはどのような道があるのか？　彼女たちは社会の主流に戻れるのだろうか？

こうしてシャーロットは四人の若い元戦闘員のメンターになった。彼女たちとの絆が深くなり、彼女はこの女性たちを「ゴッドドーター」と呼ぶようになった。

このゴッドドーターたちはとても若かった。ブリュッセル当局が彼女にメンターになってほしいと頼んだ三人はまだ子供で、少年拘置所に入っていた。そのうちのひとりは一三歳でシリアに渡り、翌年に赤ん坊を抱えてベルギーへ戻ってきた。ある少女は子供たちを助けるためにシリアへ行き、そこで自分の子供も産んで、イスラム国の建国を助けたいと考えていた。シャーロットはおだやかに、そうした夢物語を少しずつ現実とすりあわせていった。「わかったわ。あなたはお母さんになりたいのね」と彼女は少女に言った。「戦闘地域で子供を産むのね。いたるところが爆撃されているのよ。そんな環境のなかで子供が育ってほしいと思う母親などいるかしら？」

シャーロットは担当している少女たちに会うときは、イスラム教や政治についての難しい話はせず、お互いのことをしゃべるようにした。「わたしは息子を亡くしています。そのせいで、彼女たちはわたしに敬意を持ってくれているんです」と彼女は説明した。

シャーロットの息子と同様にこの少女たちも、ムスリムは人種差別されるので、ここでは恵まれた人生を送ることはできないと信じてヨーロッパを離れた。真否はさておき、ＩＳのリクルーターたちは彼女たちにそう言った。シャーロットはイスラム教への改宗者で、会計士、ベルギー人という自分の人生を例にして、ベルギー人でありムスリムでもあることは可能なのだ。これは現代ヨーロッパでは根幹を成す考えで、生まれながらの権利だと教えた。「あなたたちのご両親は一九六〇年代にこの国へやってきて、新しいベルギーを作るのを助けた。だから、ここは『あなたたちの』ベルギーなの。肌の色は褐色かもしれないけれど、あなたたちはここで生まれたのよ」

「ここは人種差別の国だ」と言って少女たちは譲らなかった。

「あなたたちの名前や肌の色だと、大変なことも多いわね」とシャーロットは認めた。「でも実際には、あなたたちのほうが得をしているのよ。『ふたつ』の文化を知っているのだから！　だから、あなたたちの名前であることは、強みなのだと証明するのよ。長所なのよ！」

シャーロットは少女たちにこう話した。だが心の奥底では、彼女たちの言うことも否定できなかった。

ひとりのゴッドドーターが社会復帰しようとするなかで直面する障害物を目にして、シャーロットは彼女たちの孤立をもっと深く分かち合えるようになっていた。

＊＊

シャーロットはとても忙しく、その上ジャーナリストをイスラム国からの帰還者に紹介するのは細心の注意を要するので、彼女とゴッドドーターのひとりに会う日程を設定するには数カ月かかった。ようやくわたしたち双方の都合がついたのは、クリスマスを間近に控えた一二月の寒くどんよりとした日曜日だった。モレンビークの店頭にあるカフェでブランチをしながらのインタビューになった。ルーシーという仮名のゴッドドーターについて、彼女が元ＩＳ戦闘員で、この日は朝六時に起きて母親と一緒に列車でブリュッセルに来たという以外には何も知らなかった。これは彼女が一年前に出所してから保護観察期間中に初めてゆるされた都市部への外出だった。彼女は自分と母親、そして娘の本名は伏せておくことを条件に、体験を語ることに合意してくれた。

ルーシーは二〇代後半の女性で、力強く濃い眉をして、高い鼻に黒縁の眼鏡をかけている。頭につけた深い緑色のスカーフはセーターの色と合わせてあった。彼女はイスラム教に改宗して、五歳の娘アイシャと友人とともにシリアへ渡った。ＩＳ戦闘員になった理由をきくと、ルーシーは新たにムスリムとなって加入した人の多くと同じことを口にした。イスラム教が信者に対して本当に求めるものを理解していなかったのだ。ブリュッセル近郊にあるイスラム教専門の書店で唯一手に入れられるのは、厳密で厳格なサラフィー主義やサウジアラビアが国是とするワッハーブ派の書籍だけだった。彼女はイスラム教についてより深く理解しようと決意して本を読み、ＩＳのプロパガンダが声高に叫ぶ強硬な主張を聞くなかで、これがイスラム教を信仰するのにふさわしいあり方だと思ってしまった。ヒジュラ——ムスリムの国への移住——を義務であると感じ、「自分が役立っているという感覚」を求めるようになった。

ルーシーとアイシャがシリアに滞在したのは三カ月にも満たない。イスラム国で目にしたものは、「わたしが選んだ信仰とはまったく違う」ものだったと彼女は言う。ゆえにトルコへ脱出し、そこで娘とともに刑務所に一カ月間入れられたのち、トルコ側からベルギーへ引き渡された。ベルギーの裁判官はルーシーを脅威と見なし、アイシャは父親のもとで暮らすように命じた。

裁判所ではルーシーが白人の改宗者であることが不利に働き、彼女が移民ではなく白人であるがゆえに厳しい判決がくだされたと母親のポーリーンは言う。「娘と違って、ほかの少女たちの多くは両親がベルギー人ではありません」とポーリーンは当時を振り返る。シルバーブロンドを短く整え、落ち着いた声で話す、実直な印象の女性だ。「彼女たちはフランス語が上手ではなく、ルーシーのように流ちょうに説明ができません。言葉を話せて、事情を詳しく説明できるがゆえに、危険分子だと見なされる……」

「判決で、『あなたは知的能力が高いので、急進派にだまされるような犠牲者にはなり得ない。だから危険分子なのだ』と言われたのです」とルーシーが割って入った。

「役を演じるのよ。自分が聡明ではないと見せる必要があるの」とシャーロットが言った。

「そうね。頭が狂ったふりをする必要があったわ」と言いながらルーシーは笑った。「ビーフスープか何かを口の端からたらしていたら、わたしは危険分子だと思われなかったのね」

ルーシーが白人女性だという理由で不利益を被ったとするポーリーンの主張に、わたしは納得できなかった。ここは結局のところ、一九世紀にヨーロッパの標準的な帝国主義と比べても苛烈な略奪をコンゴに対して行ってきた白人の国なのだ。今日においても帝国主義的な優越感が法律や慣習に残っている。ムスリムの女性は頭部をおおうスカーフをつけるのを禁止され、アトの街では顔や体を黒く塗り、鎖を首にかけて鼻輪をつけて「野蛮人」に扮した白人男性がパレードをするのだ。政府のイスラモフォビアに同調し、ポーリーンでさえもときおり外国人に対する嫌悪感をにじませる。彼女は生まれ故郷の街が見違えるようになってしまったと言って舌打ちする。「ブリュッセルに来るときは、まるで『マラケシュに旅行する』みたいです」と彼女は悲しそうに首を左右に振った。「ベルギー人はほとんど出ていってしまいました。

ひどすぎます。自分の国ではないみたいです」。もはやブリュッセルでは暮らせないそうだ。

＊＊

それでも母親と娘は被害者意識に彩られた経験談を一生懸命に話してくれた。モンスの刑務所には脱急進化の更生プログラムはなかった。刑務所は全員で共謀して彼女の怒りと孤立感をかきたてただけだという不信感をルーシーもポーリーンも抱いていた。「そこではムスリムでいられません」とポーリーンが言った。「刑務所は娘をカトリックに改宗しようとしたのです」

ムスリムであるルーシーは豚肉を食べないので、食事にはベジタリアンのメニューを選んでいた。しかし彼女の皿には米飯の横に豚肉が盛りつけられていた。「きみはベルギーにいるんだ。だからベルギー人のメニューにするべきだ」とある看守は言った。看守たちは彼女の礼拝用マットの上にタバコの灰を落としたり、床にコーランを投げたりした。刑務所の服装規定によりヒジャブをつけられなかったが、ルーシーはムスリムとしてふさわしい、長袖の服を着ていた。「そんなに着こんでいて、暑くないのか?」と看守は彼女をからかった（この出来事について問いあわせると、ベルギーの刑務所は、そのような古い件については記録がないのでコメントできないと回答した）。

二〇一六年のフランス革命記念日《バスティーユ・デイ》にトラックが群衆に向かって突っこむというテロ事件のあと、ルーシーの刑務所での生活はさらにひどくなった。まわりの受刑者たちは彼女に言った。「うれしいんでしょう? ここから出たら、あなたもトラックを手に入れるの? それとも爆弾を仕掛けるの?」

西欧諸国でのテロ事件のあとは、いつも同じことが起こるとシャーロットは言った。「爆破事件があると、人々の人種差別主義が強くなるのです」

ポーリーンは娘を元気づけるために、転写シールで爆弾の絵と「I AM A BOMB（わたしは爆弾）」という言葉をプリントしたおもしろTシャツを作った。

「周囲からますます追いつめられるようになりました」とルーシーは言う。「しばらくすると、『そんなに急進化に興味があるの？　それならどんなものか見せてあげるわよ』と言いそうになっていました。なんとか自分をおさえましたが、あと二日も我慢できなかったと思います」。だが信仰のおかげで彼女は落ち着きを保った。彼女は言う。「わたしは神を恐れていました。もしも信仰がなければ、誰かに手をあげていたかもしれません」

彼女は刑務所のなかでイスラム神秘主義《スーフィズム》を知り、シーク・ハムディ・ベン・アイッサの本を読み始めた。彼はスピリチュアルリーダーで、平和を推奨し、怒りは危険であると警告していた。「彼の教えを見つけたとき、『やった！　これがイスラム教なの？　これがまさに、わたしが求めていたものなのよ！』と思いました」とルーシーは言った。

ポーリーンはカトリック教徒として育てられたが、今は信奉していない。娘が刑務所へ送られるまで、彼女はどんな宗教にも割く時間はなく、イスラム教への関心はみじんもなかった。ルーシーの改宗も、自分には異質だとしか思えない宗教を娘が必要としているのも理解できなかった。しかしイスラム教を信仰しているおかげで刑務所での生活や娘のアイシャの親権喪失をルーシーが乗りきれたのを目にして、ポーリーンの考えが変化した。彼女は言う。「わたしは宗教がそれほどまでに重要だとは理解していませんでした。でも今ならわかります。娘が宗教を信仰していなければ、服役中に悲惨なことになっていたでしょう」

ルーシーを見放さなかったせいで、ポーリーンは息子を失った。ルーシーの異父兄セバスチャンはベルギー軍に所属している。彼女がシリアへ行ってしまうと、セバスチャンは上官から呼びだされ、彼もイスラム国への共感を抱いているのかと問われた。セバスチャンは仕事に支障をきたすので、母親にルーシーとの縁を切るように頼んだ。ポーリーンは即座に拒否した。セバスチャンに会えないのはつらいが、彼女は軍が家族を事実上引き裂いたことに怒りを感じている。「こういう人たちは危険です。彼らはムスリムがすべて悪人か危険だと考えています。ところが本当に危険なのは彼ら（軍の幹部）のほうです。なぜなら彼らはほかの人の言うことに耳を傾けようとしないからです」

＊＊

わたしたちはシャクシューカ――マグレブのスパイシーな卵料理――を注文した。すると彼女たちは突然ほぼ同時に、全員が手慣れた様子で携帯電話をテーブルから取って、背中と背もたれのあいだに押しこんだ。マイクから拾う音を弱めるためだ。自分たちは常にモニターされていると、彼女たちは確信していた。ソーシャルメディアが読まれ、電話は盗聴されている。「ほら見て」とシャーロットは言いながら電話を取りだして、誰かが――彼女の知らない人間が――リモート操作で「接続中」だと表示されているのを見せてくれた。「知らない番号のときは、ここを押すと……切れるのよ。今は誰にも聞かれていないわ」

シャーロットが首を左右に振りながら、ポーリーンに言う。「先日わたしが警察署に行ったときに、いろいろ質問されたのよ。そうしたら、そのときに見えたの。相手のスクリーンに答えが表示されているのが。彼らは何もかも知っていたのよ」

「でもそれだけだと、裁判所では証拠として使えないわ。だからあなたに言わせたのよ」とポーリーンが説明する。

「ねえ、彼らのために自撮りして、フェイスブックに投稿しましょうよ」シャーロットが開き直って電話を掲げながら言った。

「あなたったらどうかしてるわ！」誰かがクスクスと笑った。わたしたちはテーブルを囲んでにっこりと微笑み、その様子をシャーロットが撮影した。

監視が続いているせいで、ルーシーは刑務所から出所したにもかかわらず、国から反逆者扱いをされているといまだに感じている。ある司法当局者が彼女の身分証明書を破いてしまったので、銀行口座を開設したり、失業給付金をもらったりできないのだと彼女は言った。映画に行くときでさえも、安全保障当局者に尾行されている。ほぼ無人の映画館で照明が落とされるとすぐに、彼女から二列しか離れていない席に誰かが滑りこむのだ。

ルーシーは秘書養成学校に通っている。この学校ではヒジャブの着用が禁じられているので、彼女は代わりにヘッドバンドをしている。その規則を知ったクラスメートたちも彼女に連帯してヘッドバンドをつけている。最初は警戒していた学生たちも、すぐに彼女と打ち解けた。彼女がとても「普通」なことに驚いていた。彼女はジハード主義者が社会復帰する模範例になると保護観察官から言われたそうだ。

それでもなお彼女は娘のアイシャと一緒に暮らせない。娘はシリアから戻って以来ずっとブリュッセルの父親のもとで暮らしている。以前のように娘と暮らすことが今の唯一の願いだと彼女は言う。娘と一緒に撮った写真を携帯電話の画面で見せてくれた。月に一度、九〇分だけゆるされた面会の日に写したうちの一枚だった。

ポーリーンと夫はその孫にもう四年も会っていない。「わたしたちはテロリスト扱いされているのです」と彼女は声を震わせながら言った。「裁判所で『テロリスト一家だ』と言われたのです」。彼女は泣きだしてしまった。「裁判官はアイシャがわたしたちに会いたいのを知っています。それなのに、時期尚早だと言うのです。これはわたしたちだけでなく、あの子にとっても悲しいことです」

裁判官に会うたびに、「まだです、まだです」と告げられる。ルーシーは言う。「その理由を説明すべきなのに、何も言ってもらえません。わたしが心配しているのは、娘が成長して、わたしたちと普通に会えない理由を知ったときに、彼女が……」

「国に対して腹を立てる?」わたしは言葉をはさんだ。「急進化すると?」

ルーシーがうなずいた。「こういう問題は、先におよぼすであろう結果まで考える必要があるのです」

ポーリーンにはもはやベルギーに対する忠誠心はない。ベルギーは義務投票制を採用しているが、彼女とルーシーに対するこれまでの国の扱いにうんざりしているので、次の選挙では投票するまいと考えている。「もうどうでもいいんです」彼女は腹立たしげに言った。

ポーリーンの末娘ローラは家族に対する当局の扱いに憤り、アフリカへ移住する計画を立てた。ポーリーンと夫はフランスかポルトガルへの移住を考えている。彼女にとって行き先はそれほど重要ではない。「わたしの望みはただひとつです。ベルギーを出ること。ここはもうわたしの国ではありません」

「あなたはどう? 同じように考えているの?」わたしはシャーロットにきいた。彼女がゴッドドーターたちにムスリムのベルギー人女性として楽しい人生を送れると励ました、という言葉を思いだしていた。

「自分はムスリムだという気持ちがどんどん増しています。ベルギー人であるよりも、モロッコ人だと強く思うのです」シャーロットが答える。

「わたしもよ」ポーリーンがうなずいた。「同じ気持ちだわ」

「まさにこれだ」とわたしは思った。若者があちら側へ行ってしまうと、疎外感がさざ波のようにまわりの人々へと広がっていくのだ。かつてはベルギーに居心地の悪さを感じていたのはルーシーだけだったが、今では家族も同じ感情を抱いている。この疎外感はルーシーの「ゴッドマザー」であるシャーロットにも伝染している。彼女はムスリムでありベルギー人でもあることは両立すると若い帰国者に教えられると保障当局から見こまれた人物であるはずだった。

＊＊

イギリスへ戻りながら、ジャーナリストとして万全を期すためにルーシーに関するニュース記事を調査していると、彼女の話には大きな欠落があるとわかった。ベルギーの新聞報道によると、彼女は単に「役立っているという感覚」を求めてシリアに行ったのでも、イスラム教徒の義務としてムスリムの国に移住したのでもなかった。そうではなく、彼女はイスラム国の戦闘員ヤシン・ラシュリがヨーロッパ人の妻を探しているというフェイスブックの投稿にこたえて渡航したのだった。[3] ルーシーは知らなかったが、ラシュリは過去に麻薬の密売人であり、殺人で有罪判決も受けていた。さらには二〇一五年一一月に起きたパリでの襲撃事件の首謀者の仲間だったと知られている。

別の報道によれば、モンス刑務所から釈放されたあと、ルーシーはふたたび起訴されていた。ルーシーは娘の父親の承諾を得ずに、彼女と逃亡したのだ（「彼がわたしに娘のパスポートを渡してくれたのよ！娘が出かけるのを許可すると、書面に署名もしたわ！」とルーシーは言い、ポーリーンもその横でうなずいていた）。彼女はまた裁判にかけられた。アイシャの父親は、娘の精神状態は落ち着いてきたが、いまだに学校で自動小銃の話をすると法廷で証言した。ルーシーは「子供が決して経験すべきではない地獄へ娘を突き落としたのです。[4] わたしたちに信じさせようとする内容とは反対に、彼女はイスラム国への熱烈な支援者なのです」と検察官は裁判で言った。

ルーシーはこの裁判では無罪判決を言い渡されたが、ブランチの席でわたしが聞かされた話よりも、報道ではもっと詳しい内容が伝えられていた。もしも悲しみによって母親たちのものの見方が変わるのなら、すなわち細部から目をそらして別のものを見るようになるとすれば、相手の気持ちを理解しようとするわたしも同じことをしてしまった。わたしは自分がばかのように感じた。志を持って外国へ行き、国内では犯罪者にされてしまった女性だと思っていた彼女が、もっと複雑な人間だったと判明したことで、わたしは落胆してしまった。一生懸命に話を聞いたが、聞くことには危険がひそんでいた。

それから少しして、わたしはイスラエル人の作家アモス・オズが、イギリスによるパレスチナの委任統治が終わりを迎える一九四〇年代にエルサレムで育った経験を書いたものを読んだ。彼は「小さなシオン主義の国家主義者で、狂信的かつ独善的、熱狂的で洗脳された」子供で、「イギリスは出ていけ！」と叫びながら、パトロール中の軍用車に石を投げていたそうだ。[5] しかしイギリス人の警察官と仲よくなったために、彼はほかの子供たちから裏切り者のオズと呼ばれるようになってしまった。「何年も経ってから、狂信者にとって、裏切り者とは変化を恐れない人間であるという考えにいたり、心が安らいだ」と彼は書いている。「あらゆる種類の狂信者はいかなる場所と時代においても、変化を忌み嫌い、なおかつ恐れる。それは変化というものが、悪意のある卑劣な動機から起きる裏切りにほかならないと思っているからだ」

わたしは狂信者ではない。しかしルーシーに関する報道記事を読んだときに、裏切られたと少し感じたことで、彼女を信じたいと願っていた自分の危うさに気づいた。わたしはまったく狂信的ではないが、単純なひとつの話を信じたいと思う心には、狂信的行為の片鱗がひそんでいる。わたしは食事をともにして、白人かつ西欧人、母親、そして娘という共通項を利用することで危うい橋をかけ、相手を理解しようとした。だがそうすることで、わたしは過激主義者を理解するための力をほんの少ししか発揮できなかった。共通項に依存していたがゆえに、わたしは自分のリベラルなバージョンの「われわれ」と「あちら側」を作ってしまった。このような二極化に陥らないようにするには、わたしは細心の注意を払わなければならない。

＊＊

わたしは合理的な理由と自らの関心があったので、母親たちへの取材を始めた。しかしベルギー政府と協力して元戦闘員を社会復帰させるというシャーロットの仕事を目にして、母親たちが孤独ではないとわかった。政府は帰国した男性や女性に対して予算を投入している。こうした政府や市民社会の取り組みは、わたしが会った母親たちのように、人間はよりよい存在へ変われるという信念にもとづいて行われているのだろうか？

第二部
チェンジメーカー

信頼を獲得する

正直に認めるのは気が引けるが、楽しい一日だった。もちろん、安全保障およびテロ対策展はおもしろさを売りにしているのではない。ロンドンで毎年開催されているテロ対策関連業界を対象にしたこの展示会は、スーツ姿のビジネスマンや、特殊部隊のような屈強な男性、警察官、政府関係者でにぎわっていた。展示会場に入る前から、恐怖と支配のあいだで揺れ動くような、このイベントの緊張感が伝わってきた。この展示会のマッチョなスローガンである「守る《プロテクト》・抑止する《プリベント》・備える《プリペア》」にもその雰囲気が感じられる。さらには来場者を迎えるためにロンドンのオリンピア展示場の入口に大きく掲げられたポスターからも張りつめた空気がにじみでている。それは会議室にいる白人男性が心配そうな顔で何かを見つめている写真だった。来場客にはこの男性が見つめているものの正体がわからないが、ある男性客はこのポスターを目にして、とても不安げな様子で指を口に入れて噛んでいた。

会場内には三五〇社のブースがあり、来場者の恐怖をあおり、そしてなだめようと待ちかまえていた。防弾シャッターと蛇腹形鉄条網、「暴徒の襲撃に耐えられる」フェンスを販売している企業の担当者が、自社製品の背後に立っていた。丸刈りの男性たちが、リモコン制御のロボットが偽の爆弾を解体する様子に見入っている。わたしは「街路に設置する公共物」の販売ブースを見た。コンクリート製のプランターとフェンスは一見したところなごやかな雰囲気だが、テロリストからの攻撃をくい止めるものだ。鮮やかなオレンジ色のドローンが、ステロイドを注射された甲虫のようにうるさく頭上を飛びまわるのを、三人のロシア人ビジネスマンがじっと見ていた。その通路の端には、ドローンから人間を守るコンピュータシステムを販売しているブースがいくつか並んでいる。ＩＳのようなテロ組織がドローンに爆弾を搭載するようになったら、新しい安全対策が必要になるのだと、ドローンプロテクトという名前の製品を販売している男性がにこやかに言った。

これは歴としたビジネスモデルだ。安全保障のための軍備拡張競争である。ドローンを販売する企業と対ドローン兵器の販売企業が成長産業の仲間入りをしたのは、その近くで「安全保障のための安全保障」とうたっているブースのように、常にテロリストの一歩先を行くための果てしない競争に勝ち続ける必要があるからだ。ここに出展しているすべての企業は、ドローンやホルスター、監視カメラを内蔵した発泡スチロール製コーヒーカップなど、販売している製品の形は異なるが、その本質は共通している。安全だ。それはいかなる代価を払っても手にしたいと思われているのだ。あるブースには次のような文言が掲げられていた。「どこであろうと、次の現場になり得るのだ」

このすべてはクリスティアンヌやニコラ、ダニエル・ケーラーが取り組んでいる社会復帰への努力とまったく対照的だ。安全保障およびテロ対策展の出展ブースは、極悪人らしく恐ろしくありながら、一見するとわからない敵がいると喧伝していた。このような敵と見なされた若者四人の母親たちへの取材を終え、わたしは次にテロリストを更生させるために取り組んでいる人々やプログラムを調べたくなった。そんなことは可能だろうか？　もし可能なら、どうすればいいのか？　何が必要になるのだろう？

過激主義者が世界中から信奉者を集められる時代において、自分たちの世界に信奉者を引き入れるために陰謀論や嘘を利用するには、説得するための論題がきわめて重要になる。聖典の解釈、反論をゆるさない首謀者不明の陰謀論、あるいは世間に対する怒りなど、過激主義者が組織に加入した理由に関係なく、彼らの信念は確固としたものに見えるかもしれない。だがこれまで見てきたように、急進化するときには信条とは二次的な理由にすぎず、イデオロギーを受け入れるのはあとからの場合がある。最初にあるのは、論理的な説明など成り立たないような、心の奥深くにある個人的な動機なのだ。過激主義者を理論で打ち負かせないのであれば、ドローンやフェンス、爆弾解体ロボットなら勝てるのだろうか？　小道具を次から次へとそろえて、各地に散らばる小さい敵に対して使うのだろうか？　しかもその敵とは、ときには隣人や家族の一員から成る場合もある。

＊＊

サイモン・コーンウォールはテロにかかわった犯罪者の更生に取り組んでいるような人には見えない。面長で血色のいい顔をした、率直な人柄の男性で、北アイルランド紛争やフォークランド紛争にも従軍していた元軍人だ。二〇二〇年の年明け早々にノース・ロンドンの閑散としたカフェで会ったとき、彼はイラクへ出発する直前だった。暴力的過激主義者だった若者を更生させるための最善の方法を尋ねると、不気味なまでにクリスティアンヌやニコラと同じような答えが返ってきた。彼らの再犯を防ぐために「やるべきことは彼らとの関係の構築です。そして大切にしてあげるのです」彼は悲しそうな笑顔を見せた。「このテーマについて語るとき、わたしがヒッピーみたいだとわたしのパートナーは言うのです。でもわたしはヒッピーからほど遠い人間です」。コーンウォールは除隊したあと、イギリスの保護局に入って過激主義対策プログラムを立ちあげ、その後は国のテロ対策プログラム「プリベント」のために尽力した。現在は国際的なコンサルタントとして、ノルウェーやカザフスタンなどの政府やNGOに協力してテロリストの更生戦略を作成している。

ロンドンでふたりの犠牲者を出したテロ攻撃が起こり、脱急進化プログラムの有効性を問う議論が国民のあいだで巻き起こっている時期にわたしたちは会っていた。二〇一九年一一月二九日にケンブリッジ大学はロンドンで受刑者更生プログラムに関する専門家会議を開催した。その参加者のなかにウスマン・カーンがいた。彼はアルカイダ系組織のメンバーとなったイギリス人で、ロンドン証券取引所やそのほかの場所への爆破計画に関与した罪で有罪判決を受けた。刑期は禁固一六年だったが、控訴によって半分の八年間服役していた。この専門家会議の日、彼は偽物の自爆用ベストを着て、会場に包丁をこっそり持ちこんで専門家会議事務局のふたりを殺害し、三人を負傷させた。そしてロンドン橋を渡って逃げているところを警察官に射殺された。

この事件が発生したのは国政選挙の一〇日前で、選挙運動中の政治家たちはこの悲劇に飛びついた。保守党は「釈放しない」政策を支持し、ボリス・ジョンソン首相は危険性の高い犯罪者やテロリストには刑期を厳しくするという考えを示した。野党の労働党は保守党が刑務所や保護観察の予算を削減したからだと非難し、イラク戦争に参加したのが急進化の根本的な原因だと指摘した。この襲撃が受刑者更生プログラムに関する専門家会議の場で、しかも更生したと見なされた元受刑者によって起こされたのは痛烈な皮肉だ。服役中にカーンは政府によるふたつの脱急進化プログラムに参加していた。そのうちのひとつは、暴力的過激主義者に自分が何者であるか、信条、人間関係、何が原因で過激主義組織に導かれてしまったのかを検証させるものだった。もうひとつは神学的および精神的なメンタリングを受けるというプログラムだ。

そのどちらも効果がなかったのは明らかだ。更生プログラムに懐疑的な人々からはこの事実が指摘された。脱急進化においては、「短期間で成功する例はほとんどない」とジョンソン首相は言った。『タイムズ』紙には「ロンドン橋の襲撃：社会更生の成功例が殺人犯に」という厳しい見出しが躍った。カーンに殺害されたひとりジャック・メリットの父親で、受刑者更生を支援する慈善団体で働くデーブ・メリットは次のような論説を記した。二五歳の息子は「死に際に腹を立てていたに違いない。自分がすべてをかけて闘っていた憎しみという課題を永遠に残す結果になってしまったことを」。[1] ジャックは「犯罪者を刑務所に入れたあとに鍵を捨ててしまうような世界ではなく……報復よりも社会復帰に重きを置く世界」を手にするために闘っていた。

わたしも彼の志を称賛するが、この事件が更生を支持している人々への打撃になるのはたしかだった。ウスマン・カーンはイギリス国民に対し、脱急進化プログラムが絶対確実ではないと知らしめた。しかし刑務所での禁固刑にも「確実性」はない。実際のところ刑務所――トラウマを抱え、自分が何者であるかを知りたいと願い、自分が帰属する場所を求める人々であふれた施設――は、根本的な変化をするのに「ほぼ完璧な」条件を作りだすことができる。[2] これは急進化と政治的暴力の研究のための国際センターが二〇一〇年に指摘していた。「刑務所施設の大多数は、安全保障と更生は両立しないと考えているようだ。しかし多くの場合、安全保障と更生は矛盾ではなく補完しあうものなのだ」

わたしは徐々に、更生に投資することは、安全保障への投資になるのだと確信するようになった。ドローンやロボットのように輝かしくも、格好よくもないが、長期的な視点で見れば、より安全なのである。

＊＊

サイモン・コーンウォールはこの考えに賛同している。彼はこれまで厳格な世界で生きてきた人間だが、強硬論者が甘いと切り捨てるような解決策を支持している。二〇〇八年にイギリスで元過激主義者への支援組織を設立し、有罪判決を受けて収監されたテロリストを、刑務所から出所後に救済できる仕組みを立ちあげた。彼はメンターシステムを導入し、保護観察官が受け持った出所者と面会するようにした。以前の仕事で対象にしていた小児性愛者を更生させるのと同じく、その目的は「仲よくなって会話をし、傾向や行動を把握して、彼らのどこに危うさや再犯のきっかけがひそむかを理解するため」だと彼は言う。地域社会の協力も得て、近くに住むメンターが保護観察官と一緒になって元受刑者が社会に復帰するのを支援する。この方法により、元受刑者の社会とのつながりが広がる。保護観察官は仕事を紹介したり、カウンセリングや教育を受ける手伝いをしたりする。警察は安全保障に関する部分を担当する。そして地域社会のグループ――サッカーチームやモスク、青少年センターなど――は友達を作る場となる。「もしも元受刑者が地域社会に溶けこみ、地域社会も元受刑者を受け入れることができれば、再犯に走る可能性も低くなります」とコーンウォールは言う。彼は無断居住者《スクワッター》が建物に損害を与えるのを例にする。「もしも無断居住者が一時的に暮らすだけなら、「アパートメントの壁を蹴って穴を開けても、気にもとめないでしょう。それが自分の家なら、壁を蹴って穴を開けたりしません。むしろ、ペンキを塗って大切にします」

長年のあいだに、元受刑者が更生の対象ではなく、安全保障上の危険分子として見られるように変化したことにコーンウォールは動揺している。仮釈放期間中の管理には保護観察官との面会よりも、テクノロジーや追跡装置が重視されるようになった。ロンドン橋の襲撃事件は、コーンウォールが「点検項目」型と呼んでいる手法の限界を露呈させたと彼は考えている。出所にあたって「最高レベルの危険度」であると評価されたウスマン・カーンはイギリス情報局保安部（ＭＩ５）の監視下に置かれた。スタッフォードの集合住宅に住んでいた彼は、専門家会議の日にひとりで約二四〇キロメートル離れたロンドンまで行くことを許可されていた。足首に警察のＧＰＳトラッカーをつけていたが、この装置は彼の行き先を警察に知らせてはいたものの、精神状態までは報告できなかった。

元受刑者の考え方を政府が把握するには、毎週毎週まさに親のように相手の話に耳を傾け、会話をしなければならないとコーンウォールは言う。保護観察官でもある彼のもとには、かつてテロリストだった元受刑者たちから、六、七年ぶりに電話がかかってくることがある。最近の電話は、励ましの言葉を求めるものだった。その男性は過激主義者だったころの仲間から話がしたいと連絡を受け、また悪い組織に引き入れられるのではないかと心配になったらしい。「こうした人々の多くには、父親のような人物や、心の支えがないのです。そのため、われわれがその役割を担ったり、気にかけたりするのです」とコーンウォールは言う。「古きよき保護観察の手法です」

コーンウォールの取り組み方はシンプルで人間味が感じられる。それには長期的な責任と忍耐、そして地域社会からの協力が必要だ。安全保障を担う警察にとって、テロリストは常に危険人物でしかない。元テロリストに仕事を紹介したり、地域社会に定着できるよう助けたりする保護観察官は、彼らには常に更生するチャンスがあると考える。保護観察官は安全保障当局よりも長い目で相手を見ているのだ。コーンウォールは「当局の考える安全保障とは、ここにあります」と言って、手のひらの中心を指さした。「誰かを刑務所に収監すれば、もう安心だと思います。しかしわたしたちは違います。『あちらまでずっと行っても、安全だろうか？』と考えるのです」。彼はそう言いながら、指を手のひらの中心から外へ動かし、遠い未来を示すように腕をのばした。

「つまり、人に対して長期的に時間と労力をかけ、彼らの更生する力を信じているのですね」とわたしは言いながら、息子が赤ん坊だったころの写真を手にした、IS戦闘員の母親たちを思いだしていた。

彼はひと息ついてから、また話し始めた。「しかしマスコミは、テロリストがこのように思われているのをよしとしません。彼らが大切にされているのを目にしたくないのです。世話をされ、手を握られて『彼は間違った選択をしましたが、これからはよい選択をできるように助けましょう』と言われているところなど、見たくないのです」

コーンウォールはテレビ出演や、報道で取りあげられて以降、ソーシャルメディアに挑発的なメッセージが送られてくるようになった。「友人ですら、『おまえはいったい何をしているんだ？　テロリストのために謝るなんて』と言ってきました。しかしわたしは『誰かが彼らの友達になる必要があるのだ』と返しています」

＊＊

過激主義者を更生させる方法を取材しているなかで、アジア、中東、アフリカ、そしてヨーロッパにおいて多くの人々が、暴力的過激主義者と対話し続けることに心を砕いているのがわかった。政府は多額の資金を単に戦闘や投獄、国外追放だけではなく、元過激主義者の更生にも投入している。その取り組みの幅広さに当惑したわたしは、チェーホフの一節を思いだした。「もしも患者にたくさんの治療薬が処方されたら、その病には治療法がないのだとわかるだろう」

しかし実際に治療薬は急増している。[3] 世界中でイマーム、心理学者、ソーシャルワーカーが投入され、暴力的過激主義者や、そうなりかけている人々と対話を始めている。セラピストはテロ容疑者や急進化した若者と一緒になって、彼らの過去を振り返り、現在の状態について考え、そして未来を描く手伝いをしている。イギリスでは過激主義から立ち直り、ボクシングやサッカーを始めた若者たちがいる。[4] ドイツの刑務所では、ジハード主義者とネオナチの受刑者が劇を上演したり、ダンスを披露したりしている。[5] ソマリアには歴史や服の仕立て、車の保守点検、溶接などを学べるプログラムがある。[6] デンマークにある青少年センターの職員は、地元の若者が過激主義に誘惑されないように考案した活動をまじめな顔で語ってくれた。それは古城で週末にみなで行うファンタジー・ロールプレイングゲームと、コミュニティーセンターで凍ったチキンを投げるコンテストだ（わたしはこれを聞いたときに笑いをこらえるのが大変だった）。サウジアラビアの受刑者は絵画教室に参加できる。[7] フランスでは「前科のある人《フォーマー》」と呼ばれている元過激主義者の更生に取り組んでいるパリの男性は、「プルーストのマドレーヌ」と呼んでいる技法を用いて、子供のころを思いだしながら、テロリストになる前はどんな人間だったかを振り返るという作業をさせている。[8] インドネシアの刑務所では、過激主義者に伝統的な影絵芝居を上演させて、主流の文化的価値観を教えている。[9]

こうしたプログラムにそれぞれの国や地域の文化が織りこまれているが、アメリカの脱急進化プログラムはどんなものだろうかとわたしは考えた。最初は何も見つけられなかった。その理由のひとつは、ムスリムが人口の大半を占める国や、ヨーロッパのフランスやドイツのような国々と比べて、アメリカで有罪判決を受けたテロリストの数がはるかに少ないことだ。専門家によると、アメリカにおける暴力的過激主義者への対策は、西ヨーロッパよりも約二〇年遅れている。[10] ヨーロッパ――特に数十年にわたって右翼の過激主義者やネオナチの問題を抱えてきた国々――では、組織を抜けた人々を支援してきた経験がより豊富にあり、何よりもまず人が過激主義組織に加入するのを阻止するために資源が投入されている。オーストリアやフランス、ドイツでは、子供の急進化を心配する両親が利用できる通話料無料の電話相談窓口がある。[11] イギリスのテロ対策戦略のプリベントは、過激主義組織に引きこまれる危険性の高い若者を支援するフリーランスのメンターや、小学校の生徒たちが過激主義組織のプロパガンダについて、批判的に考える練習ができる演劇教室に資金提供している。[12]

アメリカでは、同時多発テロ事件によるトラウマのせいで逆の現象が起きている。政府は独創的な解決策への資金援助を削減し、安全保障問題化を採用した。ヨーロッパでは親やカウンセラーは独自に活動を行えるが、アメリカではすぐに司法当局に通報しないとテロリストと共謀したとして有罪になる可能性がある。社会復帰を支援している女性のひとりは、外国のテロ組織への「物質的な支援」に関するアメリカの法律が、解釈によっては彼女にも適用されると危惧する。「もしもあなたが支援せざるを得ず、相手の弁護士ではない場合、有罪を免れるにはどのような方法があるのでしょうか？」と彼女は言った。

アメリカ人のムスリムを安全保障を脅かす危険分子としてひとくくりにしたことで、ムスリムのコミュニティーと司法当局のあいだで不信感が高まった。二〇一五年にサンフランシスコのベイエリアに在住の二二歳のアダム・シャフィはテロ組織を支援しようとしたとして逮捕された。[13] 彼は二〇一四年にエジプトへ家族旅行をした直後から、連邦捜査局（ＦＢＩ）の監視対象になっていた。カイロである日、アダムが行方不明になったので、シリコンバレーの企業の幹部である父親のサルがアメリカ大使館に通報した。アダムは数日後に戻ってきた。実はトルコへ行ってシリア人難民の様子を視察してきたのだ。

カリフォルニアの自宅に戻ると、サルはＦＢＩに協力して捜査員に会い、息子がうつ状態なのでカウンセラーを探す手助けをしているのだと話した。父親は知らなかったのだが、ＦＢＩはアダムを監視下に置いており、彼を尾行して、電話を盗聴していた。

二〇一五年六月にサンフランシスコ国際空港でイスタンブール行きの飛行機に搭乗しようとしていたアダムは、捜査員に止められた。彼らは家に帰るのはゆるしたが、数日後にやってきてアダムに手錠をかけ、「指名手配中の海外テロ組織に物質的な支援を供与した」疑いで逮捕した。今回の「物質的な支援」とはアダム自身だった。彼はアメリカ国務省からテロリストに指定されているシリアの組織アル・ヌスラ戦線の指導者ジャウラニへの敬愛と、「誰に殺されようとも、この組織と死にたい」という気持ちを、電話で友人たちに公言していた。それ以前にも、アダムは戦う意思を表明していた。「少なくとも数リットルの血を流すまでは、アッラーに命を召されたくはない。顔に傷すらない姿で、アッラーにあわせる顔がない」

アダムに刑期二〇年という判決がくだる可能性があるとわかり、サルは大急ぎで脱急進化プログラムを作成し、息子のためにカウンセラー、イマーム、精神科医から成るチームを結成した。彼はワシントンＤＣで開催された急進化についての専門家会議に参加した。そこでドイツ人の脱急進化の専門家であるダニエル・ケーラーに会い、息子の件を引き受けてもらう合意を取りつけた。シャフィ家の弁護士たちは刑務所に収監する代わりに、司法当局が更生プログラムを受け入れてくれることに期待を寄せていると、二〇一六年に『ニューヨーク・タイムズ』紙に語った。しかしその直後にパリとサンバーナーディーノでテロ事件が発生し、刑期の代わりに更生プログラムを受けさせるという望みは絶たれた。

子供が急進化しているかもしれないと心配する親たちに向けて、サルは急進化を重大な安全保障問題だと考えることの欠点を伝えている。「政府機関に報告しようなどと、考えることすらやめなさい」

結果的にアダムは裁判が始まるまでの四〇カ月間拘置所にずっと勾留され、二〇一八年に陪審員裁判で無罪とされた。[14] 検察はふたたび彼を、テロ組織に加入するための旅費として偽造小切手を現金化した罪で起訴したが、連邦判事は同意せず、未決勾留日数を算入して五年間の保護観察と六カ月間の在宅拘禁の判決を言い渡した。

司法省から見ればアダム・シャフィはテロリストだ。実際に戦闘に参加したり、爆撃や殺人を行ったりしてはいないが、テロ組織に加入するのを目的としてシリアへ渡航する計画を立てたからだ。電話で友達に豪語したり、中東への航空券を購入したりしただけで若者が政府から拘束されるようになったら、政府がイデオロギー的な枠組みから物事を見始めて、安全保障が国のほかの原則よりも勝るのがゆるされるのかと、人はいぶかるに違いない。安全保障問題化の論理では、日常生活が容疑の対象になり、そのせいで一般の市民が容疑者にされてしまうのだ。

＊＊

ヨーロッパのテロ対策担当者から、帰国したＩＳ戦闘員への対処方法に関する専門家会議に参加したときの話を聞いたことがある。彼のグループはデンマーク人、ケニア人、そしてアメリカ人の専門家たちで構成されていた。デンマーク人とケニア人は、元戦闘員が仕事や地域社会の助けを得られるようにどんな支援を行っているかという情報を交換していたが、アメリカ人は席を外してしまった。アメリカではＩＳのために戦ったものは誰であろうと刑務所に入れられるので、彼いわくこの情報交換はアメリカ人にとって時間の無駄だったのだ。「われわれはテロリストの世界でターゲットを見つけてとどめを刺す方法を知っています。そしてとても上手なのです」というのはテロとの戦いに関する、国土安全保障省および国家安全保障局の元顧問であったフランシス・フラゴス・タウンゼントの二〇一一年の言葉だ。[15] 更生や脱急進化のような柔軟な方法はあまり得意ではないと、彼女も認めている。

テロリストの更生に対する関心が比較的低いという現状は、アメリカでは刑罰制度が一般的であることの表れだ。アメリカの刑務所は世界でもっとも忙しく機能しているので、この国の人口は世界人口の五パーセントにすぎないが、囚人の人数では世界の二五パーセントを占めている。[16] この四〇年間で、アメリカ社会は「間違いなく以前よりも懲罰的になった」とコーネル大学の法学部教授ジョゼフ・マルグリーズは書いている。[17] それは「政府が脅威であると見なした人物を監視、排斥、拘束、収監する能力を劇的に強化して、社会の危険分子を粛清したいという、この数十年にわたる怒りの衝動」のせいである。この流れは国民の心のなかに、「極悪の犯罪者とは、本質的に地域社会に対して敵意を抱く、贖罪や更生などできない獣であるという概念」を作りだした。極悪の犯罪者がいるという信念は、「更生は可能だと信じる気持ちを著しく阻害する」と彼は言う。

アメリカが公的な更生プログラムに対して懐疑的な理由を別の角度から考えると、アメリカ合衆国憲法修正第一条において、宗教活動と言論の自由が認められているからである。中国では強制収容所を開設して、ウイグル族をイスラム教から国の認可を受けた信条へと「脱急進化」させることに、法的な障害はないかもしれない。絶対君主制のサウジアラビア王国には、ワッハーブ派が唯一本当のイスラム教であると受刑者に教育するのを妨げる憲法はない。フランスでさえ、ムスリムに対して共和国が認めた市民権を受け入れさせることを目的としたプログラムに資金を投入できる。しかしアメリカでは、少なくとも理論上は、政府は人々の信仰を変えようとすることはできない。

文化的な観点からは、アメリカ人が暴力的過激主義者を助けるための時間と労力を惜しむというのは奇妙である。彼らを救いがたいと切り捨てるのは、活力と変化を信奉していると断言するこの国において、似つかわしくないほど消極的な対応だ。アメリカ文化に力を与えている、いつも笑顔で、挑戦し続けるという楽観主義とも相容れない。この国は、生まれ変わる、復帰する、再起動する、蘇生する、作り直すことを大切にしている。一二ステップ・プログラムや超大作映画のシリーズ化を考案してきた。アメリカの経済や自意識は、自分たちを作り変え、その過程でアメリカ人になることを切望した何億人という移民に依存しているのだ。にもかかわらず、なぜテロ行為によって有罪判決を受けた受刑者も再出発できるという信念を、わたしたちは受け入れられないのだろう？　インターネットで「アメリカ人のゆるし」と検索してみると、ヒットしたのは学生ローンについての記事ばかりだった。

わたしが唯一見つけることのできたアメリカにおける――アメリカ初の――脱急進化プログラムは、ミネソタ州のミネアポリスにあった。ハートランド・デモクラシーという地元の組織による発案で、小規模で短命なプログラムだった。参加者はたったひとり、ソマリア系アメリカ人のアブドゥラヒ・ユスフという名前のティーンエイジャーだ。彼はＩＳに加入するためにシリアへ渡航しようとして、ミネアポリス空港で止められた。このアメリカにおける実験的な更生プログラムに興味を抱き、わたしはミネアポリスへ飛んだ。

規則どおりに

二〇一七年一一月九日、わたしは人でいっぱいのミネアポリス連邦裁判所に座り、そこにいる全員が待ちかまえている男の顔をひと目見たいと首をのばしていた。彼はテロリストにはまったく見えなかった。身長約一九〇センチメートルで、バスケットボール仲間から「ボーンズ」と呼ばれるのがぴったりなほど痩せているアブドゥラヒ・ユスフは眼鏡をかけ、着ている青いボタンダウンシャツはところどころ裾がはみ出ていた。[1] 立ちあがって裁判官に対面した二一歳の青年は、日曜日の朝の大学院生のようで、ＩＳに加入しようとした罪で二一カ月も服役していたようには見えなかった。

このジハード主義者の更生プログラムにおけるアブドゥラヒのメンターでありチューターのアーメド・アミンは、初めて容疑者に会ったときに、少年を間違えて収監したのではないかと疑ったほどだ。「これがテロリスト？　この少年がテロリストだなんて……あり得ない！」と心のなかで叫んだ。当時一八歳だったアブドゥラヒはハンサムで愛想がよく、初めて会ったメンターとも臆することなくフットボールやバスケットボールの話をした。アミンがミネアポリスの高校で教えていたソマリアからの移民の少年たちと違い、アブドゥラヒは両親の国の文化に固執しているのでも、完全に拒絶しているのでもないようだった。アミンの目には彼は普通のアメリカ人の少年のように映った。

アブドゥラヒはだいたいにおいて、そのような物腰だった（裁判所からの命令によって彼はマスコミに話すのを禁じられており、わたしは彼にインタビューできなかったので、裁判記録と、判決が宣告される前に行われたマスコミの取材記事から彼の人生を読み解いた）。アメリカに来た何百万人という移民の子供たちと同様に、彼は新たにアメリカ人になった自分という存在を懸命に確立しようとしながら成長した。ケニアの難民キャンプでソマリア人の両親のもとに生まれ、三歳のときに母親と兄弟とともにミネアポリスにやってきた。ビザの問題があった父親も五年後にようやく家族のもとに来ることができた。アブドゥラヒはソマリア系の人々が多く暮らす地域で育ち、英語はテレビのアニメ番組を見ながら自分で覚えた。学校では、ソマリア系の子供たちは自分たちのアフリカとムスリムの文化をからかわれた。五年生のときにある書類の民族を尋ねる項目で、彼は「アフリカ系アメリカ人」のところに印を入れた。アメリカ同時多発テロ事件が世間を震撼させて以降は、遊び場でテロリストを題材にした冗談が叫ばれるようになった。「子供たちは悪気があったわけではありません」と彼は『ニューヨーク』誌に語っている。「しかしぼくの心には、自分は何者なのか、そして社会に適応できるのかという疑問が生まれました」

アブドゥラヒが八年生のとき、貧しい都市中心地域《インナー・シティ》から中産階級が暮らす郊外のバーンズビルに引っ越しをした。新しい学校での初日に、白人の生徒たちが学校の代表チームの上着姿で歩いているのを目にして、映画のセットのなかにいるように思った。ハイスクールではバーンズビル・フットボールチームでプレーできたので、帰属意識を持ち、やりがいを感じることができた。しかしフットボールのシーズンが終わると、その仲間意識は消えていき、彼は学校をさぼったり、麻薬を使用したりするメキシコ系アメリカ人とソマリア系アメリカ人のグループとつきあうようになった。アブドゥラヒの成績がさがったので、父親が心配して、別の学区へ引っ越しをすることになった。

ハイスクールの最上級生のときに、アブドゥラヒは地域研究の課題にシリアを割り振られ、だんだんそこでの内戦に心を奪われるようになった。ある日、近所のバスケットボールのコートで年上のソマリア系アメリカ人の少年たちから、モスクに行って、それから夕食にしようと誘われた。少年たちはその夜午前二時まで一緒にいて、お互いの携帯電話をやり取りしながら『真実への入口《エンター・ザ・トゥルース》』というユーチューブのチャンネルを見た。アブドゥラヒはシリアの戦闘員と、イエメン系アメリカ人の扇動者アンワル・アウラキがジハードを賛美し、ムスリムにアメリカ人を殺せと語っている動画を一気に見た。ISのために戦いに行く計画を立てているグループに入りたいかと友達からきかれたとき、アブドゥラヒの心はすでに決まっていた。二〇一四年五月にトルコへ渡航しようとしていたところ、彼は空港でFBIから止められた。その後に八人の若者とともに逮捕され、テロ組織を支援しようとした罪で有罪判決を受けた。

＊＊

アブドゥラヒは幸運だった。彼の裁判を担当したマイケル・J・デイヴィス判事はアメリカで初めて、テロリスト志望の若者が更生する可能性を探っている裁判官だったのだ。アメリカ同時多発テロ事件が起きる前でさえ、アメリカの司法制度はテロリストの支持者には厳しい姿勢を取っていたとデイヴィスは裁判官室へ取材に来たわたしに語ってくれた。デイヴィスはミネソタ州の歴史のなかで初の黒人の連邦判事で、社会の主流から外れた人々に対しても公平な裁判を行う努力を長年にわたって続けていた。ジハード主義者のテロリストの裁判についても数多くの経験がある。

彼の法廷に姿を見せる容疑者は、ミネソタ州にあるアメリカ最大のソマリア系アメリカ人社会の若者が圧倒的に多かった。二〇〇七年以降、ミネアポリスとセントポールのティーンエイジャーや二〇代の若者が、西アフリカを拠点にする過激主義組織アルシャバブに加入し始めた。二〇一四年までにはソマリア系アメリカ人の社会から新たな流れができ、今度はシリアでの戦闘に参加しに行くようになった。テロ容疑に対する判決のガイドラインは厳しく、デイヴィス自身もアルシャバブの戦闘員に禁固二四〇年を言い渡したことがある。

テロ容疑で法廷に召喚されるミネソタ州の若者が減らないなか、デイヴィスは更生プログラムを作れば効果があるのではないかと考え始めた。被告人の多くはアブドゥラヒのような、すなわち、暴力とはまったく無縁の若者だった。彼らは戦場の過激主義組織を目にしたことすらない。なぜなら彼らは空港でアメリカからの出国を阻止されていたからだ。それにもかかわらず「海外から戻ってきた場合と同じ量刑を言い渡されるのです」とデイヴィスは言う。ところが実際には、海外まで行けなかった容疑者のほうが、シリアにたどり着けたほうよりも刑期が「長い」という結果が二〇一八年に報告されている。[2] 全米でイスラム国からの帰還者の量刑は平均一〇年で、渡航以外の罪がなければ八年だ。アブドゥラヒのような、中東へ出国しようとして飛行機への搭乗を阻止された容疑者は、平均で一四年の実刑判決がくだされる。

アブドゥラヒと八人の共同被告人は二〇一四年秋に逮捕され、全員がデイヴィス判事を当惑させた。イスラム国へ加入しようとするまで、彼らは普通のティーンエイジャーだった。アメリカの東海岸や西海岸、さらにヨーロッパにおいては、過激主義組織のネットワークは麻薬の密売人組織やギャングのネットワークと重なりあっている。しかしミネソタ州では違っていて、ISに勧誘される少年たちはアルバイトをしている若い学生で、犯罪歴もない。「もしも彼らが常習的な犯罪者であれば、わたしの仕事、すなわち有罪判決を言い渡すのがもっと簡単になるでしょう」と判事は言う。「しかしこの少年たちは実際には何もしていないのです。まったく！　何ひとつ！」

しかもアブドゥラヒの共同被告人の大半は身元調査が必要な仕事に就いていた。そのうちのひとりはミネアポリス空港で働いていた。それだけでなく、このジハード主義者になりそこなった少年たちの目的も犯罪者の大半とは異なっていた。ミネソタ州で保護観察と公判前手続きの責任者をしているケビン・ローリーは言う。「性犯罪者は別にして、犯罪に手を染めるものたちは誰もが利益か復讐を求めています。利益や儲け、復讐を目的としていない人は、考え方がまったく違うのです」

デイヴィス判事はアメリカでは参考になる更生プログラムが見つからなかったので、「ほかの国ではどうしているのかと、インターネットで」調べ始めた。最終的に彼はケビン・ローリーと連邦弁護人でテロリスト関連の裁判の経験が豊富なマニー・アトワルを、ヨーロッパのテロ対策の専門家のもとへ送った。「ヨーロッパではたくさんの人々がたずさわっていました。その数も質もこちらより勝っています」とローリーは言う。彼はネブラスカなまりのある、痩せた男性で、長きにわたって刑事司法の世界で経験を積んでいた。「われわれはこのような、とらえどころのない件を扱うための、実務と手続きの方法を探っていたのです」。ダニエル・ケーラーの話を聞いて、ローリーは自分たちが求めているものを見つけたと感じた。

デイヴィス判事はケーラーに会うためにベルリンへ飛んだ。このドイツ人の専門家が「頭のなかに漠然と浮かび、まとまらなかった考えを、すべて明らかにして言葉で解説してくれた」と判事は言う。善か悪かですべてをはかる狭い世界に自分を閉じこめてしまった過激主義者の視野を「ふたたび多元化」するには、メンタリングと教育のふたつの助けが必要なのだと、ケーラーは判事に説明した。ケーラーの理論を聞いて、この脱急進化の手法をミネソタで試す価値があるはずだとデイヴィス判事は考えた。

＊＊

アブドゥラヒの逮捕後、彼の弁護士のマニー・アトワルとジーン・ブランドルは離脱指導プログラムを探して受けさせる可能性を提案し、デイヴィス判事に認められた。刑務所での服役が必ずしもアブドゥラヒの救済にならないというのが判事の理由だった。被告を傷つける可能性も否定できなかった。テロ容疑で服役した人々が以前よりも暴力的になって出所することは世界中でめずらしくない。犯罪者の更生プログラムを実施している刑務所が少ない国ほどその傾向が強かった。デイヴィスはわたしの取材に応じてくれた日にアブドゥラヒの「心を変える」方法と口にしていたが、実際にそのようなプログラムを探す許可を弁護士に出したのだった。

しかし誰が、どのように彼の心を変えさせるのだろう？　アブドゥラヒの宗教的な信条には干渉できない。彼のイスラム教の解釈に異議を唱えるのは宗教活動の自由を侵害することになりかねないからだ。「弁護士にとって、これは越えられない一線です」とアトワルは言う。デイヴィス判事も同様に、プログラムはアブドゥラヒの宗教的信条に触れてはならないと考えている。「わたしは思想警察ではありません。まったく違います。この国には憲法修正第一条があるので、誰の宗教的見解も侵害されないという確証が必要です。これは犯罪行為からの離脱指導であり、わたしはそこから逸脱するつもりはありません」。判事はあとから、アブドゥラヒのプログラムに「脱急進化」という言葉を使い続けることも不適切だと気づいた。

「わたしたちが容疑者を連れてきて、頭に装置をつけてショックを与え、脳にはびこる病原菌をやっつける、つまり急進化した細胞を殺しているかのような印象を人に与えてしまいます」

アトワルとブランドルはクライアントを助けられる人物を探した。ブランドルは子供の学校の校庭で出会った、ある母親のことを思いだした。メアリー・マッキンリーはニューヨークとワシントンDCで安全保障と社会問題にたずさわったのち、故郷のミネソタに戻ってきた。彼女は違法薬物やギャング、犯罪にかかわった若者たちに、社会への参加を促す非営利組織ハートランド・デモクラシーを立ちあげていた。ここでのプログラムは指導員がソクラテス式問答法を使って詩や作文を書かせ、青少年が自分とは何者か、そして地域社会、アメリカ社会とのつながりを探れるように工夫されている。「メアリーが行っているのは、不満を抱いている子供たちを集め、自分自身に長所、強さ、世界を変える能力があるのだという事実を彼らの心に根づかせることだ」とブランドルは説明する。彼女はマッキンリーに電話をかけ、有害な世界観を抱いているティーンエイジャーを助けられるかきいてみた。「それこそ、わたしがやっていることよ」というのがマッキンリーの答えだった。

しかしハートランド・デモクラシーがアブドゥラヒの更生を行う許可を司法当局から得るのには時間がかかった。ミネソタ州の当時の連邦検事アンドリュー・ルガーはマッキンリーと彼女の仕事を高く評価していた。しかし「この青年を逮捕してまもなかったのです。われわれの目には、この当時の彼はIS戦闘員になると決意した急進的な若者でしかなかったのです」と電話でのインタビューで説明してくれた。テロリスト志願者にプラトンやハンナ・アーレントを読ませて改心させるという考えは、きわめて非現実的としか思えない。それだけでなく、このプログラムを適用する枠組みも整っておらず、前例もなかった。「メアリーは個人レベルで活動していました」とブランドルは言う。オフィスもなく、スタッフもほとんどおらず、テロ組織の戦闘員を相手にした経験もなかった。「デイヴィスはわたしに『もちろんです！　これまで何千人ものテロリストを更生させてきました！　これが今後の予定表で、これが教材です。テロリスト・ドロップオフ・センターのオフィスの所在地はここで、セキュリティーシステムは万全です』と言ってほしかったのでしょう」とマッキンリーは声をあげて笑った。

わたしは一一月の寒い朝、ハートランド・デモクラシーの本部とされる場所で彼女に取材した。そこはミネアポリスにある薬局の地下にできた、流行のコワーキングスペースのソファだった。マッキンリーはブロンドで目が青く、ミネソタの生まれで、的確にまとめた話を明快にしゃべる。いらついたティーンエイジャーもワシントンの政治家も難なく引きつけることができるのだろう。もしかするとリンゴが輝くマックブックエアをのぞきこむ、今どきの起業家たちが集まる場所にいるせいだろうか。それともわたしがイギリスからアメリカに着いたばかりだからか。あるいは彼女の発するエネルギーのためか。理由はともかく、ミネアポリスにおける脱急進化の新たな試みは、アメリカという国を大いに象徴している。この国では歴史的に国家統制主義者の介入ではなく、個人の取り組みが尊重されてきた。フランスやサウジアラビアのように、政府からトップダウンで命令がくだされたりしない。アブドゥラヒの更生プログラムが今あるのは、中央集権化した制度のおかげではなく、ひと握りの起業家精神にあふれた人々がリスクを負ってまで実現させようとしたからだ。アメリカにおける数多くの物事と同様に、この国のテロリスト更生プログラムの第一歩は、努力と幸運、そして創意工夫の賜物なのだ。

連邦裁判所の執行官が毎週アブドゥラヒをブランドルのオフィスに連れてきて、マッキンリーと面会させた。彼女は相手がテロ容疑で有罪になっているという事実にはあまり関心を払わなかった。「わたしは彼に対して必要以上に興味を持ちたくありませんでした」と彼女はきっぱりと言った。「正直なところ興味もありません。彼のようなクライアントを研究材料にしようとする専門家はたくさんいます。しかしこの件において、それは違うと思います」。そして彼女はハートランド・デモクラシーのプログラムに、IS支持者を受け入れるのを躊躇しなかった。「わたしたちは人が話したくないことを話すのです。その相手はこれまでないがしろにされたり、何かを恥じてきたりした人です。ですからわたしたちにとって、憎しみや暴力、過激主義、ISについて語りあうのは特別なことではありません。話題が増えたにすぎないのです！」

マッキンリーの言葉にあっけに取られた。それはわたしがこれまで抱いていた「イスラム主義者によるテロリズム」という言葉のイメージをくつがえしたからだ。アメリカでは一般的に、ジハード戦士は特異で、ほかに類のない、国境の外から外国人によってもたらされる脅威だと語られてきた。IS戦闘員の母親たちの場合には、息子の行動をごく普通のティーンエイジャーの行動と同一線上に並べるのを見ても驚かなかった。しかしマッキンリーがそうするのは、とても進んだ言動に思えた。特に同時多発テロ事件以降のアメリカで感じられている、テロリストの攻撃によってもたらされた重苦しさを、彼女は無視していられるように見えた。急進化する過程を、違法薬物やギャング、犯罪と同じく社会問題としてとらえていた。アメリカにおいて一般的な問題に直面している若者と同様に、アブドゥラヒは選択を積み重ねた結果、人生を変えてしまうほどの間違いを犯してしまった。「子供たちが自分できちんと理解できないような状況にからめとられてしまうのは、よくあることです。ほんの二カ月前はマリファナを少し買っていただけなのに、なぜ急にコカインを売るようになったのか理解できない子供みたいなものです。ちょっとした勢いのせいで、正常な判断ができなくなっていたのです」

暴力行為がイデオロギーと結びつくと、その暴力は恐ろしさを増大させる。オルタナ右翼団体のプラウド・ボーイズが街なかで女性を殴り倒していた場合、その行為自体は無作為な路上強盗と同じだが、その影響ははるかに多大なものになる。人や社会への意図的な危害やヘイトクライム、テロリズムは、その行為や対象への被害の程度が通常の犯罪と同じであろうとも、破壊力ははるかに大きく感じられる。アメリカの学校の教室ではイデオロギーが原因のダブルスタンダードが、日常的な光景であるがゆえに、より悪質だと言える。黒人の生徒が罰を受けたり、教室から出されたりする回数は、白人のクラスメートに比べて約三倍にものぼる。

アブドゥラヒと面会を重ねるなかで、マッキンリーは彼の犯罪行為がアメリカ文化において象徴的な意味を持つと考えるのを拒否した。とはいえ、彼女は彼に逮捕された政治的背景を理解させ、これから彼がくぐり抜けなければならない一触即発の雰囲気を説明した。「わたしはこの更生プログラムを策定するにあたり、最初に彼が置かれている状況の大変さを話しあうことにしました。彼は単に逮捕されたのではありません。これまでに友達が車を盗んで警察に連行されたのを目にした経験があるかもしれませんが、今の彼の現状はそれとはまったく異なります。残念ですが、はるかに大きな問題になっているのです」

初めのころ、アブドゥラヒは自分に対する起訴事実の重大さをきちんと理解できていなかった。「どうしてあなたが『ニューヨーク・タイムズ』紙の一面にのったと思う？　アメリカ同時多発テロ事件について、何を知っている？」とマッキンリーは質問した。このとき一八歳だったアブドゥラヒの答えは、「よくわからない」だった。

マッキンリーは彼に愛国者法を読ませた。これはアメリカ同時多発テロ事件のあとに制定された法律で、政府の監視活動の権限が大きく拡大された。彼は二〇〇二年に出されたジョージ・W・ブッシュの大統領顧問アルバート・ゴンザレスの、ジュネーヴ条約に記されている「敵」の捕虜に尋問する際の規定は、もはや適用されないとする覚書を読んだ。マッキンリーが更生を支援したほかのティーンエイジャーたちと同じく、アブドゥラヒにも体制に対して敏感に反応する偏見があった。彼女は言う。「個人的な不公平感か、両親に関するもの、あるいは政治的な不公平感の違いはあれども、『はっきりしているのは、この体制は自分のためにはならない。なぜならこの社会で成功していないからだ』という思いを、全員が抱えています」

マッキンリーはこうした現状を把握していたので、アブドゥラヒにアメリカ社会のなかで自分の居場所を見つけられるかもしれない方法を考えさせた。そして彼にはハートランド・デモクラシーのシラバスに沿って、更生プログラムを進めさせることに決めた。このなかにはプラトンやカミュ、タナハシ・コーツなどの思想家の作品の精読も含まれている。彼女はアブドゥラヒのために『マルコムX自伝』（浜本武雄訳、中央公論社）を買い、公立学校で働いた経験のある友人に電話をかけた。「わたしは『あのね、若くてクールなソマリア系の先生が必要なの』と言いました。すると友人は『いるわよ』と即答してくれたのです」

＊＊

アーメド・アミンに会うとすぐに、彼がＩＳの教義にそそのかされた少年を更生させるのにぴったりな理由がわかった。剃りあげた頭をつやつや光らせた三三歳の男性で、はじけるようにエネルギッシュであると同時にどんな状況でも自分を保っていられるような、地に足のついた落ち着きを感じさせる。これは自分とは何者かを、自ら見つけだしたがゆえの自信なのだろう。

自分の道を進む以外になかったのだと、彼はわたしに言った。黒人だが一般的なアフリカ系アメリカ人ではない。ミネソタのソマリア人コミュニティーで育った移民だったものの、現在ではもうそこにはいない。アメリカに来るまではソマリアとエチオピアの難民キャンプで過ごし、何年ものあいだ床で眠る生活だった。一二歳で移住してきた当時、英語はひとことも話せなかった。ミネソタで学校に入るまで、教育はときおり通ったマドラサで受けたのみだった。

にもかかわらず、学校での成績は優秀だった。これは「聖人のもとで育てられた」、すなわち高い教育を受けた父親のもとで、彼を含む六人の子供たちは成功できるように熱心に勉強させられたからだった。アミンの家庭では、アメリカンドリームが現実であると信じられてきた。一生懸命に努力することを教えられたおかげで、黒人、ムスリム、そしてアメリカ中西部のソマリア系移民という不利な条件を克服できた。のちにアミンは彼の「心のなかのメンター」――ジェームズ・ボールドウィンとフレデリック・ダグラス――から学びながら、国の歴史に対する考え方を磨いた。

現在のアミンはなまりのない、ネイティブのような英語を話す。静かな口調で自分は無神論者であると認め、「とても意欲的」で、ソマリア系アメリカ人のなかではめずらしく、「同化政策を大いに支持している」と言う。彼の親友は白人で、つきあう女性たちも白人であり、彼が「ソマリア系アメリカ人の分断思考」と呼んでいる考えには用心している。副校長に昇進するまでは社会科の教師で、ディベートも指導している。彼の雄弁さは、話題がアメリカの黒人のアイデンティティーからソマリアの部族文化やポストコロニアル理論へと次々に移り、フランツ・ファノン、エドワード・サイード、ホミ・バーバについての議論まで息もつかずに織りこんでくることからもわかる。

　彼はアブドゥラヒと一回につき三時間話しあった。最初はアノカ刑務所で、そのあとは若者が刑期の後半を過ごす社会復帰訓練施設で面会した。あなたはチューターとして目を見張る効果をもたらしたに違いないと、わたしはアミンに言った。

「アブドゥラヒは自分の経緯よりも、わたしの経歴のほうに魅了されたようです」アミンはにっこり笑いながら言った。

「あなたはぼくが会った人のなかで初めて、何が可能かを考えさせてくれた」とアブドゥラヒはアミンに言ったことがある。

「どういう意味だい？　ぼくは学校の教師だよ！」アミンはすぐさま言った。教師とは一〇代の少年がアメリカで成功の頂点だと考える職業ではない。

　あとから、アミンはアブドゥラヒが彼の職業だけでなく、彼のような自意識にも言及していたのだと教えてくれた。「アブドゥラヒは『あなたはアメリカ人であり、ソマリア人でもある、ということを両立させている』と言っていたのだと思います」

　アブドゥラヒもアミンを感心させていた。「驚かされたのは、彼の思慮深さです。考えるための土台を作ってやる必要がなかったのです」とアミンは言った。アブドゥラヒがしなければならなかったのは、テロリズムとは無関係の、有意義な生き方を提案することだった。「メアリーは彼にマルコムを渡していました。わたしは『メアリー、そんなことをして大丈夫なのか？』と思いました」

アミンの心配をよそに、ジェームズ・ボールドウィンやフレデリック・ダグラスがアミンを感化したように、『マルコムX自伝』もアブドゥラヒに同様の影響を与えた。「最初は『わあ！ ぼくは黒人だ！ アメリカ人だ！ 人種差別の被害者だ！』という感じでした」とアミンはアブドゥラヒの反応を思いだしながら言った。「彼は初めて、自分と同じ肌の色の人間が、同じ苦しみと闘っていたことを知ったのです。ふたりとも人は公平には扱われないと信じており、刑務所に入れられました。彼はこの本に夢中になりました」

アブドゥラヒがアミンと会ったときには、ハイスクールの卒業資格すら持っていなかった。しかし彼はホメロスの『オデュッセイア』をひと息に読んで、ギリシャ哲学を好きになった。アミンは「何を言ってるんだ？」と思った。「哲学を好きなテロリストなんていないぞ！ きみが哲学を好きだって、どういうことだ？」とアミンは彼に言った。ふたりは吟味されざる生という概念に対するプラトンの考えについて意見を交わし、そこからマルコムXの平等を求めた闘いへと議論を広げていった。「わたしは彼に言いました。吟味される生を生きるのは、つらい生になると。マルコムは不平等のつらさを感じていた。そして、そのために死んでいったのだ」とアミンは説明した。

アミンはアブドゥラヒに、アウトサイダーだと感じているとしても、彼はアメリカ人の一員であり、一度も行ったことのない国の戦闘員になるべきではないと理解してほしかった。アブドゥラヒは自分が何者で、どこに帰属するのかという悩み、そして社会からの有色人種へのさげすみと格闘していたが、これは決して彼だけの話ではない。むしろアメリカの歴史のなかで、社会の主流から外れた若者がこれまでずっと抱えてきた問題だった。

最初のころにアミンは、シャーマン・アレクシーがネイティブ・アメリカンの作家が書いた詩を読み、それについて記した文章を課題として与えた。メンターと受刑者は何時間もかけて、詩の初めの一文を読解した。それは「わたしは自分の心の居留地のなかにいる」という言葉だった。[3] これをきっかけに、学校ではうまくいかない、両親にも理解してもらえない、自分でも両親のことがよくわからないという貧しい家庭出身のティーンエイジャーとして、アブドゥラヒが自分の夢をあきらめた原因について語りあった。家父長制度のなかで育つ、そしてアメリカに生きる黒人、というのが何を意味するかを話した。アミンは彼に言った。「タナハシ・コーツを読むんだ！『きみは黒人の少年というだけだ！』とコーツは教えてくれるだろう」

アブドゥラヒは独房に戻り、黒人であることについてコーツが書いたものを読んだ。そして監獄での監視について書かれたミシェル・フーコーの作品、生きる意味の探求に関するヴィクトール・フランクルの著述、そしてデイヴィッド・フォスター・ウォレスがある大学の卒業式で行った有名なスピーチ『これは水です』も読んだ。このスピーチでは、自分の置かれた状況について無自覚であるという「初期設定」に警鐘が鳴らされている。真の自由とはウォレスいわく「まわりに注意を払い、気づき、自制心を持ち、努力し、心から他人を思いやり、他人のために自分を捧げる。これを毎日、何度も何度も、目立たぬ地道な方法で細々と繰り返す」ことである。[4] このスピーチは、シリアの人々のために派手で愚かな行動を起こして刑務所送りになったアブドゥラヒの心に大きく響いた。刑務所の独房にいながらでさえ、日々の選択の積み重ねによって自分自身の現実が組み立てられるという可能性について深く考えることで、この若者は解放されるような感覚を得られたのだとアミンは振り返る。

アミンは自分の厳格で努力家の父親から受けた教えをアブドゥラヒに伝えた。彼はこの若者が犠牲者だという物語に甘んじているのをゆるさなかった。犠牲者の物語というのは過激主義組織のリクルーターが相手の心をとらえるために好んで使う脚本だ。アミンはアブドゥラヒに、若いころのフレデリック・ダグラスが女主人から使い走りに出されたときに、パンを持っていったという逸話を教えた。この読み書きのできなかった奴隷の少年は、街のなかで白人の少年たちのもとへ近づいて言った。「ねえ、ぼくに字を教えてくれたら、パンをあげるよ」

「わたしはアブドゥラヒに言ったのです。『おい、フレデリック・ダグラスはパンと知識を交換した。きみには何ができる？ きみはここで刑期を務めなければならないが、われわれが教えるというのはどうだ？ 本を読め！』」

＊＊

毎朝起きてすぐに、やることがあるのだとアミンはアブドゥラヒに言った。自分の顔を鏡で見ながら、頭のなかで自分は誰なのか、実際には本当の自分というよりも、これが自分だと思いこんでいる人物を映像化する。この練習は、少なくとも洗面所の鏡の前では、彼の人生を描いているすべての人に反論するように考案されている。「今の時点における、きみの物語がある」とアミンはアブドゥラヒに言った。

「なんてことだ、ぼくはテロリストだ」というアブドゥラヒの言葉をアミンは覚えていた。

「それをどんなふうに書きかえたい？」とアミンは促した。「頭のなかで、どんな映画を映しだすつもりなんだ？　つまらない映像だろうな！」

メアリー・マッキンリーもアブドゥラヒと話をしたときに、ハリウッド映画のたとえを使った。更生プログラムが始まってまもないころ、政府に協力するのをためらうアブドゥラヒに彼女は言った。たとえばふたつの映画の脚本がある。出演したいほうを選べるとしたらどちらの脚本にするか。ひとつは彼が刑務所から出て、イェール大学のロー・スクールに行く脚本。もうひとつは彼が「手のこんだ詐欺」を働いて人をだまし、最終的にその人たちをがっかりさせる脚本。彼は好きなほうを選ぶことができると彼女は言った。「自分の人生の脚本は、決して他人に決めさせてはいけません」

マッキンリーとアミンは三年半にわたり、アブドゥラヒの更生プログラムに無料で取り組んだ。プログラム案を書きあげるときに一時的に費用が支払われただけだった。マッキンリーはさりげなく言った。「ある時点で思いました。もしもわたしが男だったら、相応な報酬が支払われていたのだろうと。世界のどこでも同じです。男性は報酬を得るし、子供相手の仕事はしません。女性――そして若い男性――が子供を相手にして、まっとうな報酬も与えられないのです」

もちろん仕事においては性差別のほかにも不公平がある。男性にもかかわらず仕事の報酬が支払われなかったのは、ソマリアからの移民だ。アミンは言う。「メアリーとわたしは一ドルすらもらえませんでした。『三年以上もただ働きする人間がいるだろうか？』とわたしは彼女に言いました」

＊＊

アブドゥラヒの更生を支援しているチームのメンバーの多様性は、アメリカにおける脱急進化プログラムを象徴している。マッキンリーは言う。「ブランドルはレズビアンで仏教徒の弁護士。アトワルはインド系イギリス人のシーク教徒で、ふたつ前の世代がアメリカに移住してきた移民の家系。そしてソマリア系の男性に、ブロンドでカトリック教徒の、アメリカ中西部出身者」。最後はマッキンリー自身のことだ。この多様性は、アブドゥラヒが異なるものを受け入れられるかの試金石となった。自分は同性愛者なのだと言って、ブランドルはアブドゥラヒを挑発した。同性愛はイスラム国の教義に反するからだ。さらに挑発するために、彼女――白人の女性――は彼をハグした。ハグをいやがらなかったアブドゥラヒを思いだしながら、彼女は首を左右に振った。「ＩＳのプロパガンダに完全に洗脳されていたら、彼のようにはいられません」

ムスリムとして生まれたが、アミンは無神論者になった。ＩＳの強硬なイデオロギーに染まった人々は、信仰を捨てたムスリムを嫌悪するものだが、アブドゥラヒは違った。「彼は何も言わず、わたしの存在をそのまま受け入れていました」とアミンは言う。

わたしはハートランド・デモクラシーのプログラムすべてに感銘を受けたように、このアメリカらしい面々に魅了された。このプログラムでは、わたしが大切にしている文章についてアブドゥラヒに考えさせ、わたしも賛同する価値観について議論させている。さらに、主流とされるイスラム教の解釈をするように導いたり、トラウマになったと思われる幼少期の出来事を探ったりするのではなく、アブドゥラヒにじっくりとアメリカ社会における彼の立ち位置を考えさせようとしている。このプログラムには、わたしが世界を理解しようとするときの手法と大きく共鳴するものがある。アミンがアブドゥラヒに本を読ませながら知識を体系化させ、その知識について語りあうことで共有体験を重ねようとしているのだとわかった。

しかしアブドゥラヒの変化に対するわたしのよそよそしくも強い反応には、幾分かの疑いもまじっていたと認めなければならない。聡明な少年が二度目のチャンスを与えられた。わたしはこのようなアメリカの成功物語を好きなのだ、という単純な話ではない。アミンとの面会を続けるうちに高校の卒業証書を——単に一般教育修了検定（GED）ではなく——取得し、その次には大学への進学という目標を持つようになった経緯を聞いてうれしくなったからではない。アブドゥラヒがプラトンの洞窟の比喩についての考えを披露してブランドルを驚嘆させたり、ミンディ・カリングの回顧録を好きだと言ってアトワルをよろこばせたりしたからでもない。看守と『存在の耐えられない軽さ』について議論したからというのも違う。

このように書きながら少しきまり悪くなったのだが、とりわけ激しく反応している自分もいた。というのは、わたしと同じ視点と考え方で世界を見るようにアブドゥラヒが変化していたからだ。わたしの反応には、成功をおさめたヴィクトリア朝時代の布教者と似たものがあった。人が正しい道を見つける瞬間に立ち会えると、大きな満足感を得られるのではないだろうか？　しかし人の世界観が別のものへと変化するように誘導する際には、自分の熱意に溺れてしまう危険性もある。相手のものの見方が自分の見方に似かよってくるのを目の当たりにすると、自分の見方が道理にかなって正しいのだと承認されたかのようにとらえがちになる。アモス・オズが次のように書いている。「狂信者はあなたを改善して高め、光の道筋が見えるように目を開かせようと努力する。狂信者が望んでいるのはあなたを腕に抱き、はまりこんでいた低い場所からすくいあげ、狂信者自らが発見した高い場所へと導くことだ。そこでは狂信者は恩恵を受け続けている。そしてあなたはすぐにそこから上にあがらなければならない。自分自身の幸福のために」[5]

自分の反応を精査したことで、わたしは脱急進化プログラムをもっと全体的にとらえるようになった。新しいプログラムを策定する際には、それがアメリカ中西部であるかナイジェリア北部であるかに関係なく、潜在的な道徳上の問題が提起される。脱急進化した人はどのような社会的基準にあるべきなのか？いかなる社会復帰もすばらしいが、デイヴィス判事が言ったように相手の「心を変える」という作業を、政府はどの程度までゆるされるのだろう？　更生プログラムや更生にたずさわる人の多くにとって、人をテロ組織から引き離して脱退させ、暴力を放棄させられれば十分に成功だと言える。ところが特に政府の支援によって行われるようなプログラムの場合には、そのときに優勢な政治体制の影響を受け、正常という概念は政治的な理論によって左右されてしまう。

＊＊

ドイツの脱急進化プログラムは、更生という考え方を、戦後の民主主義的価値をきわめてドイツ的に解釈したものへとねじ曲げるほうへ働いている。[6]　フランスで短命に終わったプログラムでは、政教分離原則《ライシテ》に重きが置かれていた。[7]　ライシテとは公的な領域における宗教の関与を国として禁止するという原則だ。サウジアラビアの脱急進化プログラムは国が支援しており、有罪判決を受けたテロリストを国教である保守的なワッハーブ派に改宗させるのが目的である。このワッハーブ派はサウジアラビア王国の建国以来、サウード家の支配を支持してきた。ランド研究所の報告書は、サウジアラビアのプログラムは必ずしも過激主義者の世界観を変えるのが目的ではなく、「サウジアラビアという王国の正統性と宗教的な正当性」を納得させるためにあると示唆している。[8]

おそらくわたし自身がアメリカ人であるために、ハートランド・デモクラシーの個人に焦点をあて、信仰とは無関係な取り組みを支えている、暗黙の了解というものを理解するのに時間がかかったのだろう。マッキンリーはアブドゥラヒに出した課題の結果をわたしに送ってくれた。これには自分がムスリム、あるいはソマリア系というだけではなく、どれほど多面的であるかを考えさせるという目的があった。「ぼくは……」という言葉が与えられ、それに続けて、彼は次のように書いた。

ぼくは人間
ぼくはテロリストだと思われている
ぼくはそのことで自分がどう感じるかよくわからない、びっくりした
ぼくは今炭酸飲料《シエラミスト》を飲んでいる
ぼくは独房にいる
ぼくはそれがとても大きな損失をもたらすと確信している
ぼくは健康であることに感謝している
ぼくは勇敢だ
ぼくはレッテルを貼られている
ぼくはソマリア系
ぼくは陽気だ
ぼくは犯罪者

ぼくはムスリム
ぼくは黒人
ぼくはこれ
ぼくはあれ
ぼくはひとつだけたしかだとわかっていることがある
ぼくはひとりの人間

最初のころ、アブドゥラヒは司法当局に協力的ではなかった。告発され、弁護士をつけられるまで、彼はＦＢＩに嘘をつき、共同被告人をかばっていた。しかし弁護士と接見する時間を重ねるにつれ、検事でさえ彼の世界観が徐々に変化しているのがわかった。ミネソタ州の元連邦検事ルガーは言う。「われわれはいつも政府に協力する人々を相手にしています。ギャングのリーダーや麻薬密売人のリーダーです。彼らが義務だから協力するのか、あるいは本当に心を入れかえているのか、わかるようになります。われわれは全員、彼が変化していると信じられました。その変化を促した一因は、法律を知るようになって、われわれが悪人ではないと理解したことです。こういうことも起こり得ます。しかし彼の場合は、それだけにはとどまりませんでした」

裁判でアブドゥラヒは証言台に立ち、以前は友達だった三人に不利な証言をした。このために彼は共同被告人を敵にまわしただけでなく、ソマリア系アメリカ人社会のなかでも反感を買うようになった。証言の途中で「嘘つき!」と傍聴人から叫ばれることもあった。

裁判が中断されるのはこのときだけではなかった。この裁判は、一〇年以上におよぶ警察や連邦捜査官との軋轢のせいで、ソマリア系の人々が疲れきっている街で開廷されていた。アメリカ同時多発テロ事件以降、ミネアポリスの警察官はソマリア系住民の多い地域をパトロールカーで巡回し、手当たりしだいに若者を痛めつけ、イスラム教を侮辱していると『ムスリムがやってきた！（The Muslims Are Coming!）』のなかでアルン・クンナニは書いている。[9] 二〇〇七年に多数の若者がテロ組織アルシャバブに加入するためにソマリアへ渡航して以来、FBI捜査官はショッピングモール、学校、図書館で集中的にソマリア系の若者を尋問してきた。監視活動の多くはきわめて強引であると、著名な作家であり、人種、イスラモフォビア、および政治的暴力の専門家クンナニは書いている。「ソマリア系の学生たちはFBI捜査官から、キャンパス内の図書館で声をかけられたり、電話を受けたりして、質問に答えるために授業を休むように命令されたと報告している」。ソマリア系社会の若者のあいだで、テロ容疑者という汚名を着せられているという認識が高まるにつれ、連邦捜査官に協力する人と、しない人のあいだで緊張が高まった。「急進的」だというレッテルを貼られるのを恐れて、モスクは政治について正式に反対意見を表明したり、議論したりするのを避けた。こうした閉塞感のせいで、若者が国内での差別、市民の自由、あるいは外国におけるアメリカの外交政策などについて語り、感情を吐きだせる機会が徐々になくなってしまった。

この緊張をはらんだ状況で、アブドゥラヒと、さらに別のテロ容疑者アブディリザク・ウォーセイムは共同被告人に不利になる証言をしたのだった。ウォーセイムが証言台に立った朝、ひとりの共同被告人の母親が彼の母親に詰め寄って、殺してやると言った。[10] ウォーセイムの母親デカ・フセンは四三歳の良識ある女性で、幅広の顔に力強い目をしている。息子が法廷で真実を述べたことに満足していたが、家族は彼の証言のせいで大きな代償を払ったと言う。ソマリア系社会のなかには、彼女たちを「密告者の家族」と呼ぶものたちもいた。娘はモスクで「飛びかかられ」、フセンも「ショッピングモールでいやな顔をされる」ことがある。それでもなお、フセンはアメリカが法治国家であり、彼女の安全を守ってくれると信じている。「もしもわたしがここ以外の場所にいたら、生きていないでしょう」

＊＊

フセンがアメリカの司法制度と警察によって守られることを信じていたとしても、彼女と同じムスリムのアメリカ人の多くはそうではない。アメリカ同時多発テロ事件以降ずっと、全米のムスリム社会は標的にされ、汚名を着せられていると感じている。市は手荒で、ときには憲法に違反するやり方でモスクやイスラム社会、ムスリムのコミュニティーセンターの監視を始めた。のちにオバマ政権はテロ対策を緩和しようとして、ブッシュ政権下で使われていた「対テロ戦争」という言葉をやめ、暴力的過激主義対策プログラムに助成金を出して、地域社会において急進化の防止策を整えた。しかしブレナン司法センターのファイザ・パテルとオープン・ソサエティー財団社会正義イニシアチブのアムリット・シンが指摘するように、暴力的過激主義対策プログラムの多くは、人が暴力をふるおうと計画しているのを外的兆候から予測できるという、古く、大半が誤りであると証明された急進化の過程をもとにして策定されている。[11] ブレナン司法センターの分析によると、暴力的過激主義対策プログラムは「政治演説と政治的表現の多くを『犯罪の予備行為』と見なし、支持を表明した地域社会を傷つけている」[12]

イスラム教徒の旅行禁止が制定され、ホワイトハウスにおいて高官がイスラモフォビアを隠さない状況が生まれるなか、トランプ大統領は暴力的過激主義対策プログラムがムスリムを標的にしているという疑惑を増幅させた。[13] オバマ政権下で、右翼の過激主義対策を行っているふたつの団体が助成金を支給されていたが、トランプ政権は両団体に対する援助を打ち切り、このような団体を管轄する部門の予算を強引に削減した。これはアメリカに対するおもなテロの脅威は、白人至上主義ではなく、ジハード主義だという声に同調する行為だ。しかしFBIは二〇〇〇年から二〇一六年のあいだに白人至上主義によって殺害されたアメリカ人はほかのどの運動の影響よりも多いと結論づけた。ブレナン司法センターの報告によると、国土安全保障省が出した助成金の八五パーセントは明らかにムスリムとマイノリティを標的にした暴力的過激主義対策プログラムに提供されている。さらにトランプ政権下における暴力的過激主義対策プログラムは、多様性そのものを「国家の安全保障に対する脅威のきっかけ」だと見なす傾向にあると同センターの報告書に記されている。[14]

＊＊

マッキンリーは世界貿易センタービルへの攻撃後の時期にニューヨークの国土安全保障省で働いており、アメリカ同時多発テロ事件による混乱のなかで、ムスリムに対して過剰なまでの恐怖感が抱かれているのを間近で目撃してきた。しかしハートランド・デモクラシーは、暴力的過激主義対策プログラムの助成金を受けているという理由で、秘密裏に監視活動をしているのだと地域のムスリムから疎まれていた。「人々はわたしがＦＢＩや、非道な裏政府のために働いていると思っているのです」と彼女は言う。ハートランド・デモクラシーがある地元の組織に対し、連邦政府が助成する暴力的過激主義対策プロジェクトのために提携できるかと打診したところ、「政府が主導する暴力的過激主義対策は大きな問題があるとわれわれは考えています。暴力的過激主義対策はムスリムとソマリア系社会を差別的に標的としており、社会事業という名のもとに情報収集と警察による取り締まりを強化するものなのです」という返事を彼女は受け取った。[15]

ミネアポリスのソマリア系社会のなかで疑心暗鬼が広がるにつれ、急進化について話す機会がなくなったとマッキンリーは考えている。「つまり『あなたは暴力的過激主義対策にかかわっているので、FBIのために働いている。FBIは悪い。なぜならムスリム全員をスパイしているから。以上』という状況なのだ。地元のムスリム団体は、地域社会の支援とは、急進化ではなく社会問題に対して行われるべきだと主張する。「彼らは『地域のためによりよい教育と仕事を提供する気がないなら、テロリスト勧誘の話などしないでくれ』と言う。しかし『地域のためによりよい教育と仕事を提供してくれないのなら、違法薬物使用の話などしないでくれ』とは言わないはずだ」

マッキンリーは肩をすくめると、一瞬押し黙った。アブドゥラヒは彼女にとって最初で最後のテロ関連の事例になるだろう。彼女は言う。「この分野からは手を引くつもりです。政治色が強すぎるので、長く続けられません」

マッキンリーの決断は、会話が断絶し、標的になった地域社会に不信感が広がり、沈黙に陥るという、安全保障問題化の概念にもとづく取り組みの副作用を露見させた。クンダニは『ムスリムがやってきた！（The Muslims Are Coming!）』の最終章で、アメリカ同時多発テロ事件以降の対テロ政策は、ムスリムの若者がまっとうな反対意見を口にする場所を封鎖してしまったと痛烈に批判している。過剰な監視のせいで、モスクの指導者たちは急進的な思想を持つと見なされる人々とかかわるのを恐れ、「急進化する過程について間違った理解をしていると、急進的な考えが広まるのを防ぐことが、テロリストによる攻撃を防止するいちばんの方法だと思いこんでしまう」とクンダニは書く。[16] 彼の見解では、その反対が正しい。「必要とされているのは、国による監視を減らし、調和の大切さを強調し、批判的な考えや政治的な権限をもっと認めることだ。急進化とは——政治における急進化という言葉の正確な意味は——解決であって、問題ではない」と彼は記している。忌憚のない意見を交わすことがゆるされれば、社会に対して今までにない進歩的な考えが提示され、地域社会が自ら沸きたつのだ。新たな解決策を求める風潮ができれば、社会においてテロリズムの必要性がなくなる。クンダニいわく、テロリズムとは「急進的な政治の産物ではなく、政治が機能不全に陥ったときの症状」なのである。

実際のところアブドゥラヒは、デイヴィス判事が判決を述べたときに口にした「この世界において、おそらくもっとも危険なテロ組織」に加入しようとして実刑判決を受けた。[17] 彼が服役中に、アミンが目の当たりにした変化を遂げたのは、急進的な思考という長いアメリカの伝統を受け継いでいる。テロの脅威からアメリカの民主主義を守るための戦略を練っている人々は、このようなアメリカの理想が体現されたような状況を予期しなかった。すなわち、移民としてアメリカにやってきたふたりがアメリカ人となり、ともに黒人でありながら、刑務所において、この国が反対意見を受け入れる基準について話しあい、自由の意味、意義ある人生、そしてアメリカ人であることを議論するという姿を想像すらしていなかったのだ。

＊＊

二〇一七年一一月、デイヴィス判事がアブドゥラヒを家に帰すか判断する日が来た。わたしはミネアポリスの中心部にある連邦裁判所の一三階にいた。デイヴィス判事の法廷の前には判決を待つ人の列ができていて、ソマリア語と英語で談笑していた。探知犬の手綱を持った警備員がやってきて、爆弾があるかどうか検査した。家族たちが弁護士と握手を交わしている。空は青く澄みわたり、高層ビルを背にしてアメリカの国旗がはためいている。「神に栄光あれ！《アルハムドゥリッラー》　今日は幸せな日です」とひとりの男性が言って、満面の笑みを見せた。空は晴れわたり、アメリカ国旗が高層ビルを背景にして風になびいているという表現もできるが、実際には太陽、星条旗、弁護士と握手する家族が視界にあるだけだ。

デイヴィス判事が法廷に入ってくると、アブドゥラヒがマニー・アトワルとともに裁判官席のほうを向いて立ちあがった。デイヴィス判事は保護観察官が熱心に報告するのを聞いた。それから被告人をしっかりと見つめた。日常生活に戻るのは簡単ではないと判事は釘を刺した。「地元の社会から村八分にされるでしょう。全員ではないかもしれませんが、そうする人もいるはずです」

アブドゥラヒは大変であることに同意した。

「家に帰る準備はできていますか？」とデイヴィス判事がきいた。

「はい、判事」とアブドゥラヒは答えた。

まさにハリウッド映画のエンディングのようだった。晴れやかな顔の判事、よろこびにあふれる両親、個人が勝利を勝ち取り、正義が勝ったという雰囲気だ。しかしアブドゥラヒにとって、この事件によって地域社会に憎しみや疑惑が生まれたという事実を考慮すると、今後しばらくの状況は暗いだろう。ハリウッド映画の多くのように、これは非常にまれな結果であり、偶然にすぎない。

ある視点からは、プロパガンダが働いたように見える。マッキンリーとアミンは洗脳を解こうとしたのではなく、アブドゥラヒに正当性とは何かを考えさせた。すなわち自分自身とアメリカが国民に約束しているものについて再考するよう促したのだ。

プロパガンダの要素は、彼の更生プログラムの内容ではなく、その形式にあった。この実験的な脱急進化プログラムは、アメリカの根幹にある個人主義という信条の上に成り立ち、たったひとりに適用されている点がわたしには疑問だった。アブドゥラヒが犯した間違いは彼個人の責任であり、社会的あるいは政治的な問題から派生した行動だとは見なされなかった。彼の贖罪と同様に、アブドゥラヒの堕罪は個人によるものとして扱われた。

この少し前に地元のジャーナリストがアミンに、なぜソマリア系アメリカ人の若者が外国のジハード主義者とともに戦うためにミネソタを離れるのかと質問した。

アミンはこの質問に質問で返した。「われわれが何をしているせいで、彼らが離れたくなるのでしょう?」沈黙。この問題に社会が共謀している可能性を示唆され、ジャーナリストは何も言えなくなって、そそくさと姿を消した。テロリズムとはアメリカ社会とは無関係であり、遠く離れた場所と外国人の問題のようである。

＊＊

アブドゥラヒに対するマッキンリーとアミンの仕事は完全にふたりの厚意によって成立していた。そしてこれは実験であり、繰り返されることはなかった。長期間にわたって、相手にこれほどの時間と関心をそそぐような贅沢なプログラムを、大人数を相手に実現できる国などあるだろうか？　どんな方法であれば可能だろう？

成功した脱急進化プログラムを探すなかで、ある街の名前に何度も行きあたった。それはデンマークのアールハスで、テロリストの容疑で有罪になった人々に手厚い支援を行うテロ対策グループの存在で有名な街だった。ハンス・クリスチャン・アンデルセンのおとぎ話のように現実とは思えない方策によって、元ＩＳ戦闘員が仕事や精神科医、アパートメントなどを見つけられるように、警察やソーシャルワーカーが手助けしているのだ。評論家はこれを「テロリストをハグする」取り組みだと言って認めないが、なぜか結果が出ているらしい。[18]

一月の凍えるような寒い日にわたしはコペンハーゲンに到着し、アールハス行きの列車に乗り、この街の中央警察署へ直行して有名な犯罪防止課を訪ねた。ミネアポリスでメアリー・マッキンリーに取材したときには、彼女が自分の取り組みを「テロリスト・ドロップオフ・センター」と大げさに表現したことにふたりで笑っていた。しかしアールハスには実際に存在しているようなのだ。

「テロリスト・ドロップオフ・センター」とは

屈強な警察官を建築物にたとえるとしたら、アールハス警察署のような建物なのだろう。乾いた血のような色のくすんだレンガづくりの建物で、多層階でありながら正面の壁に窓はない。窓があるのはブティックや、クリームイエローに塗られたデンマークの伝統的な二階建て住宅が立ち並ぶ通りに面した、建物の裏側だ。窓には明かりが灯っている。パイン材のテーブルにビジター用のコーヒーカップが並べてあり、子供用スペースには木製のドールハウスが整然と並んでいる。この街の犯罪防止課はイケアに設置された居心地のいい部屋のように見える。

トルライフ・リンク刑事が「小さな黄色い家《リトル・イエロー・ハウス》」と呼ぶこの場所から、彼と同僚たちは地域の人々が暴力的過激主義へ走るのを防ぎ、さらには過激主義者になってしまった人々の更生に取り組んでいる。筋骨たくましく、黒いジーンズに体にぴったりとした黒いTシャツを着た中年男性のリンクは、わたしをあたたかく迎えてくれた。警察署の玄関ホールのなかを行ったり来たりしているウィペット犬のように痩せた男性にも、彼はあたたかくあいさつをした。刑事はこの男性が過激主義組織ヒズブタフリールに関与している可能性を二年にわたって捜査しており、まるで古くからの友人であるかのように声をかけていた。ふたりでコーヒーを飲みながら話をする日を決めると、リンクは分厚い手で彼の肩を軽く叩いて、時間を割いてくれることに礼を述べた。

「反社会性パーソナリティ障害の兆候があり、人生が急降下しているのです」と快活な声で言いながら、彼はわたしをオフィスへ案内してくれた。

リンクの常套手段は友情に訴えた圧力だ。彼が西欧諸国におけるどの警察官よりも多く、元ＩＳ戦闘員とコーヒーを一緒に飲んでいるのは間違いない。二〇一二年以降、静かなアールハスの街から多数のムスリムの市民がシリアの戦闘地域へ渡航し始めた。三六名のうち、わたしが訪問した月までに二〇名が帰国し、全員がリトル・イエロー・ハウスに来ている。その大半は戦闘に参加しなかったが、トラックの運転や、医療施設の手伝い、あるいは難民キャンプの警備などをしたと言った。デンマークでは二〇一五年に無許可でシリアに渡航するだけで犯罪になると定められたが、内戦が始まったばかりのころは、テロ組織のために実際に戦闘行為をしたと検察が証明しなければ、帰国者が法的な影響を受けることはなかった。[1]「われわれは彼らを逮捕できませんでしたが、近づきたいと思っていたのです」とリンクが説明してくれた。

リンクはある若者の写真をわたしに見せた。彼の肩には銃で撃たれた穴が空いていた。この若者の両親は息子がシリアに行っているあいだ、「心配し、恐れ、つらい思いをしていた」とリンクは言う。恥じる気持ちから近所の人には率直に話ができず、彼らは警察官に支援を求めた。息子が帰国した翌日、両親は彼をリンクに会わせに来た。リンクはこの少年に、デンマークでどのように人生を取り戻せるかをおだやかに話して聞かせた。

立ちあがって帰りかけたときに、元戦闘員の少年は恥ずかしそうに言った。「ここに来てあなたと話をしたいと思っている友達がいます。彼からあなたに電話をしてもかまいませんか?」。もちろんだ、とリンクは答えた。

翌日、その友達が電話をかけてきて、面会する日時を決めた。

その後、最初に来た少年が電話をしてきた。彼には別の友達がいて、まだシリアにいると言う。リンクとコーヒーを飲むときにその友達を誘ってもかまわないかと彼は言った。かまわないとリンクは返答した。その友達はシリアから帰国して、数日後にリンクのオフィスに現れた。

この仕事にたずさわってから八年のあいだに、リンクは元過激主義者が仕事やアパートメント、精神科医を見つけたり、大学の学位取得や、キャリアを構築したりするのを支援してきた。デスクの引き出しを開けて、彼が助けた元ＩＳ支持者から、感謝の印として贈られた香水の瓶を見せてくれた。

過激主義者と親交を深めるのが、アールハスの急進化対策におけるいちばん大切な要素だ。社会心理学者であり、アールハスのプログラムを構築したひとりのステッフェン・サイグサ・ニールセンはわたしに言った。「わたしたちはドアを壊したりしません。そんなことをしては、関係性を築くことができません」。国際会議で円卓につき、安全保障の専門家たちがイスラム国から戻ってきた外国人戦闘員への対応について討論したときのことを彼は語ってくれた。彼以外の専門家は逮捕令状を確保する方法を話しあっていたが、「わたしはただひとり、『誰が元戦闘員と話しに行くべきだろうか？』と考えていました。ほかの人々は容疑者に国外から働きかけようとしていたのです」

ＩＳと戦った有志連合の高官たちの多くにとって、国外こそが外国人戦闘員がとどまる場所だった。もしもフランス人のジハード主義者がイラクやシリアで亡くなったら、「それが最良の結果だとわたしは言うでしょう」とフランスの軍事大臣フローランス・パルリは断言した。[2] オバマ大統領がＩＳ掃討作戦を行う有志連合のアメリカ特使に任命したブレット・マクガークは二〇一七年に、有志連合の目的は外国人戦闘員がシリアで死ぬのを確認することだと明言した。「もしも彼らがラッカにいれば、ラッカで死ぬことになります」。アールハスは外国人戦闘員を国外で死なせたり、そこに置き去りにしたりするよりも、連れ戻すというあたたかい対応を取っている。「アールハスはこうした若者に帰ってきてほしいと思っています。国外にいる期間が長くなれば、戻ってくるまでに、よりひどい傷を負ってしまいます」と二〇一五年にヤコブ・バンドスガード市長が訴えかけた。[3]

このような「傷ついた」市民を迎え入れると決定したために、市はデンマーク社会から孤立していると感じた若者の問題に対する実用的な解決策を見いだそうとした。対照的にイギリスとオーストラリアはイスラム国が敗北したあと、ISへの支援者や戦闘員に志願した数多くの自国民の市民権を剝奪したので、彼らは難民キャンプに取り残されてしまった。

アールハスの取り組みは、デンマークの全国的な傾向に逆らうものでもあった。二〇一五年に右翼のポピュリストがデンマーク議会選挙で大躍進した。[4] 彼らは国内で外国人を嫌う風潮をあおった。政治家は移民法を引き締め、ブルカの着用を禁止する法案を可決し、ムスリムの学校をすべて閉校にするよう求めた。しかしアールハスでは、犯罪防止課のスタッフがソーシャルワーカーや教師、地域社会のリーダーたちと協力して、シリアからの帰還者にとって、デンマーク社会への参加に比べてジハードが見劣りすると思えるような生活を設計した。このプログラムはライフ・サイコロジーという、アールハス大学の行動科学学部で構築された理論にもとづいている。[5] これは、すべての人は「十分な」生活を求め、そのような生活を送るにふさわしいと仮定し、デンマークはすべての市民にそれを可能にするすべを身につけさせるべきだという理論だ。リンクは犯罪防止課を公立図書館になぞらえて、「地域社会を支援し、可能性を与え、権利を持たせる」ために作られたと考えている。もちろん、そこには限界がある。「わたしたちに『助けを求めに来るのは歓迎だが、もしもデンマークの法律に違反した場合には、刑務所へ送る支援をする』と言っています」

犯罪防止課はテロ行為で有罪になった人と、司法当局が急進化の危険性を認めた人の両方に対応している。警察がこのプログラムを策定し始めたとき、最初の仕事は「急進化」という言葉を定義することだった。当初はほかの当局者が使っている定義にならっていた。つまり、人が徐々に「政治的あるいは宗教的な計画を進めるために、暴力的および非民主的な手段」を受け入れるようになる過程というものだ。

しかし数カ月経つと、この定義が広すぎ、さらには間違った価値観に染まっていることに気づいた。警察が「非民主的な手段」を懸念する必要があるのだろうかという疑問が生まれた。彼らは民主主義への脅威という理由づけではなく、犯罪防止という観点から過激主義に立ち向かうと決めた。これ以降は「すべてがおさまるべきところに、おさまった」と警察本部長アラン・アールスレフは語った。政治家やポピュリストの民衆扇動化は暴力的過激主義を実在する脅威に仕立てようとするが、アールハスの警察官は現実的だった。過激主義が問題になるのは、過激主義者が違法行為におよんだときだと考えた。ミネアポリスのメアリー・マッキンリーと同じく、社会問題の解決がイデオロギーによって阻止されるのをよしとしなかった。マッキンリーがしたように、ひとりの青年を助けるために、政治的に緊迫した空気を無視するのは大変なことだ。しかし犯罪防止課はイデオロギーや政治ではなく、行為に焦点をあてるという戦術を取った。

リンクは家族を、元戦闘員を離脱させるために使うことのできるスイス・アーミーナイフだと考えている。嘆き悲しむ母親にティッシュペーパーを差しだし、ストレスで疲れきった父親には電話番号を渡して、何時であろうと電話をかけてきていいと伝える。急進主義者本人と話をするときには、海外で戦うとよきムスリムになれるという考えを打ち砕くために、リンクは家族を利用する。「きみはシリアへ行った。それは、自分自身と、預言者のためだね？」と彼が言うと、相手はうなずく。

きみが海外で戦闘に参加しているときに、とリンクは続ける。「きみの兄弟の目は悲しみに沈んでいた。きみの姉妹はひとりぼっちになった。みなは裏切られたように感じていたんだよ。きみが泥棒みたいに、こっそりと夜中に出ていったから」

彼はさらにたたみかける。「きみが向こうにいるあいだ、大切な人たちの面倒を見ることができなかった。だから、わたしがしていたんだ」

＊＊

リンクの言動は、アーメド・アミンがアブドゥラヒに対して父親らしく、哲学者のように接していた態度に通じるものがある。そして彼が友好的な関係を築こうとする姿勢は、保護観察官としては「ヒッピー的」なサイモン・コーンウォールのようだ。しかし犯罪防止課の場合は条件が整っているので、リンクは家族と若者たちに――たとえ彼らが犯罪行為におよんでいない場合でも――多大な時間を費やせる。これは資金が潤沢で、思いやりにあふれた方法で行われている、国による監視で、リンクはソーシャルワーカーや保護観察官のような役割を担うときもあれば、ライフコーチや家族のセラピストのように接するときもある。

リンクの武器庫のなかでは、気づかいがいちばん大切な武器で、これはデンマークが社会福祉の手厚い国であるという事実にも広く通じるものだ。戦闘員に対してあたたかく接する姿を目にしていると、そこにひそんでいる疑問が浮かびあがってくる。「デンマークの制度が過激主義者とその家族に十分な支援をしているのであれば、いったいなぜ暴力的過激主義者になるのだろう?」

リンクはある男性とその家族に七年間にわたって支援を行った。「使える道具をすべて使いました」と彼は言う。リンクがMと称する男性は、シリアからの帰還者で、暴力をふるう傾向があった。「まさに狂犬のようでした」と彼は言った。Mが詐欺の罪で服役中には、リンクは男性の妻とよちよち歩きの子供が暮らす家を訪問した。面会日には車で一時間もかかる刑務所までMの妻を乗せていった。「わたしは助けられることはなんでもしました。そして、彼もそれをわかっていました。彼の家族はわたしがどんな問題でも解決できると考えるようになっていました」

あるときリンクはMが刑務所からリトル・イエロー・ハウスに来て、家族と昼食をとれる機会を設けた。アールハスまでの車中は、リンクにとってMと「ともに時間を過ごし、話をして、親交を深める」時間になった。彼はMに言った。「小さいころからきみには父親がそばにいなかったというのは知っている。今はこうして歴史が繰り返されている。きみの幼い息子の姿を目にすると心が痛む。彼はなぜ父親が刑務所にいるのかを理解していないいんだ。きみは立派な大人だ。この状況をどうにかするべきだ」

Mが出所すると、リンクは毎週彼と会った。大きなホワイトボードに、Mが望んでいた教育を受ける方法を書きだした。Mは髪を切り、あごひげを短くした。彼はデンマークのデザインが大好きで、政治に関する知識が深かった。「もしもシリアへ行かなければ、ジャーナリストになっていたかな？」とリンクは言った。「きみの剣をペンに持ちかえようと考えたことはあるかい？」。リンクは若いジャーナリストに頼んで、デンマークのマスコミで仕事をするために必要な試験の準備をするMを手伝ってもらい、ふたりは毎週図書館で会うようになった。

すべてはうまくいっているように見えた。ところが数カ月後にMは姿を消した。

わたしが訪ねたときは、連絡が取れなくなって二、三カ月過ぎたころだった。「わたしたちは彼の心をつかめたと感じたことが、一度もありませんでした」と彼は認めた。「いつの日かと希望を捨ててはいませんが……」。Mが戻ってきて、変化することに真剣に取り組むと言えるように、リンクは扉を開いたままにしてある。しかし本当に帰ってきた場合には「ここがギフトショップではないと彼は理解する必要があります」とリンクは言う。「ふらっと入ってきて、ほしいものをすべて手に入れて、また出ていくということはできません」

わたしは夕暮れどきにリトル・イエロー・ハウスをあとにした。アールハスの通りはラッシュアワーにもかかわらず、聞こえてくるものはすべてささやきだけのように静かだった。わたしのようなアメリカ人にとって、アールハスが元急進主義者に与えている利益は、北欧の福祉制度のような夢物語に見えた。資金が潤沢な上に寛容で、警察官が受刑者の心を開き、支援するために七年間——並外れて長い時間！——を費やせるのだ。国が人の変化を助けられるというこの信念は、警察の仕事というよりも、子育てをしているようだ。アールハスの手法は脱急進化の専門家会議において大いに注目されたが、簡単にまねできるものではない。これは豊かな財源とデンマーク特有の政治的ＤＮＡによって成り立っているのだ。

さらにMの話を聞いてわたしが動揺したのは、リンクが面倒を見ていたからという理由ではなく、福祉活動がすでに失敗しているように見えたからだった。これは政府の家父長的温情主義が空振りしているのだとわたしは考える。地元の大学がデンマーク国民を満足させるための十分な生活という理論を構築し、リトル・イエロー・ハウスの白人男性たちが実現しようとした。

わたしはデンマークにおける脱急進化戦略の原動力であるインフォハウスについて考えた。これは一カ月に二回開かれる、地元警察、自ら出向いて援助する職員《アウトリーチ・ワーカー》、職業安定所、そして学校による会合である。組織の垣根を越えた情報交換の重要性と、交換すべき情報量を示すモデルとされている。全員がノートパソコンを持ってきて、懸案となっている人物の名前が出ると、その人物の情報ファイルを各自のパソコンに取りこむ。福祉国家デンマークの情報網は緊密に張りめぐらされているので、通常こうしたファイルには出生からのデータが含まれている。もしも父親が失業した、母親ががんに罹患した、家族が居住区で近所の人と問題を起こした、あるいは麻薬を使用したり、学校をずる休みしたりして警察に補導されたといった出来事があれば、すべて国のデータベースに記録されている。国内の地方自治体はすべて、犯罪防止政策のために特化した情報を握っているのだ。これは問題行動を早期に解決すれば、その後の刑務所建設費用を削減できるという考えにもとづいている。「デンマークでは、社会的弱者は国や地方自治体によってきちんと把握されています。この制度のなかにいる人間については、インフォハウスが情報を引きだして、詳細な経歴を入手することができます」とリンクは説明してくれた。

「問題点はここだ」とわたしは思った。福祉国家のセイフティーネットとは結局のところ、どこかから引っぱってきた情報によって編まれているのだ。もしもそこに、かすかな薄気味悪さを感じさせる、政府による家父長的温情主義の痕跡が含まれていたら、恐ろしいことではないだろうか？　人が社会的規範から外れるのは、国から監視され、世話を焼かれなければならないほど悪いことなのだろうか？　デンマークの干渉主義政策に違和感を抱いたものの、わたし自身が福祉国家に守られている恩恵を享受した経験を思いだした。イギリスでがんの治療を受けたときのことだ。わたしの入院中に国民保険サービスが提供してくれる内容を話したところ、アメリカの友人たちにひどく驚かれてしまった。化学療法や入院だけでなく、マッサージや家族のカウンセリングまで無料でまかなわれるのだ。今になって思うと、国の医療情報データベースにはわたしが既婚者か否か、さらには体重や血圧まで入力されているのだろう。政府はわたしの面倒を見てくれたが、そのあいだに情報を記録していたのだ。

＊＊

国による脱急進化への取り組みは、ロールシャッハテストのように結果が異なることが多い。脱急進化には、その人を急進化させたものは何か、そして普通とは何かを定義する必要があり、その定義は主流となる価値観によって変化するからだ。たとえばサウジアラビアのプログラムでは、過激主義者の若者が妻をめとって家を持ち、国教である保守的なワッハーブ派に改宗することが奨励される。[6]　フランスでは過激主義者だと疑われる人々に『フランス国歌《ラ・マルセイエーズ》』を歌わせ、フランス共和国の栄光について学ぶ歴史の授業を受けさせるというプログラムを始めたものの、短命に終わっている（当然のことながら、公式報告ではこの突飛なプログラムを「完全な大失敗」だと見なされた。この経験は、治療法とは患者よりもそれを決めた医者について多くを語るという教訓にされた）[7]。

デンマークでは社会復帰プログラムが、「十分な生活」という国の定義を映す鏡になっていた。「十分な生活」とは国の政策立案者によって構築された、最低限の満足感は得られる生活を意味している。ミネソタ州のハートランド・デモクラシーのプログラムは、アブドゥラヒとソマリア系社会の住民との断絶を招いたとしても、彼が個人としてどう受け取るかにかかっていた。どちらの例も当局者が、過激主義者が革命的な理想郷を熱望する気持ちを、彼らの物質的な欲求を満たすことのできる実践的で非宗教的な解決策に置きかえようとする取り組みだ。

この点について考えれば考えるほど、アールハスの脱急進化への取り組みと、デンマークの文化的価値観である「ヒュッゲ」との類似性が見えてきた。イギリスでは近年、日常の居心地のよさや楽しさを大切にしたデンマークのライフスタイルである「ヒュッゲ」が流行しており、新聞のコラムニストたちは、友人との気軽な集まりや、暖炉の前でのおしゃべりの効用を盛んに書いている。デンマーク人にとってヒュッゲとは、あたたかく居心地のいい家で親しい友達と一緒に時間を過ごすことである。アールハスのプログラムからは、この連帯感を軽く押しつけ、暖炉を囲んで友人と過ごす時間のなごやかさを強調する雰囲気が発散されている。このようなデンマーク的価値観とは軽やかで明るく、豊かであり、みなが取り入れたいと思うのではないだろうか?

暖炉を囲むとは仲間に入ることを意味するが、仲間から外れている場合には、その状態も顕著に示される。この習慣は単なる寒い国の心地よい時間でも、マーケティングのツールでもない。外の嵐から避難できる場所を求めるとは、外にあるものを怖がり、信用していないという心理の現れである、とヒュッゲの評論家は語る。「平等主義を特徴としているにもかかわらず、ヒュッゲは社会統制の手段にもなり得る」

とデンマーク人の人類学者イェベ・トロル・リネットは記している。[8] これは「独自のヒエラルキーを構築して人の考え方や行動を判断し、ヒュッゲできないと見なした社会集団に否定的なイメージを植えつける」のだ。

＊＊

アールハスの犯罪防止課に紹介されてきた五〇〇人のうち、二九人にメンターがつけられている。メンターたちは地域のなかから選ばれ、警察本部長アールスレフのチームから訓練を受けた。犯罪防止課は橋渡し役となり、過激主義者が過激化した原因を解消できる相手をメンターに選んだ。「スリルを求める性格で、冒険心から過激主義組織に加入した人の場合には、宗教を熟知しているメンターは不要です。社会的な問題をたくさん抱えている人に対しては、そのような問題の解決方法を熟知しているソーシャルワーカーをメンターにします。カリフ制国家に参加することが正しいと考えた思想家タイプの人には、若く、地に足のついたムスリムをメンターに選びます。このようなメンターはロールモデルになり、宗教についての相談相手にもなってくれます」とニールセンは説明する。

バシールという仮名の若者がリンクのもとに来たとき、彼にはムスリムとして社会にうまく適応しているロールモデルが必要だとわかった。バシールは聡明な、怒りを抱えた青年で、アールハスに本拠地を置く結束のかたいグループの一員だった。そのグループからは数人がシリアへ行き、戦場で命を落としていた。彼らに続いてバシールをシリアに渡航させないようにするには、デンマークに暮らすムスリムとしてどんなことが可能であるかを示せるような人物が必要だとリンクは考えた。

わたしは街外れにある小規模事業者向けのシェアオフィスのひとつでバシールに会った。細身で薄いヤギひげを生やし、鮮やかな色のアディダスのトレーナーを着た二八歳の青年は静かな自信を漂わせていた。彼はモガディシュで生まれ、五歳のときに家族と一緒にアールハスに来て、自分はデンマーク人だと思いながら育った。学校では白人の友達がいて、デンマークのテレビでときおり流れる「イスラモフォビアによる悪口」は無視することができた。近所に住む友達が自分たちはデンマーク人ではなく、パレスチナ人やパキスタン人だと宣言したときにも、彼らの言葉が何を意味するのかよくわからなかった。

一〇代の初めころには、日常生活のなかで文化的なギアチェンジを余儀なくさせられるのに気づき始めた。彼の家からちょうど街の反対側にある学校では、白人やほかの国から来た移民の子供たちに囲まれ、「手をあげて、質問に答えます。一〇〇パーセント、完全にデンマーク人だと感じているのです」と彼は言う。地元に戻ると、アフガニスタン人、パレスチナ人、イラク人、そのほかの国から来た移民たちがいて、イスラム教徒という共通項で地域は結束していた。ピザを配達するのはムスリムで、食料雑貨店の店主もムスリムだ。通りで交わされるのは汎イスラム主義の言葉だ。たとえば互いにあいさつをするときには「サラーム」と言う。家に帰るとバシールはふたたびギアチェンジをして、ソマリア語で家族と会話をする。

バシールは中学校の最終学年になるまで、こうして三つの文化を上手に渡り歩いていた。この年に両親は彼をサウジアラビアでのメッカ巡礼へ連れていった。スピーカーから大音量で流れてくる祈りの時間を告げる声、礼拝の時間には店が閉じられる様子、そして世界各地から集まった巡礼者たちの姿に心を動かされ、彼は自分がムスリムであるという誇りで胸をいっぱいにしながらデンマークに戻った。

それからほどなくして、学校でイスラム教についてのディベートがあった。クラスのなかにはイスラム教を「野蛮で石器時代からやってきた」と揶揄する生徒がいたと彼は語ってくれた。ひとりの女子生徒は石打ちの処刑も引きあいに出した。「自分の宗教を弁護せずにはいられない」と彼は思った。しかし当時はディベートが得意ではなかったので、「彼女に向かって、『石打ちの処刑について話すのか？　石を投げつけられる必要があるのは、おまえだよ』という、ひどい言葉を投げることしかできませんでした」と彼は言う。

心配した教師がこの件を校長先生に報告すると、校長は警察に連絡した。警察官がふたり彼の家を訪れ、バシールの居場所を尋ねると、父親が彼に電話をかけてきた。「まるで家に戒厳令が敷かれたみたいに、すぐに帰ってこいと言われました」と彼は言った。警察官は父親に、翌日の朝いちばんに息子を警察へ出頭させるようにと命じた。

その夜、彼の父は息子を問い詰めた。「おまえは何をしたんだ？」

「ぼくは……学校に行った」と当惑しながら、バシールは答えた。

「だが、何かしでかしたんだろう？」

「よく……わからない」

バシールは「それまで感じたこともないようなストレス」で眠れず、そのまま朝になって警察署へ出頭した。そこで警察官は彼に言った。「無理に話す必要はありません。あなたには黙秘権があります。しかし、あなたのクラスメートが、あなたのことを危険だと懸念しているのです」

正確には、彼らはバシールが学校を爆破させるかもしれないと心配していたのだった。

バシールには次の質問が耳に入らなかった。「目の前に映像が次々と浮かんできたからです」と彼は言う。

オレンジ色のジャンプスーツ、グアンタナモ収容所、水責め、窓のない飛行機で秘密裏に容疑者を連行するCIAの姿で頭のなかがいっぱいになった。

彼が現実に戻ると、質問が続いていた。学校で女子生徒にスカーフを着用するように命令したのは事実か？「いいえ」。スンニ派か、またはシーア派か？「スンニ派です」

尋問の最後に、バシールは家宅捜索を許可する令状に署名するよう求められた。「家族は巻きこまないでください」とバシールは警察官に頼んだ。署名は拒否した。

いいでしょう、と警察官は言った。もちろん彼には拒否するという選択肢がある。しかし警察はその気になれば彼を二四時間のあいだ拘束することができた。

「もしもここで一夜を過ごすことになったら、父親に殺される」とバシールは思った。そして令状に署名した。

家族で暮らすアパートメントに警察が家宅捜査に来たときの、母親の顔をバシールは今でも覚えている。「これまでにない激しい怒りがこみあげてきました」と彼は当時を振り返る。「ぼくのせいで家族が攻撃されているように感じました」

彼らは帰り際に、二週間のうちに連絡するとバシールに言った。彼はいつか復讐してやると心に誓っていた。

警察からの連絡を待つ二週間は、高校での最終試験の日程と重なっていた。これはバシールにとって大学に進学できるかどうかが決まる大切な試験だった。彼は登校をゆるされなかった。この決定が正しかったか否かには議論の余地がある。彼の頭のなかは不安でいっぱいで「刑務所へ送られるのだろうか？　この生活は続けられるのだろうか?」と考え続けずにはいられなかった。

最終的に、校長が電話をかけてきた。「疑いは晴れた。警察は何も見つけられなかった」

ふたたび学校に通えるようになったバシールは、どうしても試験を受けたかった。しかし再試験はすでに行われてしまったと校長は言った。バシールにはふたつの選択肢があった。留年するか、新しい学校へ行くかのどちらかだ。

バシールは抗議した。「ぼくは無実なのに、校長先生が警察に通報したんです。どうしてぼくがこんなふうに、代償を払わなければならないのですか?」

しかし校長は聞く耳を持たなかった。ほかの生徒たちと同じくデンマーク人なのだと幼いころから信じていたバシールは、徐々に変わっていった。「まわりの人たちは人種差別主義者だ、ぼくを必要としていない、みな敵だ」と彼は考え始めた。学校や警察だけでなく、「社会全体、国全体」が敵だと思うようになった。

バシールが学校を退学したいと言うと、父親は強く反対した。「戦闘には負けたが、戦争には負けていないんだ。新しい学校に行きなさい」と息子を諭した。

気が進まなかったものの、バシールは父親の言いつけにしたがった。しかしその年の夏に怒りがふつふつとわき始め、母親が突然に心臓発作で亡くなると、沸点に達した。警察の家宅捜査のせいでストレスがかかり、母親の死が早まったのだとバシールは考えた。このときに彼は決意した。「あいつらがテロリストを探しているなら、ぼくがテロリストになってやる。ぼくを罰するのなら、こちらからも仕返しだ。ぼくの将来を奪ったのだから、あいつらの将来はぼくが奪ってやる」

罪のない人々を殺したかったのではないと彼は言う。「当時は怒りに駆り立てられていました。その怒りのはけ口を求めていたのです」

モスクに行ったある日、古くからの友達が近づいてきた。バシールの母親のことを聞いて、お悔やみの言葉をかけてくれた。「それで、今は何をしているんだ？」

バシールはこの数カ月のあいだの出来事をすべて語った。

「気持ちはわかるよ」とその友達は言った。「きみと同じように感じている友達のグループに紹介したいな」

「自分と同じように感じている人たちがいる？　そんなことはこれまで知らなかった」とバシールは思った。

＊＊

モスクに近いアパートメントでそのグループに初めて会ったとき、バシールは「すばらしい」と思った。そこにいた一〇代後半と二〇代前半の五人は全員、パレスチナやパキスタン、ソマリアからデンマークにやってきた移民の子供たちだった。リビングルームに輪になって座り、デーツを食べたり、お茶を飲んだりしながら、それぞれの出来事を語りあった。ある青年の姉妹はヒジャブをつけているという理由で唾を吐かれた。別の若者は出自のせいで教育も受けられず、仕事も見つからないと思っていた。「そこにいたみなが、国のせいで人生がめちゃくちゃにされたと感じていました」とバシールは言う。

グループで集まる――場所はいつもアパートメントだったので、「密告者」の心配をせずに自由にしゃべることができた――回数が増えるにつれ、会話の内容は自分たちのことから、デンマークで彼らが目にするイスラモフォビアの話になっていった。ユーチューブでアンワル・アウラキの動画も見始めた。グループのなかにアラビア語やウルドゥー語を話せるメンバーはほとんどいなかったので、このアメリカ育ちの指導者がなまりのない英語で話してくれて助かっていた。西欧諸国の政府はそのうちにムスリムの国民を攻撃するだろうとアウラキは言った。「彼は西欧の国に暮らしているムスリムなので、ぼくたちの問題に共感できたのです」とバシールが説明してくれた。

二、三カ月もすると、彼らはどこへ行くべきかと話しあうようになっていた。イスラム教を学びにパキスタン行きを提案するものがいた。このときは二〇一〇年だったので、イスラム国はまだなかったが、もしも存在していたらおそらく彼は行っていただろう。

ある日の放課後、バシールはリンク刑事から電話を受けた。彼はインフォハウスの会合でバシールのことを聞いたのだ。バシールは彼の言葉を覚えていた。「東ユトランド警察のものです。あなたの事件への対応について、大変申し訳ありませんでした」

「ぼくの人生をめちゃくちゃにしたのを謝ってくれるんですか?」バシールは言い返した。

「そうではなく、少しこちらの話を聞いてください」リンクはひるまなかった。「コーヒーでも飲みながら、お話ししませんか?」

「するわけないだろう」とバシールは思った。「ところが彼は電話を切らせてくれなかったのです。とてもしつこくて、あきらめてくれないので、こちらが折れました」バシールはそのときのことを語ってくれた。

バシールは警察署へ行き、リンクがこれまで会ったことのある警察官とは大きく違うことに気づいた。

「大柄ですが、いい声の人です」

リンクは彼に言った。「あなたの事件への対応は間違っていました。あんなふうに取り調べをするべきではありませんでした」

「あれがそちらのやり方なんでしょう。家族を冒瀆した。まるでぼくたちが国家の敵であるかのように」とバシールは言った。

「きみはデンマーク人なんだよ、バシール。わたしと同じように」

「心にもないことを言わないでくれ」気味悪いくらいにこちらの機嫌を取るような警官のことを、あのグループの友達はどう思うだろうとバシールは考えていた。「ぼくはあなたからの祝福になど興味はないんです。パキスタンへ行きたいんだ。念のために言っておきますが、これは違法じゃありませんからね」

リンクは彼をじっと見つめていた。

「謝りたければ何度でも謝ればいいさ」バシールは続けざまに言った。「ぼくは行く」

「でもきみはデンマーク人なんだよ。この社会の一員なんだ」デンマーク人であれば手に入れられる機会を、バシールもすべて持っていると言わんばかりだった。

バシールは彼に説明しようとした。「あなたたちがぼくから奪ったものを見てくださいよ。試験を受けられなかったんだ。今さらやり直せないんだよ」

わたしのためにそのときの会話を思いだそうとしてくれながら、バシールは口をつぐんでうつむいた。

「ぼくは彼にひどいことを言いました」彼は小さな声で言う。「『くたばっちまえ』と言ったんです」

バシールは席を立って帰ろうとしたが、リンクに止められた。

「最後にひとつだけ頼みがあるんだ」とリンクが言う。「ある人に会ってほしい。ムスリムなんだ。メンターってわかるかい?」

バシールは戸惑った。

「話をするだけだよ」リンクは引きさがらない。

不本意ながら、バシールは同意した。好奇心には勝てなかったのだ。「ぼくは知りたかったんです。『政府に協力するような裏切り者は、どんなやつだろう?』と思っていました」

例のアパートメントで、彼は友達にこの話を聞かせた。「警察はムスリムの潜入者を抱えているんだ。密告者さ。彼らはぼくたちの話を聞いている可能性もある」

問題ないと彼の友達は言った。いい機会になるはずだ。その人と会って、結果を報告してほしい。

バシールはうれしくなった。この面会を利用して、デンマークの情報収集組織について調べることができる。彼はダブルエージェントになるのだ。

＊＊

東ユトランド警察がバシールのために選んだメンターは、エルハン・クルチという名前の若い弁護士だった。イスラムの教えを実践しているムスリムで、トルコからの移民の息子だった。メンターになってほしいとリンクに勧誘される前から、彼は宗派を超えたボランティアとして有名だった。

バシールとクルチはハンバーガーやステーキを出す店で会った。彼はクルチがムスリムらしく、「あなたに平安がありますように《アッサラーム・アライクム》」と丁寧なあいさつをしてくれたところが気に入った。

それでもなお、彼は最初にクルチの体を軽く叩きながら、盗聴用のマイクをつけているかどうか調べた。

「気のすむまでどうぞ」クルチは肩をすくめた。

「彼らがぼくに何をしたか知っているんですか？」バシールは大きな声を出し、攻撃的な口調で言った。

彼は自分の話をしながら、クルチが口をはさまずに耳を傾けてくれているのに気づいた。相手の態度に心が落ち着き、最初は声を荒らげていたにもかかわらず、最後には静かな独白になっていた。

「きみは残酷な目にあったんだね」クルチは彼のつらい気持ちを認めてくれた。「そんなことは起こるべきではなかったんだ」

この弁護士はさらに続けて言った。もしもバシールの最終的な目標がよきムスリムになることだとしたら、このアールハスでも可能だ。戒律を守るのはサウジアラビアのような国では簡単だ。アルコールは禁止されているし、礼拝の時間には店を閉めるように法律で定められている。サウジアラビアは国をあげて海外に敬虔さを誇示している。しかしデンマークでは、「きみは個人として信仰し、神のみがきみを裁くんだ。ここでは自分が選択するものは自分で決められる。実のところデンマークでは、ほかの国よりもムスリムらしく存在できるんだ。なぜなら政治的な圧力からではなく、自発的にムスリムであろうとするからだ」

だがイスラモフォビアの流れにどう向きあえばいいのか？　テレビではムスリムといえばテロリストやよそもの扱いをされている。

それは自由の裏面なのだとクルチは説明した。デンマークでは言論の自由が保証されているので、その権利は人種差別主義者や偏見を持つ人々にも保証される。

「きみは自分自身の責任で、そういう人たちに煩わされないようにするんだ」弁護士は落ち着いた、静かな声できっぱりと言った。彼も人種差別を受けた経験があった。長い時間をかけて、彼はトルコ系であり、イスラム教を信仰し、そしてデンマーク国民である自分に、どうすれば誇りを持てるのかを探ってきた。「右翼はぼくたちが同化するべきだと言う。隔離されているほうがいいと言う人々もいるだろう。だが中庸は融和することだ」クルチは言った。預言者ムハンマドも中庸の道が最良であると説いていた。

バシールは気分を害した。「ぼくは彼から個人的な領域を攻撃されているように感じたのです」。しかし話が進むにつれ、クルチに引きつけられていると認めざるを得なかった。「彼の圧勝でした」

クルチは自分の言葉が持つ力を自覚していた。「彼はまた会いに来るだろうと感じました。目を見ればわかります。興味を持ったようでした」

＊＊

それから二年のあいだ、クルチとバシールは面会を続けた。最初のころは週三回で、のちには週二回になった。クルチはこの面会には、信頼を築く、ふたりで彼の更生に取り組む、安定させる、という三つの段階があると考えていた。信頼構築のために費やした数カ月間は、イスラム教、民主主義、デンマーク、帰属意識などについて、ふたりで何時間も話しあった。バシールは定期的にアパートメントの仲間たちにこの様子を報告し、この「裏切り者」が言ったことを詳しく話して聞かせた。彼らは民主主義の偽善とデンマークの組織的な人種差別主義について、バシールに入れ知恵をした。バシールはその知識を武器にしてクルチもとへおもむき、グループから教えられたことをそのまま口にした。「最初の半年間は、彼と会うたびに拳を振りあげていました」

バシールの気持ちが変化したのは、突然のことだった。あるときバシールは友達に強く促されて電話番号を変え、一カ月間クルチとの連絡を絶った。「彼は自分の殻に閉じこもってしまった」のだとクルチは思っていた。

メンター・プログラムを開始してから一年ほど経ったころ、ふたりはカフェ・ジギで会った。ここはアールハスの中心部にあるおしゃれなレストランだ。バシールは「うれしそうでしたが、居心地悪そうにしていました」とクルチが当時を振り返る。

「ぼくは都会育ちではありません」とバシールは肩をすくめた。「貧民街《ゲットー》で暮らし、シャワルマ（ドネルケバブ）や串焼き《ケバブ》を食べるような生活です。そんなぼくが、白人が行くレストランにいるんです」。彼はコートをかける場所すらよくわからなかった。そしてクルチのほうに顔を近づけて言った。「このなかで黒い肌をしているのは、ぼくたちだけだって気づいてた？」

メニューの内容すらよくわからなかったが、それでもなおバシールにとっては気分がうきうきするような経験だった。ウエイターが注文を取りに来ると、彼は口ごもりながらクルチと同じものを頼んだ。

その午後、デンマークでの生活に対するバシールの思いが変化し始めた。「それまでのぼくの世間に対する見方は、白か黒でした。『ぼくたちがここにいたら、デンマーク人は向こうへ行く』という感じです」彼はそう打ち明けてくれた。「しかしあそこでテーブルにつきながら、つまりサービスがよく、すべてがすてきなレストランで、ぼくは『いやなやつばかりじゃないんだ』と思っていました」

バシールはクルチをロールモデルとして見ているのだと正直に言った。クルチはこの日、彼の心をつかんだとわかった。「どうやって、そんなふうになったの？　あなたには家族がいて、勉強をして、ボランティアになって、家もある」彼はクルチに言った。デンマークに暮らすムスリムで、自分の家を持っている人に彼は今まで会ったことがなかった。バシールは率直に言った。「ぼくはあなたみたいになりたいよ」

ふたりはバシールが目標を達成できるように取り組み始めた。その目標とは高校を卒業して、会計士になる勉強をすることだった。バシールは結婚した。彼はさらに落ち着いてきた。そして、古い友達に頻繁に会わなくなった。初めは単に忙しかったからだが、忙しいというのは口実だと気づくようになった。その古い仲間のうち三人がシリアへ渡り、ふたりが殺害されたと聞いたとき、彼は思った。「そのひとりはぼくだったかもしれない」

現在のバシールは会計士として働きながら、トルライフ・リンク刑事のもとで、メンターとして活動している。メンターに志願したのはお金のためではなく、「社会に恩返しをしたかったのです」と彼はわたしに言った。彼が今メンターとして面倒を見ている若者は、昔の彼とは似ていない。「ぼくはおしゃべりでしたが、その子は静かなのです」

このふたりはほぼ毎週日曜日に会って、週に三回は話をしている。ドナルド・トランプがイスラエルのアメリカ大使館をエルサレムに移すと発表したとき、この若者はバシールに電話をかけてきた。彼は憤っていた。「やつらはエルサレムを奪還するつもりなのだろうか？　そうしたら、戦争になるよね？」

そうなるかもしれないね、とバシールは言った。そうならない可能性もある。だがそれは、きみの戦いではないのだと彼は注意した。これは急所をつく言葉だった。「きみのやるべきことは」と彼は若者に言った。「自慢の息子だとお母さんに思ってもらえるようになることと、どうすればいい人生を送れるようになるかを考えることだ」

屈強な若者に手を差しのべ、メンターとともに人生を見つめ直させるというアールハスのプログラムは、デンマークでもっとも有名かもしれない。だがデンマークのほかの都市でも同様のやり方で、社会的包摂と社会的一体性という概念を共有している。「デンマークのモデルでは、相手が罪を犯したのでない限り、われわれは対話をするべきだと考えます」とムハンマド・アリ・ヒーは説明する。コペンハーゲンの過激主義対策ユニットを率いる人物だ。急進化した人々を悪であるとか狂っていると見なすどころか、急進的過激主義への動きは「合理的な選択」であるという前提で、デンマークの急進化対策ユニットは対応しているのだとヒーは言う。

わたしが話を聞いたデンマークにおける急進化対策の専門家たちは、急進化をギャングになったり、違法薬物に依存したりするのと同列の反社会的行動だと考えている。彼らは過激主義とは、デンマーク国民が社会的に包摂され、教育や成功する機会を与えられるように構築された国の制度のなかで、失敗したことへの反動だと説明するのが妥当であると感じている。「わたしたちは過激主義者が筋金入りのテロリストにならないうちに、社会に復帰させ、彼らの不満に対処したいのです」とヒーは説明する。

もしも筋金入りのテロリストになった場合でも、デンマークの刑罰制度では処罰よりも更生のほうに重きが置かれている。終身刑は一〇年から一五年の刑になり、刑期中には教育や職業訓練を受けられる。本当の意味で受刑者を社会復帰させるには、「これまでとは別の、道理にかなった可能性」を与える必要があるのだとヒーは言う。更生にたずさわる側の仕事は、暴力的過激主義組織に心惹かれている人に対して、

「どうしてそんなことをするんだ？」ときくのではなく、「きみは今、どんな悩みを抱えているんだ？　打ち明けてくれないか？」と語りかけることなのだ。

デンマークの取り組みは心やさしいと見えるかもしれないが、実際には現実主義的で、宗教的な狂信や政治的な動機ではなく、社会の主流からの疎外感が人を過激主義へ走らせるという前提にもとづいて策定されている。デンマークの官僚は人々に道理にかなった選択肢を与えようとしている。しかし配管業者の見習い制度をすすめることが、ムスリムの子供たちを爆撃から救えという叫びのように、相手の心をつかめるのだろうか？　ＩＳが勧誘したくなるような若者たちを相手にしたとき、会計士になるための夜間学校は本当に、イスラム教徒のユートピアを建国するのだという熱狂的な呼びかけに勝てるのだろうか？

＊＊

アールハスへの訪問後ほどなくして、デンマークの右派連立政権は外国人嫌悪の風潮が高まっているのを受けて「ゲットー・プラン」法案を通過させた。[9]　これにより二五箇所が「ゲットー」に指定された。「ゲットー」とは、全国平均に比べて犯罪率が高く、就業率と教育水準が低く、さらに非西欧圏からの移民が居住者の大半を占める社会住宅地区である。「ゲットー」ではムスリムの住民が多く、犯罪者の刑期が通常の二倍になることもある。これ以外の地域における市民の犯罪行為が罰金刑ですむところ、懲役刑にもなる場合がある。一歳以上の子供たちは、「デンマーク人の価値観」の授業を最低二五時間受けなければならない。

「ゲットー・プラン」はもちろん、ポピュリストへの支持と反移民感情の高まりの現れだが、デンマーク人の強い社会的責任感の不寛容な一面だともいえる。リンクの犯罪防止課は、力強い規範があり、国からの潤沢な助成金を得られる社会ならではの、恩恵とも言える組織だろう。だが「ゲットー・プラン」はそうした社会の弱点に見える。たとえば移民の大量流入というような負荷テストをこの社会にすると、あからさまな偏見が顔をのぞかせるだろう。市民に「接近する」という強い気持ちは、簡単に抑圧へと姿を変えてしまう。ヒュッゲなライフスタイルに対して批評家が指摘しているように、暖炉の前で身を寄せあうと体をあたためられるが、そこから離れる自由がなければ、その閉鎖された社会はひどく息苦しいものになってしまうのだ。

＊＊

本書を執筆するにあたり、わたしの取材旅行は西欧諸国から始まったが、その次にはイスラム教国に行って脱急進化への取り組みを調べようとずっと計画していた。しかしアジアで元過激主義者の更生に取り組んでいる人々に連絡を始めたとき、なぜわたしは自宅から近い場所から取材を開始したのだろうかと不思議に思ってしまった。この取材旅行の訪問先はイスラモフォビアによる嘘が反映されていた。西欧諸国ではジハード主義者による攻撃の主要ターゲットはヨーロッパとアメリカに向けられているという説を、すっかり信じこまされている。だが実際には、イスラム主義者のテロリストの犠牲になっているのは、ムスリムが主流の国々に暮らす市民のほうが圧倒的に多いのだ。二〇一七年に白人至上主義者がシャーロッツヴィルでデモ行進を行ったとき、アメリカでは自国発祥の過激主義への懸念が高まった。サウジアラビアやインドネシアなどの国々では、すでに数十年にわたって自国出身の過激主義者という問題を抱えている。イスラム教国において過激な解釈をしたイスラム教を政治的武器とするのは、西欧諸国において白人至上主義者が国家主義的な物語を使うのと近似している。両方とも主流になっている文化が、過激主義的な見解をある程度カモフラージュしている。つまり支持者は自分たちの見解を、主流の文化をさらに純粋にしたものであると主張できるのだ。

ムスリムが多数派の国では、社会復帰とはどのような形を取るのだろう？　西欧諸国の底流に広がっている外国人嫌悪はないのだろうか？　もっとも過激なイスラモフォビアの人々でさえ、ムスリムを異質な人、あるいは「あちら側」の人と見なすことのできない国で、ジハード戦士をどのように扱うのだろう？　同質か異質かという分断が不可能な国では、何をするのだろう？　わたしは最初にインドネシアに行きたいと思った。元過激主義組織がまっとうな市民として生きる道を見つけるための支援について読んだからだ。この国では元戦闘員を助けるために、のんびりとして、独創的な取り組みをする小規模の非営利組織が、いろいろと設立されているようだ。

**

デンマークから戻ると、わたしは元ジハード戦士の更生にたずさわっているインドネシアの非政府組織、国際平和構築協会《ヤヤサン・プラサスティ・パルダマイアン》の共同創立者であるヌール・フダ・イスマイルの話を読んだ。わたしはフダにワッツアップ（SNS）で連絡を取ると、すぐに彼の更生に対する哲学を教えてくれた。「ところで『ヒックとドラゴン』（相良倫子・陶浪亜希訳・小峰書店）を知っていますか？　ヴァイキングの少年が、父親と同じようにドラゴンを殺さなければいけないのに、仲よくなってしまい、一緒に活動するようになる話です。

これがわたしのテロリストに対する姿勢です」。元テロリストへの理解を高め、非難するのではなく彼らと敬意を持って接するとうまくいくのだと彼は主張する。「彼らの熱意を損なってはいけません。対立するのではなく、対話をすべきなのです」

フダは数週間後にジャカルタで開催される予定の、元過激主義者を対象にした専門会議にわたしを招待してくれた。一五人の元ジハード戦士とイスラム教学者や大学教授が参加するらしい。インドネシア社会の幅広い層の人々と交流することで、元過激主義者たちが古い組織とのつながりを切る機会を探ることを目的としている。起業や映画製作、個人的な話を人前で披露する技を磨くワークショップもある。

すべての試みが不自然なものに思え、わたしは一瞬、彼の話を聞き間違えたのかと戸惑ってしまった。しかしその夜、わたしは航空会社に電話をかけてインドネシア行きのフライトを変更し、招待を受けた専門会議に出席できるように手配した。インターネットでジャカルタの宿泊先を会場に近いホテルに変えた。会場のホテルに元ジハード戦士が宿泊するとフダから聞いており、ここにも空きがあって予約することができた。しかしわたしはジハード戦士たちとは、彼らが更生しているか否かに関係なく一線を画して、宿泊先を同じにするのは控えた。わたしは不安を覚える自分に後ろめたさを感じたが、隣のホテルを選んだ。

斬首を命じた男に会う

ヤヤサン・プラサスティ・パルダマイアン（YPP）がジャカルタで主催する元テロリストのための専門会議の朝、わたしは環状道路を歩いて会場へ向かった。道路には見渡す限りずっと日産やトヨタの車が渋滞していて、車のなかの人々はうたた寝をしたり、携帯電話を見たりして、世界一ひどいと言われている交通事情の街で仕方なく通勤しているようだった。歩道はなかったので、渋滞を縫って機敏に走り抜けていくバイクタクシーを避けるように縁石の上を歩いた。自転車専用レーンが整備されたデンマークにいたのが遠い昔のように感じられる。

「ゲットー」という概念もしかりだ。インドネシアはめまいがするほどたくさんの異質な要素からできあがった国だ。国土は一万七五〇八の島から、そして国民は六〇〇にのぼる数の民族から成り立っており、大多数はムスリムだがキリスト教徒やヒンドゥー教徒、仏教徒も包含している。古くから国際貿易が盛んなインドネシアは、文化の多様性と人々の精神的な一体性を両立させてきた。世界最大のムスリム人口を擁しながら、イデオロギー的には多元主義を維持しようと努めている。一九四五年以降インドネシア国民は、国家はひとつの信仰ではなく、パンチャシラにもとづいて成立しているのだと教えられている。パンチャシラとは、唯一神への信仰、公正な人道主義、多様性のなかの統一、民主主義の尊重、社会的公正をうたう建国五原則である。歴史的に超多元的であるがゆえに、インドネシアはほかの多くの国々と比べ、ジハード戦士に対して寛容になれるのかもしれない。「ＩＳが出現する以前は特に、道を誤る若者は根本的にはよい人間なのだという前提がありました」と言うのはジャカルタに拠点を置く、紛争に関する政策分析研究所の所長シドニー・ジョーンズだ。「彼らはゆがんだ理想主義、あるいは排斥されている同胞のムスリムを助けたいという欲求からそのような組織に加入するので、正しい道に戻される必要があるだけ」なのだ。

専門会議が開催されるのは、大理石張りのロビーがある高層ホテルだった。参加者のうち何人かが、かつて爆破を企てたかもしれないような建物だ。エレベーターであがると、会場にはすでに会議の準備が整っていた。ワイヤレスマイクや大きなフリップチャートがあり、各席にはミネラルウォーターと、ペンやノート、プログラムが入った明るいオレンジ色のバッグが置いてあった。退屈な雰囲気をやわらげていたのはフダだった。彼はろうけつ染め《バティック》のシャツを着てナイキのスニーカーを履き、隣人たちとのバーベキューを主催しているような雰囲気で自己紹介をしながら、会場のあちらこちらをまわっていた。会場設営の担当者に、紙で作った蝶が連なる飾り物で室内を彩らせ、明るい色のアンケート用紙を準備させている。テロ組織は陰気な雰囲気だったと思うので、器に盛ったキャンディーを置いたり、飾りつけをしたりするのは、「人生は彩り豊かなのだ」と感じてもらうための演出なのだとフダは説明した。多くの更生プログラムとは違い、フダは過激主義に「反論」するつもりはなかった。むしろＹＰＰでは、元犯罪者が古い組織を離れて新しい人間関係のなかで生きているように、過激主義者に対して別の人生があるのだと語りかけるほうに重きを置いている。この三日間の会議では、聖典や市民の権利について学ぶだけでなく、ジハード主義者のコミュニケーション能力やセルフブランディング力を高めることにも力を入れている。「マスコミでは『テロリストを癒す人《テロリスト・ウィスパラー》』と呼ばれていますが、わたしとしては『心を観察する人《ハート・オブザーバー》』のほうがいいですね」とフダは言う。

フダいわくテロ対策の大半は、ジハード主義者を劣った存在として扱っているのだとフダは説明する。西欧のプログラムでは非ムスリムの白人が、あたかも救世主のような態度で、元過激主義者に人生を転換させる方法を助言する。ムスリムの社会においてさえ、この場合は同じ宗教の信徒が過激主義者にカウンセリングを行うので、対立する構図ができやすくなる。元テロリストにすれば、政府から指名された聖職者からコーランの解釈について教えを受けても、疎外感がなくなるどころか増すばかりなのだ。「多くの場合、『リベラルで穏健派のムスリムであるわたしたちが、きみを正常な状態に戻してあげましょう』という接し方なのです。これでは相手との距離ができるだけです」とフダは言った。彼は四五歳だが、実年齢よりも一〇歳は若く見える。クラーク・ケントのような眼鏡をかけ、満面の明るい笑顔が印象的だ。

＊＊

フダが「残忍な人間を正常に戻す手法」と自ら呼んでいる方法に懐疑的なのは、彼自身が「残忍な人間」になりかけた過去があるせいかもしれない。彼は公務員の両親のもとに生まれ、ジャワ島のソロで育った。一二歳のときにアル・ムクミン・プサントレンと呼ばれる寄宿制のイスラム学校に入学した。この学校は強硬派のイスラム学校で、かつてはジェマー・イスラミアの戦闘員を多く排出する「名門校《アイビー・リーグ》」と呼ばれていた。ジェマー・イスラミアとは東南アジアにおいてイスラム法のもとに戦う過激主義組織である。フダは成績がよく、卒業時にパキスタンでイスラム教を研究するための奨学金制度に申しこんでいた。だが幸運なことに「愛によって救われた」と彼は皮肉をこめて言う。彼は恩師の娘と数回デートをしたせいで「道徳的に汚れた」と見なされ、奨学金の給付には不適格とされてしまったのだ。

学校ではイスラム教は社会悪への解決策だと教えられていたので、フダは同級生の大半にならって過激主義組織へ加入した。イスラム主義組織のダルル・イスラムに入ったものの、内輪もめに幻滅して、すぐにやめてしまった。二〇代後半に彼は『ワシントン・ポスト』紙の特派員として働き始めた。二〇〇二年にバリ島で犠牲者二〇二名を出した爆破事件の数カ月後、彼は警察の記者会見場で犯人とされる人物の指名手配ポスターを渡された。そこにのせられた顔写真を見ると、寄宿学校時代の友達ハッサンだった。フダはいったい何が、この聡明な若者を無実の人々を殺害するにいたらせたのかと思わずにはいられなかった。

フダは国際安全保障を勉強するために、スコットランドのセント・アンドルーズ大学の奨学金を受けた。北アイルランドでカトリックとプロテスタントを和解させようとしている組織に感銘を受け、自分の国で更生事業を始めようと決心した。「わたしの気が触れたと思う人が大半でした。『そもそも民主主義を裏切った人間に、第二の人生を与える必要があるのか』と考えられていたのです」と彼は言う。自分自身が少しのあいだ過激主義組織にいた経験から、インドネシアでは強固な信念ではなく、社会的なつながりのせいで加入してしまうケースが過半数を占めるのだと彼は確信していた。過激主義組織の誘惑から自由になるには、元ジハード主義者が新しく何かを始めること、そしてそれをともにする新たな人間関係を見つける必要があるのだと彼は説明する。

**

　ＹＰＰ主催の専門会議は「コミュニケーションのためのワークショップ」だと宣伝されており、フダはさまざまなプログラムを組み入れていた。講演者にはイマームやソーシャルワーカーだけでなく、ブランド・コンサルタント、ビジネスマン、映画製作者、起業家や、シンガポールから招いたフェイスブックの代表者までいた。彼はさらに二〇名のウスタッド――イスラム学校の学者や大学教授――を招き、プログラムのなかに特別な予定を入れない時間を長く確保していた。元ジハード主義者たちがウスタッドとホテルのカフェで、自由に話をする機会を持てるようにする配慮だった。

　彼らが確実に交流できるように、フダが率いる主催者チームは元ジハード主義者とウスタッドがふたりで同じ部屋に宿泊するように手配している。さらにチームはクリスマスプレゼントを贈りあうために「シークレット・サンタ」を決めるように、参加者を「天使」と「人間」に振り分けてふたりひと組にした。会議のあいだ天使は人間に対し、励ましのテキストメッセージを送ったり、食事のときにはビュッフェテーブルから食べるものを取ってきてあげたり、というちょっとした気づかいをする。こうしたささいなことが、元ジハード主義者が他人を見る目、さらには自分自身に対する見方が変化するきっかけになり得るとフダは言う。「変化とはちょっとした親切から始まるのです」

　演出された陽気な雰囲気に、わたしはダボス会議を思いだした。これは富裕層《ビリオネア》と世界の指導者たちが毎年スイス・アルプスの保養地で開催する懇談会だ。若いころにジャーナリストとしてこのイベントを取材したわたしは、普段とは違った趣向で参加者が懇親を深めるところが気に入った。たとえばＣＥＯとオリガルヒたちがチームを組んで雪の上を滑りながらゲームをしたり、オーケストラの指揮者が世界の指導者たちとテック界の大富豪たちを集めて、「ハッピーバースデー」を歌う指導をしたりするのだ。ジャカルタでの専門会議の朝、わたしはジハード戦士とウスタッドやソーシャルメディア関係者を見分けられなかったので、通訳のエカに過激主義者はどの人かを教えてもらった。彼女の説明を聞きながら、わたしは驚きを隠せなかった。薄いヤギひげを生やし、きちんとアイロンがけされたボタンダウンのシャツを着ている彼らの姿は、あまりにも普通だった。わたしにはその第一印象が強烈だった。「彼らは人間なのだ」

　フダの開会の辞はあたたかく軽快で、アメリカのトークショーを思わせた。「今日は四世代にわたる元テロリストたちが集まっています！」と彼は誇らしげに伝える。ハンドマイクを持たないほうの腕をのばし、各世代のジハード主義者代表を紹介した。カーキ色の軍用ベストを着た、白いあごひげの男性は、一九八〇年代にアフガニスタンでアメリカが支援するイスラム戦士《ムジャヒディン》組織に加入して、ソ連を相手に戦っていた。フダはその次に続く二世代の代表にうなずいた。一九九〇年代にフィリピンでの紛争に参加した元戦闘員たち、さらには自国インドネシアで二〇〇〇年代にイスラム教徒とキリスト教徒との争いにかかわった元テロリストたちだ。「そして、もっとも若い世代はこちらです」と言いながら、彼は一九歳のアフィファを紹介した。一六歳のときにインターネットで見つけたイスラム国のプロパガンダに触発され、彼女は二五名の家族や親戚と一緒にシリアへ移住した。オレンジ色のヒジャブをつけ、はつらつとした表情の彼女は、ダンスパーティー《プロム》の花形《クイーン》のように手を振って、にっこりと笑った。

　この日のスケジュールには、パブリックスピーキングのコーチで、ＴＥＤトーク×ジャカルタの創始者の講義があり、人生の物語をまとめる方法がパワーポイントを使ってレクチャーされた。わたしの前方に座っている元ジハード戦士たちが彼女の説明を聞きながら、物語を上手に伝えるこつをノートに書き取っている。おもしろい逸話を入れる。聴衆とつながる。話の転換点を見つけて、人生の旅路がいかに波瀾万丈かを聴衆に納得させる。

「さあ、パートナーを見つけてください。物語を伝える練習をしましょう。誰でも知っている話がいいですね。ひとりがコーランに書かれているユスフの物語を伝え、相手はその話がどのように語られるかを注意深く聞いてください」。ふたりひと組になったワークショップの参加者たちは、有名な話をぼそぼそと語り始めた。敬虔でハンサムなユスフは、夢の意味を読み解くことができた。聖書ではヨセフとして知られるこの人物は、兄弟たちから殺害されかけたり、エジプトで牢屋に入れられたりするが、のちに高官になって、愛する父親と再会する。

数分経つと、講師が受講者のあいだをまわった。「どの角度から語ることにしましたか?」と彼女が質問した。「聞いている人に、どんな学びを得てほしいですか? 短い言葉で表してみてください。いいですか、短い文章で話すと、相手の好奇心を引きだせますよ!」

「刑務所は成功のきっかけ!」とひとりの男性が言うと、わざとらしい笑い声と、まばらな拍手が起こった。

その日のあいだずっと、フダは会場の雰囲気を明るくするよう懸命に努めていた。ある女性が、最初のセッションで何を学んだかと質問されると、人はよき人間として生まれるが、「ささいな理由で」簡単に過激主義組織に入りこんでしまうことがわかったと言った。

「爆撃したいというのは、ささいな理由ではないけどね」と言って顔をしかめると、フダは耳ざわりな笑い声をあげた。

郵 便 は が き

料金受取人払郵便

新宿局承認

6848

差出有効期限
2023年9月
30日まで

切手をはら
ずにお出し
下さい

160-8791

343

(受取人)
東京都新宿区
新宿一-二五-一三

原書房

読者係 行

1608791343　　　　7

図書注文書 (当社刊行物のご注文にご利用下さい)

書　　名	本体価格	申込数
		部
		部
		部

お名前　　　　　　　　　　　　注文日　　年　　月　　日

ご連絡先電話番号　□自　宅　　（　　　）
(必ずご記入ください)　□勤務先　　（　　　）

ご指定書店（地区　　　）（お買つけの書店名をご記入下さい）　帳合

書店名　　　　書店（　　　店）

7203

普通の若者がなぜテロリストになったのか

愛読者カード　カーラ・パワー 著

＊より良い出版の参考のために、以下のアンケートにご協力をお願いします。＊但し、今後あなたの個人情報(住所・氏名・電話・メールなど)を使って、原書房のご案内などを送って欲しくないという方は、右の□に×印を付けてください。 □

フリガナ
お名前　　男・女(　歳)

ご住所　〒　-

市　町
郡　村
TEL　(　)
e-mail　@

ご職業　1会社員　2自営業　3公務員　4教育関係
5学生　6主婦　7その他(　)

お買い求めのポイント
1テーマに興味があった　2内容がおもしろそうだった
3タイトル　4表紙デザイン　5著者　6帯の文句
7広告を見て(新聞名・雑誌名　)
8書評を読んで(新聞名・雑誌名　)
9その他(　)

お好きな本のジャンル
1ミステリー・エンターテインメント
2その他の小説・エッセイ　3ノンフィクション
4人文・歴史　その他(5天声人語　6軍事　7　)

ご購読新聞雑誌

本書への感想、また読んでみたい作家、テーマなどございましたらお聞かせください。

午後の起業についての講座は、ブランディングの専門家が、自分はたたきあげの人間だという話から始めた。「わたしは大学を出ていません。起業して最初のころは従業員を雇う余裕がなかったので、自分ひとりで何もかもやりました」

「テロリストみたいだね」とフダが茶化した。

聴衆がうなずく。

自虐と自信を絶妙に織りまぜ、フダがジハード主義者を冗談にするたびに、わたしはユダヤ人ならではのジョークを口にしていた母を思いだしていた。ふたりの冗談に共通しているのは、社会の辺縁の人々が自分自身をからかって、わかる人だけにその意味がわかるという排他的なところだ。ともにユーモアを社会の主流からの拒絶に対抗するための盾に使い、地域社会の結びつきを強固にするためにジョークを飛ばしていた。

フダにとってジョークは武装解除に不可欠な道具で、人を変化させるという長い道のりの第一歩だ。彼は独自の更生戦略を「心、手、頭」にたとえる。彼は言う。「最初に元ジハード主義者の心をつかみ、信頼を獲得します。そして技術を身につけさせます。すなわち、手です。最後に、頭に働きかけます。さまざまな方法で、新しい考えを取り入れるように促すのです。この時点でようやく、彼らのイデオロギーについて話してみるのもいいでしょう。彼らも過去の失敗を笑えるようになっているでしょうから」

＊＊

フダのざっくばらんな態度は、インドネシアの政治風土に通じるものがある。世論調査によると、国民はテロリズムについてそれほど心配していない。おそらくその理由のひとつは、インドネシアが西欧諸国に比べて伝統的に、元ジハード戦士に対して寛容な見方をしているせいだ。「インドネシアの更生プログラムは、急進主義者のヒジュラ（移住）を意図している。つまり彼らを『ジハードの世界』から現実の世界へ戻らせるのだ」とジャカルタに派遣されたアメリカの在外公館員が、インドネシア国家警察のテロ対策担当からの情報をもとに、二〇〇七年にワシントンへ伝えている。

二〇〇二年にバリ島で起こったジェマー・イスラミアによる爆破事件の直後から、インドネシア当局は収監されているテロリストに近づき、彼らのネットワークを探ろうとしてきた。「当局は彼らにＶＩＰ待遇をしています」と語るのはインドネシアのテロ組織に詳しい専門家キャメロン・サンプターだ。「看守は彼らとともに食事をし、礼拝し、刑務所から連れだすこともあります」。約八〇〇人のインドネシア国民がイスラム国に加入しようとしたときにも、この国の反テロ法は有罪判決を受けたテロリストたち西欧諸国と比較して短い、数年の刑期しか宣告しなかった。インドネシアでは収監されたテロリストたちは、ほかの受刑者たちや、看守からも一定の敬意を払われる。[1] それは多くの人々が、イデオロギーが原因の犯罪は、欲や血にまみれた犯罪に比べて卑劣さが軽いと見ているからだ。

二〇一八年初頭までに、イスラム国へ渡った二二六人がインドネシアに送還された。[2] その大半が政府による一カ月の更生プログラムを受けたのち、地域社会へ戻された。このプログラムでは、民主主義的価値を受け入れられる世界観を取り戻せるように、元ＩＳ支援者たちは聖職者や改悛した元テロリストによるセミナーを受講する。元ＩＳ支援者は釈放されて地域社会に帰る前に、パンチャシラを守るという誓約書に署名しなければならない。当然のことながら結果はさまざまだ。ある元過激主義者は、今はマランの刑務所で脱急進化のコンサルタントとして働いているが、裏切り者としてジハード主義の受刑者たちに殴り倒されたことがあった。

元過激主義者たちが釈放されると、政府やNGOの多くは彼らを公衆の面前に出そうとする。インドネシアのテロ対策当局者は元ジハード戦士をテレビに出す。これは彼らがジハードという危険な罠に落ちた話をすることで、それを聞いた人々が追随するのを阻止する狙いがある。わたしがインドネシアを訪ねる数週間前、国家テロ対策庁が一二四人の有罪判決を受けた元テロリストと、五一人のテロ攻撃の生存者をジャカルタのホテルの会場に集めた。[3] 国家テロ対策庁長官はこの会合を国民の和解と題して、「互いを理解、尊重し……平和への第一歩」を踏みだす機会にした。[4] ほかの人々はその効果に懐疑的で、この会合は単なる広報活動ではないかといぶかる研究者や、犠牲者側には出席を断る人もいた。

インドネシアの元ジハード主義者の多くはまともな職業に就こうとしている。元ジェマー・イスラミアの指揮官だったナシル・アッバスは現在、急進化対策のコンサルタントをするかたわら、健康に気を遣うインドネシア人に向けて高品質の蜂蜜を販売している。もしも元テロリストたちが経済的援助を必要としている場合には、彼らは政府から事業を始めるための資金援助を受けられる。フダのYPPは彼らがひとり立ちできるように支援をしている非政府組織のひとつだ。更生に取り組む組織を運営しているある男性は、ジャカルタの自宅に元ジハード戦士を住まわせているという話もある。

皮肉屋は政府の資金援助や、元テロリストの専門会議、被害者と元ジハード主義者による公の場での和解などは、ただの演出にすぎないと切り捨てるだろう。しかしこのような活動は、インドネシアの複数のジハード主義組織がこの国の多元的な民主主義をイスラム法にしようと企て、さらには攻撃目標を地元警察や官僚に据えているにもかかわらず、元ジハード戦士への責任が公式に認められていることを示唆する。元過激主義者は同じインドネシア国民であり、ジハード主義者であった過去を持つにすぎないのだ。

＊＊

フダのYPP専門会議に参加するにあたり、わたしは元過激主義者の粗暴な言動や、不気味な沈黙を予期していたが、実際にはそこにいた全員が感じのよいふるまいをしていた。明るい声で笑ったり、自撮りしたりしている。写真を撮っているグループに忍び寄って、「フォト・ボム！」と言いながら背後から写りこむ元ジハード戦士もいた。いたるところでハグをして、ランチのときにはビュッフェのカウンターにきちんと並ぶ。そして朝食のときには、わたしに昨夜はよく眠れたかと必ずきいてくれる。安全保障の分析を専門とするシドニー・ジョーンズがのちに電話で次のように話してくれた。「インドネシアで有罪判決を受けたテロリストについて知っておくべき特徴のひとつは、彼らのほとんど全員が、愛想がよく魅力的だということです」

ヨーロッパでは暴力的過激主義組織に加入した人々はよく、自分たちが不満を抱いたのは人種差別主義やイスラモフォビアのせいだと言う。西欧諸国のジハード戦士は社会的に疎外されており、一般的に高い教育を受けたイスラム教国のジハード戦士よりも社会的地位が低い傾向にある。[5] ドイツの情報機関によると、ドイツではイスラム国の戦闘員になった人々の半数に犯罪歴があった。実際のところISの勧誘プロパガンダは、恥ずべき過去がある人々を歓迎するとほのめかしている。[6] 「ときには最悪の過去を持つものが最高の未来を実現できる」という誘い文句もソーシャルメディアに投稿されていた。だがイスラム教国のインドネシアでは戦闘員に志願する人々の様相が異なる。ジャカルタでは、テロ組織に入ったのは家族もそうしているからだ、あるいは寄宿学校の仲間たち全員が加入したので、自分もそれに続いたのだという人々に会った。このようにわたしが出会ったインドネシアの過激主義組織たちは、怒りを抱えた一匹狼ではなく、きわめて社交的な様子だった。

「彼らはまったく普通の人間なのです！」とフダが言った。

フダがテロリストは普通だと言っているのは、その政治的な行動に関してはという意味であり、わたしたちの多くがテロリストと一線を画す態度に異議を唱えているのだ。統計的に見て、フダの考えは正しい。過激主義組織の精神状態を調べたところ、一般的な人と同様に精神疾患をわずらってはいないという結果が出た。社会心理学者のクラーク・マコーリーは言う。「精神病理学的に問題を抱えた人がテロリストになるのであれば、テロリズムは取るに足りないことであるはずです。ところがわたしたちが目を向けるべきは、普通の人がテロリストになり得るという事実なのです。つまりわたしたち自身も状況しだいではテロ行為におよぶことができるのです」[7]

テロリストが普通の人間だと宣言することは、彼らが狂人や、「あちら側」の人ではなく、環境におけるなんらかの原因のせいでテロリストになったのだと示唆している。人を過激主義組織へといざなう道筋——帰属意識や冒険、社会変革への渇望、あるいは家庭や、自国、世界における不公平感への抵抗——を理解するにつれ、過激主義組織の数の多さではなく、なぜこれほどまでに少ないのかといぶかるようになった。わたしはフダの言葉にますます賛同するようになっていた。彼らはまったく普通の人間なのだ。

アメリカではこの「普通の人間」というあいまいな言葉は、「残忍な」外国人テロリストへの率直な非難から、白人至上主義者による暴力に対するダブルスタンダードな言動までいろいろな表現を含んでいる。ネオナチや銃乱射事件の犯人に対しては「精神疾患」や「一匹狼」だったからという言い訳が頻繁に使われている。この精神疾患という口実は、犯罪行為への責任を軽減するのみならず、彼らを生みだした社会である「われわれ」が、彼らを「あちら側」の人として遠ざけるために使われている。

二〇一五年にディラン・ルーフがチャールストンの黒人教会で九人を殺害した事件の直後、一部のマスコミと政府関係者は犯人が精神疾患を抱えた一匹狼だと強調した。だがペンシルベニア大学のアンシア・バトラーは『ワシントン・ポスト』紙において、ルーフが憎悪を抱くようになった背景を指摘した。「この男性はいったいどこで、黒人をこれほど憎むようになったのだろう? サウスカロライナ州議会議事堂に掲げられた南軍期に忠誠を誓っているのか? 怠惰で暴力的だという、右翼寄りのマスコミが描写し続けているアメリカの黒人像に影響されたのか?」[8]

テロリストが「まったく普通」だという事実が、テロリズムのもっとも恐ろしい部分なのだ。

＊＊

さらにはテロリストが一緒にいる人々のなかのひとりだという場合もある。ＹＰＰ専門会議の第一日目、映画製作のワークショップの最中に通訳のエカがわたしのほうに体を寄せてきて、「あそこにいる男性が見えますか?」とささやいた。彼女は青いブレザーを着た、筋骨たくましい男性のほうに顔を向けている。

「彼はキリスト教徒の女子学生たち三人の斬首を命じたのです」

その男性の名前はハサヌディンといった。その事件は二〇〇五年にスラウェシ島の小さな町ポソで起こり、実行犯は彼の忠実な部下たちだった。当時のポソではキリスト教徒とイスラム教徒のあいだに宗教紛争が起きていた。女子学生は学校へ行く途中だった。彼女たちを殺害した男たちはその頭部を黒いビニール袋に入れ、次のような貼り紙をした。「求む。キリスト教徒の頭部一〇〇個。ティーンエイジャー、大人の両方可。男性、女性を問わない。血には血でこたえる。命には命を、頭には頭を」。[9] 彼はこの罪で懲役一一年を宣告された。現在はポソの神学校で教師をしている。

ＹＰＰのモットーは「偏見なくつながりあう」だ。それはプログラムなどの入ったオレンジ色のバッグにも印刷されていた。二日目の朝、フダが会場をまわって参加者ひとりひとりに昨日の感想をきいていると、ハサヌディンがマイクを手に取り、咳払いをしてから、元テロリストとウスタッドの交流はとてもうまくいっており、「もう先生方と元テロリストの見分けがつきません」と言った。外の世界では、残念なことにこうはいかない。「識者がテレビで話すのを聞いていると、元テロリストはその内容に傷つくことがあります」

「できれば、このワークショップが終わるまでに、元戦闘員たちへの批判がなくなるといいのだがね」と彼の言葉にフダが言った。「わたしたちはお互いを理解しようとしているのです。ときには自分の世界観にとらわれすぎる場合もありますが、他人の世界観に偏見を持たないでいるべきです」

話をした元ジハード戦士の多くに対しては、わたしはそのようにあろうと心がけた。わたしはザキの気持ちに共感した。人助けをしたかったので、服や薬を同胞のムスリムに配送する慈善事業に参加したところ、そこの人たちから武器で守ってくれと頼まれたのだ。カリスの行動も当然の成り行きだと思った。寄宿制のイスラム学校の教師たちから爆弾の作り方を教えられ、アフガニスタンでジハードを行うのが正しい道であると信じたのだ。

しかしハサヌディンにかかわるのは恐ろしく、嫌悪感も強かったので「偏見なくつながりあう」ことができなかった。残りの二日間も、ランチや休憩時間のときにわたしは彼を避け続けた。彼に話しかけられないというのは、この専門会議の精神とわたしのジャーナリストとしての職業にあるまじき態度だったが、彼の行為はあまりにも残忍だった。わたしは「理解」などしたくなかった。ソーシャルメディアのセミナーで、アメリカのテクノロジーの理論家クレイ・シャーキーの言葉がスクリーンに映しだされた。「われわれは考えるよりも先に、感じている」。ハサヌディンに対しては、わたしの感情がすばやく、直感的に反応し、時間が経過してもそれは変化しなかった。彼が命じた犯罪は陰惨で、被害者たちは若く、彼の行為はあまりにもいまわしいものだった。

取材旅行のなかで、これはわたしが邪悪と形容される人にもっとも近づいた経験だった。わたしの彼に対する反応は、その犯罪のおぞましさに呼応するものであり、強い嫌悪感が憎悪の念を引き起こしていた。インドネシアの社会が被害者を救済せずに、傲慢にも加害者の更生に重きを置いていると批判する被害者団体の気持ちを、わたしも理解できた。

＊＊

ＹＰＰ専門会議の雰囲気は大きく変わった。フダは講演者を慎重に選んでおり、テロ組織で教えられた視野の狭い見方を削り取ってしまうような人物がそろっていた。インターネット上でのブランディングについて話すのはクリスティアンだった。講演者の多くは有能な女性の専門家で、イスラム学校で教育を受けた元ジハード主義者たちにとって、おそらくこれまで目にしたことがないタイプの人々だ。男女平等はこの会議にも反映されている。二〇名のウスタッドのうち一〇名は女性だった。会議の二日目にわたしはその女性たちのひとりと話をする機会に恵まれた。彼女の名前はアリマトゥル・キブティヤといい、ジョグジャカルタにある大学のジェンダー論の教授だった。前日の夜に彼女が元ジハード戦士たちと同じテーブルで夕食をとっていると、アメリカの話になった。ひとりの元ジハード戦士がアメリカとそのすべてをどれほど憎んでいるかについて語った。すると彼女は落ち着いた声で返した。「わたしはアメリカで修士号を取ったわ。アイオワ州のシーダー・ラピッズよ。あなたはわたしを標的にする?」。彼女は人間の性的欲望について学ぶクラスの宿題で、ポルノ映画『ディープ・スロート』を見なければならなかったという話は口にしなかった。それでもなお、彼女はイスラム教が女性にベールの着用を要求しているか否かについて夫と意見が食い違っていると言って、テーブルを囲んだ人々にショックを与えていた。「彼らはわたしをぼうぜんと見つめていました」と彼女は言った。

多元主義の長所が、イギリスの国会形式を模したパーラメンタリー・ディベートのワークショップに織りこまれていた。キュロットにスティレットヒールのパンプスを履いた若い女性がディベートについて説明し、質問を受けつけた。

「相手がすべて間違っているわけではなく、説得力のあることも言っている場合に、どのようにこちらの主張の正当化を訴えるのですか?」元ジハード戦士が質問した。

「相手の正しいところを認めてください。それから、あなた自身の考えをつけ加えるのです」と彼女は答えた。

ハサヌディン――または、わたしが彼のことを考えるときの名前「斬首を命じた男」――がマイクを求めて手をあげた。彼はトークショーでは叫んだり、中傷したりしていることが多いと言った。「テレビでは、先ほど説明を受けたような方法でディベートが行われていません」と彼は女性に伝えた。

「そうかもしれませんね」フダが部屋の隅から声をあげた。「われわれの社会は、いじめるのが好きですからね」[10]

ハサヌディンはゆっくりとうなずいた。

＊＊

セミナーのいくつかは、元ジハード戦士の感受性に訴えかけるようにさりげなく調整されていた。フダは映画製作者のセミナーがあるとアナウンスしたときに、これは元ジハード主義者にとって「新しいダアワ」、すなわちイスラム教の知恵を広める新たな方法を学ぶよい機会になるだろうと言った。

ほかの講演者たちはアドレナリンを求める参加者に向けて内容を少し変更していた。シンガポールの人道支援活動家ハッサン・アハマドは任務でアフガニスタン、パレスチナ、日本へ行ったときの様子をスライドで見せた。支援活動は同胞のムスリムを助けるという機会だけでなく、興奮と危険――すなわち若い男性が過激主義組織に加入する理由――に満ちた仕事でもある。彼はひとりの同僚が映ったところでスライドを一時停止した。この同僚はフィリピンの台風で亡くなった。映像には「亡くなっても、忘れない」と記してある。「この仕事は命を落とすこともあるのです」と彼は首を左右に振りながら言った。「もしも死ぬなら、このように死にたいと思うでしょう！　神をたたえて！」

ザキがアハマドに質問をした。ザキは人々に援助物資を届けていたのだが、すぐにその人たちのために戦うようになった元戦闘員だ。「紛争地域でテロリズムに引き戻されないように気をつけながら、どのように人々に対応すればいいのでしょう?」

ジハード主義者の戦いと、紛争地域での支援活動がどれほど密接にからみあっているかを見てきたとアハマドは言った。救援物資を届けているとき、アフガニスタンではアルカイダのメンバーたちと、パキスタンではジェマー・イスラミアの戦闘員たちと身近に働いていた。

「それなのに、ジハードに加わりたいと思わなかったのですか?」ザキがさらに質問した。

「わたしは人道支援にたずさわる前は、軍隊と警察にいました。武器を使うのが一度も好きになれませんでした。銃ではなく人道援助を選ぶのは自然なことなのです」とアハマドは答えた。

アメリカ政府が「外国のテロ組織」に分類する集団が活動拠点としている地域で、政府が提供できない公益事業を代わりに行って、援助活動をしていることが頻繁にある。ハマスはパレスチナ人のために診療所や炊き出し所、学校を運営している。[11] ヒズボラは一九六〇年代からレバノンのシーア派教徒に社会的支援を行っている。[12] パキスタンの組織ラシュカレ・タイバの人道主義的な下部組織は、地震や洪水の被災者を救援している。[13] 近年も新型コロナウイルス感染症が拡大するなか、政府の対応が遅れているのを利用して、パキスタンやイラクの過激主義組織はロックダウンした地域の貧しい人々を救援したり、食糧を配給したりしていた。[14]

救援活動をしていたのにテロリストになってしまったのだと真剣な表情で語るザキに、わたしは当惑した。テロ組織がさまざまな活動に従事していると知っていたにもかかわらず、「テロリスト」集団を暴力的だと頑なに決めつけている自分に気づいた。深く考えもせずに、過激主義組織の社会事業は地域社会に潜入し、自分たちの大義を人々に受け入れさせるためのずる賢い方策だと見なしていた。つまり「第一に暴力を見せつけ、次に食糧配給、こうして戦略的に展開する」という説明を鵜呑みにしていたのだ。

たしかに多くの組織がこのような方法を取っている。アメリカ同時多発テロ事件から一〇年後、アルカイダは地域住民の心をつかんで支持を獲得する方法として、ハマスの社会事業を参考にしていた。[15] アメリカでは一九二〇年代にクー・クラックス・クランが野球チームや少年野球を支援していた。[16] それから半世紀後にはブラック・パンサー党が子供たちのために無料で朝食を提供する活動を行った。[17] ここで指摘したいのは特定の組織の歴史物語ではなく、わたしがこうした組織を暴力に特化した団体であると単純に決めつけていたという事実だ。

ハマスという名前を聞けば、今では彼らも正式な政治政党であり、すでに一五年ほど前には初の議席を獲得しているにもかかわらず、わたしは条件反射的にテロリズムと結びつけてしまう。ガザに暮らして三人の子供を持つ母親にとっては、ハマスは政党であるのみならず、食糧配給所、銀行、子供たちの学校、地域の自警団という役割も担っているのかもしれない。[18] しかしハマスが認定されたテロ組織であるという理由で、二〇一一年に合衆国控訴裁判所は、テキサスに本拠地を置いてパレスチナの社会事業への資金調達をしていた団体ホーリーランド・ファウンデーションの閉鎖を支持した。[19] 基金委員会が資金をハマスに流しているという申し立てにより、裁判所はこの慈善団体を「テロ組織」と見なし、そこで活動していたボランティアのうち五人に懲役刑を言い渡した。二〇一一年の判決では、学校や診療所のために送られた資金でさえも、ハマスの人気を押しあげ、この組織が「破壊活動に集中できる」ようにすることで、テロを支援していると判断された。

「テロリズム」という言葉は、過激主義組織の信条や活動、支援という複雑さをあいまいにしてしまう。もしも彼らの暴力行為だけに焦点をあてれば、政治や社会の情勢に広く、ゆっくりと確実な打撃があるという事実を見逃してしまう。そもそもこうした情勢のせいで過激主義組織への支持が高まっているのだ。二〇〇九年にナイジェリア北部でボコハラムが誕生したとき、当初の狙いは警察署だったと、政治的腐敗が過激主義を招く理由について研究しているサラ・チェイズは記している。チェイズが彼らについて調査をしたとき、地域の人々は、腐敗して権力を濫用する警察から自分たちを解放してくれる組織だと考えていたのだと証言した。[20]「人々は(初期の一連の攻撃に関しては)とてもよろこんでいました」と彼らは語った。「政府の組織は人々の権利を侵害しているという事実をボコハラムは叫んでいました。そして最終的に立ちあがって、行動に出たのです。彼らは自分たちの権利を要求していました」

この二〇年ほどのあいだに、ロンドン・スクール・オブ・エコノミクス女性平和セキュリティーセンター長サナム・ナラギ・アンデリーニが指摘するように、ふたつの世界的な潮流が暴力的過激主義を助長してしまった。第一に文書によって十分に正当化されたワッハーブ派の教義が、サウジアラビアから世界中のムスリムへ輸出されるという流れだ。第二は彼女が「過激化する資本主義の蔓延」と呼ぶ、ジハード主義組織だけでなく、白人至上主義組織の増加という流れだ。[21]緊縮財政、小さな政府を求める主義、あるいは国際債務の返済などの理由から、政府が社会事業への予算を削減すると、脆弱な地域社会が政治の空白に直面し、過激主義者がつけ入りやすくなる。「新自由主義と極度な軍事化のせいで生じた、根本的かつ構造的な要因がいくつかあるのです。わたしたちがその要因を解決しようとしなければ、過激主義組織は拡大し続けるでしょう。なぜなら彼らは人々の要求にこたえているからです」とナラギ・アンデリーニは指摘する。「さらに彼らは（人々の）理性にではなく、心に語りかけることができるのです」

＊＊

もしも過激主義者たちが人の心に訴えかけて支持者を獲得するという方法を理解しているのであれば、フェイスブックも同じだ。YPP会議の二日目にはフェイスブックについてのセミナーが予定されていた。シンガポールから参加している、フェイスブックの過激主義対策に関する専門家グルナズ・ベイグは、コンテンツのシェアリングに対する会社の方針を、パワーポイントを使いながら説明した。「みなさんは、この人物をご存じでしょう」と言いながら、彼女はマーク・ザッカーバーグの写真をスライドで表示した。しかしわたしは全員が知っているとは思えなかった。参加者の多くはフェイスブックが世界を席巻し始めてからの一〇年ほどの時期を、東南アジアのジャングルの奥深くで過ごしていたからだ。

最後にベイグが質問を受けつけると、アフィファが手をあげた。彼女は最近イスラム国から戻ったばかりのティーンエイジャーだ。「ISの支援者は複数の偽アカウントを持っていましたが、フェイスブックが削除しました。偽アカウントが削除されても、『アカウントが殉教《シャヒード》した』と言って、新しいものを作ります。ひとつなくなっても、雨後の筍のように出てきます。この状況にフェイスブックはどう対応しているのですか？」

よい質問ですとベイグは言って、どのように危険なアカウントと結びついているものを突きとめ、削除しているかを説明した。

それから、わたしたちはインドネシア人の起業家がパーソナル・ブランディングについて講義するのを聞いた。ブランドには情熱と責任感が必要とされると彼は言った。歴史上の人々のなかで、強いブランド力を持った人々をパワーポイントのスライドに映しだしていく。そのなかにはドラゴンとともに描かれるので識別しやすい聖ゲルギオスや、ナポレオンの姿があった。「この室内にいるすべての人が、自分のブランドを持っています！　必要なのは、それを際立たせることだけです」と顔を輝かせながら起業家は言った。

自分を売りこむという彼の誇らしげな言葉は、元ジハード戦士には響かないだろうとわたしは思っていた。彼らの多くは何年ものあいだ、フィリピンのジャングルやアフガニスタンの山岳地帯で厳しい生活を送っていたからだ。しかしわたしの想定は間違っていた。彼らは心を奪われたように話を聞いている。あとからフダにこの話をすると、彼はまったく驚かなかった。彼は元ジハード戦士たちの大勢が、自分をビジネスパーソンとして変化させるのを見て――実際には手伝って――きた。「テロリストとビジネスパーソンのあいだには、たくさんの共通点があるのです」と彼は言った。「ビジネスパーソンのように、テロリストはリスクをいとわず、社交的で、話がうまく、自分の流儀で行動でき、さらにはカリスマ性がある人も多いのです」

実際に元ジハード戦士の更生にたずさわり始めたころ、フダは彼らの多くが生まれながらに持っている起業家精神に焦点をあてていた。彼らに元手を貸し、自分のビジネスを立ちあげるアドバイスをした。忙しくしているのが、テロリズムから遠ざけるいちばんの方法だと考えていたからだ。

ジハード主義者のネットワークは人々に存在意義と帰属意識を約束する。フダは自分も同じものを提供する必要があると理解していた。「もっとも重要なのは、彼らに自分は大切なのだと感じさせることです。以前の仕事に戻すのではなく、何かに属していると感じてもらいたいのです」と彼は言った。初めての起業の試みは失敗に終わった。彼はひとりの元ジハード戦士がレンタカー事業を起こすのを手助けしたのだが、その男性は事業のために準備した車で逃げてしまい、帰ってくることはなかった。別の男性は元手を借りて、Tシャツに絵柄をプリントする事業を開始したが、「ウサマ・ビンラディン万歳」とプリントしたTシャツを製造し始めてしまった。魚の養殖業の立ちあげを手助けした元ジハード戦士もいたが、緊密な仲間意識で結ばれた過激主義組織での生活のあとでは、ひとりで事業にたずさわるのは彼にとって寂しすぎた。

成功する確率が高いのはレストラン事業だとフダは言った。元ジハード主義者たちがチームを組んで、店に来た人には誰でも食事を出すのだ。いちばん成功している起業家は、モロ・イスラム解放戦線のためにフィリピン南部で戦っていた、元過激主義者のマクムーディ・ハリオノ——通称ユスフ——だ。彼は二〇〇三年にインドネシアのスマランの隠れ家で爆発物を所持しているのを見つかって逮捕された。ユスフは刑期の最初の二年間、暗い独房で監禁されていた。その後ほかの受刑者とかかわるのをゆるされると、テロリストには一定の威信があったので、彼は尊敬を集めた。しかし昔の仲間は誰も彼に近づこうとしなかった。「組織のためにすべてを捧げましたが、わたしが仲間を必要としたとき、わたしが苦しんでいるときに、わたしのもとに来てくれたのは兄弟と母だけでした」

懲役一〇年を宣告されたユスフは五年六カ月服役したのちに釈放された。出所後の彼は、以前の組織とは関係のないところで人生を再建すると心に決めていた。フダは彼にレストランでカモを調理する仕事を見つけ、二年後にソロで「ダブル・ビフスティク（ビーフステーキ・キッチン）」というカフェレストランを開業させてやった。二〇一〇年に『タイム』誌がフダとユスフにインタビューした記事には、フダはユスフを「心配している」と書かれていた。「ユスフは自分の過去に対してまったく後悔している様子がない。彼は最近生まれた娘にアーマライタという名前をつけた。彼が気に入っているライフルにちなんで名づけたのだ」と記者のハンナ・ビーチは記している。[22] 夜の仕事が終わると、彼はフィリピンにおけるジハードについての本を開く。この記事は次のような彼の言葉で締めくくられている。「また戦いたいのです。これはわたしの情熱なのです」と言って、彼はこのとき初めて、アメリカ人の女性ジャーナリストの目をまっすぐに見た。

＊＊

ＹＰＰ会議でユスフに初めて会ったとき、彼は気さくで楽しく、『タイム』誌に「あごをこわばらせ、常に警戒している目つき」と書かれていた男性よりも肩の力が抜けていた。彼はディケンズの小説『オリバー・ツイスト』に登場するスリの少年アートフル・ドジャーのような雰囲気で、大好きなサッカークラブであるマンチェスター・シティの試合を見に、イギリスへ行くためのビザを取ってくれとわたしに冗談を言った。ワッツアップには陽気なメッセージを送ってくる。たとえば銃の展示会で彼の五歳の子供が自動小銃を手にしている写真、友人のオレンジ色の四輪駆動車ディフェンダーの横にユスフが立ち、「００７／ジェームズ・ボンド」というキャプションをつけた写真、ピンク・パンサーのテーマ曲に合わせて奇妙に体を動かしている彼の動画などだ。

この八年のあいだに何があったのかとわたしは彼にきいた。

「ビーフステーキ・キッチン」で調理や掃除をして、来店する人々の接客をしてきたことが更生によい影響をおよぼしたのだと四二歳の彼は言った。レストランでの仕事をとおして、彼の世界観が広げられた。「わたしがいたジハード主義の組織では、自分と違うタイプの人間を憎めと教えられました。しかしカフェレストランで働きながら、新しい人々と出会うようになったのです。イスラム教を信仰していない人に対しても、給仕しなければいけません」。キリスト教徒や中国系インドネシア人、そのほかのマイノリティなど、ジハード戦士のときには罵れと教えられていた人々が来る。ある日、テロ組織の被害者だという男性がやってきた。別の日には彼を逮捕した警察官たちがリブを食べに来て、最後にはともに笑いあえたとユスフは言った。以前に加入していた組織の仲間たちが来て、ユスフはジハード戦士に戻るべきだと言われることもあった。「楽しいおもちゃが好きなら、プラスチックの銃を買っていてはいけない。本物を選べ」とあからさまに口にする古参兵もいた。しかしユスフは、戦闘において敵対する組織にジハードを遂行するのではなく、市民への爆撃が増加しているという傾向に困惑していた。ジハード戦士から何をしているのかときかれたら、彼は毅然として答えるつもりだ。「料理をしている。これが自分の仕事なのだ」

ユスフは会議の最終日に元ジハード戦士を数人、友人が所有する高層アパートメントへ連れていこうと計画していた。「過去には、彼らはそのようなアパートメントを贅沢すぎる、すなわち不信心なカーフィルのためのものだと考えていたはずです」とユスフは言った。「わたしは彼らの世界観を広げたいのです。そしてもしも彼らがほかの元ジハード戦士たちにこの体験を語れば、その人たちの世界観も広がるのです」

フダはユスフを「わたしの右腕」と呼ぶ。彼のカリスマ性と更生に成功しているという事実のおかげで、フダの非営利組織に元ジハード戦士たちが集まるからだった。「連鎖販売取引みたいなものです」と言ってフダはにっこりと笑った。「メンバーがメンバーを連れてくるのです。とびきりすばらしい成功物語があれば――ユスフのように――ほかの人々を感化できるのです」

フダが専門会議でブランディングや流行のビジネスのセミナーを入れていることに、わたしは少し当惑していた。最初はわたしが連鎖販売取引やパーソナル・ブランディングというものを色眼鏡で見ていたからだと考えた。英文学専攻だったせいか、わたしはグローバルビジネスの業界用語には本能的に嫌悪感を抱いてしまう。しかし起業についてのセミナーのときに元ジハード戦士たちが熱心に耳を傾け、ノートを取っているのを目にして、わたしは考えを改める必要があると実感した。こうした業界用語はグローバル化した世界で物事を説明するための言葉にすぎないのだ。テクノロジーの発達によって小さくなった世界では、グローバル企業のマクドナルドやアップルから過激主義組織のアルカイダやISまで業種にかかわらず、支持者とつながる方法を探している。ビジネス関連のウェブサイトでは「ブランドストーリーの作り方」を紹介する記事があふれていて、無味乾燥なデータよりもよくできたストーリーのほうが忠実な顧客を獲得できるのだと企業に訴えかけている。

＊＊

専門会議最終日の午後は会場の雰囲気も浮き立ち、その高揚感は行動にも表れていた。主催者側のスタッフの手も借りながら、元ジハード戦士たちとウスタッドは自分たちのＳＮＳグループを作っていた。映画製作者を目指す元ジハード戦士たちには、動画をアップロードできるマルチメディアプラットフォームを約束されていた。ザキは元ジハード戦士たちをスタッフにして、支援組織を始める計画を立てていた。最後の一時間はみなポーズを決めて写真を撮り、電話番号を交換していた。ひとりの若い参加者が叫んだ。

「フダは神が特別におつくりになった人間だ！」

人々が集まってハグやおしゃべりをしているのを見ながら、わたしは専門会議が生みだしている奇妙なよろこびの感覚に驚いていた。ミネソタ州で行われていた市民の権利に関する小さな授業や、デンマークが国として行う家父長的温情主義よりも大胆なこの会議は、参加者を楽観的にし、彼らにはたくさんの可能性があるのだと感じさせていた。元ジハード戦士を過激主義組織へといざなった人間関係を一新させ、その原動力を社会の本流で事業に従事する力へと転換させるのは、まさに急進的と言えるだろう。フダのプログラムは、元ジハード戦士たちの冒険心と帰属意識への渇望を満たすという点においては、過激主義組織と同じなのだ。

わたしも自分自身の変化を感じた。ほんの一週間前には、元ジハード主義者たちとは別のホテルを宿泊先にするのが賢明だと考えていたが、今では元ＩＳ支援者が元ジハード主義者たちと一緒に参加しているコーランの勉強会に、わたしも連れていってもらえるかときいているのだ。彼はすぐに了承してくれ、わたしは少しのあいだ、その男性のバイクの後ろに乗りながら七時間かけて、彼のＩＳ時代の友達に会いに行くということを真剣に考えた。この三日間にわたる専門会議にはたしかに効果がある。

すべてが終了してエレベーターに乗ったわたしは、もらった名刺を見返しながら、夕食は簡単に麵料理《ラクサ》でも食べようと考えていた。すると扉が閉まりかけた瞬間に、斬首を命じた男ハサヌディンが乗りこんできた。

「下に行きますか？」と彼は笑顔できいた。

わたしはうなずきながら、胃が締めつけられ、膝が震えるのを感じていた。

ふたりとも無言だったが、だしぬけに彼がきいてきた。「インドネシアの滞在を楽しんでいますか？」

「ええ。とても」わたしは声を絞りだした。

もしもわたしがジャーナリストとして対応するつもりであったら、もっと彼から話を聞こうとしただろう。使命を果たすために、彼をお茶に誘い、あのようなことをした理由を尋ねるべきだった。ほかの元ジハード戦士たちと同じく、彼にも母親がいて、彼が過激主義者になった経緯があるはずだ。彼の経歴を知れば、わたしが何を邪悪と考えるべきか理解できたかもしれない。彼が犯した罪の大きさを考えれば、もしも今の彼が完全に暴力を放棄しているなら、近所の友達につられて組織に入って武器を手にしただけの人々よりも、彼ははるかに大きな変化を遂げ、すばらしい更生の道を歩んでいる。わたしはこの機会を利用するべきだった。

しかしわたしは、そうしなかった。わたしの相手を理解しようとする試みは、限界に達していた。この事実には自分でも納得がいかなかったし、一貫性もない。なぜこの男性の残忍さを、たとえほんの少しでも調査しようとしなかったのか、わたしはいまだに自分でもわからない。犠牲者たちがティーンエイジャーの女子学生だったからなのか？　彼の行為が卑劣すぎて、想像力すら持てなくなってしまったのか？　綿密に計画された行動だったからなのか？　わたしは彼の動機を検証する機会を失ったが、彼を殺人に駆り立てた原因を知りたいとも思わなかった。理解したいという欲求はしぼみ、強い嫌悪感にのみこまれてしまった。そしてハサヌディンの人間性を認めるのを拒否したことにより、わたしは自分の人間性を損なってしまったように感じた。あたかもわたしが関心を寄せ、耳を傾け、弁護の余地のないものを弁護する方法を探るという能力が遮断されたかのようだった。

エレベーターの扉が開いた。心臓をどきどきさせ、手のひらに汗をかき、口ごもりながらさようならとあいさつをして、わたしはその場から逃げるように去った。フダは「とびきりすばらしい成功物語」が人の心を変化させると信じているが、わたしは斬首を命じた男がわたしの心を変えるに足るだけの物語を持っているとは信じられなかった。そんなわけで、彼はわたしが最初にその姿を見たときから変わらなかった。彼は依然として残忍な男だった。

信仰の喪失

フダは物語の力を理解していたが、ＩＳが加入者を勧誘するために物語を利用するのが上手だという事実から、そのように考えたのではない。イスラム国が約束した理想郷という未来を信じてしまった人々のひとりはアフィファだった。フダが主催した専門会議でわたしが出会ったインドネシア人のティーンエイジャーだ（名前は偽名だ。ＩＳ支援者からの報復を恐れて、彼女と家族の名前は伏せるように頼まれたためだ）。ラッカから戻ってまもない彼女は、専門会議に参加した元過激主義者のあいだではそれなりに知られた存在だった。ワークショップ中には積極的に発言しておもしろいことを言い、休憩中は会場をうろうろして自己紹介や自撮りをする姿に、異常なほどの自信とカリスマ性が感じられた。

彼女の性格の強さを、もっとよく表す出来事がある。わずか一六歳のときに彼女は家族や親戚の総勢二六人で、インドネシアを出国してイスラム国へ移住しようと説得してしまったのだ。アフィファの家族は経済的に豊かで成功していた。民主主義やインドネシア政府にも疑問を抱いていなかった。実のところ彼女の父親は高級官僚だった。にもかかわらず、どうしたわけかＩＳのプロパガンダと集団心理が働いて、一家はイスラム国へ行かなければならないと思いこんでしまった。彼らが社会的な恩恵を享受していた人々であり、人数も多く、さらにはティーンエイジャーの少女からの説得に屈してしまったという、そのすべてが特異な事例だ。しかしイスラム国による誘惑――そして幻滅――はほかの人々と同じ道筋をたどっていた。

＊＊

ＹＰＰ専門会議が終わったある夜、アフィファと彼女の姉がポータブルのプリンタで実家の譲渡証明書をコピーしていた。明るいオレンジ色のヒジャブをつけ、活力をみなぎらせた一九歳のアフィファと、彼女の二一歳になる姉で黒いヒジャブをつけたまじめな雰囲気のプトリはプリンタを見つめながら、コピーされて排出される紙を観念したような表情で重ねていた。その家には家族が数十年にわたって暮らしていたが、お金が必要になったので母親のザハラが売却を決めたのだった。三年前まで姉妹の父親ムハンマドは高給を取り、家を数軒所有していたほど、この一家は裕福だった。しかしこの週にムハンマドはジャカルタの裁判所から、ＩＳの訓練を受け、このテロ組織に資金供与したという罪状で有罪を言い渡された。いったい何がこの裕福で教育水準の高い一家にインドネシアでの生活を捨てさせ、ＩＳに加入させたのだろう？　ザハラは娘たちと一緒にＹＰＰ専門会議に参加していた。なぜ彼女たちのような家族がイスラム国に行ってしまうことになったのかと、わたしは何度も彼女に質問した。ザハラは「アフィファが家出をしたからです」と答えるばかりだった。

＊＊

三人の子供を持つ母親であるザハラは五一歳で、紛争地域のラッカから戻ったばかりにもかかわらず、おだやかで美しく、不思議なほどに落ち着いていた。生物学の学位を取得して大学を卒業したあと、断食月の終了を祝う大祭イド・アル・フィトルのために行われるチャリティイベントで贈物を包装していたときに、のちに夫となるムハンマドと出会った。ふたりとも特別に信仰に篤い家庭で育っておらず、彼女は結婚するまでヒジャブもつけていなかったし、彼は彼女に出会うまで熱心に礼拝もしていなかった。ザハラは家庭に入って三人の娘たちを育て、ムハンマドは仕事にいそしんで、スマトラ島の公務員として最高ランクにまでのぼりつめた。「夫が家で長い時間過ごすことはまれでした」とザハラが静かな声で言った。彼女の頭部は紫がかったグレーのヒジャブに包まれている。

今から考えると、自分の人生は少し寂しく、空虚だったと彼女は言う。しかし基本的には幸せで、娘たちが小さいときにはショッピングモールのボールプールで遊ばせたり、大きくなってからは水泳やバドミントンをしに連れていったりした。母と子供たちは一緒にコーランを朗読するときもあった。「それは普通のムスリムのようにするだけで、狂信者とは違います」とアフィファが言った。

アフィファは頑固で早熟な子供で、歩くのも言葉を話すのも早かった。幼稚園に入って最初の四カ月間、アフィファは自分を送ってきた母親が帰ろうとすると大声をあげて泣きわめいた。聡明で意志が強く、中学校の仲間内ではリーダー的な存在で、水泳大会で優勝したり、トップクラスの成績をおさめたりしていた。「わたしは頭がよかったのです」アフィファがそう言ってうなずくと、その輝く目と笑顔がヒジャブに隠れた。「いじめっ子でもありました」と彼女は言う。理由は思いだせないが、「相手が泣きだすまで、友達をいじめていた」そうだ。

高校に入ると突然に、イスラム教に興味を持ち始めた。父親は忙しすぎて彼女と信仰について話しあえなかったので、おもにインターネットで調べ、自分で勉強することにした。学校でつけていたヒジャブは短すぎると思うようになり、長いものを着用した。歴史の授業で初期のイスラム教を研究課題にするように割りあてられると、七世紀のメディナでの生活について解説した文章に魅了された。「わあ！　なんという生活だろう！　わたしは預言者ムハンマドが生きていたような場所に暮らしたい！　平等と平和を感じられ、人々はとても幸せだ！」と思ったことを彼女は覚えていた。

二〇一四年にジャカルタでビジネスマンをしているザハラの兄弟のひとりが、新しくシリアにイスラム教のカリフ制国家が誕生したと知らせてきた。「わたしたちは、『それは本当なの？　それとも冗談？』という反応でした」とアフィファが言った。初めのうち彼女はそれほど関心がなかった。しかしソーシャルメディアでその自称カリフ制国家について調べていくうち、彼らのウェブサイトに掲載されている約束に魅了されるようになった。ジハード戦士の言葉はすべて熱狂的だった。インターネットの投稿をまねて、彼女は眼球をぐるりとまわすと、裏声で語りだした。「ああ！　ここには同胞がたくさんいて、とても幸せを感じられる！　まるで預言者がいらっしゃった時代のようだ。われわれはみな、移住《ヒジュラ》を行うべきだ」。移住すれば「地上の楽園と死後の天国」の両方に行けるように、ウェブサイトでは語られていると彼女は言った。なかでも心を動かされたのは、リクルーターが引用したコーランの一節だ。「アッラーのために（自分の家から）移住するものには、たくさんの住む場所と大勢の隣人に恵まれるだろう」。移住者にはすべて――住居、電気、医療――が無料で与えられるとウェブサイトは約束していた。

移住した女性たちがタンブラー（ＳＮＳ）に投稿したミニブログ――『移住者《ムハジラ》の日記』のような、「楽園《ジャンナ》の鳥」というハンドルネームのＩＳ加入者によって書かれたプロパガンダ用サイト――を読んで、アフィファはイスラム国での息をのむような日常生活の様子を知った。そのブログのスクリーンショットを見せてもらうと、宗教に根ざして質素な生活を送る男らしい戦闘員たちの描写に、退屈しているティーンエイジャーの女の子が、いとも簡単に魅了されるのだろうと容易に想像がついた。

こうした男性たちは、教育を受けていないのではない。彼らの多くは裕福な家庭の出身で、もともとは王や王子のような生活をしていた。

彼らにも欲望や希望はある。愛する人々とともに、居心地のいい場所で、みなのように「普通の」生活を送りたいと思っている。

しかしアッラーのために、彼らはすべてをあとに残してきた。家族、富、若さ、欲望、好きなことのすべてを。彼らはこの共同体《ウンマ》の盾となる道を選んだのだ。虐げられた兄弟や姉妹たちの呼びかけ、そして叫びにこたえるために。

見るがいい。彼らは寝心地のよいベッドを捨て、塹壕で寝ている。乾いたパンを食べ、生ぬるいお茶を飲む彼らは、母親の手料理の味を忘れているかもしれない。

これは彼らの荒々しい一面だ。わたしたちが気にとめようとしない、彼らのもうひとつの顔を想像したことがあるだろうか？　心やさしい一面を。[1]

厳しい開拓者の生活、力強い信仰心、そして色気が交錯した文章は、アフィファのような都会育ちのティーンエイジャーの想像力をかきたてるにはぴったりだ。若者がなぜ過激主義組織に加入するのかを研究している人類学者スコット・アトランによると、ＩＳに入った人々の多くは暴力に惹かれたのではなく、新しいカリフ制国家の建国という考えが活力にあふれ、明るい未来が約束されるように感じたからだ。二〇一八年のインタビューによると、彼らは文明を破壊したいと思うどころか、「理想郷のような完璧な社会の創設を目指していた」のだ。[2]イスラム国は若者に対して、自分たちが「若々しく、機会を平等に与え、ダイナミックな冒険心に富む、壮大な組織であると売りこんだ」のだ。

その後アフィファはＩＳが斬首刑やむち打ち刑、火刑を行っていると耳にし始めた。しかしリクルーターたちは、それはフェイクニュースだと請けあった。「これはＩＳからの情報ではなく、ＩＳを嫌っているグループから出されたものだ」と言われたのを彼女は覚えていた。この新しくすばらしい国家というものを、何としても信じたかったがゆえに、彼女は疑問を呈そうとも思わなかった。タンブラーをとおして出会った人々や、すでに「祝福の地」にいる人々を信じていた彼女は、リクルーターの言葉に納得してしまったのだ。

ティーンエイジャーのアフィファにとって、脳の機能が完全に成熟しきる前に、この理想郷のニュースが入ってきたのだった。意思決定や危険性評価、そのほかの高次機能を果たす前頭葉前野が完全に成熟するには、それ以外の脳機能よりも約一〇年長くかかる。神経科学の研究によると――ティーンエイジャーのわが子に対して、ストレスを感じている親の意見と同じく——思春期の子供たちは現実がどうあれ、物事の最悪の結果ではなく、最高の結果だけを予期する傾向にある。[3]

アフィファは家で、両親に移住するように説き伏せる活動を始めた。夜には寝室で一一歳の妹に、イスラム国の子供たちが公園でブランコに乗ったり、きれいな教室で勉強したりしている動画を見せた。家を離れて大学に通っていた姉のプトリは実家に帰るたびに、ISはさらに高度な教育を受けさせてくれると説明された。イスラム国は医師を必要としていると、アフィファは姉に言った。望むものは医大や、農業大学への進学も可能なのだ。

プトリは妹に比べて物静かで青白く、細面で用心深そうな顔立ちをしている。アフィファがシリアについて熱く語るのを聞いて、「カリフ制国家が建設されるのはいい話だと思う。だからと言って、わたしは行きたいとは思わない。それに、もしもイスラム国が真のカリフ制国家なら、二、三年のうちにもっとほかの地域にも広がるはずよ」と言ったのをプトリは覚えていた。

アフィファは待っていられなかった。父ムハンマドを説得するために、前線で戦闘にたずさわるのは望まないが仕事はしたいという男性のために、シリアで就業可能な仕事を一〇項目掲載しているウェブサイトを見つけた。「彼らは『誰もが好きなことをできる。何もしたくなければ、自由に暮らせばいい。ISが資金を提供する』と言っているのだ」とアフィファは説明した。タンブラーでリクルーターに、彼女の父親はイスラム国で何ができるかときくと、彼は彼女に断言した。「お金は問題ではない。もしもお父さまがインドネシアでしているのと同じ仕事に就きたければ、シリアではもっといい給料が支払われる」

数カ月のあいだずっと、アフィファは甘言を弄して家族を説得し続けた。カリフ制国家のイスラム法に則った裁判所でくだされた正義について語った。インドネシアと違い、ラッカには汚職や貧困がない。世界中からやってきたムスリムたちが仲間意識を抱き、ともに夢を実現している。今よりもっと長い時間を家族で一緒に過ごし、仕事と生活のバランスが取れるのだと両親に言った。父親はインドネシアのように、長時間デスクに向かって仕事をする必要がなくなるのだ。

アフィファが父親ともっと一緒にいたかったと言うのを聞いて、ラシードがイエメンの海岸で家族とともに過ごした時間をなつかしむ気持ちが、ＩＳに誘惑された一因かもしれないとニコラが語っていたのをわたしは思いだした。ある人々にとって、イスラム国の「ネバーランド」は競争社会からの解放を約束するものなのだ。ニコラがわたしに言ったことがある。「考えてみてください。九時から五時まで働く必要がなければいいのにと、みなが思っているのではありませんか？　仕事と家族との時間のバランスを取りたいと、誰しもが思うのではないでしょうか？　イデオロギーを抜きにすれば、過激主義組織の勧誘文句と、南フランスへの移住を紹介するテレビ番組の、どこに違いがあるのでしょう？」。競争社会から脱して、楽園での楽しみを満喫することが、コーランのなかで約束されているだろうか？　インターネットでは、イスラム国は全世界で最高のものを約束している。物事が単純明快だった時代への郷愁と、楽園の到来をまぜあわせた未来への旅を語っているのだ。

このような未来のユートピア社会の誕生を熱く語る例はほかにいくつもある。これは古きよき時代をなつかしみ、未来にその時代が再来することを望むという考え方だ。トランプ大統領は「アメリカをふたたび偉大にする」と断言した。イギリスではブレグジット推進派が「コントロールを取り戻せ」と要求していた。こうしたスローガンが昔に戻ることを目指すのだとすれば、イスラム国のプロパガンダはもっと壮大な世界を約束している。イスラム世界のかつての栄光を取り戻すのと同時に、新しくすばらしい国家を建設するのだ。新しい社会を創設する機会というのはＩＳのプロパガンダの柱であると、安全保障問題のアナリストであるチャーリー・ウィンターは二〇一五年に出された報告書で次のように記している。「『カリフ制国家』に入ることは、単に銃を撃ちたい人々を利するだけではない。イスラム国への移住を勧誘するにあたり、『地上に体現された神の計画』に参画する方法だという理由づけもされている。辺境の地を開拓するような魅力もある。信仰に縛られていない支援者は、この理想郷の『建国の父あるいは母』になれるという約束のもとに移住して国のためにつくすように説得される」のだ。[4] ＩＳの伝道者は、一九世紀にアメリカの大陸西部への進出と領土拡大は神と神意であると正当化した、マニフェスト・デスティニーの提唱者の模倣である。

＊＊

イスラム国が新たな開拓地であるという側面に魅了されたアフィファの話を聞きながら、人がカリフ制国家に引きこまれる理由のなかで、なぜわたしは「ライフスタイル」という要因に興味を持つのだろうと考えた。過激主義組織に加入する各自の個人的な理由に焦点をあてることで、政治的な不満という重要な要素を切り捨ててしまったのだろうか？　このように考えると、勧誘された人々の若さに注目することも同じく問題があるように思えてきた。たしかにテロリズムには若者が招集されており、その戦闘員の大半は二〇代と三〇代で、指導者たちは三〇代や四〇代だ。しかしわたしはＩＳに勧誘された人々を取材するにあたり、思春期の少年、すなわち母親の子供たちから調べ始めた。過激主義組織に傾倒している指導者ではなく、若い加入者に焦点をあてたことで、政治的な真剣さや信仰の深さをそっとはぎ取ってしまったのだろうか？

過激主義組織への加入者の若さとだまされやすさから書き始めたのは、あまりにも単純に極悪人と決めつけられる人々の人間性を回復するためだった。しかしそうすることで、わたしは過激主義組織が主流とは異なる理論ではなく、感情によって動かされているという、もうひとつの主要な物語を受け入れることになった。イスラム国がヌテラの瓶や子猫の写真をのせたソーシャルメディアを使って、若い女性を魅了していると CNN が放送して以降、このニュース報道のあり方に性差別主義と文化的なさげすみが感じられると解説者たちが的確に指摘した。[5]『ムーランになる？』という表題の女性の IS への加入者に関する報告書では、彼女たちが加入したおもな理由として、彼女たちはウンマ、すなわちムスリムの社会が世界的に攻撃の的になっていると感じている、カリフ制国家を樹立したい、そしてムスリムとしての義務だと信じているという三つをあげている。[6]

加入者たちの言葉を額面どおりに受け取るのを拒否するとは、どういう意味があるのだろう？　言葉の裏にある根本的な原因を調査することは、加入者の政治的および宗教的な信条だけでなく、彼らが属する組織まで見損なったのだろうか？　加入者を暴力的な組織に追いこむ結果になったと考えられる人間的な弱さに焦点をあてることで、わたしはテロリズムが「弱者の武器」であるという陳腐な主張に微妙に同調していた。シハン・アクサンとジョン・ベイルズが『強者の武器：アメリカ国家テロリズムについて（Weapon of the Strong: Conversation on US State Terrorism）』のなかで議論しているように、テロリストを「無差別的で恐ろしい暴力行為に訴える、限られた力と財源しかない、地位の低い無法者」と見なすことは、もっと力のある組織が調査を免れる結果を招いてしまう。[7]「もしも政治的な正当性を持ち、装備の整った大規模な軍隊を指揮し、国際問題に影響を与えられれば、もはやテロリストとは呼ばれないのだ」

＊＊

インターネットでＩＳのプロパガンダばかり見るようになったので、アフィファの成績はさがってしまった。以前にはクラスで上から二番目だったのが、補習を受けるようになった。彼女の友達は変化に気づいていた。「どうしたの、アフィファ?」とみながきいた。「彼女は突然に怠けものになった」と友達は言った。しかし栄光に輝くシリアに比べると、学校はつまらなく、毎日が退屈に感じられた。

旅費を工面しようと必死だったアフィファは、賞金をめあてに写真コンテストに応募した。賞は取れなかったが、イギリスやフランスの同世代の女の子たちがひとりで渡航していると知り、彼女は家族が賛同したり、お金が貯まったりするのを待つのをやめることにした。母親からパスポートを渡すのを拒否されていたので、どうすればいいかわからなかったが、ある日学校から帰ると、バックパックに荷物を詰めて家出をした。玄関に両親への手紙を残した。「わたしたちはシリアへ行かなければならないのです。ヒジュラしなければいけません」ザハラはその内容を語ってくれた。「学校を退学する手続きを取ってください。手続きが完了したという証拠の書類を見せてくれたら、家に帰ります」

アフィファの作戦は成功した。ザハラは彼女が学校を退学する書類に署名した。友達に理由をきかれると、娘は起業家を目指していて、高校の卒業証書は必要なくなったからだとザハラは答えた。学校には自宅学習に切りかえると説明した。

この話を聞いて、理性に訴え、メッセージを発信し、神学的な討論を行うという方法の政府による過激主義対策に専門家たちが疑問を呈する理由がわかるようになった。過激主義組織からの誘惑に「おだやかな」議論で対抗するのは、政府が入念に選んだイマームが介入しても、インターネット上でのコミュニケーションを遮断しても、冒険と意義深い人生を求める若者には効果がないのだ。

＊＊

ニコラは急進化した人々を説得することに懐疑的だったが、これは過激主義者の思考パターンに関する神経科学を研究している認知科学者ナフィース・ハミドの論文に裏づけられている。バルセロナ自治大学でハミドは「宗教的価値観」をはかるふたつの実験を行った。この価値観をとても大切にするグループは、物質的利益にこだわらない。[8] 彼は街に住むパキスタン人の移民で、アルカイダ系組織のラシュカレ・タイバを支援している人々を集めた。アンケートに記入してもらい、武力を用いるジハードと市民への武力攻撃に賛成する人、そして自分たちの価値観を守るために暴力行為もいとわないとする人々を実験に参加させた。

各人が宗教的だと考える価値観を綿密に選びだしてから、ハミドは被験者に脳スキャナを装着させて、磁気共鳴機能画像法（ｆＭＲＩ）により、脳のある特定部分における血流を調べた。脳スキャナの上部には、「イスラム教国には厳格なシャリーアが施行されるべきだ」、「すべてのイスラム教国は単一のカリフ制国家になるべきだ」といった一連の意見が表示される。被験者たちはジョイスティックを握り、それぞれの意見に対して一点から七点のあいだで点数をつける。一点は同意しない、七点はそのためなら命も惜しまないという意味だ。そしてハミドは被験者が点数をつけるときに脳内の血流をはかることで、どの部分が活性化しているかを調べた。非宗教的な価値観に対しては、脳の辺縁系すなわち感情をつかさどる部位、さらには反省的思考と自制心、抽象的な論理を制御する部位が反応した。しかし価値観が宗教的な──被験者が戦闘や死もいとわずに守ろうとする──場合には、感情をつかさどる部位だけが活性化された。論理や理性を担当する部位には血液が流れこまなかった。

人が特定の宗教的な価値観を保持している場合には、コーランの平和をうたっている節を用いて説得を試みたり、ふいに出現したカリフ制国家の怪しげな動機を指摘したりしても、時間の無駄なのだとハミドは論じている。それはまるで、ボクサーが「相手を倒そうとして、その影をパンチするようなものだ。拳は相手に届かない。理性や論理で説得しようとしても、関係している脳の部位を活性化できないのである。宗教的な価値観を処理する部位は、ネットワークでつながってすらいないのだ」と彼は説明を加える。

＊＊

ソーシャルメディアでアフィファが家族の問題を伝えると、ＩＳのリクルーターはその問題すべてについて解決法を提示した。

ザハラの兄弟が営んでいる事業に負債がある。ＩＳが返済できる。

おばの首に腫瘍があるが、インドネシアでは費用が高額すぎて治療できない。ＩＳが無料で治療しよう。

おばの息子は重度の自閉症で歩くことができない。ＩＳが無料で医療的なケアをしよう。

週を重ねるごとに親戚たちは説得力のある理由を見つけて、移住するほうに心を傾けていった。アフィファの祖母がヒジュラを支持し始めた。人生の終わりが近づいている今、コーランではレバントと呼ばれている「祝福されたシリア地方《シャーム》」で、家族に囲まれて暮らしたいと言いだした。「それに、子供たち全員がシリアに行ってしまったら、誰がわたしの世話をしてくれるの?」と彼女が言ったことをザハラは覚えていた。

亡くなるときには家族に囲まれていたいと願う祖母、息子のために特別な医療支援を必要とする母親、父親に関心を向けてほしいと求める娘。このようなありふれた欲求が、イスラム国へ移住するという途方もない行動へと結実してしまったのだ。この中産階級で安定した職業についていた家族は、もっともらしい理由を見つけてヒジュラを正当化してしまった。これは急進化について研究するジョン・ホーガンの理論にあるように、急進主義者のすべてがテロに関与するわけではなく、テロ組織の支援者全員が急進的な信条を抱いているわけではないという証左だ。[9]

ザハラとムハンマドも最終的に折れた。アフィファは姉のプトリに電話をかけ、家族が移住することを伝えた。プトリがその報告を受けたのは、学期の最後に実施された英語の試験が終わった日だった。彼女は行きたくなかったが、家族と離れるのはいやだった。「わたしは甘やかされた子供だったのです。どうやって仕事を見つければいいかわかりませんでした。父と母からお金をもらい、すべてを頼っていました。両親に置いていかれたら、ひとりぼっちになると思ったのです」彼女は静かに言った。

ザハラとムハンマドは家を売り、一家は移住に向けて準備をした。「わたしたちは新しい靴を買いました」アフィファは鮮やかな色のスニーカーを履いた足をバタバタさせながら、うれしそうに言った。「新しい服も!　新しいバックパックもです!」

彼女はティーンエイジャーが夏休みの旅行に行く前にあれこれ買い物をしたことを語るように、準備の様子を語った。

＊＊

わたしは複数の親戚にも取材をしたが、いくら時間を費やしても、なぜザハラとムハンマドが最後に降参してしまったのかわからなかった。どうして両親のふたりともが、インターネットから見つけてきた夢を追いかける一六歳の娘に説得されてしまったのだろう？　もしもふたりが貧しく、自暴自棄になっていたり、教育を受けていなかったりした場合には、その行動を理解できたかもしれない。自分たちがきわめて不幸だと考えていたのなら、娘の話に乗っても仕方ないだろう。しかしふたりはこのどれにもあてはまらない。あえて言うとすれば、都会的な中流の上の暮らしをするなかで、ほんの少し退屈を感じていたという程度でしかないだろう。

わたしは何度か、ザハラと母親同士として話をしようと試みた。「意志の強いティーンエイジャーの子供と議論するのが、どのようなものか知っています」とわたしは言った。「うちのニックは末娘なのですが、いちばん気が強いんです。夫とわたし、そして上の娘は、こまかいことにこだわりません。たとえば外食するときに、ピザかインド料理か決めかねていると、ニックが行きたいほうになるんです……」

わたしはそこで黙ってしまった。頭のなかに浮かんでいた言葉を口にできなかったのだ。わたしはこう思っていた。「……とはいえ重要な問題については、大人に決定権がある。家を売って、イスラム国へ移住する？　冗談じゃない」

「アフィファがまた家出をするのではないかと心配でした。そんなことは耐えられません」ザハラはこう言うだけだった。あたかも分厚いガラス越しに世界を見ているように、落ち着き払っているザハラを見て、これは罪悪感なのか、絶望しているのか、あるいはザハラと自分が育った文化の違いであるのか、とわたしは考えあぐねた。ザハラは若いころの話や、アフィファの子供時代については、生き生きと、そのようなときが本当にあったのだと感じられるほど詳細に語る。しかしラッカのことは、まるでほんの短いあいだ、たまたま一度だけ経験した、人生のささいな事柄であるかのような話しぶりだった。

＊＊

もしも子供を失うかもしれないという恐怖感を抱いたら、人はほぼなんでもするだろう。そしてこの場合は、別の強い力がザハラと夫に圧力をかけた。つまり最後には親戚たちがヒジュラを正当化する理由をふたりに語り始めたのだ。このように考えると、この一家が移住を決意したのは、ほかの人々がＩＳに加入した状況と大差ないのだろう。彼らはみな集団思考の犠牲者なのだ。急進化はしばしば、気の合う人が集まった小さなグループから始まる。捏造された真実を互いに納得させあい、最終的にはその極端な考えだけが賢明だと見なされるようになるのだ。

精神科医でテロ対策の専門家マーク・セイジマンが提唱する「仲間」理論では、人が仲間内で互いに急進化する過程において、友達や親戚の輪が重要な役割を果たすと考えられている。[10] 小さなグループのなかだけで考えがまとまり、メンバーの集団思考が加速するからだ。そして特に思春期の子供たちは、より激しいほうへと互いをけしかける傾向がある。カルガリーに住んでいたクリスティアンヌの息子ダミアンは、ミネアポリスのアブドゥラヒ・ユスフのように、バスケットボールをしたりコーランを勉強したりして、かたい絆で結ばれた若者のグループに入ってから、シリアへ渡航するように説得されてしまった。彼らは栄光の戦場に向かう航空券を買うように、互いをあおりたてていた。緊密なグループ内では、現実と理論が改作されてしまうことがあるのだと、クラーク・マコーリーとソフィア・モスカレンコは急進化に関する独創的な研究である『軋轢：急進化はあちら側とこちら側に、どのように起こるのか（Friction: How Radicalization Happens to Them and Us)』のなかで記している。仲間内で意見が強くかたまると、「主観的な価値判断が、どの木がいちばん高いかを決める場合と同じくらいに客観的なものに思えてくる」のだ。[11]

アフィファの話は、家族というものが自分たちだけの小さな世界で、正しいと思うことを互いに確信しあいながら絆を強化しているのだと思いださせてくれる。家族は長年にわたって共依存するなかで、独自の道徳観や論理を構築する。アフィファの一家はイデオロギーや社会への怒り、闘争心ではなく、甘い考えの理想主義のせいで判断力を失ってしまったのだ。そしてこの家族にはもうひとつの要因があった。アフィファは言う。「わたしたちは互いに誘いあったのです。最初はおじ、そしておじの家族、わたしの家族、祖母。いとこは彼女のおじを……」。血縁と信頼、そして愛によって輪が広がった。

「アフィファはいつも、みなで一緒に何かをしたがりました。家族の絆が、彼女にはとても重要だったのです」とザハラは感じていた。

二〇一五年八月、アフィファと姉妹たち、両親、そして親戚一同は、イスラム国に向かうためにジャカルタを発った。総勢二六人で、年齢は一歳になるアフィファのいとこから、七八歳の祖母までさまざまだった。まずイスタンブールへ飛び、ブルー・モスクを見学してから、シリアとの国境沿いの街キリスへと移動した。タンブラーで知りあった仲介者が密航業者の携帯電話番号を彼女たちに教えた。密航業者は、これでは人数が多すぎるので、注意を引かないようにいくつかのグループに分かれるようにアドバイスした。アフィファのおじのひとりと、その家族が先に行くことになった。ほかのものたちには伝わらなかったが、彼らはトルコの警察につかまって、ジャカルタへ強制送還されていた。

次はアフィファのグループだった。夜にまぎれてタクシーでシリアの国境まで行き、そこから暗闇のなかをスイカ畑や農地でつまずいたり、やわらかい土に足を取られたりしながら三時間歩いた。ザハラは何度か転び、アフィファの祖母は有刺鉄線のフェンスで足をけがしてしまった。

午前三時ごろ、ＩＳの領土に入ったと密航業者が言った。するとすぐにアフィファはしゃがんで、地面にキスをした。そこからはＩＳの男たちが彼女たちを隠れ家へ案内した。一家が仮眠をとり、礼拝をしているあいだに、ＩＳの担当者がかばんのなかを調べ、身分証明書とパスポートを没収し、そこで着る服を与えた。

「そこで初めて、目以外の顔をおおう頭巾《ニカブ》をつけたんです。『うわあ！』という感じでした」アフィファはクスクスと笑いながら言った。

イスラム国の警備員が女性を大部屋へ、男性を「イスラム的な教育」が行われる場所へ連れていった。女性たちは家族の男性に四カ月間会えなくなるのだ。

＊＊

過激主義組織での生活という現実に幻滅するのは誰しも同じだろうが、脱急進化の過程がさまざまに異なるのと同様に、その内容は人それぞれだ。これまでの錯覚が打ち壊されたからといって、必ずしも暴力や急進的な思想を手放すとは限らないのだと、脱急進化の専門家ホーガンは言う。「自爆テロ犯になりたかったのに、ブーツを磨かされるばかりの毎日に幻滅して、帰還兵になるかもしれません」。ジュリー・チェルノブ・ファンは著書『なぜテロリストを辞めるのか：インドネシアにおけるジハード主義者の離脱（Why Terrorists Quit: The Disengagement of Indonesian Jihadists）』のなかで、元ジハード主義者たちは口をそろえて、組織の戦略と指導者に幻滅したと言うのだと説明する。[12] アフィファとその家族はイスラム国を支援するために来たのであり、戦うためではなかった。しかし支援者という立場でさえ、指導者たちの偽善を目にすると疑いが芽生え、組織からの離脱につながるような疑問を抱いたり、再評価し始めたりする。

ホーガンは一九七〇年代にイタリアで活動していた極左の過激主義組織である赤い旅団のメンバーだったパトリツィオ・ペチの話を引用する。ペチの幻滅はグループの新しい指導者に会いに行ったときから始まった。その指導者が爪の汚れを取るために、パン切りナイフを使っている姿を目にしたのがきっかけだった。「ごくささいなことでした。意味もないほどです。しかしわたしは心配になったのです。『もしもみながこんなことをし始めたら、そのなかでどう生きていけばいいのだろう？』と思いました」とペチは言った。[13] わたしは同じような話をカリスからも聞いていた。彼はインドネシアで急進主義者になったのだが、そこで目にしたジハード主義者たちの不潔な習慣のせいで、ジハードに参加したいという憧れがなえてしまった。「モスクも部屋も胸が悪くなるようでした。服も汚く、実際にみなくさかったのです」と二二歳の青年は語った。さらに清潔感の欠如よりもいやだったのは、「ほかの人に親切ではないことでした。サラームとあいさつすらしないのです」

現実は心に深く食いこみ、プロパガンダに対する強力な解毒剤になり得る。政府や更生を支援する団体が、改悛した元過激主義者たちに体験談を語らせようとする理由のひとつはここにある。反対に、過激主義組織に加入しようとしたのに叶わなかった場合は、抱いた理想が損なわれずに危険であると、ニューヨークの弁護士で、数多くのテロ事件を手がけたスティーブ・ジソーは言う。「自爆テロ犯になりそこなったものたちは、幻滅していないのです」

＊＊

アフィファとその家族の幻想が打ち砕かれ始めたのは、ラッカがタンブラーで描写されていたような楽園とは別物だと徐々に理解するようになってからだった。女性用の共同宿舎は不潔で、バスルームは特に汚かった。インドネシアでは使用人のいる生活だったのに、ここではアフィファも毎日の料理や掃除に慣れなければならない。敬虔なムスリムの共同体に加わるはずが、そんなものは存在していなかった。共同宿舎の女性たちは意地悪で、噂話ばかりして、短気だった。それのみならず泥棒までいた。イスラム教徒の礼儀作法として示されているように、やさしく、品格を漂わせて話すのではなく、ここの女性たちはいつも怒鳴っていた。あるときアフィファがリビングルームに入っていくと、ふたりの女性がナイフを振りまわしながら叫んでおり、「動物を殺そうとしているようだ」と彼女は思った。プトリが自分の性格を表すように控えめに、「彼女たちにはアンガーマネジメントが必要なのです」と言った。ラッカのほかの場所も、ここより環境がいいとは到底言えなかった。トルコとの国境近くで足を切ってけがをした祖母が、縫合してもらおうと病院へ行ったのだが、看護師は彼女を手荒く扱い、麻酔が効いてくるのを待たずに傷口を縫った。ザハラは痛みで泣く母を、抱き締めていなければならなかった。

ウェブサイトに記載されていて、アフィファがすっかり心を奪われてしまったISの約束は嘘だったと判明した。この政治体制が派手に宣伝していた「正義」には二種類あり、ひとつはIS戦闘員のため、もうひとつは地元住民とISのメンバー以外の人々のためだった。後者はいろいろなサービスを受けるためには費用を払う必要があった。コンピュータのコースがあり、プトリも受けたいと思っていたのだが、男性しか受講できなかった。

教育が無償で提供される代わりに、姉妹は結婚相手を紹介された。共同宿舎の「寮母」がIS戦闘員の妻で、ジハード戦士からの要望を受けて、姉妹との結婚をお膳立てした。「彼女がわたしのところへ来て、『この男がおまえと結婚したがっている』と言ったのです。ショックでした。わたしはその男性のことを何も知らないのです。名前と出身地以外は！」とアフィファが言った。彼女と姉妹たちは大勢から求婚された。戦闘員たちは彼女の父親に、一一歳の末娘が初潮を迎えたら知らせるようにとまで言った。そうなったら、彼女も結婚できるからだ。アフィファと彼女の家族はすべて断った。

共同宿舎では別の女性たちが、一七歳にもなっているのに、なぜ結婚しないのかとアフィファに問い続けた。独身でいるのは、イスラム国での義務を怠ることだと主張した。「おまえのジハードとはなんだ？」と彼女たちは説明を求めた。

「わたしのジハードは、ただ結婚することではありません」とアフィファは答えた。

ラッカで無礼な行為をたくさん目にして、一家はイスラム国が真のイスラム教に根ざしていないのではないかと疑うようになった。アフィファが市場で眼鏡をかけようとしてスカーフを顔からあげたところ、宗教警察がすぐにスカーフを戻せと怒鳴った。「ものすごい大声だったのです！」と彼女は言った。「まるでわたしが大罪でも犯したかのように、『アッラーを崇敬しなさい！　アッラーを崇敬するんだ！』と叫ばれました」

＊＊

アメリカがアル・タブカを空爆したので、ＩＳの避難民がラッカに流入してきて、戦闘員たちが多くのアパートメントや家を接収した。ＩＳ戦闘員はドアをバンバンと叩き、誰も出てこないと家に押し入った。ザハラと娘たちは家に入るときの正しい方法を語った預言者の言葉と、入る許可を得る方法をコーランから抜粋して紙に書き、ドアに貼りつけた。彼女たちが貼り紙をするや否や、その紙をはがし、住むところを探しに男が入ってきた。

ある日、宗教警察がアフィファのおばカリマを、ニカブの上にもう一枚スカーフを着用していないという理由で逮捕した。警察署では、イスラム国が「シャリーア服」と呼んでいるものを購入するように言われた。カリマはここで一セントたりとも使う気はないと反論した。カリフ制国家の指導者たちは、イスラム教徒として適切な生活を営むために必要なものをすべて、市民に提供する必要があると、コーランに記載されているのだと言った。警察官は無礼だったが、カリマを釈放した。

カリマは腹が立っていたものの、すぐにダアワ、すなわちイスラム教的な教育をして、ＩＳの宗教警察に物事を正しく行う方法を教えようと決意した。「わたしたちは全員、イスラム国ではたやすく互いに助言しあえると考えていたのです」とアフィファが説明した。真の同胞たちが作りあげた国では、「理解しあうのは難しくない。彼らはわたしたちの助言を受け入れるだろう」とこの一家は考えていたのだ。

彼女のおばはコーランを手に、警察署へ戻った。「あなたがたは行政機関であり、政府側の人間です」と彼女は説明し始めた。「カリフ制国家のもとでは、この服を無料で配布するべきです。売ることなどできません」

相手の男たちはぼうぜんと彼女を見つめた。

「さらに」と彼女は続けた。「人に行動を改めさせようとするときには、自分の態度に気をつけるべきです。おだやかな言葉で、親切に接するのです。預言者モーセを思いだしてください。国民に対して無慈悲だったファラオに、彼は丁寧に助言したでしょう！　あなたがたはモーセを見習わなければなりません」。預言者ムハンマドと弟子たちは、人々が必要とするものから利益を得ようとせず、無料で与えたのだと彼女は説教した。インドネシアで見たＩＳの動画では、新しいカリフ制国家においては、家から服まですべてが無料だと約束していたではないか。

彼女の助言は宗教警察に受け入れられるどころか、それからまもなくして三人の男たちが家にやってきた。彼らの口調はモーセの話し方とはほど遠いものだった。「おまえはＩＳに何をしたかわかっているのか？　おまえはただで服がほしかっただけなのに、説教をしたんだぞ」と彼らは言った。彼らは「とても横暴でした」とアフィファは舌打ちをして言った。

一家が自分たちに言い聞かせていた話が、だんだんと空疎なものに思えてきた。アフィファも「ああ、これは真のカリフ制国家ではない」と理解し始めた。男性たちが四カ月間にわたる「イスラム的な教育」から戻ると、彼女は確信した。前線で戦うことを拒否したので、父親たちは刑務所に入れられていたのだ。父親がデスクワークを選べると信じていたアフィファはショックを受けた。彼女は役人のところへ出向き、ウェブサイトで語られていた約束を思いださせようとした。

「おまえの家族の男たちは、ここまで来ておきながら戦闘を援護しようとしない。おまえの一家はＩＳに何をした？　ＩＳにあれやこれや求めるばかりで、自分たちは何ひとつ与えようとしない」と彼らは彼女に言った。

一家は別に家を借りて男性たちをかくまい、前線に送られないようにした。アフィファの父親とおじはほとんど外出せず、ときおり出かけるときにはショールで顔を隠して見つからないようにした。あるときアフィファのおじが人だかりのそばを通りがかった。それは斬首刑に集まった人々で、彼は子供たちが遺体に石をぶつけているのを目撃した。

＊＊

ラッカで暮らし始めてから半年ほど経つと、一家はここから逃げだす必要があると確信し、自分たちを脱出させてくれる密航業者を探し始めた。アフィファと姉はクスクス笑いながら、相手の話に割りこんで詳細を加えたり、間違いを正したりして、まるで家族の冒険談を物語るようにその様子を聞かせてくれた。

「ラッカにはスパイがたくさんいたので、脱出を計画するのは簡単ではありませんでした。ＩＳのスパイは市民のふりをしています。その逆の場合もあります」とアフィファが話し始めた。密航業者を見つけるのに一年かかった。最初に会った密航業者の男性は一家を逃れさせると約束したが、その約束が守られることはなく、代わりに携帯電話やバックパック、そして数千ドルを盗まれてしまった。

ふたり目の密航業者は女性だった。彼女は国境が閉鎖されているので、待たなければならないと言い続けた。最終的に彼女は姿をくらましてしまった。「支払いはしていませんでしたが、心が傷つきました」とアフィファは言った。

三人目は老人で、彼は殺虫剤を売る露店を開いていた。クルド人の土地に入ったあと、難民キャンプに連れていってくれるスポンサーが必要になるが、手伝ってくれる人間を知っていると言った。彼に支払ったのは現金で四〇〇〇ドルだった。

そこまでの道のりは危険だと彼が忠告したとおり、実際に危ない状態だった。ISは地面に地雷を埋め、スパイや狙撃手がいたるところにいた。ユーフラテス川までたどり着いた一家は、たくさんの漁船が爆破されていると知らされた。漁師にお金を払って川を渡るつもりでいたが、彼らは怖がって船を出してくれなかった。アフィファの家族は橋を渡ろうとしたものの、これも爆破されていた。密航業者の家で一晩明かしてから、自分たちで四艘のボートを漕いで、ようやくユーフラテス川を渡ることができた。「わたしのボートは水もれしていました」とプトリが言った。「大人六人と子供ひとりが乗っていて、わたしは『大変だわ』と思うことしかできませんでした」

四番目の密航業者はハビブという名前で、ピックアップトラックで一家を迎えにきて、シリア民主軍が運営しているチェックポイントまで送ってくれた。シリア民主軍とはクルド人、アラブ人、アッシリア人、さらにそのほかの民族から成り、ISと戦っている連合軍だ。自分たちに攻撃の意志がないことを示すために、アフィファはラッカの市場で白い布を買い、車の窓からはためかせていた。「白旗を絶対に忘れてはいけません！」と彼女は言った。

車がチェックポイントに近づくと、煙がうねっているのが見えた。銃弾が車をかすめ、地面に土埃が舞った。「いとこが白旗をあげたのですが、狙撃手には見えなかったのかもしれません」とアフィファが言った。一行はハビブの家に戻り、シリア民主軍に一家がスパイだと疑われるかもしれないが、夜になって出直す計画を立てた。

ハビブは電話を彼の家に残していくようにと全員に言った。シリア民主軍が電話を持ってチェックポイントに到着したものを殺害するという理由だった。「ばかばかしい話でした」とプトリが冷ややかに言う。「でもわたしたちは怯えていたので、彼の言いなりになったのです」

その夜ふたたびＩＳの領土を通過しようとしたが、狙撃手の攻撃のせいで、また引き返さなければならなかった。「おまえたちは、ほかの人たちよりも手引きするのが難しい」とハビブは不平を口にした。

次の朝に一家は三度目の挑戦をして、シリア民主軍のチェックポイントまで到達した。「わたしたちは白旗をあげていたんです！　まるで映画の、降伏するシーンみたいでした！」とアフィファが言った。

アフィファは神に感謝した。一年一〇カ月前にＩＳの領土に立ったときと同じように。一家はふたたび持ち物などを検査されたが、イスラム国に来たときとは違って今回の相手はクルド人だった。女性は男性と引き離された。女性たちは難民キャンプに行き、そこでＩＳに加入しなかったシリア人から向けられる憎悪の念に直面しなければならなかった。男性たちは刑務所に二カ月間収監された。インドネシアの外務省と協議して、フダが一家の釈放を交渉しに現地へ飛び、新しいパスポートとジャカルタ行きの航空券を手配した。

＊＊

ジャカルタに滞在中のある午後、アフィファの家族は借りている家にわたしを連れていってくれた。車で一時間半ほど街から離れた、にわかづくりの郊外だった。安全の確保が心配なのだと彼らは言った。離脱者はＩＳの支援者から報復される危険があるのだ。あとをつけられているかもしれないので、家から一キロメートルほど離れた場所でタクシーをおりた。夕暮れのなか埃っぽい道を歩きながら、わたしはアフィファに一連の出来事をどう感じているのかときいた。

ほんの一瞬、彼女の明るさに陰りが見えた。最初に会ってからこの日までの四日間で、この上なく自信にあふれた姿以外の彼女を目にするのは初めてだった。「罪の意識です。ひどい罪悪感です」と言った。彼女が言いたかったことも、口にしたことも、これがすべてだった。父親が刑務所に入れられているにもかかわらず、自分がこの事件を引き起こした要因だという意識は封印されていた。彼女にはすべてをイスラム国のせいにして、自分の責任という問題からするりと逃れる驚異的な能力があるようだ。

母親のザハラも同様だ。自分が今置かれている状況についてどう思うかとふたたびきいたところ、彼女は言った。「わたしは憤りを感じています。ＩＳはわたしに嘘をついたのです。プロパガンダで言っていることを、彼らは何ひとつしていません。イスラム教に悪いイメージを与えたのです」

長いあいだ幹部としてＹＰＰにたずさわっているデテ・アリアはのちに、アフィファが本当は罪の意識を感じているのだと話してくれた。そのため、彼女は父親の代わりに刑務所に入ると申し出た。一家が渡航したのは彼女のせいなので、自分が収監されるべきだと訴えた。裁判官は彼女の主張を認めず、父親も娘の言い分を聞かず、三年六カ月の刑を言い渡された。

＊＊

彼女たちが借りているのはコンクリートブロックで建てられた家だった。わたしたちは小さい居間に座り、お茶を飲みながらココナッツのビスケットを食べた。アフィファは一家が購入したミシンを見せてくれた。代金は脱急進化プログラムの一環として政府から支給された五〇〇万ルピアから払われた。彼女もプトリも学業を再開せず、起業家になるために専念すると決めた。アフィファはブラウニーを作ったり、化粧品を売ったりという、いろいろな事業案を考えてみたものの、今のところは花柄やスヌーピーのキャラクターのついた布製の小さなバッグを作り、ソーシャルメディアで販売している。

突然にユスフが玄関から顔をのぞかせた。彼はフダが自分の右腕だと言う、元ジハード戦士からシェフになった男性だ。ラッカから帰国したアフィファたちの社会復帰を手助けするよう、フダがユスフに頼んだのだった。彼は彼女たちの家を頻繁に訪問しているので、堅苦しいあいさつを抜きにして床の敷物の上に腰をおろした。ビスケットを口に入れて、「この部屋でいちばんハンサムな男だ！」とふざけて言った。この場には女性しかいなかったので、必ずしも嘘ではない。あとから彼はわたしに、アフィファの精神面と信仰を心配しているのだと話してくれた。「すべてを投げだしたくなるほど、追いつめられるときがあるようです」と言う。彼女が日没後と夜の礼拝をやめているのも気にしていた。

アフィファのおじに判決を言い渡すにあたり、裁判官が彼女を証言台に立たせたときにも、ユスフは彼女の準備を手伝った。「元ジハード戦士だった経験、つまり自分の裁判で証言したときのことを話して、彼女を安心させました」と彼はわたしに言った。大事なのは、真実を話すことなのだと彼はアフィファに助言した。「もしもきみがおじさんは有罪だと思えば、そう言えばいい。有罪ではないと思うなら、そう言うだけなんだ」。ユスフは彼女が刑務所にいる父親と面会するときにもつきそった。そして彼女の父親に、彼がジハード主義者だったころの古い友達に会うようにすすめた。「わたしは彼に、『もしも時間があったら、ぼくの友達のアリ・イムランに会ってみてください。収監されていたときから仲よくしている男なのです』と言いました」とユスフは言った。「彼はバリ島で起きた爆破事件の犯人ですが、改悛しています」

人の心を知るのは神のみである

心は「赤い箱《レッド・ボックス》」だ。航空機のブラック・ボックスにはデータが記録されていて、容易に解読できるが、人間の心はそうはいかない。預言者ムハンマドはそのなかに何があるかを確定するのがいかに難しいかを理解していた。預言者の人生において、よく知られている逸話がある。戦場でイスラム教に改宗した非ムスリム戦士の話だ。ムスリム戦士たちのひとりが、亡くなる間際に改宗するのは偽善的だと考えて、その非ムスリム戦士を剣で刺し殺してしまった。「おまえは彼の心を切り開き、そのなかを確かめたのか？」と預言者は問い、相手の改宗を望む心を疑ったムスリムをいましめた。[1] 神のみが心のなかをご存じなのだ、とムハンマドは言った。

わたしはインドネシアでその逸話について考えた。出会った元ジハード戦士たちに感銘を受けたり、うろたえたりを交互に繰り返しながら。彼らの物語は、人間の心のみならず、更生も不確かなものであることを示している。世界中で判事や保護観察官、安全保障当局者たちが、元犯罪者の心にひそむものを理解しようと懸命に取り組んでいる。再犯の危険性があるなかで市民の安全をどのように確保できるのだろう？　悔恨の念は犯罪の凶悪さを相殺できるのか？　暴力的な組織から離脱したら、その人の世界観が本当に変化したと言えるのだろうか？　もしも世界観は変化していないが、刑期をまっとうして暴力から離れたら、それは結局本人だけの問題ではないだろうか?

インドネシアでは、若いころに加入したテロ組織との関係を断つことを刑務所で誓いながらも、その組織の信条を完全には放棄していない人々に会った。彼らは組織を離れて暴力に訴えるのをやめたので、テロ対策の世界では、彼らは離脱したと認識される。しかし彼らは脱急進化していない。暴力的過激主義者たちとかかわっていた時代に確立した世界観を、完全には手放していないからだ。

TEDトークで語られるような、過激主義組織から離脱した人がたどるまっすぐな道とは違い、彼らの場合は完全に罪を贖ってはいない。彼らの中途半端な状態は、多元主義を信頼し、さらにはフダの言う「とびきりすばらしい成功物語」を強く望んでいるわたしの心を試すものだった。

＊＊

アミール・アブディラは二〇〇九年に起きたジャカルタのJWマリオット・ホテル爆破事件を幇助した。この事件では九人が亡くなり、けが人の数はさらに多い。[2] その翌年、ジハード主義を完全に断ち切ったかと質問された彼の答えは、「心が決めることなど誰にもわかりません。すべてはアッラーによって決定されるのです」という要領を得ないものだった。

その八年後にわたしがアミールを訪ねたときにはすでに出所して、彼が生まれ育ったジャカルタの労働者階級が暮らす地域で生活していた。質素な小さい家やみすぼらしい店が立ち並び、生活の多くが戸外で営まれているような場所だ。狭い通りをバイクが飛ばし、人々は開け放した窓から大声で話し、ビーチサンダルに半ズボン姿の子供たちが空気の抜けたサッカーボールを壁に蹴りつけている。

アミールに会うと、わたしは元ジハード戦士を被害者と対面して和解させるという、最近行われた政府の取り組みについてどう思うかきいてみた。「いい考えだと思います。しかしこの機会が、当事者たちの心に本当に響いているのか定かではありません」彼は言葉を選んで答えた。元ジハード戦士たちのなかには、会場までの交通費が支払われたので来ただけの人がいたかもしれませんと彼は言った。「彼らが心から参加したいと思っていたのか、誰も保証できないのです」

アミールは幼少期からずっと憧れてきた、軍人のような体型をしている。大柄で、わたしと通訳のエカに会ったときには45口径のリボルバーがプリントされたTシャツを着て、迷彩柄のズボンをはいていた。外国人ジャーナリストや研究者を相手に話すのに慣れているようで、わたしたちにミネラルウォーターとストローを用意して、腰をおろすようにと丁寧な手振りで示した。居間の壁にかけられているのは、コーランの章《スーラ》が書かれた額と、航空会社から配られたカレンダーだけだ。

彼はあきらめて尋問に応じるかのようにわたしたちと向きあって、椅子の背に深くもたれかかりながら両脚を広げて座り、低い声で話し始めた。彼の家族はみな戦闘にたずさわってきたのだと彼は言った。一家の男性たちと同じく、彼の父親は一九四〇年代にオランダの植民地支配に抵抗するために、最初は民兵組織で、その後はインドネシア軍で戦った。子供時代のアミールは父親のようになりたいと夢見ながら、教科書の余白に銃や軍隊の記章を落書きしていた。

軍隊に志願したが二度も不合格になった。一度目は体力的な問題で、二度目は学力テストが原因だった。仕方なく彼はホテルの厨房で働き、近所の仲間とサッカーをする日々を送っていた。友達のひとりがハラカと呼ばれる、コーランの勉強会に彼を誘った。勉強会では頻繁にジハードの話題になり、彼は武装組織が戦闘に参加できる唯一の方法かもしれないと考えるようになった。二〇〇一年のアルカイダによるアメリカ同時多発テロ事件は、ジハード戦士が派手な軍事的冒険を繰り広げられるという証明になった。彼はポソやアンボンで起きていたイスラム教徒とキリスト教徒との抗争には関心がなかった。戦いに山刀《マチェテ》しか使われていないという理由からだ。「わたしが本当に興味を持っているのは、銃なのです」と彼は言った。

義理の兄弟が彼に、ジェマー・イスラミアの新人戦闘員を探している男を紹介した。アミールは軍隊のような組織の一員になれたことに心を躍らせた。しかもこの組織は、ジハード主義者の仲間内ではアメリカ同時多発テロ事件を成功させたとして、尊敬を集めているアルカイダとつながりがある。彼はジェマー・イスラミアの分派組織の指導者ヌルディィン・トプに会った日の気持ちを今でも覚えている。「この組織の一員である自分を誇らしく思いました。ヌルディィンの名前はインドネシアで爆破事件が起こるたびに出ていましたから」と彼は言う。さらにアジという男にも出会い、彼はカリウムと硫黄、アルミニウム粉末を使って爆弾を作る方法を教えてもらった。この爆弾魔は「もしも何をしているのかときかれたら、ラジオを組み立てていると言え」というアドバイスまでしてくれた。

爆弾の材料を購入するために、ヌルディィンから五〇万ルピアを渡された日について話しだすと、アミールの目が輝いた。体を前に乗りだして肘を膝につき、手振りをまじえてどのように小さな爆弾を作ったかを語った。マッチの頭薬をすりつぶし、化学物質とまぜて爆薬を作り、それをボールペンの軸に詰める。誇り高い職人のように彼は指先を使って、粉砕されたマッチの頭薬をどれほど丁寧に扱い、爆薬を詰めるときにはいかに用心する必要があるかを説明した。彼は組織の仲間たちとその爆弾をテストするために人のいない場所へ行き、爆発音を耳にして、爆弾作りが成功したとわかったときの快感を愛していた。

彼はミネラルウォーターを飲むと、また背もたれに倒れこんだ。壁をはいあがっていたゲッコー（ヤモリ）がなかほどで動きを止めた。話をしながら興奮する彼と同じく、その話を聞きながらわたしも興奮していた。これはアメリカ同時多発テロ事件以降に出現した、過激主義組織とマスコミのあいだで構築される共益関係で、わたしたちはそのミニチュア版を再現しようとしていた。すなわちテロ組織が目を見張るような事件を起こし――あるいは事件について語り――、マスコミはその事件を報道してテロ組織の卑劣な行為を世間へ知らしめるという役割を果たし、その報道を見て次の大事件に参加したいと願う加入者をテロ組織は獲得する、という連鎖があるのだ。

二〇〇九年七月にアミールはジャカルタのマリオット・ホテルの部屋を予約した。その数日後に彼の組織は一八歳の実行犯をチェックインさせ、リッツ・カールトン・ホテルにも別の自爆テロ犯を送りこんだ。ふたりのテロリストはほぼ同時刻に起爆して、ホテルの客七人と自らが命を落とした。アミールはマリオット・ホテルの外に待機し、インドネシアの組織からアルカイダの本部に動画を送るために、この爆破テロ事件の様子をビデオカメラで撮影していた。爆破を見ながら、彼は複雑な気持ちになった。爆弾が爆発して、事件がついに成功したことはうれしかった。ビデオカメラのレンズをのぞきこみつつ、彼は人々がホテルからよろめきながら出てくるのを見て、悲鳴を聞き、煙の刺すようなにおいをかいだ。彼は走って逃げた。何も感じられなかった。「無感覚なのです。まったく何も感じませんでした」と彼は肩をすくめた。

爆破事件の犯人たちはジャカルタ郊外のジャティアシにある隠れ家で落ちあった。彼らはこの成功を祝ってラムを食べようとしたが、市場で豪勢な買い物をするといらぬ注意を引いてしまうと考えた。結果的にはチキンと野菜、米飯という昼食を水で流しこむだけになった。食事をしながら、彼らは次の計画について話しあった。インドネシア大統領殺害である。

数週間もすると、かたい絆で結ばれた仲間とともに遂行した任務が成功したという興奮も消え去った。アミールは不注意なことに、自爆テロ犯のためにマリオット・ホテルを予約したときのクレジットカードの領収証を、街なかのごみ箱に捨ててしまった。その領収証が警察に見つかり、彼はすぐに容疑者とされた。自分の名前がテレビで報道されるのを聞いて彼がまっ先に考えたのは、家族ではなく組織のことだった。「もしも自分が逮捕されたら、組織はどうなってしまうのだろう？」。それから数週間のあいだ警察から姿を隠しながら、彼はジハードのどこが合法的なのか考え始めた。イスラム教の習わしでは合法的な武力闘争は、武装組織の先導者だけではなく、人口の全体によって承認され、受け入れられた運動でなければならない。「ジハードはウンマ、すなわちムスリムの共同体によって支持されるべきなのです」と彼は説明する。「しかし警察から身を隠しながら、わたしは共同体から見放された存在になったと気づいたのです。助けや隠れ場所を求めて人の家に行くと、彼らから怖がられました」

この孤立感をぬぐい去れないまま、彼はこの平和で、ムスリムが多数を占めるインドネシアにおいて、なぜ自分がジハードを遂行する決心をしたのかと考え始めた。この国はすでに安全で、ムスリムがイスラム教を自由に信仰できるのに、なぜその平和を壊すのか？

外の通りから、近所の子供たちが叫んだり、笑ったりする声が聞こえてきた。

アミールは椅子に座り直し、首を鳴らしてから話を続けた。逮捕された日、その前に彼は自宅を離れて隠れ家へ行った。そこはもぬけの殻で、仲間たちは散り散りになっていた。彼は気づいていなかったが、インドネシア警察のテロ対策班が尾行していた。彼は逮捕され、裁判にかけられて刑期八年を宣告され、チピナン刑務所に送られた。実際に服役したのは五年間だったが、そのあいだに彼の世界観は大きく変わった。彼はそれまでずっと、インドネシアの過激主義組織はすべてジェマー・イスラミアの行為に満足していると考えていたのだが、刑務所で出会ったテロリストたちの大半は、市民を標的にしたマリオット・ホテルの自爆テロに否定的だった。さらに、ジェマー・イスラミアにいたときには、政府関係者はすべてカーフィルとして嫌うように教えこまれていた。しかし看守としゃべったり、並んで礼拝したりするうちに、彼らもムスリムの同胞なのだとわかるようになった。「なぜ元戦闘員が自分たちを嫌うのだろうと、彼らは困惑していました。『家族を養うために、ここで働いているだけなのだ』と言っていました。わたしはようやく、彼らも自分たちと同じなのだとわかったのです」と彼は言った。

＊＊

これに似た突然のひらめきは、ほかの更生した過激主義者たちの話にも出てくる。以前には「あちら側」の人として非難していた人物から、思いやりあふれる態度で接してもらったおかげで、自分たちの狂信的言動に亀裂が入り始めたという瞬間について、元過激主義者たちは繰り返し語っている。フィラデルフィアで育った元白人至上主義者のフランク・ミーインクは、ユダヤ人の家具店主から親切を受けて、自分の反ユダヤ主義思想が消えたと話す。[3] この男性はミーインクの首に鉤十字のタトゥーがあり、悪質な誘拐で有罪になったにもかかわらず、刑務所から出てきた直後の彼に仕事をくれた。元ジハード戦士のリクルーターだったジェシー・モートンは刑務所の看守から親切にしてもらい、アメリカの公共機関への嫌悪感が消えたと語る。その看守が勤務のときにはいつも、ヴァージニア州アレクサンドリアの公立図書館へ連れていってくれたので、彼はそこでロックやルソーなど啓蒙思想家の本を読むことができた。人間至上主義の提唱者たちから学んだ彼は、彼が信仰する宗教が提唱していた人間性の先にあるものを見るようになった。

ベルリンを拠点にするヴァイオレンス・プリベンション・ネットワークで、ネオナチの脱過激化にたずさわるジュリア・ライネルトは、このような行政機関側の人間による親切な行為――あるいは過激主義組織の仲間からの裏切り――とは、過激主義者の信条は正しいのだという信念をゆさぶるような「刺激」なのだと言う。「それはささいな出来事です。しかし過激主義者が思い描くような黒か白しかない世界と比べて、人生はもっと複雑です。遅かれ早かれ、彼らは自分たちにとっての物事のあり方とは相容れないことに直面します」

アミールにとって、刑務所での生活はこのような生産的な「刺激」に触れる機会になった。彼はそこでともに服役しているムスリムの宗教学者の受刑者たちと時間を過ごすことができたからだ。彼らのなかにはアルカイダを支援していたものや、ISを信奉していたものがいた。アミールはアルカイダの聖職者とかかわりを持つことにしたと当たり前のように言った。ISの信奉者は辛辣かつ偽善的だと考えていたからだ。「彼らはすぐに人をカーフィル呼ばわりするのです」。彼は独房で、虐殺とムスリムの同胞を狙うのを禁じているコーランの節についてじっくりと考えた。

しかしもっとも影響を受けたのは、ウサマ・ビンラディンの手紙だと彼は言う。ウサマ・ビンラディンは晩年、イラクのアルカイダやアフガニスタンのタリバンなどによる無差別攻撃は、ムスリムの同胞たちを理想から遠ざけてしまっていることを心配していた。「ビンラディンはわたしたちがムスリムを殺害したと言いました」と彼はわたしに言う。

一分か二分のあいだ、聞こえてくるのは外の通りでストリートミュージシャンが歌うインドネシアのポップソングだけだった。

通訳のエカに、もう一度わたしの耳にしたことが正しいのかきいてくれとわたしは言った。そのとおりだった。「ビンラディンが亡くなったあと、彼に匹敵するような指導者は出ていません。ウサマはジハードについて明確に理解していました。わたしたちはウサマにはかないません」と彼は言う。わたしは日のさすパティオに向かって部屋を走り抜け、ガラス窓に正面からぶつかったような気持ちだった。この日の取材の前に、エカはアミールが更生していると請けあった。インドネシア人の目から見ると、そうなのだろう。彼は刑に服し、暴力を放棄した。

しかし九人があの日の爆破事件で亡くなり、五〇人以上が負傷しているのだ。インドネシア政府の主催で犠牲者とテロの首謀者が和解するために対面し、その数週間後にAP通信が二〇〇三年にジャカルタで起きた爆破事件の犠牲者のひとりにインタビューした。その男性は体の四五パーセント以上にやけどを負っていた。[4] わたしは取材ノートの余白に走り書きをした。「卑劣？　わたしはここにいるべき？　彼の言葉を世間に伝えるべき？」

出所したアミールには、テロリストというレッテルが今後ずっと自分についてまわるとわかっていた。そのような状況を乗り越えるために、彼は週末に地元のサッカーチームに復帰することから始めてみた。最初の金曜日はきまり悪い思いをしたと彼は言う。「みなから相手にされないのではと怖かったのです」。最初の一、二年のあいだ、彼はテロリストだった過去を口にせず、それはまわりも同じだった。しかし彼が静かに普通の生活になじみ始めると、近所の人々が恐る恐るではあるが、なぜ爆破事件にかかわったのかと彼にきくようになった。「わたしは事件について話しました。そして、もしも誰かから暴力行為に加わるように求められても、もうかかわらないと約束しました」と彼は説明する。

若いころの友人たちのうち数人は、たとえばホテルの厨房で働いていたころの同僚などは、彼に会おうとしなかった。だが彼の隣人やサッカーチームの仲間は、もう彼を避けたりしなかった。しばらくのあいだ彼はタクシーの運転手をしていたが、退屈に感じたのと、エアコンが嫌いだったのでやめた。今はバイク便の仕事を始めようと考えており、バイクを買うために貯金をしている。

彼の母親は今でも、息子がまたジハード主義組織に戻るのではないかと心配していた。爆破事件が起きるたびに、彼女はすぐさまもうひとりの息子にアミールの携帯電話に連絡させ、彼がかかわっていないか確かめている。母も老いてきたので、もう二度と悲しませるようなことはしないとアミールは言う。「両親を大切にするのはよいことです。自分がいいことをしたと思うときがあっても、母が同意してくれなければ無意味です。母親にそむいていては、祝福されません」彼は自分の意見を述べた。

彼は別の犯人が起こした爆破事件の被害者に会ったことはあるが、自分の事件の被害者にはまだ会っていない。現在はマリオット・ホテルで被害にあった人々に面会する心の準備ができ、ゆるしを乞いたいと願っている。ジェマー・イスラミア時代の仲間を恋しいとはそれほど思わない。いずれにせよその多くは戦闘中に亡くなっていた。今も生きている仲間と顔を合わせると、あいさつはするだろう。「えらそうにしていると思われないですみますから」

異質なものを受け入れ、絶対的なものだけしか認めないテロリスト時代の考え方から抜けだす方法を学んでいる最中なのだと彼は言う。近所のモスクに通っている人々が行う一日五回の礼拝は、彼のやり方と少し違っているが、それにも慣れてきた。

彼は今なお軍隊が好きで、できるなら入隊したいと思っている。現在のところはジハードを行う気はないが、この先の可能性は除外していない。「もしも将来、たくさんの人々が過激主義組織に入るようなことがあれば、わたしもそうするかもしれません」と彼は言う。「しかしわたしたちの宗教のイメージをよくする必要があります。悪いことをしたら、自分たちのみならず、信仰まで傷つけてしまいます」

帰り際にわたしはまだよちよち歩きをしているアミールの姪のあごの下を撫でた。そして早くお金が貯まり、アミールがバイクを買えるように幸運を祈った。わたしの行為のどちらにも偽りはなかった。その子供はかわいらしく、おもちゃのピストルを振りまわしながら、にこにこ笑ってその場をよろけながら歩いていた。アミールの人生がよい方向に進んでほしいと願った。そうすれば彼が過激主義組織に戻る可能性が低くなるというだけではない。わたしの道徳観のせいでもある。彼は無実の人々の殺害を幇助し、人々が吹き飛ばされるのを少し離れた場所から静かに見ていた。彼は過去に罪を犯し、ゆがんだ政治的信条を持っているが、少なくとも今はどちらかと言えば害のない男性だ。アルカイダを支援しているのにはぞっとさせられたし、過去のような行為から距離を置いているのは、母親孝行したいからだと認めたのにも驚かされた。とはいえ、時間を持て余したこの男性は、過去の暴力からは足を洗ったと明言した。刑務所で服役し、インドネシア政府が自由の身にしてもいいと認めたのだ。

エカとわたしはタクシーを拾うために大通りまで出た。わたしの気持ちは沈んでいた。アミールの話にすっきりしないものを感じていたからだ。わたしのなかのジャーナリスト魂は本能的に幸せな結末を望んでしまう。しかしよく考えてみると、納得のいく結末ではないが、彼の正直な気持ちを取材できたことにはより大きな価値があるのではないだろうか。

＊＊

好奇心をそそられた近隣の子供たちの視線のせいかもしれないし、バックパックが狭い通りを歩くには不向きだったからなのだろうか。ここでの取材ではほとんどいつもエカに通訳を頼まねばならず、幼児化したような気持ちにさせられるせいなのか。理由はともあれ、自分はアメリカ人なのだという意識が沸きあがってきた。アメリカ人であること自体は有益である。そして旅行はうまくいけば、自分を見つめるいい機会になる。ある時点で旅行者は、双眼鏡をかけて異国の景色を一生懸命に見るように、自分の文化を注意深く見つめ直してみるべきだ。

本書の取材旅行において、ジャカルタは初めて訪れる西欧諸国以外の場所である。わたしはこのジャカルタ訪問で、自分が「アメリカという烙印を押された人間」として出会う人々の目に映っている可能性を痛感させられた。おそらくアミールや、ほかの元ジハード戦士たちにとって、わたしはイラクやエジプト、サウジアラビアにおいてアメリカが許可し、支援してきた攻撃や、東南アジアの東ティモールでアメリカが支援した鎮圧軍によって人口の約四分の一が犠牲になったことなどすべてを思いださせる存在なのだろう。[5]「以前のわたしはずっと、アメリカ人を見ると嫌悪感を抱いてきました。しかし今では政府の行為と、そこで暮らす人々は違うのだと考えられるようになりました」とインドネシア人の過激主義組織のひとりがＹＰＰの専門会議でわたしに言った。

公平のために言うと、わたしのアイデンティティーは仕事上で有利に働いている。ミネソタ州の裁判所やデンマークの警察署での取材を容易にしてくれた、白人であるがゆえの特権が、ここでは増幅されているのだろう。わたしはハーレーダビッドソンやアイフォンの国という別世界からやってきた使者という印象を与えているのかもしれない。

だがどちらのイメージもよい結果を生むものではない。わたしがアメリカという看板を背負っているだけの存在だとしたら、相手と理解しあえる可能性はきわめて低いだろう。これはアメリカ人を標的にする過激主義組織と同じ理論だ。テロリストの狙いは相手の政治的な看板であり、個人ではない。罪の重荷をおろした過激主義者と会うのは、たしかによい話が聞ける。アミールが人を危険にさらす心配はもうないので、もっとも思いやりのあるアプローチは、人生最大の過ちではなく、目の前にいる本人、すなわち物憂げで、仕事も決まっておらず、バイクを買うために貯金しているという男性に焦点をあてることだ。彼は週末には近所の仲間とサッカーをして、同じモスクに通う同胞たちから社会復帰できるように助けられている。彼が過去ではなく今この瞬間にいるという尊さを、外国から取材に来た人間が否定するべきではないだろう。

＊＊

怒りの感情は不快感よりも強い。ジャカルタに来る数カ月前に『ニューヨーク・タイムズ』紙がトニー・ホヴァターに関する記事を掲載した。彼は二〇一七年にシャーロッツヴィルで行われた集会に参加した、オハイオ州出身の白人至上主義者かつナチス支持者だ。このなかでは彼の平凡な日常が書かれ、彼のことを「隣に住むナチス支持者……いかにもアメリカの中西部出身者らしい立ち居ふるまいのこの男性は、誰の母親からも好かれるだろう」と描写している。[6] 白人至上主義者を普通の人間だと思わせようとする、意図的な記事だと感じた『タイムズ』紙の読者の多くは気分を害して、腹を立てた。名誉棄損防止同盟のCEOジョナサン・グリーンブラットは『タイムズ』紙を「異常者を正常であるかのように扱い」、「非人道的なものを人間らしく描写している」と批判した。インターネットでは、ナチスの蛮行に苦しんだ人々の痛みがより強く感じられた。「その立ち居ふるまいをしているのが、どんな人間かわかっているのですか？ ナチスはわたしのウィリーおじさんの頭を剃って、ガス室に送ったのです。肺に毒ガスが充満するあいだ子供たちの顔をじっと見つめ続け、彼らは激しい苦痛にうめきながら窒息死したのです。ひどい話ですって？ そのとおり。ナチスの記事とは、このように書くのです」これはあるツイッターの投稿者の言葉だ。[7]

もしもわたしがナチスや暴力的過激主義のせいで家族を奪われていたら、同じ反応をするかもしれない。だがそうするとは思いたくない。実際に、わたしの意見は違う。ナチスについて語るには、ガス室のドアに行きついた時点からではなく、もっとさかのぼって、そこにいたった経緯から始めなければならない。ハンナ・アーレントが示したことでよく知られているように、アウシュヴィッツの看守や理髪師について本当に恐ろしい事実とは、彼らが極悪人ではなく、ごく普通のドイツ人だったということだ。ナチスを狂信家としてとらえ続けるのではなく、なぜ、そしてどのようにナチスになったのかを検証しなければ、わたしたちは理解する機会を失ってしまう。未来の世界で悪事をなくそうと思うなら、人を悪事へと駆り立てるきっかけになった力について、もっと深く理解する必要があるのだ。

そうするには、わたしたちはガス室のドアからどれくらい離れた時点までさかのぼって考えるべきなのだろう？　一九三九年だろうか？　一九三三年か？　ヴェルサイユ条約か？　あるいは視点を変えて、すなわちナチス自体ではなくその背景にあるもの、たとえば何世紀にもわたってヨーロッパでくすぶってきた、有害な反ユダヤ主義に目を向ければいいのか？　ウィリーおじさんの殺害はどのような枠組みでとらえるのが最善なのだろう？　枠組みが広すぎると、ナチスの看守が実際には行為におよんだという事実、責任、さらには人間としての側面を見損なってしまう。枠組みが小さすぎると、看守は情け容赦ない極悪人だと見なされる。そして大事なことは、あれから七五年以上経過して、ガス室のドアの前からは離れていても、問題はいまだにくすぶり続けているという事実だ。

個人の行為に対する怒りとその行為にいたった経緯の折り合いを、どのようにつければいいのかわたしにはわからない。しかし社会から極悪人だと見なされた人々の人生を深く探り、彼らを変えてしまったものだけでなく、彼らをわたしたちと結びつけているものにも目を向ける必要があることは、わたしにもわかる。目を向ける時期は、犠牲者と、犠牲者にふるわれた暴力に注目が集まっている、惨劇の直後ではない。右翼の男性によってニュージーランドのモスクが襲撃を受けた翌日、『デイリー・メール』紙の見出しでは、テロリストを「極悪な右翼の大量殺人鬼になった天使のような少年」と表現した。[8]　これは事実を粉飾している上に、失礼だ（この新聞はのちに「天使のような」という表現を「小さな」に差しかえた）。犯人の人間性を探るにはタイミングが大事な要素だ。早すぎたり、大々的に行ったり、政治化したら、プロパガンダになってしまう。だが遅かれ早かれ、始めなければならない。その人のより広い文化的背景、関心事、地域社会とのつながりをたどることは、世界のどこであっても問題を終了させるための基本的なツールである。

暴力的過激主義者を複雑な性格を持った人間だと見なすのは難しい課題だが、何よりも重要なことである。それは彼らの考え方が、文化的に連続した広い領域に根ざしているからだ。憎しみが社会の主流に広がっている場合には、過激主義組織は多数派から守られ、力を得る。ジャーナリストのシェーン・バウアーが『タイムズ』紙の記事に対して次のようなツイートをした。「この記事に腹を立てる人々は、ナチスが極悪人で、自分たちとは関係ない存在だと信じたいのだ。アメリカでは一七七六年の独立宣言以来ずっと、白人至上主義者は普通の白人だった。その点を理解しなければ、トラブルは終わらないのだ」[9]

ナチスや斬首刑を行う人々を極悪人と見なすことで、安全と納得感を得られるかもしれないが、それはまやかしにすぎない。このようにして安全を確保すると、代償を払う必要が生じてしまう。その残忍さがどこに由来するのか、そしてそれはどこにひそんでいるのかを調査する機会が失われてしまうからだ。

＊＊

「それで、あなたはジハード戦士でいることを楽しんでいたの?」とわたしはザキ——YPP専門会議に参加していたひとりで、真剣に人道主義者を目指している男性——にきいた。彼は友人のユディと一緒にホテルのレストランで食事をし、デザートを食べているところだった。すぐ近くで地元のバンドが『悪魔はジョージアへ』の下手な演奏をしていたので、わたしは大声で質問を繰り返さなければならなかった。

ザキはうなずくと、うっすらと黒くなった前歯を出して笑顔を見せた。二〇〇〇年代後半に彼とユディはアチェの組織で、イスラム国のために戦っていた。ザキが武器を配送し、ユディが戦闘員たちに配布した。

今のふたりを見ていると、ジハードがふたりを出会わせたとは考えがたい。彼らは男の友情物語を映画にしようとする監督が、まさに理想とするような組みあわせだった。ユディ・ズルファフリは頬骨が高く、髪をファッショナブルに剃ったハンサムな主役タイプで、背が高く、肩幅も広い。ザキ・ムッタキエンは丸顔で背が低く、横は短く刈りあげて後ろは長目に残した髪型をして、笑うと愛嬌がある。年齢は四二歳で元テロリストなのだが、何歳になっても小さな弟を思わせる雰囲気だ。YPP専門会議の初日に、わたしの通訳がザキは元IS支援者なのだと言った。フダがこの専門会議に参加した目的を話すように促したとき、わたしは人とつながりたいというザキの熱意に驚かされた。「ここで学ぶことが、夢で終わらないようにと願います。わたしたちみなに神からの祝福がありますように。ソーシャルメディアについて勉強し、お金だけでなく、もっと多くの友人を作りたいです」と彼は言った。

ユディとザキがテロ組織に加入し、そして脱退した経緯も意外だった。ユディは高校で教鞭をとる両親のもとに生まれ、サッカーをして、ガンズ・アンド・ローゼズやレッド・ホット・チリ・ペッパーズを聞きながら育った。大学では政治学を専攻し、最終学年のときに友達からコーランの勉強会に誘われた。これはサラフィー主義者の主催で、キャンパス内で開かれていた。彼の両親は宗教に対して深い関心がなかったので、ユディもイスラム教について基本的な知識しかなかった。インドネシアのイスラム教はヒンドゥー教や仏教、アニミズムの影響を受けていることが多々ある。しかしそうした他宗教の混入を完全に排除した、純化された信仰という考えに彼は引きつけられた。

大学を卒業したユディは、昼間は公務員として働き、仕事が終わるとサッカーをして、同時に「もっとも純粋なイスラム教」を探し求めた。二三歳のときに、過激主義の聖職者アマン・アブドゥルラフマンの信奉者たちから成る結束のかたいグループのなかにそれを見つけた。このグループは政府関係者をすべてカーフィルと見なしているので、彼は仕事を辞めた。ポップミュージックを聞くのをやめ、サッカーの観戦もしなくなった。「ジハード戦士について、ひとつだけたしかなことがあります。それは、異質なものをいっさいゆるさないことです」と彼は真剣な面持ちで言った。

彼は二〇〇二年にバリで起きた爆破事件の首謀者のひとりが率いる、ジェマー・イスラミアの支援組織に入り、軍事訓練を始めた。「一年のあいだにサラフィー主義者からジハード戦士になりました」彼はまるで厳しいフィットネスプログラムのスローガンを口にするように言った。彼はアメリカ同時多発テロ事件によりツインタワーが破壊されたときの映像を見ながら、微笑んでいたことを覚えている。「アルカイダはわたしたちテロ組織の理想像でした」と言った。

＊＊

二〇一〇年に警察がユディとザキの組織のメンバーを大量に逮捕し、彼らは全員五年の懲役を言い渡された。釈放される日が近くなったころ、ユディはＩＳという新しい組織の名前を耳にするようになった。当初はほかの受刑者たちのように、彼も支援を表明しようかと軽く考えていた。しかしそれからすぐに刑務所内でＩＳ支援者とアルカイダ支援者の勢力争いを目にすることになった。ＩＳ支援者のほうが辛辣だった。彼らは少しでも看守に協力したものをカーフィルと見なした。仮釈放の交渉をしたり、夫婦面会で妻が来るときに、生物学的欲求を満たすための特別室の利用を申し出たりしただけでも、カーフィル扱いをされた。ユディいわく、彼らは監房をできるだけ不潔にし、看守が入ってこられないようにした。看守をなかに入れないことによって――どれほど汚くても――カーフィルから汚されずに「純粋」でいられると信じていた。かつては公務員として働いていたユディは交代で監房を掃除することを看守に提案した。それによって、彼はカーフィルというレッテルを貼られた。そしてユディは、「もう、うんざりだ」と思った。

二〇一四年にイスラム国がカリフ制国家樹立を宣言し、ジハード主義者の受刑者たちのあいだに大きな混乱が持ちあがった。このイスラム国を支援していいのだろうか？　携帯電話でISの様子を見ながら、ユディは彼らが「残虐性」を薄っぺらいベニヤ板のような偽りの信仰で隠しているだけの組織だと結論した。「彼らは人の首をはねます。溺れさせたり、火をつけたりするのです。彼らの暴力とは、単なる暴力ではなく、野蛮です」と彼は言った。

ユディは模範囚となり、政府主導の脱急進化プログラムにも参加した。政府は彼の世界観を変えることに成功したかと尋ねると、彼は笑顔を見せた。「インドネシア政府には、脱急進化について明確な定義がないのです」と彼は言った。

わたしはうなずいた。そして服役中にコーランの教えについて深く考えたおかげで、彼の世界観が変わったと言いだすはずだと思っていた。

「わたしを変えたのは」そう言って、彼は次の言葉を続けた。「アルカイダの著作物です」

刑務所内でも簡単に手に入るのだと、サムスンの携帯電話を見せながら彼は言った。彼の刑期は、アルカイダが競争相手のISに比べて暴力行為を軽減しようとした時期と重なっていた。イスラム国の組織的活動が順調に成功するのを目の当たりにして、アルカイダは変化した。以前にも増してアルカイダというブランドを地元組織に定着させようとした。社会福祉プログラムを開始して人々の心をつかみ、同胞のムスリムを殺害しないように関連組織に助言するようになった。アルカイダの新しい戦略はＩＳに比べてはるかに合理的で、適応性があるとユディには思えた。アルカイダはスンニ派の四大法学派の違いを進んで受け入れ、ＩＳの過激な暴力をイスラムのイメージをけがすとして批判した。「ＩＳに興味を持っていたときには、わたしは不寛容なものの見方をしていました。アルカイダがわたしの心を広げてくれたのです。より自由になったと感じられました」とユディは説明する。

「その話をイラクのシーア派の人間にしてみればいい」とわたしは思った。「またはアルカイダの攻撃対象になった人たちに。アメリカ同時多発テロ事件で大切な人を失った、ブルックリンで暮らす家族に。フランスの週刊風刺新聞『シャルリ・エブド』のスタッフに。あるいはアルカイダの関連組織の攻撃によって殺害されたイエメン人、アルジェリア人、マリ人、パキスタン人に」

ユディが考える「脱急進化」の定義は、明らかにわたしのものとは違う。しかしそれはわたしが読んだ刑務所についての概念、すなわち暴力的過激主義が世界について考え直すための時間と場所を提供するところであるという考えと共鳴する。受刑者は服役中に、社会復帰のきっかけをつかむこともできるし、社会からさらに遠ざかってしまう場合もある。本書の「規則どおりに」という章に登場したミネアポリス在住のティーンエイジャーであるアブドゥラヒ・ユスフは刑期を務めているあいだに、白人至上主義者とチェスをすることで世界観が広がった。暴行と誘拐の罪でイリノイ州の刑務所に服役していた元白人至上主義者のフランク・ミーインクは、刑務所内のフットボールチームで一緒にプレーした黒人のチームメイトのおかげで、人種差別主義を手放せたと感じている。しかし刑務所は反対の作用をもたらす場合もある。同房者が悪い人間だったり、戦場での栄光を思いださせるようなカリスマ的なリクルーターと知りあったりすると、ふたたび暴力的過激主義に染まった自分を発見することになる。
ユディの場合は、刑務所でジハードについての考えを洗練させていた。前線に出て戦う気持ちは捨て去ったが、テロ組織とイデオロギーへの忠誠を理論的には放棄していない。出所後に彼はインドネシア大学大学院の政治学研究科に入学し、インドネシア政府についての考察をさらに深めようとした。彼は語る。「ジハード戦士をただのテロリストと見なす人がいます。インドネシア政府を犯罪者だと見なす人もいます。刑務所でのわたしは、政府は悪で、ジハード戦士は善だと本当に考えていました。しかし出所後に、わたしは客観的に考えてみようと決めました。つまり、ジハード戦士は間違っていて、インドネシア政府は何かしらいいことをしてきたと」

彼は批判的思考ができるようになったのは大学院のおかげだけではないと主張する。「アルカイダが狭量な考え方から抜けだす基礎を作ってくれました」と彼は言う。「以前は、ある組織を気に入ったと思ったら、その自分が常に正しいと感じ、ひとつの情報源からしか知識を得ようとしませんでした。しかしアルカイダは自分の行動を批判的に見直し、多くの人々から学べと教えてくれたのです」。彼の盲目的服従の日々は終わったというわけだ。

「わたしはジハード主義組織にいたときには明らかに、ひどい狂信者でした」と彼は静かに言った。「組織に言われたことは、なんでもしました。今でもわたしは戦争という選択肢があると考えていますが、ジハードへの参加を誘われたら慎重に考えたいと思います。本当に真剣に考えて、『この戦争はなんのためなのか？　戦う相手は誰なのか？　どんな理由からで、その理由は正しいのか？』と自分に問いかける必要があります」。彼は今なおシャリーアによって統治される国家の建設が究極的な目標であると信じている。とはいえ政治学の授業において、それがいかに難しいかを教えられた。「国家建設はたやすいものではありません」と彼は気づいたようだ。「理想だけでは無理で、実現するのは大変です。イスラム国は領土を手に入れるのは成功したかもしれませんが、人を動かす方法が欠落していました。彼らは社会政策に関する知識がありませんでした」

ユディは政治家になりたいという野心があるとわたしに言った。頭がよく、話がうまいので、彼は成功するだろう。彼が権力に興味を持っているのは明らかだ。この日の初めに、ふたりで映画の話をしていたときに、わたしはそう感じた。ユディが好きな映画は『ゴッドファーザー』で、「『ゴッドファーザー』の第一部と二部で、第三部は好きではない」と言った。残酷さによってカリスマ性がひきたつマーロン・ブランドが出ていなければ、この三部作の魅力は半減していたそうだ。ドン・ヴィトー・コルレオーネは「非情だが、貧しい人々を気にかけている」とユディは説明する。「彼は正直な人間です。誰かに傷つけられると報復しますが、単なる極悪人ではないのです」。ヴィトーは『スカーフェイス』の主人公とは違うのだとユディはつけ加える。アル・パチーノが演じたその主人公は「ただのギャングで、まぎれもなく犯罪者です。『ゴッドファーザー』には道徳観と人間性があるのです」

「つまり、あなたが考えるISとアルカイダの違いのように?」とわたしは尋ねた。

「はい。そのとおりです」と彼はうなずいた。

「道徳観と人間性だなんて、ふざけるな」とわたしは心のなかで毒づいた。アルカイダは数年のあいだ、ISの乱暴者たちとは違って親切で、おだやかな組織として、あごひげを生やして威張った男たちというイメージを払拭しながら、カリスマ性を利用して支援者を引きつけようとしていた。[10] しかしわたしが読んだ分析結果によると、彼らは心を入れかえたのではなく、外見が変化しただけである。
テロ対策の分野には大勢の分析官がいて、彼らはジハード戦士たちがあまりにも保守的で、時代遅れの知識しかないので、基本的な原則や政治的な前提を再評価できないと考えている。このような断定の仕方は、時代を超えても変わらないムスリム世界について語るオリエンタリストの言葉と同質のものが感じられる。おそらくこのような分析は過激主義組織の活力を見くびっているのだろう。二〇一〇年に出されたふたりのドイツ人分析官の報告によると、ウサマ・ビンラディンは支援者たちと「ブレインストーミング」を行い、グローバルにネットワークを展開させるにあたって「建設的な批判」を寄せるように呼びかけた。[11]
ユディはアルカイダがロータリークラブに生まれ変わったことに異議を唱えていない。わたしはこの組織が宗派間の分裂や、反西欧の感情、さらには暴力をあおるのをやめたとはにわかに信じられなかった。それはわたしに思いこみがあるからで、アルカイダという言葉を聞いただけで自動的に身がまえ、この組織があり方を変えるという可能性をすぐにはねつけてしまうからだ。ユディには順応性があり、わたしにはなかなか感じられない違いを感知できるということだろうか?

＊＊

ユディは純粋なイスラム教を求めてジハード主義組織に自ら加入したが、ザキは人助けをしたいという思いから、偶然に入ってしまった。

ザキの両親はジャワ島のバンテンで小さな商店を営んでいたにすぎないが、彼は大学に行きたいと考えていた。二〇〇〇年にスラウェシ島中部が地震にみまわれた直後、彼は両親の許可を得て地元のＮＧＯに入り、医薬品や食糧、衣類などを集めて被災したムスリムに配給していた。数カ月ほど経つと、敵対するキリスト教徒とイスラム教徒のあいだで起きている暴力沙汰から守ってほしいと、救援物資を届けた人々から頼まれることが増えてきた。

物資による支援も暴力から守ることも、人助けには変わりがないように思えたので、彼は地元の民兵組織に入り、その後の一〇年間はジェマー・イスラミアやアルカイダを含むさまざまなテロ組織に所属していた。彼はフィリピンで軍事キャンプを立ちあげ、インドネシア政府転覆を狙う兵士たちを養成した。彼はAK－47やAR－15などのライフル銃や、ベレッタなどは扱ったが、爆弾は無実の人がたくさん犠牲になるので使用しなかった。

二〇一〇年に逮捕されると、彼は懲役五年を言い渡された。服役中にコーランを読み、ジハードという言葉の意味を熟考した。彼はジハードとは危険に脅かされているムスリムを守ることだと解釈した。イスラム国が建国されたというニュースに彼の想像力はかきたてられた。ついにイスラム教を普及し、ムスリムを保護するための国ができたのだ！　彼はある友人に電話をかけ、仲間に連絡を取ってISへの加入者を募るように頼んだ。その友人は律儀に頼みを聞き入れ、シリアに行くようにと数人の若者を説得した。

ザキは出所したが、誰も彼を雇用しようとしなかった。しばらくのあいだ彼はムスリム向けの服を作って生計を立てている妻を手伝っていたが、規模の小さい商いだったので人手は不要のように感じられた。知りあいが誰もいない街の、ありふれた集合住宅で生活するほうが、バンテンで昔の仲間たちとのつきあいを復活させるよりも安全だったが、彼は孤独を感じていただけでなく、なんとしても仕事をしたいと思っていた。ジハード主義組織に戻りたくなったのかと質問すると、彼は悲しそうに微笑んだ。「飢えた人間は考えることができないのです」

ＩＳに人を勧誘してしまった罪悪感に彼はさいなまれた。彼は以前にＹＰＰの幹部をしており、今は自らＮＧＯを設立して元ジハード戦士を支援しているデテに会いに行った。そして仲間たちを更生させるために昔の武装組織に戻ることを提案した。「後ろめたく感じるのです」と彼は彼女に言った。「故郷では今も大勢のＩＳ支援者がいて、それはわたしがそそのかしたせいなのです。自分の犯した間違いの責任を取りたいと思います」

彼は以前に参加していたハラカ（勉強会）に戻り、ここで特に焦点をあてられているコーランの箇所をともに読み、今度は彼が「真のコーランや預言者ムハンマドの言行録であるハディースとはなんであるか」を仲間に教えたいので、月に二回通いたいとデテに伝えた。

「そうするには、何が必要なのですか？」とデテが尋ねた。

「移動手段、宿泊場所、食糧、そして教材です」

デテはとりあえず同意して、なんとか資金を集めてくれた。

ＩＳから植えつけられた世界観を手放せるように仲間を誘導するにあたり、彼は当たり障りのないところから始めた。「部屋に入ると、『元気にしてるか？』と言います。長いあいだ会っていませんでしたから」

それから彼はコーランにおいて慈悲と親切な行為がどれほど重要視されているかを話し始める。もしも相手が耳を傾けていれば、彼は節を引用する。それから、みなはシャリーアにもとづいたイスラム教国家の建国という夢を持っているが、現実的な方法で行う必要があるのだと言う。「横暴な方法を取ったら、人は受け入れてくれないだろう」

人の心を変えるのは細心の注意を要する作業で、忍耐強さが必要だと彼は言う。「親切な態度を示さなければなりません。拒否されても友好的な姿勢を崩さずに、相手をそっとしておくのです」。話を受け入れる相手もいれば、敵意を見せるものもいる。「ISは友人たちを二分しました。過激主義者はISの支援者になり、そうでない友人たちはわたしの話を聞きに来ます」と彼は言う。

これは危険な仕事だと彼もデテもわたしに言った。彼が裏切り者と思われる可能性があるからだ。ハラカに戻るのは彼にとって、人をISに勧誘した罪滅ぼしだ。「わたしは友人たちを急進的な世界観を持つように仕向け、そのなかにはシリアに行って、亡くなった人もいることに罪悪感を抱いています。ですから、彼らの過激主義を正す必要があるのです。それはわたしの義務なのです」と彼は語る。

テロリストとは感じる能力が鈍った人間だと言われることが多い。しかし感情が欠如しているどころか、人はしばしば感受性が強いがゆえに暴力的過激主義に惹かれるということをザキはわたしに気づかせてくれた。彼はさまざまな社会科学者の意見を体現している。すなわち暴力的過激主義者への共感はとてつもなく強いものだが、それは排他的な仲間内だけで保有される。[12]

数カ月後にデテは、ザキが倒れたヤシの木やがれきの散乱する野原にいる動画を送ってくれた。彼は「WE CARE」（わたしたちは関心を持っている）というロゴの入ったカーキ色のベストを着て、シーツに包まれた小さな遺体を抱いていた。彼は何百人もの人々が犠牲になった津波のあとにバンテンに戻り、人道支援をしているとデテは言う。この活動は彼が刑務所で一緒だった、元テロリストの受刑者たちが発案し、みなで救援に来たのだ。

イギリスに戻ったわたしは携帯電話でその動画を見ながら、ザキは救援活動の支援者としてとどまれるのか、それとも昔の仲間のもとに戻ってしまうのだろうかと心配になった。刑務所から出所して以降の孤独感と、収入を得る職探しでのつまずきを考えると、ジハード主義組織への復帰に心が傾く可能性も否定できない。彼の支援活動はまたもや過激主義組織への加入へと形を変えるのだろうか？　それは誰にもわからない。アミールやユディのアルカイダへの称賛がさらに危険なものへと変化するか否か、誰にもわからないのと同じである。しかし不確定要素とともに生きるのは、自由で開かれた社会で生きることの代償だ。いや、それ以上のものだとわたしは気づいた。この不確定要素を容認するのは、自由で開かれた社会の「責任」なのだ。人の極悪非道さの裏にある事情を調べもせずに極悪人だと決めつけてしまえば、安全保障という名のもとに人々を無期限に拘束するのと同じく、わたしたちがそのような責任を持つ必要はなくなる。インドネシアはあたかも過激主義組織に対して責任を持つことに取り組んでいるようだ。わたしはそれを不安視するが、その一方で不可欠なことだとも感じている。

＊＊

インドネシアの次に訪問する国として、わたしはパキスタンのビザを申請した。パキスタンはわたしにとって、「あちら側の人」と「テロリスト」の製造と解体について調査するのに完璧な場所になってくれるはずだ。ムスリムが「あちら側の人」だと見なされていたからこそ、この国が誕生したのだ。一九四七年にイギリスの植民地政府はこの亜大陸をインドと、パキスタンすなわちムスリム少数派の国に分割した。近年では核開発と、この数十年にわたる過激主義組織の問題のせいで、アメリカのマスコミと軍の参謀はこぞってパキスタンを「世界でもっとも危険な国」であると繰り返し名指ししている。近隣のアフガニスタンとカシミール地方における戦闘状態のために、パキスタンは常にテロ関連の死者がもっとも多い五カ国のうちのひとつになっている。あまり知られていないが、この国は長年にわたって過激主義組織の問題に取り組んでいるために、元過激主義者たちを社会復帰させる大胆で独創的な方法が編みだされているのだ。

政治的駆け引き《グレート・ゲーム》

タクシーが未舗装の道路をガタガタと進み、牛が湿地の水に浮いた草を食み、少年たちが集まってだらだらとクリケットをしている横を通り過ぎていった。空気には埃と動物のふん、みかんのにおいがまじっている。これはわたしの子供時代を思いださせて安心感を与えてくれるにおいだ。一九七〇年代終わりごろ、ソ連がアフガニスタンに侵攻して戦争が始まる一九七九年の少し前、わたしたち家族はカブールに住んでいた。法学の教授だった父が法務大臣の顧問として一年間この国で働いていたからだ。わたしは子供のころにアジアのいろいろな場所で暮らしており、アフガニスタンはそのひとつだった。父がイスラム文化に傾倒していただけでなく、持続性抑うつ障害をわずらっていたのも海外を転々としていた理由のひとつだった。海外にいるときには、セントルイスで仕事や生活をしているよりもストレスが少なく、病気の症状も出にくかったのだ。

カブールに住んでいた一〇歳のアメリカ人の子供にとって、アフガニスタンと比べてパキスタンはものすごい国際都市に思えた。国務省から派遣された歯科矯正医が二、三カ月に一度イスラマバードに来て、アメリカ人の子供たちの歯の矯正装置を調整し、バザールの店ではキャドベリーのチョコレートが売られていた。わたしたちは感謝祭の週末を過ごすために、カイバル峠を越えてペシャワールに来て、中華料理のレストランで食事をしたり、仏教寺院の仏舎利塔を見学したりした。もっと先のラホールまで行き、イスラム神秘主義《スーフィズム》のモスクで宗教歌謡《カッワーリー》を聞くこともあった。倹約家の父は大聖堂に付属したゲストハウスで宿泊できるように予約していた。これはわたしたちがカトリック教徒だからではなく、単に安かったからだ。朝食には修道女がオートミールを出してくれたが、わたしには乾いた布巾をスプーンですくって食べているように感じられた。食事のあとは埃っぽい並木道を歩いて、近くにある博物館へ行った。ここではかつてラドヤード・キプリングの父親が学芸員をしていた。石や粘土、顔料でできた展示品を見学すると、パキスタンの歴史には文化的、そして宗教的な多様性があるとわかる。

　わたしは二〇代と三〇代のころにジャーナリストとして、何度もパキスタンを訪れた。一九九〇年代にはラホールやカラチに多国籍企業の銀行がきらびやかなオフィスをかまえ、二輪馬車のタンガはすべて車に置きかわってしまった。中産階級はスズキに、富裕層は高級なＳＵＶに乗っていた。グローバル化が始まって市場が開放されると、宗教的および文化的な寛容さがおさえつけられるようになった。一九八〇年代にはジア・ウル・ハク大統領の戒厳令とイスラム化によって国家が成長する可能性が失われ、アフガン紛争の影響で銃やヘロイン、さらには何百万という難民が流入してきた。サウジアラビアは厳格でつまらない解釈をしたワッハーブ派のイスラム教を布教し、シーア派を攻撃の対象にし、スーフィー派のモスクを襲撃しろとスンニ派の民兵組織をたきつけた。キリスト教徒やほかの少数派の宗教の信者たちは、冒瀆法のせいでますます身の危険を感じるようになった。数年のあいだ軍が国の北東部を掌握し、二〇〇七年から二〇〇九年にかけて、タリバンがカイバル・パクトゥンクワ州のスワト渓谷を占領するようになった。現在のパキスタンは世界のなかでテロに関連する死亡者がもっとも多い国のひとつである。[1]

数十年にわたって過激主義組織と政府の関係は不透明だ。カシミール地方をめぐるインドとの対立に乗じて、ジハード主義組織が自由に活動し、パキスタンの安全保障にたずさわる機関から支援を受けている組織もあると考えられている。特にアメリカ同時多発テロ事件以降は西欧諸国からの圧力もあり、首都イスラマバードではジハード主義組織の取り締まりが定期的に行われるようになった。二〇一九年にパキスタンの政府当局者は過激主義組織の弾圧を約束したが、数が多すぎて完全には撲滅できないことを認めたとBBCが報じた。政府の対応策として、脱急進化プログラムや就職先の斡旋だけでなく、BBCが「異様だ」と伝えた「彼らを『準軍事的』組織として活用する」ことも提案された。[2]

過激主義組織が社会に入りこんでいるにもかかわらず——というより、社会に入りこんでいるがゆえに——パキスタンでは元過激主義者の社会復帰について大胆で創造的な実験を行っている。そのひとつが非営利団体のＰＡＩＭＡＮ《パイマン》・アルムニ・トラストだ。この本部はイスラマバードを走る高速道路の高架下に広がる、電線と携帯電話基地局しかない埃っぽい野原にあった。ここに滞在する若い男性の多くは、前に加入していた組織による報復の対象になっているので、この施設には看板がかけられていない。

そのひとりがアーメドという若者で、妹のサルマとともにわたしの取材を受けるためにＰＡＩＭＡＮのオフィスに来てくれた（ふたりの希望により、これらの名前は偽名である）。わたしのジャーナリストとしてのビザには移動制限があり、彼らの家があるペシャワールには行けないので、イスラマバードまで来てくれたのだ。アーメドは眉が太く、あごひげを生やしており、物静かだが激しさを秘めた男性だ。サルマは丸顔で頬が赤く、頭にはピンク色のドゥパッタ（スカーフ）をかけ、揺るぎない自信をたたえていた。ふたりはともに体験談を語ってくれた。

＊＊

二〇一四年のある日、アーメドは街なかで友人のサリームにばったり会った。離れた場所に住んでいる友人たちがお茶を飲みに来るのだと彼は言った。彼らに会ってみないかと言われたアーメドは、暇だったのでその誘いに応じた。アーメドの父が亡くなってからは彼が家長だったので、母親やきょうだいから干渉もされず、どこへ行くのも自由だった。アーメドは三三歳だったが高校しか卒業しておらず、父親も亡くしていたので、なかなか仕事を見つけられなかった。日中はグンジ・マハッラの街なかをぶらぶらしていた。カイバル峠のパキスタン側にあるペシャワールの古い街だ。

サリームの家に初めて行ったときには、単にチャイを飲みながら、パキスタン人が「ハロー・ハイ」と呼ぶとりとめもない話をするだけの集まりだった。ふたりの来訪者は見るからに敬虔なイスラム教徒という風情で、長いあごひげを生やし、白いかぎ針編みの縁なし帽《スカルキャップ》をかぶっていた。その後も数週間にわたって午後になると「ハロー・ハイ」が開かれた。ふたりの男性は心からアーメドに興味を持ったように、彼の友人関係や毎日の行動、近所の商店主たちやモスクへの思いをきいた。ときおり彼らは果物を持ってきた。これは彼へのもてなしだった。なかでも彼をよろこばせたのは、携帯電話だった。しかもバザールで売られているような黒いものではなく、シルバーに輝いてインターネットにも接続できるモデルだった。

ふたりのうち片方のイムランという男がサムスンの携帯電話を見せ、ボタンを押してプレーヤーを動かすとクリケットのゲームができるのだと教えてくれた。そして「やってみなさい」と促した。アーメドはパキスタンのチームを選んで、インドと対戦した。翌日も年上の男たちが話をしているかたわらでアーメドはゲームをした。その次の日も同じだった。友達の家に行き、お茶を飲みながら話をして、携帯電話で二、三回クリケットゲームをするのがアーメドの日課になった。

一カ月ほどすると、イムランはアーメドがたいそう楽しんでいるので、一日か二日くらいその電話を家に持って帰ってもいいと言った。ゲームだけでなく、ワッツアップという四角いグリーンのアイコンをタッチすれば、メッセージや動画も受け取れるのだと教えられた。アーメドが好きそうな動画などあれば、これからいつも送ることにするとイムランは言った。

こうするんだと言って、彼は動画の見方を教えた。アーメドに今から動画を送ると言いながら、ポケットからもうひとつ携帯電話を出して操作した。するとアーメドの電話の着信音がピンと鳴った。「さあ、そこをタッチしてみろ」とイムランは微笑んだ。

すると突然にイラクのモスクでシーア派のムスリムがスンニ派と戦っている凄惨な動画が流れた。その次には、この街から南へくだったバルチスタン州のケッタという街で、シーア派がスンニ派を殺害している動画が映しだされた。

ふたりの男性はアーメドが動画に見入る様子を眺めていた。ひどい話だと彼らは舌打ちした。だがこのような惨事はシーア派がいるところではどこでも起きる。この近所にも大勢いるのだろうと彼らは言った。

アーメドは顔をあげた。携帯電話が手のなかであたたかくなっていた。彼はこれまで、グンジ・マハッラの人々についてそんな見方をしたことがなかった。ここはペシャワールのなかでもっとも古い一角のひとつで、ヒンドゥー教徒、キリスト教徒、イスラム教徒が暮らしていた。狭い路地をはさんで暮らす近隣住民は仲がよく、互いの結婚式や葬儀に参列し、一緒にパキスタンのクリケットチームを応援し、お茶を飲んだり、ときにはピラフを食べたりしていた。

「宗教は異なりますが、わたしたちの文化は同じですから」とアーメドは言った。「ヒンドゥー教の人たちは肉を食べませんが、わたしたちのあいだに大きな違いはありません」。彼が家に帰ると、よく妹が近所に住むシーア派の友達と楽しそうに笑っているのを目にしたり、通りの先にあるその友達の家でお茶をして帰ってきたところに出くわしたりした。スンニ派であろうとシーア派であろうとムスリムであることに変わりない。

ムスリムだって？　イムランは言った。いや、違う、違うぞ！　シーア派はカーフィル、つまり不信心者だ。真のムスリムは彼らといっさいかかわるべきではない。シーア派と食事をするくらいなら、キリスト教徒と一緒のほうがましだ！　彼らと食卓をともにするのは、完全に禁忌《ハラーム》だ（「彼らはヒンドゥー教徒やユダヤ教徒については何も言いませんでした。シーア派についてだけです」とアーメドはあとから気づいた）。

宗教的な教育をあまり受けてこなかったアーメドは、この立派そうなふたりを前にして、漠然と自分を恥ずかしいと思った。今まで彼は真のムスリムであることの意味を学ぼうとはしてこなかった。

ふたりの男性は彼に教えるのがうれしそうだった。それから数週間のあいだアーメドの携帯電話はメッセージの着信音が鼓動するように鳴り続けた。イムランはシーア派がスンニ派を襲う動画をいくつも送りつけた。動画はどれも、真のムスリムが殺されてしまう前にシーア派を殺害する必要があると認識させるものだった。シーア派がカーフィルだと説明するイスラム学者《ムッラー》からの勧告《ファトワ》も送られてきた。さらにはムスリムの女性がシーア派の男性に乱暴された話や、コーランのなかで不信心者の殺害について書かれた箇所の引用も来た。

その暑い夏のあいだずっと、チャイを飲みながらの雑談が続けられ、そのふたりはアーメドに真のムスリムのあり方を説き続けた。信仰とは信じるだけでなく、行動をともなうのだと彼らは説明した。敬虔なムスリムたちを、彼らを殺害しようとするシーア派のような敵から守るのが重要なのだと語った（「彼らはわたしの心にシーア派の人々への憎しみを植えつけたのです」とアーメドはわたしに言った）。

次にアーメドはふたりの叡智を友達に伝え始めた。彼らと近所の店の片隅で会ったり、夜の公園に集まったりして、学んだことを語った。「わたしたちは地域社会のために何かしなければならないと考えました。シーア派がわたしたちの同胞の女性たちにしたことを話していると、あちらの男たちに仕返しするべきだと思えてきました」

これは古くからある論法で、使い古されているが有害であるのは言うまでもない。「あちら側」をでっちあげて、彼らの暴力行為から「われわれ」の女性を守るための義務があると思いこむ。わたしの国では捕食者のような黒人の男性が白人の女性を襲うという作り話が人種差別の土台にある。[3] 南北戦争後の南部では人種差別と異人種間結婚禁止法が合法化されており、これはクー・クラックス・クランによるリンチや大虐殺などのテロ行為の原動力となった。「われわれ」の女性たちを捕食者のような「あちら側」の男たちから守る必要があるという主張は、今日の白人至上主義者の言葉と同調する。オルタナ右翼団体プラウド・ボーイズの創設者は、イギリスのムスリムは「子供を定期的にレイプしている」と主張する。[4] ニュージーランドのクライストチャーチでモスクに通う人々を殺害したテロリストは、ムスリムの移民たちが白人女性をレイプしていると声高に非難した。[5]

＊＊

数カ月にわたって洗脳されたアーメドは、恐ろしい計画を企てていた。この時期を振り返ると、まるで「暗い穴」をのぞきこんでいたようだと彼はわたしに言った。「それ以前はまったく問題ありませんでした。それ以降にはふたたび人間に戻ることができました。しかしその最中は違いました」。新しい友人たちと交わした会話のなかで彼が覚えているのは、シーア派を襲撃して、スンニ派を守る必要があるという確信が募ったということだけだ。「あのふたりの男たちは、下調べをしていたのだと思います」と彼は語る。彼らは将来の見通しはないが、攻撃の計画を立てるだけの知性とカリスマ性のある人物として、彼に狙いをつけたのだ。「わたしはリーダーになれるタイプですから」と彼は当然のように言った。

午前中ずっとかけてアーメドとサルマが話を聞かせてくれるなか、わたしは大学時代に読んだ、一九〇一年にラドヤード・キプリングが英領インドを舞台にして書いた小説『少年キム』（木村政則訳・光文社）のことを考えていた。ティーンエイジャーの主人公キムは貧しいアイルランド人の両親を亡くした孤児だったが、天賦の才に恵まれており、魅力的で賢く、南アジアとイギリス両方の文化を熟知していた。一九世紀にイギリスとロシアがアフガニスタンをめぐって政治的駆け引きを繰り広げていた、グレート・ゲームの時代にラホールの路上で育ったキムは、イギリスのスパイとして採用された。その任務で彼はヨーロッパ人である自分とインド人である自分を切りかえながら、大幹道を旅することになった。

アーメドがサムスンの携帯電話でクリケットのゲームをしながら過激主義組織に勧誘されたように、キムはイギリスに仕えるためにあるゲームをとおして訓練された。それは「宝石ゲーム」といい、イギリスの諜報員がトレーの上に宝石をばらまき、少ししてからそのトレーを布などでおおう。そしてキムがいくつ宝石のあった場所を言えるかテストするのだ（今日では「キムス・ゲーム」と呼ばれ、学校やボーイスカウト、アメリカの狙撃手たちが記憶力を鍛えるために行っている）。キムはアジアの覇権を争う帝国主義のために働かされたあと、心が折れてしまう。「まるでキックボールのようにあちらこちらへ行く」とキプリングの主人公は言う。「この世界は広いが、ぼくはキムでしかない。キムとは誰なのだ？」[6]

アーメドが「暗い穴」と言うのを耳にして、わたしは神経が衰弱したキムを思いだしたのだ。いったい何人の人々が、イギリスの帝国主義ゲームのために勧誘されたのだろう。そして今ではどれくらいの人が、新たな大国による多国籍ゲームに引き入れられているのか。本当の自分を放棄して組織の集団的な性格に染まり、外国への侵略者や、国内の民兵になっている人々は何人くらい存在するのだろう？　侵略に抵抗したり、あるいはそこから利益を得たりしている過激主義組織の人々はどれくらいいるだろう？

＊＊

アーメドが初めてそのふたりの男性と会ってから三カ月ほど経ったある夏の日、彼はサリームの家で、携帯電話のクリケットゲームをしていた。イムランとサリーム、そしてもうひとりは部屋の片隅に集まって、小声で話をしている。アーメドは仲間に入れてもらえないことに傷つき、心ここにあらずという様子でゲームをしていた。ついに彼は電話を放りだして、三人のほうへ行った。「ねえ、ぼくも友達じゃないか。さっきから何を話しているんだ？　教えてくれよ」と彼は言った。

イムランとほかのふたりは視線を交わし、ためらっているようだった。

「いいじゃないか、ぼくを信用してくれよ」アーメドはせがんだ。

長い沈黙のあと、ゆっくりとイムランが口を開いた。「わかったよ」と彼は言った。実は彼らがイスラム教を守るために、アーメドの助けが必要になるかもしれない。ムスリムのために敵討ちをする日が近づいているからだ。正しい行いをするために、そしてカーフィルによって流されたすべての血のために復讐する。ひとりやふたりのシーア派野郎を苦しめるのではなく、もっと大勢を攻撃する。不信心者の殺害について述べているファトワやコーランのスーラを覚えているだろう？　あと二カ月ほどでイスラム暦のいちばん目《ムハッラム》の月が来て、グンジ・マハッラでもシーア派が行列を作って街を練り歩く。このときがチャンスになるはずだ。

イスラム暦で神聖な月であるムハッラムのときはいつも、シーア派のムスリムはフセインの殉教について語る。フセインは預言者ムハンマドの孫で、シーア派の人々は彼こそがイスラム共同体の正統な指導者だと考えている。フセインはいちばん目の月の一〇日に、スンニ派の指導者の軍隊によって殺害された。国内あるいは海外の組織によって宗派の分断があおられている地域社会では、この月に行われるフセインの死を弔う行事が緊張のはけ口にされることがある。

アーメドには才覚があるとイムランは言った。きみなら敬虔かつ勇敢なムスリムの友人たちを集められるだろう？

＊＊

「わたしはごく普通の女性で、毎日同じ生活をしています」アーメドの妹サルマがわたしに言った。あの恐ろしい日は五年前の出来事だった。「わたしは特別なことをしようなどと、一度も考えたことがありません」。彼女がイスラム暦のムハッラムに成し遂げたことは、静かな自信をたたえる一因となっているはずだとわたしは思う。彼女は三二歳で、アーメドより六歳下だ。そのため彼女はよきパシュトゥーン人の妹として、兄の意見にずっとしたがってきた。しかし兄が新しい携帯電話を家に持って帰ってきて以降、彼女は彼の性格が変化しているのに気づき始めた。

そのひとつは彼の機嫌がいつも悪く、眉間にしわを寄せて目を細め、頬の筋肉を緊張させていたことだったと彼女は覚えている。もじゃもじゃのあごひげは似合っていなかった。さらには近所の人々を悪く言うようになった。ある日、彼女が窓から顔を出して、通りにいる友達と一緒に揚げたピーナッツ菓子を食べていると、アーメドが部屋に入ってきてひと目見るやいなや、彼女に別の部屋へ行くように命じた。「あいつらとつきあうな」と彼は言った。あいつらはシーア派で、ムスリムではなく、うちの家庭では誰もカーフィルとつきあってはならないと言い放った。

「そのときは兄の言うことを真剣にとらえていませんでした。彼女たちとは長年、悲しみもよろこびもともに分かちあってきたのです」と彼女は当時について語ってくれた。しかし彼が近所のシーア派の家族の住所を言ってのけると、彼女はいよいよ心配になった。「兄は暗記していたのです。『この家、あの家、この色の門の家、あの色の門の家にはいっさい近づくな』と言いました。まるで近所を調査してきたようでした」

サルマは過激主義に傾倒し始めた人の兆候を知っていた。なぜなら彼女はPAIMANが組織した地域のネットワークで、パシュトゥー語で「一緒」という意味のトナラのメンバーだからだ。トナラは女性たちが集まって参政権から家庭内暴力にいたるまで、さまざまな近所の問題を話しあう組織だ。さらに彼女はＰＡＩＭＡＮが主催するワークショップにも参加し、人が過激主義に染まりかけたときに、どのような変化を示すかを学んでいた。たとえば攻撃的になる、不機嫌になる、注意散漫になる、偏狭な発言が増えるなどだ。サルマは控えめで、内気な性格だったので、ワークショップでは特に講師の印象に残ることもなかった。しかし彼女は地元に戻ると一変して、活動的だった。女性たちを集めて、息子や兄弟たちの態度に悪い変化が現れたらどう対処するか教え始めたのだ。「自分の家で、家族のひとりが変わっていくのを目の当たりにして、わたしは行動を起こす必要があると思いました」と彼女は言った。

ある日、彼女は兄が電話をしながら、「ムハッラムの七日」とささやいているのを立ち聞きした。このとき彼女はシーア派の友達に事情を話すことにした。彼女はトナラのメンバーを緊急招集した。スンニ派五人、シーア派六人から成るメンバーは彼女の話を聞いて危険を感じた。詳細はわからなかったが、彼女の兄が男性たちの参加するムハッラムの行事に対して何かを企んでいるのだと考えた。家族に注意を促すように、彼女はシーア派の女性たちに言った。

恐怖に怯えた女性たちはすぐに家に帰り、夫や兄弟に忠告した。数日のあいだに、シーア派の男性たちがスンニ派の攻撃から家族を守るために団結しているとサルマは耳にした。突然に「手がつけられない状態になってしまったようでした」とサルマはわたしに言った。地域の問題についての話しあいだったのが、男性ホルモンにあおられた地域紛争へと姿を変えつつあった。さらに、リクルーターたちが植えつけていたほかの宗派への疑念が男性のあいだだけではなく、サルマや彼女の友達の耳にも入るようになっていた。突如としてシーア派の近隣住民を怖いと思い始めた彼女は、「過激主義者の思想が兄だけではなく、自分にも影響をおよぼし始めている」と感じていた。

　彼女はPAIMANの事務局長であるモサラト・カディームに電話をかけ、ふたりは計画を練った。サルマには危険度が高かったが、地元がスンニ派とシーア派の戦闘地域になるのを防ぐためなら、試みる価値はあった。危険度が高いとわかっていたからこそ、「行動する勇気が出た」とサルマは言った。彼女たちはこの計画を近隣のスンニ派モスクのイマームに打ち明け、彼の支援を取りつけた。

＊＊

　PAIMANを設立するまで、カディームはペシャワール大学で政治学とジェンダー論を教えていた。彼女はアーメドのリクルーターのような男性たちがカイバル・パクトゥンクワ州の過激主義を扇動する元凶だと考えている。パキスタンはずっと貧困にさいなまれており、親は子育てにまで手がまわらないために、見過ごされてきた子供や、教育を受けられず、仕事も見つからない人々がいる。この二、三〇年における変化は、リクルーターという存在が現れたことだ。彼らは「強力で戦略に長けた扇動者」としてあらゆる場所に出向き、貧しく、仕事も見つからずに退屈している人々を利用するために、訓練するのだと彼女は言う。「彼らを送りこんだものは、その地域を侵略しようとしているのです。そしてわたしたちパキスタン人は、彼らにそうする機会を与えてしまっているのです。なぜなら社会格差があり、政治力が弱く、教育や人が活躍する場も整っていないからです」と彼女は説明する。

　リクルーターが暗躍するのをゆるした責任――もっと言えば、過失――が個人、あるいは地域だけでなく、パキスタンという社会全体にあるとカディームが考えているのに驚いた。テロリズムを阻止する方法のひとつは、地域社会の絆を強めることだと彼女は信じている。そうした信念から彼女はＰＡＩＭＡＮのなかでトナラという組織を立ちあげたのだ。トナラは有権者登録から道路の安全対策までさまざまな地域の問題を解決するための組織で、パキスタン北部の小さな村々に展開している。トナラの女性たちは地域のなかで過激主義組織の活動につながり得るあらゆるシグナルを察知するように訓練されている。「地域の安全について知りたければ、女性にきくべきだ。警察ではない」と彼女は信じている。

この訓練のおかげで、サルマは兄の機嫌が悪くなり、ズボンの丈が短くなったという兆候に気づけた。トナラのメンバーのなかには、近隣の家に起こった変化を見つけた女性もいる。ふたり暮らしの家庭なのに、干されている洗濯物の量が異様に増えていたのだ。台所のなかをのぞいて、レストランを開業できるほどの食器が積まれているのを目にした彼女は警察に通報した。その家を強制捜索すると、地下室に隠されていた自爆テロ犯用のベストや武器が発見された。別の村では、トナラのメンバーが近所の家を訪ねたところ、女性たちが集まって自爆ベストをミシンで縫っているところに出くわした。過激主義組織の支援者である裁縫師の女性から一着五〇〇ルピアの賃金をもらって、彼女たちは働いていたのだ。一カ月ほどの時間と、少しの費用をかけて、ＰＡＩＭＡＮはその女性たちに新しい技術を身につけさせ、新規の顧客を見つけてやった。リクルーターをしていた裁縫師は徐々に孤立して、最終的には村から出ていった。

西欧の批評家たちはこのような近隣住民による介入を、地元に密告者を送りこんで内通させる秘密警察《シュタージ》のようになる可能性があると指摘した。テロ対策の専門家会議や国連、ロンドン・スクール・オブ・エコノミクスなどで講演してきたカディームは、そのような懸念こそが、草の根から予防戦略を展開する必要性を示していると言う。上意下達の戦略では、対象となった組織の孤立を招く危険性がある。イギリスのテロリスト対策プリベント・プログラムやアメリカの暴力的過激主義対策はどちらも、ムスリム社会に疑念をもたらす結果となった。「政府が練った戦略では、火に油をそそぐようなものです。それは監視であって、予防ではありません。地域社会に善意の輪をはぐくむのではなく、容疑者を塀の外へ追いやるのです。そうすると彼らは疑われていると感じるだけで、支援されているとは思いません」

カイバル・パクトゥンクワ州で過激主義組織と地域社会が密接にからみあっているのを目にしてきた彼女は、過激主義組織が民主主義を受け入れられなくなっていると考える指導者たちを酷評する。「こうした机上の空論にはうんざりです。彼らは『タリバンなどと話はできない』と言います。ですが、わたしたちは彼らのすぐ近くで暮らしているのです！　彼らと交流し、折り合いをつけなければならないのです！」と彼女は不快感を示す。「人に知性を与えるのは経験です。未知のものとの出会いです。カイバル・パクトゥンクワ州には、わたしたちの知らないものが存在するのです。それはわたしたちのすぐそばで暮らしています。そんな『わたしたち』こそが解決策を構築してきたのです。『わたしたち』こそが世界に対して、暴力的過激主義とは何かを教えることができるのです」

＊＊

ムハッラムの七日は一〇月だった。朝に降った雨のせいで、通りの埃っぽさはましになっていた。アーメドは朝早く起きた。襲撃現場から逃げるには胃が軽いほうがいいと思い、朝食はとらなかった。このような節制すら高揚感を刺激し、重大なミッションを遂行する映画の主人公になったような気がした。鼓動を高鳴らせながら、二日前にサリームの家でリクルーターたちと立てた計画の手順をもう一度たどった。

アーメドはバザールで拳銃を買ってはどうかと提案したが、彼らはナイフのほうが疑いを招きにくいと言った。そこでカーフィルたちがケッタの街でスンニ派を襲撃したときに使っていたような、肉切り包丁を使うことにした。アーメドと友人たちはすべて終えると、サリームの家に集合すると決めてあった。リクルーターが安全な場所へ送ると約束してくれていた。

朝のあいだにアーメドは近所をまわって、研ぎ澄ました包丁を一人の仲間に配った。彼はシャツの袖にナイフを隠すように指示し、左利きの場合には各自で調整させた。全員が刃先を上に、持ち手を下に向けてナイフを仕こみ、手で握れるようにしていた。アーメドは余計な注意を引かないために、仲間を三、四人ずつのグループに分けた。「今やらなければ次はない。しっかりやろう」と彼は言った。

グンジ・マハッラの大通りでは、何百人ものシーア派の男性たちが集まっていた。黒い服に身を包み、旗やのぼりを手に持ち、北の地区からやってくる同胞と合流して、行進が始まるのを待っている。アーメドと仲間たちは中心部まで進み、人ごみのなかに散った。襲撃のあとにどうするかは打ち合わせていなかったが、アーメドの行動にしたがうとみな考えていた。もしも屋根の上に警察の狙撃手の姿を認めた場合には、彼が中止を呼びかけることになっていた。

行進が始まるのを待つあいだ、アーメドはまわりにいるシーア派の人々を見ながら、誰を刺そうかと考えていた。「いちばん嫌いな外見のやつを襲おうと思っていました。怒りを燃え立たせていたので、敵の姿しか視界に入っていませんでした」とアーメドは言った。

＊＊

サルマと友人たちも、この日に備えていた。彼女たちは頭から全身をおおう黒い伝統衣装のチャドル（マント）を着た。これはムハッラムの行事のときに女性が身につけるものだった。そして普段出かけるときと同じように顔を隠した。伝統に反して、彼女たちは男性だけの行進に加わろうとしていた。少なくともチャドルを着ているのでガイラート、すなわち名誉は守ることができる。出発の前に、五人のスンニ派の女性たちは通りの片側で、シーア派の六人にはその反対側で、行列をはさんで立つようにサルマは指示した。「家族の姿を認めたら、チャドルを外して顔を見せるのよ」と彼女は言った。女性の慎みを重んじる慣習を破り、男性の親族たちを驚かせるという計画だった。ショックを与えれば、襲撃を阻止できると考えたのだ。

女性たちが位置についてからすぐに、サルマは兄が三メートルほど離れたところにいるのを見つけた。チャドルを頭から滑らせて顔を出すと、まっすぐに兄の目を見た。「兄がどうするかまったくわかりませんでした」とサルマは言った。「兄に撃たれるかもしれない、少なくとも殴られると思いました。しかしそうなったとしても、何百人もの人々の命を救うことができるのです」

アーメドは驚きが大きすぎて、何もできなかった。「まるですべてが止まったようでした。思考と心が混乱していました。すべてが視界から消え、目に入るのは妹の姿だけでした。人ごみは消失し、通りが閑散としたように思えたのです」とアーメドは言った。このショックは、リクルーターたちが数カ月にわたって慎重に彼の心に流しこんだ毒を解毒する作用があった。彼は凍りついた。友人の母親や、別の友人の姉たちも一緒にいるこの場では、妹を殴れないとわかっていた。「わたしは彼女たちとともに育ったのです。彼女たちを殴ったり、サルマを殴っているのを見られたりするなんて、想像すらできません」と彼は説明した。

その場に立ちつくすアーメドをよそに、行進は厳粛に始まった。参加者が旗やのぼりを掲げながら、歩きだすのを待ちかまえるなかで、彼は「その日に行ったなかで、唯一のよきこと」をした。彼は頭を左右に振って、仲間の一一人に計画の中止を知らせたのだ。何か危険が迫っているのだと推察し、彼らは指示にしたがった。

それと同時にアーメドはミッションを遂行できなかったことに憤った。サルマが彼を家に連れて帰ると、彼は怒鳴りながら、居間で本や食器を投げ散らかした。彼女は水の入ったグラスを渡し、腰をおろすように言った。彼は家から飛びだし、通りを走ってサリームの家に行った。ドアを叩いたが、誰も出てこなかった。少ししてからふたたび行ってみたが、リクルーターたちとサリームの姿はなかった。彼らはどこかへ行ってしまったのだ。それから三日間、彼はサルマとは口をきこうとしなかった。彼女は彼の怒りに耐え、サムスンの携帯電話を隠した。彼女は兄に暴力を禁じ、信仰が異なる人々との和を大切にするのだと説いているコーランのスーラを見せようとした。だが兄は見ようともしなかった。そんななか、彼女はトラナの男性メンバーふたりに、イスラマバードで過激主義者の更生を行っているＰＡＩＭＡＮの施設へ、アーメドを連れていってくれるように頼んだ。

のちにアーメドはあの襲撃計画は、もとから自殺的な作戦だったのだと理解した。もしも彼と仲間たちが殺傷を始めていたら、おそらく四〇〇人はいたであろうシーア派の男たちに囲まれ、通りから脱出できず、生きては帰れなかっただろう。「もしも止められていなかったら、今ここに座っていませんでした」

サルマとスンニ派の友人たちは、計画の詳細を今日まで秘密にしてきた。この計画のおかげでアーメドは命拾いした。「友人とその家族が知っているだけで、彼女たちも口外していません」と彼女は言った。地域社会の平和を維持し続けるには、襲撃計画について知られないようにするのが唯一の道だと彼女は理解していた。「通りの反対側にいたシーア派の女性たちも、兄たちが何を計画していたか知らされていませんでした。もしもシーア派の人々が気づいていたら、本当に暴力沙汰になっていたはずです」と彼女は説明した。

チャドルをずらして顔を見せることで、サルマは暴力的過激主義者に自分の内にある人間らしさを思いださせるという、PAIMANが更生において大切にしている信条を実践したのだ。リクルーターは狙いをつけた相手の尊厳とアイデンティティーを失わせることによって、政治的な目的のために暴力を行使するよう駆り立てるのだとカディームは言う。「個人のアイデンティティーが組織のアイデンティティーに組みこまれてしまうのです。リクルーターたちは人を何も書かれていない石板に変えて、そこへ彼らが望むことを書きこむのです」。イムランと出会うまでは、目標を持っていなかったものの、きわめて普通の人間だったとアーメドは言う。彼は洗脳されていた半年間を「暗い穴」をのぞきこんでいたようだと表現した。その「暗い穴」にはまりこむとは、リクルーターが用意した組織のアイデンティティーに同化することだ。スンニ派であることはそのアイデンティティーのひとつだが、それよりもここで強調すべきアイデンティティーは彼が一二人の過激主義のギャングのひとりだということだろう。

わたしは文芸フェスティバルで一度だけムハンマド・ハニフの講演を聞いたことがある。彼は生まれ故郷パキスタンについてすばらしい洞察をしている作家だ。一九四七年のインド・パキスタン分離独立の時期に、新しく引かれたインドとパキスタンの国境付近で多数のレイプがあったと彼は言った。ヒンドゥー教徒がムスリムを、ムスリムがヒンドゥー教徒をレイプした。男性たちは親族の女性たちに、家の井戸に飛びこめと言った。そうすれば彼女たちの命は失われても、家族の名誉は守られるからだ。しかしハニフの先祖たちはその命令を拒否した。屈辱感を抱えながら黙って命を断つよりも、生きるほうに賭け、犠牲者として社会に葬られるのではなく、危険を恐れずに抵抗するほうを選んだのだ。ハニフは言った。「パキスタンの歴史は、井戸に飛びこむのを拒否した女性たちによって作られたのです」[7]

あの日のサルマと、彼女とともに行進に参加した近所の友人たちは、わたしに井戸に飛びこむ運命を拒否した女性たちを思いださせた。インド・パキスタン分離独立の時期に、沈黙して名誉を守るという社会規範を拒否した女性たちのように、社会に勇敢に立ち向かった。彼女たちは逆上した男性たちが地域社会を破壊するのを拒否した。怯え、怒りに燃えた男性たちが懸命になって引いた砂の上の線を、彼女たちが足でこすって消したのだ。

**

シャフカト・メフムードは元准将の退役軍人で、二〇〇四年にＰＡＩＭＡＮ《パイマン》・アルムニ・トラストを設立した。濃い口ひげをたくわえた彼は快活で自信にあふれ、パキスタン軍の将校クラスに特有のフォーマルな英語を話す。現役最後の駐屯地だったバルチスタン州のケッタで、彼は貧困がまさに過激主義組織の勧誘材料になっているのを目の当たりにした。退役するときに軍から大きな家を支給されたので、彼はそれを売って、非営利団体を立ちあげる資金にした。

アルカイダやアルシャバブ、ボコハラムが新人兵士を勧誘する手口を調査して、メフムードとスタッフは独自の更生プログラムを構築した。最初は試行錯誤だった。西欧諸国のプログラムには試行錯誤できるだけの余裕はないが、社会の安全保障が危機に瀕し、テロリズムへの脅威が増大していたパキスタンではそれがゆるされた。「西欧諸国では、融通のきかない、いわば失敗ゼロ症候群のなかで生活しているようなものです」と元准将は言う。ヨーロッパやアメリカでは、安全保障上の問題から慎重にプログラムが策定されるので、新たな事実が出てきたときに容易に調整できない。しかしパキスタンでは安全保障に対する脅威が複雑であるにもかかわらず、それに取り組む要員がとても少ないので、結果的に有効性をはかる実験ができることになる。「わたしたちはたくさんの失敗を重ねてきました」と彼は明るく認めている。

PAIMANはそうした失敗から、さらには更生しに来た若者たちからも学んできた。彼らは「平和」という言葉は過激主義者が疑いを募らせるので、使ってはいけないと教えてくれた。「彼らはあなたがCIAやMI6から雇われたスパイなのではないかと思います」。アフガニスタンとパキスタンの国境付近出身の若者たちは、西欧の指導者や政府の要人がジュネーヴのきらびやかな部屋や、バグラム空軍基地のヘリコプター駐機場で平和についてだらだらと話すのを聞くのにうんざりしている。数十年におよぶ戦争状態のせいで、その言葉の価値は損なわれていた。「テロリスト」、「自爆ベスト」、「急進化」といった言葉も同様で、PAIMANでは避けるようにしている。「平和」の代わりに、メフムードとスタッフは「社会の調和」や、「愛」という言葉さえも使っている。

このような話を聞くとは思ってもみなかった。彼は屈強な男たちと怒声が飛び交う軍隊の文化に浸ってきた幹部クラスの軍人だった。パキスタンは男性的な強さが好まれるようで、ハンサムな元クリケット選手から政治家に転身した男性が現在の大統領で、環状交差点の真ん中には核ミサイルの像が立っている。

それにもかかわらずこのメフムードは感情と、話を語ることの力を激賞する。PAIMANでは階上にある、ドーム型の天井に鏡のタイルでモザイクの花模様があしらわれた部屋を、話を語るための専用の場所にしていた。この元准将は若者に自分の話を語らせる――少なくとも自分には語る話があるのだと気づかせる――ことが更生を進める力になると信じている。PAIMANにやってくる過激主義者たちの多くは、家庭や地域社会のなかで無視されていると感じてきた。彼らは抱き締められたり、誕生日を祝ってもらったりした経験がない。「わたしたちは彼らと一緒に腰をおろします。彼らの両親は子供たちとゆっくり座っていたことがありません。わたしたちは彼らに『きみは誰なんだ?』と繰り返しきくのです。そして『自分のなかを見つめてごらん。そして、自分が何者かを語るんだ』と促します」

若者に自分の話を語らせるには夜がいちばんいい。「これは世界中どこでも同じです。刑務所や兵舎ではラッパの合図が聞こえた瞬間に、急いで行動しなければなりません。そして夜が来ると、夢を見始めます」とメフムードは言う。PAIMANの寮では、夜になるとメフムードが過激主義組織の若者たちと一緒に床に座り、カードゲームをしながら、彼らがリラックスするのを待つ。そして何気ない口調で話しかける。「ところで、どうして銃を手にするようになったんだ?」。夜が更けるにつれて心もほぐれ、彼らは重い口を開く。一週間もすると、「彼らはわたしをお父さん《ババ》と呼ぶようになります」とメフムードは言う。

彼は長い話しあいが終わった直後に撮られた写真を見せてくれた。そこには彼と三人の男性が写っている。三人とも濃いあごひげを生やし、屈強な体つきだ。そのうちふたりは机に顔を伏せて泣いているようだ。もうひとりはメフムードに抱きついて、彼の肩に顔をうずめている。パシュトゥーン人の男性はあいさつするときによく抱きあうが、この写真の場合にはもっと深い意味があったとメフムードは言う。「今の自分が、内なる自分が望むあり方と乖離していたことを自覚できたときには、抱き締める腕の力が全然違うのです。抱きあってみればすぐにわかります」

目の端に涙をにじませながら、メフムードは咳払いをすると、パソコンのキーボードを叩いて、さらに写真を見せてくれた。次は元過激主義者たちがパキスタン北部の松が繁る森林で野外トレーニングをしているものだった。あごひげが濃く、だぶだぶのズボンをはいてタリバン特有の外見をした四人が、木のあいだに張ったロープの上に立っているところを、白スカルキャップをかぶった三人が下から支えていた。別の写真では元過激主義者の男性たちが、列になって踊りながら笑っている。

さらにPAIMANが何度も開催している「双方向の街頭演劇」の写真もあった。元過激主義者たちが拡声器とのぼりを持って村へ出向き、社会問題を題材にした寸劇を演じるのだ。家庭内暴力がテーマのときには、自分たちで女性の役をする。劇が終わると、彼らは観客と話をして、ときにはタブーだと考えられているような内容も村人に語ってもらうことがある。

「彼らに殺されてしまうと思うこともあるでしょう。とても危険な男たちだ。きわめて危険なのだと見なされていますから。しかしこうした活動をとおして、彼らの心が開かれるのです。彼らも人生を楽しみ始めるのです」とメフムードは説明する。このような機会がなければ、「彼らは武器を手にして片隅に座り、誰を殺そうかと考えたことでしょう！　カーフィルは誰で、そうでないのは誰かと決めつけながら！」

過剰な男らしさは野放しにしておくと危険で、崩壊すると手がつけられない。元准将はその特質——力強さ、決断力、家父長的姿勢——をよい目的に使えるようにするために取り組んでいる。過激主義組織を抜けたあとの男たちには、何かをやらせて忙しくさせておくことが必要だと気づき、メフムードは彼らを故郷の村に帰らせて社会奉仕をさせている。彼らをテロ組織に走らせた原動力を、地域社会で信用を確立するために利用したいと考えている。「誰かの娘さんが結婚するときには、その家に行きなさい。そして、こう言うのだ。『娘さんが結婚されると聞きました。何かお手伝いしましょうか？』。そしてもしも誰かが亡くなったら、そのお宅に行って、『墓穴を掘るのを手伝いましょうか？　それとも参列者が墓地まで行くときに、みなさんの足元を明かりで照らしましょうか？』と手伝いを申し出るのだ」と彼は促す。

メフムードは脱急進化に関する学術的な理論には懐疑的だ。「研究者たちは急進化する理由を何百と並べ立てることができます。脱急進化の方策も書けるでしょう。しかし彼らの目から涙がこぼれるのを目にしなければ、ボディーランゲージが変化するのを……」と言って、彼は胸を指さした。

＊＊

メフムードが働きかけるのは心だ。アーメドがＰＡＩＭＡＮに着くと、メフムードは夕食をとるために彼をレストランに連れだし、それからイスラマバードのファイサル・モスクに行って礼拝をした。「あの人はモスクで、携帯電話を貸してくれました。そして『自撮りすればいい。自撮りは、知っているよな？』と言ったのです」。それからの一〇日間、メフムードはアーメドと何時間も一緒に過ごし、過激主義組織やイデオロギー、暴力についてはは触れないようにしながら、ペシャワールの家庭について質問するはずだった。だがそうする代わりに彼はアーメドに好きな色をきき、バザールでジーンズを買ってやった。

その後の数週間、アーメドはリーダーシップについて学ぶワークショップに参加したり、アートスタジオでスクリーン印刷を習ったりした。イマームの講義では預言者ムハンマドが、キリスト教徒やユダヤ教徒が相手であっても互いに尊重しあう大切さを説いたという話に感銘を受けた。「コーランでは、隣人を守り、尊敬するという考えがとても大切にされています。そしてその隣人がムスリムでなければならないとは、どこにも記されていないのです」とアーメドは言う。

それからアーメドは学位を取り、今では看板の印刷をする仕事について、文房具やバザールの店舗の看板をデザインしている。サルマのように、彼もトラナの組織を率いている。そのメンバーのなかにはグンジ・マハッラの通りでの襲撃計画に参加していた六人も入っている。PAIMANは生まれ変わらせてくれたとアーメドは言う。今の彼は三八歳だが、「まるで五歳の子供のように感じている」そうだ。

アーメドはPAIMANを新たな人生を開いてくれる場所だと考えており、それはメフムードも同じだった。「率直に言いますが、軍人だったわたしは人間ではありませんでした。兵士なら誰でも、目的を最優先にします。わたしは軍にいた三三年間よりも、退役してからの最初の三年間でより多くを学びました。わたしの人間としての人生は、そこから始まったのです」と元准将は言った。

PAIMANで出会った人々はすべて、恐怖ではなく、地元社会への責任感を原動力としているようだ。リクルーターからシーア派への嫌悪感を植えつけられたことで、かつてのアーメドの責任感はゆがんでいた。サルマと近隣の友人たちは地域への責任感から、女性としての慎みを重んじる慣習を破るという決意をした。過激主義組織と隣りあわせでいるには危険がともなう。サルマのように彼らが生活の場に浸透している場合も、ケッタでのメフムードのように彼らを相手にして戦っている場合も変わりはない。融通のきかない「ゼロ・リスク」という文化はこの国では望めないのだ。

パキスタンの新聞を読むと、自国で攻撃が頻発する原因は外国人、たとえばアフガニスタン人、サウジアラビア人、インド人、アメリカ人にある、あるいは貧しい人々や狂信者のせいだと強い声で非難している記事に出会う。しかしわたしがＰＡＩＭＡＮで出会った人々には、攻撃の脅威がよくわからない「あちら側」から来ると言って片づけるような余裕はない。カイバル・パクトゥンクワ州において、過激主義組織に加入する人々は近所の人々や親族、友人なのだ。女性を集めて自爆ベストを作らせていた裁縫師は、支援している先を彼女たちに知られて地域社会から締めだされたが、正体不明の外国人ではない。

ひと針ずつ刺繍をするように骨が折れるが、ＰＡＩＭＡＮのテロ対策戦略では日常のささいなことに注意を払う。たとえば、兄の機嫌が悪くなった、見慣れない洗濯物が干されるようになった、縫っているベストに不自然なほどたくさんポケットがついているなどだ。家や集落でテロ活動の兆候が見つかったら、テロリストが入りこんでいる確率が高い。テロリストが近くにいると、対応があいまいになる。急進化した兄の行動は憎んでも、本人を愛し続けたり、元過激主義者の隣人と変わらずに近所づきあいをしたりするものだ。

このようなテロ対策戦略とまったく異なるのは、パキスタンのテロ問題に対する有名な反撃手段、すなわちドローンだ。オバマ政権は「逮捕するよりも殺害する」方針を掲げ、この新技術を積極的に利用した。[8] ＰＡＩＭＡＮのような草の根組織が手間と時間がかかる割に結果が不確かな更生を行う一方で、アメリカの安全保障の関連産業や軍隊は、兵士が「単調で、汚く、危険な」任務につかずにすむ方法としてドローンの使用を促している。[9] リーパーやプレデターなどのハンター・キラー・ドローンの任務はひとつ、すなわち攻撃目標を殲滅することだけだ。失敗した場合には基地に帰る。テクノロジーの性質上、攻撃任務は「全か無か」になると、フランス人哲学者グレゴワール・シャマユーは著書『ドローンの哲学——遠隔テクノロジーと〈無人化〉する戦争』（渡名喜庸哲訳・明石書店）のなかでこのように語っている。「殺害するために撃つか、まったく何もしないかだ。[10] 選択肢は致死的武力ただひとつである」。攻撃するか基地に帰るかの最終決定は、攻撃目標についての計算のみにもとづいてくだされる。『無人攻撃：ドローン戦争と世界の安全保障（Unmanned: Drone Warfare and Global Security）』の著者アン・ロジャーズとジョン・ヒルは、攻撃目標はデータを「人間の行動様式」と照らしあわせて分析されると語る。[11]「ほかの観察者《データヴェイランス》のいない監視の場合と同様に、攻撃対象となる人間とその命は無機質になり、コンピュータが解読するバイナリ形式に変換されてしまう」のだ。

過激主義者の思想を自宅の居間や大通りで変えようと試みるのは、単調で、汚く、危険ですらある。しかしサルマは自分の人生を棒に振る危険があったとしても、行動に出るしかなかった。兄を愛していたがゆえに、彼の過激主義思想が変化すると信じる必要があった。ネバダ州の砂漠から飛ばされたドローンにとっては、攻撃目標を殺害しても、あるいは何もせずに帰還しても、テロリストは死ぬまでテロリストでしかない。

世界最高の脱急進化プログラム

脱急進化について幅広く執筆している専門家のジョン・ホーガンに、世界最高の更生プログラムの名前をあげてほしいと頼むと、彼はすぐにサバウンと答えた。ここは臨床心理学者のフェリハ・ペラチャが運営する、過激主義組織に加入してしまった子供たちの更生を目的とする寄宿学校だ。

ヒンドゥー・クシュ山脈の山すその丘陵に囲まれた、カイバル・パクトゥンクワ州のスワト渓谷にあるサバウンは、ターコイズブルーと白に塗られた複数の建物と、グラウンドや花壇から成る施設だ。周囲には高い壁が張りめぐらされ、パキスタン軍の兵士が常駐して、組織を離脱した子供たちや、ここで働くスタッフが執拗な過激主義者によって傷つけられたり、誘拐されたりしないように警護している。平和活動の最前線に立つ女性たちの多くと同様に、ドクター・ペラチャも殺害予告を受け取ってきたので、車で七時間かかるラホールからの移動には軍から護衛がつけられる。このような危険があるものの彼女は楽天的で、ラホールで服を買っているときに簡単に殺されてしまう可能性もあるのだと快活に言う。

二〇一〇年からペラチャはスタッフとともに、パキスタン・タリバン運動に参加した何百人という少年たちを、組織から脱退後に社会の主流に戻す支援をしている。パキスタン・タリバン運動は二〇〇七年から台頭してきた、タリバンを支持する過激主義組織の連合体である。二年のあいだ彼らはカイバル・パクトゥンクワ州に、自分たちの解釈によるシャリーアによって統治される国家を建設した。村のマドラサから貧しい子供たちを勧誘し、ゲリラ攻撃や自爆テロをいとわない若くてハングリー精神のある少年たちを次々に加入させて、貧弱な攻撃能力を補った。

サバウン――「夜明けの最初の光」という意味のパシュトー語――の更生は高い成功率を誇り、卒業生のなかで過激主義組織に戻ったものは皆無だとドクター・ペラチャは言う。ここで更生した少年たちは平和な生活だけでなく、社会的流動性に適応できる方法を教えられる。各自の望みがなんであれ、サバウンは少年たちが卒業してからも起業するための元手や、大学で勉強するための資金を提供している。スパイや兵士として活動していた少年たちも、心理学者、弁護士、医者など、識字率が五二パーセントしかない寒村の子供には想像すらできなかったような、新たな人生を歩んでいるのだ。[1] 勉強が得意ではない生徒たちは電気技師やバイクの修理工、仕立て屋、雑貨店主などになっている。普通の子供を持つ親たちが、自分の子供をサバウンに入れようと画策しないのかとペラチャに質問したところ、「しょっちゅうあります」と力強く言った。

世界のさまざまな地域において、テロ対策の専門家たちが元過激義主義者にどのような支援をすべきか話しあっている。どんな助けを、どこまですれば十分なのか? どこまでしたら、やりすぎなのか? プログラムでは元過激主義者が職業や家を探すのを手助けするべきなのか? 攻撃性のある相手にカウンセリングは有効なのか? 評論家はサウジアラビア政府が元過激主義者への支援として、結婚式の費用、持参金、住宅ローン、車の代金まで支払うことに戸惑いを覚えている。[2] インドネシアでは、法を遵守している市民が起業をするために苦労している一方で、政府が元ジハード戦士たちに起業のための元手を支給していると不満がくすぶっている。

しかしペラチャはサバウンの少年たちは、子供時代にテロリズムに関与させられた被害者であり、犯罪者ではないと主張する。「爆弾が爆発した音が聞こえてくるたびに、わたしは犠牲者を気の毒に思います。それと同時に、自爆テロ犯になるよう勧誘された少年もかわいそうだと思うのです」と彼女は言った。「わたしたちのところへ来た少年たちの多くがタリバンに加入したときには、自分たちの文化と宗教を守っているのだと純粋に思っていました。しかしそれ以上のことは理解していなかったので、利用され、虐待されてしまったのです」

上流階級のアクセントで話す、明るい茶色の髪をきれいに整えた小柄な彼女は、このスワト渓谷での仕事には、危険を背負ってでも取り組む価値があるのだと家族を説得しなければならなかった。「家族からは『おまえはわたしたちの命まで危険にさらしているのだ。過激主義組織はおまえを殺すだろうし、わたしたちも殺しに来るだろう』と言われました」と彼女は振り返る。兄弟を説得するために、彼女は彼を招いて学校を見せた。青と緑色のユニフォームを着てクリケットをしている少年たちを目にして、「この子たちが過激主義組織のメンバーであろうはずがない」と彼は信じられない様子だった。

彼が見学したのは単なる球技ではなく、その裏には更生という目的が隠されていた。サバウンでは午後のスポーツの時間にクリケットやバレーボール、サッカーをさせることによって、過激主義組織にいた少年たちに普通の子供らしさを取り戻させるという、戦略的な目的があった。生徒たちは警備を担当しているパキスタン軍の兵士たちと試合をする機会もある。このときの効果は絶大で、生徒たちが無法者から法を遵守する市民へと進化するきっかけとなる。「ほんの二カ月前まで、この子供たちは『おまえたちの首をはねてやる』と言っていたのに、今ではわたしたちに向かって敬礼するのです」と兵士たちは驚きを隠せない。

このようなクリケットの試合は、警備担当の兵士たちを悩ませることもある。かつての敵が変化を遂げる姿に、兵士たちのなかには戸惑いと恐怖を抱くものが出るのだ。サバウンのソーシャルワーカーは彼らに気持ちを語らせるために、兵士たちを対象にした少人数のグループセッションを開かなければならない。生徒たちに変化をもたらすということは、サバウンが元過激主義組織の少年だけでなく、ほかのパキスタン人も脱急進化させる結果を生んでいることを示唆している。「パキスタン軍は自国民を相手に戦っています。過激主義組織や被害者たちと同様に、兵士たちも心的外傷を負っているのです」とペラチャは言う。あるパキスタン軍の大将はサバウンを訪れたときに、ここは元テロリストだけでなく、国民全体の心を癒していると来客名簿に記帳した。

＊＊

政府の役人の娘として生まれたフェリハ・ペラチャはラワルピンディで育った。そこで彼女はパキスタンの裕福な家庭の娘たちと同じくカトリック修道院の付属学校で学び、西欧の大学に留学した。ロンドンで心理学の博士号を取得し、イギリスとカナダで開業して二五年経ったころに、夫とともにパキスタンに帰国した。ラホールでクリニックを開き、現代社会でよく見受けられる精神的な不調を抱えた、専門職につく裕福な人々を診療した。「わたしは不安神経症、抑鬱症、精神疾患などを抱える人々を助けてきました。しかし人間の心が見せる凶暴な側面には、ここに来る少年たちにたずさわるまで直面したことがありませんでした」と彼女は言った。サバウンを運営しているせいで老けこんでしまったが、これまでの仕事のなかでいちばんやりがいを感じると彼女は思っている。サバウンを開校するまでは、パキスタンを離れて大好きなロンドンで臨床業務を行いながら学究生活に戻りたいと考えていた。しかし「今はここにいるべきだと感じています。パキスタン人としてだけではなく、人道主義者としてです。人が変えられないと思うことを変えることができるのはいいものです」と彼女は言う。

彼女が脱急進化にたずさわるようになったのは、偶然からだった。二〇〇九年にパキスタン軍は、タリバンによって二年間にわたり支配されていたスワト渓谷を奪還した。面識のあるひとりの陸軍参謀が彼女の助けを求めて電話をかけてきた。彼の部下たちがタリバンに加入していた少年たちを拘束したのだが、どのような処分をくだすべきか決めかねていた。そこで、スワト渓谷に来て、専門家としてアドバイスをもらえないかという要請を受けたのだ。ペラチャはラアフィア・ライース・カーンという名前の、心理学者になりたての若い同僚に頼んで、ラホールからスワト渓谷へ一緒に行ってもらうことにした。そこはいまだに危険地帯だったが、彼女たちは物怖じしなかった。

子供のころにスワト渓谷で夏休みを過ごしていたペラチャにとって、美しい氷河と湖、滝、チューリップ、果樹園のあるこの場所は「地上の楽園」だった。しかし二〇〇七年から二〇〇九年のあいだにパキスタン・タリバン運動がこの地域を爆撃し、女子生徒が学校へ行くのを禁止して、彼らの命令にそむくものたちを攻撃した。そのもっとも有名な被害者がマララ・ユスフザイだ。過激主義組織は音楽やダンスを違法とし、刑罰としてむち打ちや斬首を頻繁に行った。

車で八時間かけてスワト渓谷まで行くあいだに、ふたりは戦闘によって破壊された場所がいたるところにあるのを目にした。家を失った家族が道路に押し寄せていた。建物は壊滅状態で、武装した兵士の姿がハイウェイ沿いにあった。ペラチャと同僚はラホールにいるときとは違い、頭をスカーフでおおっていた。さらにタリバンの若いメンバーと会う予定になっていたので、顔を隠すために医療用マスクを準備した。

結果的には、マスクのことなど忘れてしまった。幸いなことにミンゴラの駐屯地で会った少年たちは、「わたしが彼らを恐れるよりも、彼らのほうがわたしを怖がっていました」とペラチャは当時を振り返る。八歳から一六歳までの少年たちは髪がぼさぼさで、爪がのび、ぼろぼろの服を着て、心に深い傷を負っていた。「まるで別の時代から来たようでした」とペラチャは言う（今ではサバウンに新たに少年がやってくると、スタッフが地元の理髪師を呼んで髪を切ってもらう。ひげについては、生やしていてもいいとされている）。

ふたりは午前九時から真夜中まで少年たちに聞き取り調査をして、朝の五時までかけて心理学的な評価を行った。翌朝ペラチャは集まった参謀たちに、将来的にサバウンでの更生において信念となる内容を報告した。「この少年たちは非常に危険な行動ができるように教えこまれているが、彼ら自身は危険分子ではない」。適切な支援があれば、彼らを助けられる、さらには生まれ変わらせることが可能だと彼女は判断した。

彼女にはまだその方法はわかっていなかったが、その当時の陸軍の最高責任者であったアシュファク・パルヴェス・キアニ陸軍参謀長からサバウンを開校するように求められると、彼女は即座に同意した。同僚のカーンも同じ意見だった。「すべては一瞬のうちに決まりました。当時を振り返ることがありますが、わたしたちのどちらも、あのときの決断は正しかったのだと思っています」と若いが落ち着きのあるカーンは話す。陸軍が学校となる施設を提供し、生徒とスタッフを警護すると約束してくれた。少年たちを過激主義組織にいたときの活動状況を記した書類とともに連れてきて、施設から卒業しても大丈夫か否かの最終判断をくだすのは陸軍が行うと決められた。しかし施設内の運営はペラチャと彼女のスタッフに自由裁量が認められた。

彼女たちは当初、少年たちをグループ単位で扱っていた。彼らは全員タリバンに加入した、スワト渓谷出身の貧しい家庭の子供たちなので、更生にも同じ道をたどるだろうと考えたからだ。しかし徐々に、過激主義組織に加入した経緯、両親との関係、そして心理状態を考慮した上で、ひとりずつ独自のプログラムを策定する必要があるとわかるようになった。ペラチャはサバウンの成功は、この労力をいとわない取り組み方と、卒業後も長期間にわたって行われる生徒たちへの観察にあると考えている。「少年たちとのかかわりが増えれば増えるほど、過激主義組織へのプッシュ要因とプル要因がそれぞれに違うのだという理解がより深まりました。数えきれないほどの要因があるのです」と彼女は言う。

西欧諸国の若者たちは帰属意識や自分のアイデンティティー、スリルを求めて、白人至上主義から暴力的なカルト集団まで、あらゆる種類の過激主義組織に加入する。その情報源はインターネットだ。しかし二〇一九年の時点で国内の一七パーセントしかインターネットに接続できないパキスタンでは事情が異なる。[3] サバウンに来た少年たちが過激主義組織に加入した理由は自分探しではなく、スワト渓谷一帯における将来性の乏しさだった。西欧の更生プログラムにおいて注目されるのは若者が抱いていた倦怠感、疎外感、人種差別主義やイスラモフォビアだが、パキスタンの少年たちは一般的に物質的な欠乏が理由で過激主義組織に入る。サバウンの心理学者によると、彼らはこうした理由のせいで「すぐに燃やせる乾いたたきぎのような存在」になってしまうのだ。

アメリカ同時多発テロ事件以降、西欧におけるテロ対策の専門家たちは、貧困が急進化の原動力であるという考えを軽視するようになった。その理由のひとつは、世界貿易センタービルを破壊した犯人は中産階級の出身で、ウサマ・ビンラディンは億万長者だったので、彼らがテロリズムに手を染めたのは金銭目的ではないのが明白だったからだ。しかしペラチャによると、バルチスタン州ケッタの少年たちは、道路脇に爆弾を設置すればひとつあたり二〇ドルもらえるという理由で雇われるのだ。パキスタンの事情を考慮すると、「暴力的過激主義を防止するには、食べるものや着るものがなかったり、通りで物乞いをしたりしている少年から救うべきである。人生への絶望感が自爆テロ犯を生むからだ。現世の生活が厳しいと、天国がさらによく見えてしまうのだ」と彼女は考える。

タリバンの支配が始まったばかりのころは、仕方なく子供たちを過激主義組織に渡す親たちがいた。彼らが集団で村にやってきて支援を求めたときに、金銭も金の腕輪も持たない貧しい母親たちは、子供を差しだしたのだ。親から売られたり、過激主義組織に誘われたりした少年たちもいた。[4] 村の通りでは――公園やクラブ活動、映画館もないので――退屈した、お金のない子供たちが過激主義組織の格好の餌食になった。彼らは食べ物や数ルピア、あるいは格好いいSUVでのドライブを理由に誘惑した。タリバンに誘拐されて、何カ月も、あるいは何年も収容所にとらえられていた少年たちもいる。

サバウンに連れてこられた少年たちのなかには、ペラチャいわく「比喩的な死」を体験させられている場合がある。すなわち過激主義組織に誘拐され、本来の名前やアイデンティティーを剝奪され、新しいものに取りかえられているのだ。ある収容所では、新たな「兄弟」を与えられた少年たちもいる。サバウンに来た少年たちの多くはひどい心的外傷を負っていて、夜にはベッドのなかで泣き、昼間はけんかばかりする。「最初のころはまるで戦争のようでした。わたしはここに来るまで、そのような憎悪を目にしたことがありませんでした」とペラチャは言った。[5]

ひとりの少年は七歳でタリバンに入り、ある組織の指揮官のまわりにはべらされる子供のひとりになった。この指揮官がバザールに行くときには、ふたりの少年に爆弾を詰めこんだベストを着用させ、自分の少し前を歩かせた。起爆装置を手にした指揮官は、前方にパキスタン軍の兵士を見かけるとスイッチを押すのだ。パキスタン軍はアメリカと同盟を結んでいるので、爆破が成功しておまえたちが死んだら家族ともども天国に行けるのだと、彼は少年たちに約束していた。ひとりの少年が逃げだして兵士に助けを求め、ペラチャのもとに連れてこられた。「指揮官たちが子供にベストを着せて、その起爆装置を手にしているというのは、自爆テロではなく、子供たちへの殺人です」と彼女はわたしに断言した。

彼女は過激主義組織そのものを悪と見なさずに、彼らの置かれた状況が悪いのだと考えている。要因が貧困であれ、恐怖や洗脳であれ、一定以上の力で強要されれば、誰しも恐ろしい行為に手を染めてしまう可能性があるのだ。「わたしが恐ろしいと思うのは、おそらく誰のなかにも残忍性がひそんでいるという事実です」

わたしの気を滅入らせるのは、パキスタンの過激主義組織は残忍だという物語と同質のものが、もっと広範囲で散見することだ。褐色や黒い肌の外国人は野蛮だという物語のせいで、何世紀にもわたって西欧の侵略や征服が正当化されてきた。こうした物語はその地域の人々の変わることのない本質だと考えられ、その残虐性は手に負えないほど暴力的なのだと盲目的に主張されてきた。しかし命を危険にさらしながら同胞のパキスタン人の更生を手がけているペラチャは、そのような物語によって、若い過激主義者から人間性が奪われることはないと言う。地域社会の状況を深く理解し、少年たちが間違った選択をした背景にある基本的欠乏感に思いを寄せている彼女は、彼らにふたたび人間性を取り戻させているのだ。

＊＊

サバウンが開校した当初、ペラチャとカーンは仕事が終わるとマラカンド城塞に帰っていた。ペラチャが宿泊していたのは、ウィンストン・チャーチルが特派員としてスワト渓谷に滞在していたときに使っていた部屋だ。運動のために彼女たちは夕方に近くの丘を歩き、その日の出来事を話したり、どの生徒が彼女たちを殺害しようとするのだろうと考えたりしていた。当時を振り返ってみると彼女たちがいちばん恐れていたのは施設の少年たちだった。「今ではわたしたちを誰よりも守ろうとしてくれています。わたしたちの安全を気にかけてくれているのだと伝わってきます」とペラチャは言った。

サバウンの卒業生のなかには、それ以上に母校のために献身的に行動してくれるものたちもいる。二〇一四年にパキスタン・タリバン運動が、パキスタン軍関係者の子弟がたくさん通っているペシャワールの学校を爆撃する事件が起きた。一四九名が犠牲になり、そのうち一三二名は子供だった。カリスマ的な指導者ムッラー・ファズルッラーが、陸軍将校の子供たちが亡くなったことについて、なぜ道徳的な怒りを抱くのかと尋ねている動画が出された。そして過激主義組織の子供たちは無理やり連れ去られ、サバウンに送られているのにと彼の主張が続いた。サバウンの卒業生の数人が学校に連絡してきて、テレビに出演して自分たちがどれほど大切にされ、幸せだったか証言したいと申し出てくれた。しかしそんなことをすれば報復の対象になってしまう。彼らが公の場に出るのを「止めなければなりませんでした。わたしたちはテレビで彼らの顔をさらして命を落とさせるために、これまで努力してきたのではありませんから」とペラチャは言った。

サバウンの運営が危険だと感じるがゆえに、ペラチャとカーンは当初から、この学校を断念することはできないと考えていた。メンタルヘルスの専門家だからではなく、パキスタン人、あるいはムスリムという理由からでもない。アメリカ同時多発テロ事件以降、ペラチャは世界と自分のいる場所が変化するのを目の当たりにした。「それまで紀元前・紀元後という区切りをしてきましたが、今ではアメリカ同時多発テロ事件以前・以降と言うようになりました。あの事件以前には、西欧に二五年間住んでいるあいだ、自分の肌の色を気にしたことは一度もありませんでした。あの事件以降、自分の人種を思い知らされるようになりました」

ムスリムに対する不寛容さが高まっているのと同時に、パキスタン国内でも宗派間の緊張と攻撃が急増している。「『われわれ』対『あちら側』という構図、白か黒かという思考が増えるにつれ、どうにかしなければならないと思わされるようになりました」とペラチャは語る。カーンはパキスタンから出たことはなかったが、彼女と同じように何かすべきだという思いに駆られていた。「ここにいる生徒たちのためだけでなく、国全体に、そしてわたしたちの宗教に対してです。わたしたちは宗教が悪用され、少年たちが宗教的な意味などまったくない行為におよぶように仕向けられるのを見てきました」と彼女は説明する。アメリカ同時多発テロ事件以降の世界において、反イスラム教という偏見が彼女たちに新たな任務を負わせている。彼女たちの祖国と信仰を、暴力や憎悪という言葉と同義語になってしまった現状から救いだす必要があるのだ。

ペラチャはサバウンを、規律を守りながらもやさしい雰囲気の施設にしようと決めた。ここには、処罰はない。もしも少年の素行が悪かったときには、午後のスポーツを数回欠席させるだけだ。「決して詰問しないようにとスタッフに言っています。インタビューするのです」と彼女は言った。タリバンのもとでは禁じられていた音楽と芸術が奨励されている。これは心理療法的な意味からだけでなく、「文化に触れることで、この人生にあるすべてのことに関心が向くようになるからです。その反対に過激主義者が語るのは来世について」。卒業式では生徒たちが歌い、踊る。ある少年は伝統的な弦楽器のラバーブを弾き始め、コンサートまで開くようになった。最初のころには美術の時間に絵を描くのをためらう生徒たちがいた。人や生きものを描くことはイスラム教の教えに反すると考えていたからだ。最終的には絵を描くようになったが、最初のころはスタッフを困惑させる事態にもなった。なんと銃弾のように見える雨や、手榴弾の葉にマシンガンの枝がついた木を描く子供たちがいたのだ。自爆ベストを着て指揮官の前を歩かされていた少年は、血であふれるバケツの絵を描き続けた。時間の経過とともにゆっくりと絵にも変化が表れ、今では彼も成長して仕立て屋として働いている。

サバウンに来る少年たちには、イスラム教について、あるいはほかのさまざまな事柄についての知識がきわめて少ない。入学するとすぐに論理的推論についての標準テストを受けさせられるが、彼らの大半は下位五パーセントから七パーセントの点数しか取れない。多くは学校を中退し、就学していた場合でも暗記しかしていなかった。「彼らは質問をしません。力を持つ側は質問できますが、下のものはできない環境にいたのです。ですからわたしたちの仕事は、こうした子供たちに質問するよう促すことなのです」とペラチャは語る。

もっとも基本的な批判的思考力さえ欠如しているので、少年たちは過激主義組織に簡単に利用されてしまう。なかにはパキスタン軍兵士はアメリカのために働いているので、コーランがスワト渓谷の人々に、彼らを殺すよう命じているのだと言われた子供もいる。少年たちには、なぜ七世紀に書かれた書物に、一七七六年と一九四七年に建国された二カ国の名前が出てくるのか質問しようとは考える力がなかった。タリバンの指揮官たちは、天国で処女がジハード戦士を待っており、さらにはアメリカ人を殺せばもうひとり処女を手に入れられるとコーランの一節に書いてある、という古い嘘を吹聴した。ある指揮官はひとりの少年が緑色のオウムを好きだと知り、天国に行ってオウムになれるとその子に約束した。少年たちは学習が進むと、以前に自分が抱いていた世界観について、あきれたように話しだす。「昔のぼくはこんなふうに考えていたんだよ。信じられないだろう?」と互いに言いあうのだ。

ペラチャはスワト渓谷で有名は宗教学者であるドクター・ムハンマド・ファルーク・カーンを招聘して、少年たちにイスラム教について教えてもらった。ウィーンで教育を受けた精神科医であり、スワト大学の総長だったカーンは、イスラム教に関する本を数多く執筆し、パキスタンの暴力的過激主義者に対して勇敢に声をあげて批判していた。ペラチャは彼がパシュトー語で執筆したコーランについての注釈書を図書館に置いて、処女やジハード、あるいはユダヤ教徒やキリスト教徒に関する間違った見解へと話が流れると、少年たちに彼らが読める原語で書かれた本を読ませ、正しい情報を確認するよう促した。

彼女はタリバンがねじ曲げた宗教的解釈を正しく戻すことを大切にした。「ジハード」とは単なる「武装攻撃」ではなく、もっと広く「奮闘、努力」という意味があるのだと強調する。預言者ムハンマドは戦闘とは比べものにならないほど大切なのが「大ジハード」であり、これはすなわち「ジハード・アル・ナフス」と呼ばれる「自己の魂との闘い」であると説いた。サバウンでは、少年たちにとってのジハードとは分数ができるようになるための努力や、友達を作ったり、悪夢を克服するために奮闘したりすることだ。「わたしは『ジハード』という言葉を多用します」とペラチャは明言した。校庭で少年たちと話をするときなど、「今週のあなたのジハードは何?」ときいたりするのだ。

過激主義組織に信じこまされたことに異議を唱えるより、質問を投げかけるほうがうまく話が進むと彼女はわかるようになった。たとえば、タリバンはなぜ平和と祈りの場であるモスクに銃を保管するのかと生徒たちに質問する。あるいは過激主義者たちはジハードに成功すれば必ず天国に行けると言うのに、なぜ自分の子供たちに自爆ベストを着せないのかと問う。実際には「もしも死んでから行ける天国が、とても美しいとしましょう」と話を始め、「それなのに、なぜ過激主義者は自分の子供たちにジハードをさせないのですか?」と考えを促す(彼女の言わんとすることは理解できるが、実際には過激主義者たちは自分の子供をジハードに送っている。サバウンに来たある生徒の父親は、すでにふたりの息子に自爆テロをさせていた。三番目の息子は自分の番が来たときに、家から逃げだしてパキスタン軍に助けを求めたので、サバウンに預けられることになった)。

ペラチャとカーンは当初、女性であることがスワト渓谷では不利になるかもしれないと心配した。少年たちはタリバンから、女性の居場所は四面を壁で囲まれた家のなかだと教えられていた。しかし結果的には女性であることが財産となった。男性ばかりの軍隊という環境で心的外傷を負っているサバウンの少年たちは、虚勢を張ったり、男らしさを強調したりせずにすむ環境を進んで受け入れた。女性の前では自分たちの恐怖感や弱さを表に出しやすかった。生徒の多くはペラチャを母親のように受け入れ、若いカーンを姉のように見ていた。
日曜日は親と面会できる日だ。初めて親と面会したときには、少年はよく過激主義組織にいた時期にスパイ、恐喝、あるいはもっと悪い所業を含めて、自分が何をしていたかを話すことがよくある。こうした告白を聞いていると、多くの親は息子の顔を見られなくなり、過去の行為を受け入れるなど論外になる。こうなったときにはペラチャとカーンが介入して、親に言う。「いいですか、彼は自分のしてきたことを告白しようとしているのですよ。親御さんはご自分のなかに、息子さんをゆるそうとする気持ちを見つけてください」

親が過激主義者の子供や、タリバンのなかで出世していた少年たちは、思想的に凝りかたまっているので、更生には何年もかかる。ひとりの少年はＩＱ一五〇で、カリスマ性があり、サバウンに来る前はタリバンの指揮官として訓練されていた。ある日、彼がペラチャに静かな声で言った。「ぼくはあなたをいつでも殺せるんだよ」。過激主義組織から教えられた技術を利用して、彼は魚を近くの広場に埋めた。その魚と一緒に何を埋めれば、魚の体内に有毒ガスがたまるようになるかを知っていたのだ。「もしもその魚を突き刺したら、ガスが広がって、死ぬんだよ」と彼女に言うのだ。それから数年にわたってサバウンで更生し、彼はもうすぐ卒業する。今後は医薬の分野に進む予定だ。

卒業できるかどうかを判定するために、ケースワーカーは少年にタリバン時代の行為について書かせる。「どんな内容でも、本当のことを書くのがあなたの助けになるのだ。あなたが社会復帰できるか判断するのはわたしたちだが、最終的な決定は軍が行うからだ」と生徒は言われる。少年の記述が軍の把握している情報と合致すればするほどいい。たとえば過激主義組織にいたときに殺人に関与していたという事実を書きもらすと、これは問題視される。ペラチャはある少年の卒業を延期せざるを得なかったことがある。彼が遺体を埋葬するために墓穴を掘ったことはすべて書いたが、武器も埋めたという事実を省略してしまったからだ。

少年が過去の行為について恥じるようになるのは、進歩している証拠だ。「羞恥心とは、乗り越えていくべき大切な感情です。罪悪感は進歩を生みませんが、羞恥心は次につながるのです」とペラチャは言う。なぜそのふたつの感情を区別するのかと質問すると、過激主義組織が天国にこだわるからだと彼女は答えた。「罪悪感とは死んだあとの世界で、悔い改めることがゆるされるのです。しかし羞恥心とは今生きている世界で抱くものであり、社会で受け入れられない行いをしたときに感じるものです」。罪悪感はひとりで自己完結する感情で、人と神のあいだの問題になりがちだ。しかし羞恥心は人とのかかわりのなかで抱く、社会的感情なのだ。

少年たちをふたたび社会の一員に戻すのは、サバウンにとって最大の挑戦だ。少年が自宅のある村に帰るときには、サバウンのソーシャルワーカーが家族、管轄している軍の司令官、そして村の長老と会って準備を整える。少年たちはみな、過激主義組織の一員だったときに危害を与えた地域社会に対し、子供に勉強を教えたり、ごみを拾ったりして、役立つことをするように奨励されている。少年にとっては、これは罪滅ぼしと精神療法になるというふたつのメリットがあり、社会は彼らの変化を認識できる。この活動は卒業後何年も続く場合がある。バイクの修理工や電気技師になった若者たちは、無料で修理をしたり、車の運転ができるものは、村人が街の病院へ行くときに送迎をしたりする。

過激主義組織は頻繁に少年たちを引き戻そうとするが、サバウンの卒業生たちの再犯率はゼロだとペラチャは言う。この数字を達成し続けているのは、卒業後も少年たちの観察を徹底的に継続しているからだ。少年が村に戻ると担当スタッフが定期的に訪問して、社会復帰の進捗状況を記録する。教育を受け続けたり、家族が過激主義者なのでリスクが高いと考えられたりする生徒たちは、ミンゴラにあるサバウンの経過観察センターに送られる。そこの寄宿舎で寝起きし、一般的な社会生活に自分をなじませながら、カーンや彼女のグループのスタッフから個人指導や精神的支援を受ける。「彼らは新しい人生を送るにあたり、どんなにささいであっても変化しているのだと理解する必要があるのです。わたしは生徒たちを支援し続けます」とカーンは言う。

＊＊

パキスタンへの旅行にあたり、わたしはアレクサンドロス大王の伝記の古いペーパーバックを持ってきた。このマケドニアの征服者が遠征してきた東方の地では、二五〇〇年後にタリバンが台頭していた。しかしパキスタンに滞在するわたしの心から離れなかった逸話は、ペルシャでの出来事だった。紀元前三三〇年にペルシャ軍を破ったあと、アレクサンドロス大王が征服した帝国の首都ペルセポリスに向かう途中、ギリシャ人の一団に出会った。[6] 彼らは数年前にギリシャとペルシャのあいだで起こった戦争のときからこの地にいた。ペルシャ人にとらえられて戦争捕虜となり、奴隷として働かされていたのだ。彼らの主人は奴隷になった証拠として、彼らの鼻や耳、手を切り落とした。アレクサンドロス大王の軍隊が道で彼らに出くわすと、この若い大王は体を傷つけられた同胞の姿に涙を流し、奴隷となっていたギリシャ人は救世主の到来に泣いたと伝えられている。

アレクサンドロス大王は彼らに、どうしてほしいか質問した。ギリシャに戻りたいのか？　もしも祖国に帰りたいのであれば、費用を出そうと言った。

しかし男たちはその申し出を断った。この体の傷が、過去にギリシャが負けたという事実の証になるからだと彼らは言った。祖国へ帰っても、歓迎されるか忌避されるかわからない。ペルシャ人の奴隷として、あるいはギリシャ人の屈辱の象徴という立場ではなく、みなで平和に暮らせる村がほしいと言った。アレクサンドロス大王から土地を与えられると、彼らは妻をめとり、作物を育てた。このギリシャ人たちはペルシャの辺境の地に自分たちの村を持つことができた。

もっとも厳しい挑戦は、戦争が終わって家に帰るときなのだと彼らは理解していた。無法者や戦士たちにとって、家に落ち着くよりも、外の世界をうろついているほうが楽なのだ。帰郷するとは、帰る本人の気持ちが試されるだけではない。故郷の人々も試される。帰還者たちを、彼らが敵に味方していた場合でさえも、受け入れるか、拒絶するかという社会の本質が暴露されるのだ。

＊＊

わたしはイスラマバードの高級ホテルにある、大理石張りの静かなレストランに座っていた。まわりではさまざまな国のビジネスマンが高価なランチをしたり、裕福な家族がケーキを食べながらお茶をしたりしている。わたしの向かいの席にいるのはムハンマドという仮名の若い男性だ。かつてはタリバンのスパイだったが、サバウンの生徒になり、今では心理学の修士号を取得して、サバウンで心理学者として過激主義組織にいた子供たちの更生を手がけている。背筋をのばして腰かけ、丁寧な言葉づかいで話す。緑色のコーデュロイのブレザーを着て、その襟にはパキスタンの国旗のバッジをつけている。わたしがそのバッジに目を落としたのに気づいて、彼は言った。「今のわたしはパキスタンで平和に暮らす市民です。しかし子供のころは、頑固で残酷でした。趣味はひよこを殺すことで、心は石のように硬直していました」。彼は少年時代にパキスタン・タリバン運動に加わり、指導者のために命を投げだそうとしていた。「わたしの目的は人々を傷つけることでした。わたしたちは動物以下だったのです」

カイバル・パクトゥンクワ州の村に生まれたムハンマドは、家庭内でないがしろにされていると感じて育った。家には兄弟が七人いて、両親はひどいけんかをしてばかりいた。彼が九歳のころにスワト渓谷の過激主義組織であるマウラーナー・ファズルッラーが、女性の教育、キリスト教徒とユダヤ教徒、そしてアメリカは悪であるという説教をして有名になっていた。ムハンマドは毎晩、ファズルッラーのラジオ演説を聞いていた。発見されないようにロバの背中に送信機をつけ、違法な放送が行われていたのだ。[7] 毎週金曜日にはファズルッラーのマドラサへ行き、説教を聞いて、本人と話をした。

ムハンマドの父親はタリバンの支援者だったので、過激主義者たちが村にやってきて、一一歳の息子を勧誘したときには進んで差しだした。彼の最初の仕事は、戦闘員のために村人たちからミルクやパンを供出させることだった。二、三カ月のあいだに彼はスパイに昇格し、地元のパキスタン軍の前哨基地の情報を集めた。過激主義者になり、村での生活にも退屈していた彼は、人生は大切ではないと確信するようになった。あの世でならば天国に行けると考え、パキスタン・タリバン運動のために死にたいと望んでいた。一三歳のときに軍に逮捕され、二、三週間刑務所に入れられたあとでサバウンに連れてこられた。着いてすぐのときには、刑務所のような場所なのだろうと思っていた。しかしサバウンは、「地上の楽園」だと彼は言う。

過激主義組織にかかわって生活していたせいで、彼は少し攻撃的でありつつも怯え、疑い深かった。「彼はサバウンに来るようなことをしたとは感じていなかった」とカーンは振り返る。学校を中退していたが、彼は明らかに頭がよかった。「国連の決議は個人の権利についてなんと言っているでしょう？　ぼくは自分の気持ちを話す権利があるんだ。言いたいことを言う権利が！」と主張した。サバウンの生徒たちの大半はパシュトー語しか話せなかったが、彼はウルドゥー語も理解していた。スタッフが足りないせいもあり、ペラチャとカーンは彼に、新しく来る少年たちがテストを受けるときに通訳をするように頼んだ。彼が答えを教えているのがばれて、この仕事は長く続かなかったが、ムハンマドは責任を持つのが好きだった。

過激主義組織時代の無秩序な、貧しい生活を経験した直後の彼には、おいしい食事や時間割、制服などが奇妙に思えた。それまではパシュトゥーン族の伝統的な服しか着たことがなく、タリバンは西欧人が身につけるようなシャツやズボンはハラームだと信じていた。ムハンマドが制服の緑色のブレザーとボタンダウンシャツを着用するようになるまで、しばらく時間がかかった。

ペラチャやカーンと安心して話せるようになるまでにも時間が必要だった。故郷の村では、家族以外の女性とは話をしないという慣習があった。ペラチャは彼が家族以外で初めて会話を交わした女性だった。彼の心をもっとも強く打ったのは、彼女のやさしさだった。「ドクター・フェリハ・ペラチャは、わたしにとてもやさしい声で話しかけたのです。わたしに『わたしの息子《マィ・サン》』と呼びかけてくれました。その言葉を忘れられません」。対話を重ねるごとに、「彼女には利己的な思惑などまったくない」とわかった。「一連の取り組みを、人間社会のために行っているのです」と彼は言う。時間が経つにつれ、「わたしは女性にも男性のように、自立し、自分自身のために、仕事をする権利があるのだと理解できるようになりました」

ムハンマドは学校生活で、過激主義組織に教えこまれた知識、特にイスラム教についての先入観を捨て去ることに多くの時間を費やした。ドクター・ファルーク・カーンの授業では、ジハードが過激主義組織の主張とは違い、イスラムの教えにおいて柱とは考えられていないと習った。過去には女子校を爆破したグループに関与していたが、今のムハンマドはイスラム教が実際には女性の教育を普及しているのだと学んだ。ほかの宗教を信仰している人々にもやさしさと敬意を示し、不信心者として悪者扱いするべきではないとわかった。神とは正しいムスリムにとっての神というだけではなく、ラブ・アル・アラミーン、すなわち「宇宙の創造主であり、人類の創造主」であることも理解した。村の学校では暗記学習ばかりだったが、ドクター・ファルークは生徒たちに質問するように促した。さらにうれしいことに、授業にキャンディーを持ってきてくれた。

生徒たちの多くはドクター・ファルークを好きで、なかでも父親を亡くしたばかりのムハンマドは、特に強い絆を結んでいた。しかし二〇一〇年一〇月二日、ドクターが診療所で昼食をとっているときに、タリバンのメンバーふたりによって助手とともに射殺されてしまった。[8] ムハンマドは彼の死に打ちのめされた。

子供たちにスポーツを教えるのと並んで、学校の畑で野菜を育てるのも精神的な治療になった。彼は勉強が得意なのだとわかり、軍隊に入るか、または弁護士になろうかと考えた。しかしペラチャの姿を見ていて、心理学者になりたいと思うようになった。彼女は彼の心を大きく動かしたのだ。その理由を彼は言葉を慎重に選びながら「彼女はかなり高齢なのですが」と話し始めた。彼女はまだ六〇代前半だ。とはいえ彼が思うに、裕福な都会の女性が、しかも祖母と同年代であるにもかかわらず、貧しい村のティーンエイジャーたちのために一日一五時間も働いているのを見ていると頭がさがる。ほかの人々はサバウンの生徒たちを戦闘や貧困のなかで生きるように運命づけられたと見捨てるだろうが、ペラチャは違った。「彼女を見て、思ったのです。彼女が人助けをできるのなら、わたしにもできるかもしれない」とムハンマドは説明してくれた。

彼は心理学を勉強しにペシャワールの大学へ行ったが、そこでは誰にも自分の過去を語らなかった。勉強のかたわら、国際赤十字社のイスラム教国の組織である赤新月でボランティアをした。献血を一七回して、地域のすぐれたボランティアとして表彰されたこともある。カイバル・パクトゥンクワ州で洪水が起きたときには、仲間を率いて食糧を配給するために現地へ向かった。タリバンがキリスト教徒の暮らす地区に爆撃をしたときには、生存者のために募金活動を行った。なぜアメリカのドローン攻撃によって犠牲になったムスリムではなく、キリスト教徒のために募金活動をするのかと、当てつけのようにきかれた彼は、被害者の信仰は関係ないと返事をした。誰であろうと、人は助けを必要とするのだと言った。

彼のことをタリバンの残忍な悪党だと思っている人々が暮らす村に帰るのは、ムハンマドにとって最大の挑戦だった。彼の戦略は、自分の変化を率直に話すというものだった。「わたしは自分自身を見せました。自分の話をしたのです。以前はどんな人間だったか、そして今はどんな人間かを語りました」と彼は言った。実際に帰ってみると、村人の大半は彼を受け入れた。「彼は村の人たちが想像した以上に教育され、しっかり成長していたのです。彼が刑務所や更生するための施設に行っていたようには、まったく見えないと言う人々もいました。外国から帰ってきたのだと思われていたのです！」とカーンは振り返る。今では村から誰かが就職の面接に行ったり、入学試験を受けたりするときには、ムハンマドが準備を手伝っている。「わたしは人々の手本になっているのです。親は子供たちに言います。『ムハンマドを見てごらん。彼がどんな子供だったか、そしてどんな大人になったかを。人は変わることができるんだ』」と彼は言った。

二六歳になった今の彼は、優雅で静かなホテルのレストランでも物怖じする様子はまったくない。お茶を飲み、中世の詩人サアディーの詩を暗唱し、息子たちや、彼が結婚した「美しい女性」について誇らしげに語る。タリバンのために村人を恐喝していた少年の面影はまったくない。

「自分が変化するのは大変だったでしょう」とわたしは言った。「でもまわりの人たちに、あなたが変わったことを証明して見せるのはもっと難しかったでしょうね」

両方とも苦労したと彼は同意した。「しかし自分を受け入れることができれば、人とも簡単に向きあうことができるのです」

＊＊

ムハンマドは人生を見事に一八〇度転換させ、過激主義者から心理学の専門家へ、さらにはサバウンの生徒からスタッフへと立派に転身した。わたしはいい気分でホテルを出ると、イスラマバードの埃っぽい街かどで冬の日ざしに目をしばたたかせた。通りの向こう側でタクシーを拾おうと思っていたが、サウジアラビアのムハンマド・ビン・サルマン皇太子が来訪するために、大通り全体が通行止めになっていた。この日は祝日になり、サウジアラビアとパキスタンの国旗が街路灯にはためき、皇太子を「第二の祖国」へ歓迎するという看板が掲げられている。皇太子は金箔をかぶせたサブマシンガンと文民としては最高位の勲章を贈呈され、パキスタンは切望していた二〇〇億ドルの投資を受け取る。[9]

タクシーを呼んでもらうために重い足取りでホテルに戻りながら、わたしはムハンマドの人生の物語が輝きを失っていくように思えた。国旗や皇太子への歓迎の言葉など、目にしたすべてに比べると、ムハンマドの話はスケールが小さく感じられる。社会復帰への努力やサバウンの成功は、戦争を起こさせるほど影響力のある地政学的な力にはかなわない。四〇年以上ものあいだ、この地域におけるイランの影響に対抗するために、サウジアラビアは莫大な投資を行ってきた。[10] そのおかげで何万というマドラサが創設され、そこでは強硬派の指導者たちが反シーア派感情や外国人に対する嫌悪感をあおっている。ある情報筋によれば、サウジアラビアを出所とする資金がこの地域のジハード主義組織や、さらにはアルカイダに送金している慈善団体に流れているのだ。[11] 公的には西欧諸国の政府はサウジアラビアを対テロ対策における盟友であると称賛しているが、ブルッキングス研究所のウィル・マキャンツが言うように、この王国は「放火犯であり消防士でもある」のだ。[12] ウィキリークスが公表した二〇〇九年の覚書では、国務長官だったヒラリー・クリントンがサウジアラビアの資金提供者たちについて、「世界中のスンニ派テロ組織の重要な資金源」であると指摘し、そのテロ組織にはアルカイダやタリバンも含まれていた。[13] サウジアラビア王国が国内におけるテロの脅威には真剣に対処する一方で、海外のテロ組織への資金提供をやめることには関心が薄いとクリントンは書きとめている。

これまでわたしは社会復帰への努力を個人の問題としてとらえ、根本にある問題を理解するために本人に事情を聞きに行き、その人の更生に大きな変化をもたらした支援機関の話に夢中になっていた。脱急進化の取り組みにおいては個人や、ミネアポリスのティーンエイジャーに家出をしてまで戦闘行為に走らせた要因、イマームと心理学者、ソーシャルワーカーがハンブルクの若者を過激主義組織から抜けさせた方法に焦点をあてるのは自然な姿だ。デンマーク、パキスタン、ミネアポリスで過激主義から更生する成功例を目にして、それは人がかかわることによって可能になるだけでなく、人とのかかわりが必要なのだと確信させられた。

しかし過激主義を生みだす力は全体的だ。個別の取り組みに焦点をあてるだけでは、問題がもっぱら個人にのみあるという考えから抜けだせない。地域の経済や街の政策などの地元の状況を考慮に入れた分析でさえ、大局を見ていない場合が多い。一歩引いて見ると、もっとも成功しているプログラムであっても、戦闘の火種となるさまざまな不満の兆候をおさえようと躍起になっていた。それではどのようにすれば、持続可能な治療をするための戦略を練れるのだろう?

＊＊

ひとつの解決策は、わたしの国の外交政策のなかに見いだせるかもしれない。わたしはジャカルタに戻ると、アルカイダの崇拝者であり、政治家志望のインドネシア人であるユディ・ズルファフリに、どうすれば彼は過激主義組織への勧誘をやめるかという質問を投げかけた。簡単なことだ、と彼はすぐさま口にした。アメリカとその同盟国が他国への侵攻をやめればいいのだと言った。「アメリカは世界の警察官であるかのようにふるまっています。もしもその国の内政に干渉するのであれば、その国からの反撃に備える必要があるのです」と彼は説明する。わたしはこれと同じ意見を今まで何度も耳にしてきた。何世代にもわたって過激主義組織に影響を与えてきた一九七九年のイラン革命以来、新聞を読んでいる人々も同様だろう。ジャーナリストとしてわたしは、西欧諸国の干渉と国際秩序の不平等さに憤っている、たくさんの人々——おもに男性で、その大半は若者——の話に耳を傾けてきた。街なか、学生たちの休憩室、集会で、ユディの話を聞いたときのように卒倒しそうになりながら、わたしはアメリカ帝国主義が悪だと主張するたくさんのスピーチを聞いた。しかし少なくともシカゴ大学の政治学者ロバート・ペイプの研究によると、統計的にはユディの主張は理にかなっている。[14] 一九八〇年から二〇〇三年のあいだに世界中で起きた自爆テロのパターンについて調査したところ、ほぼすべてに共通するひとつの特徴があった。それはムスリムとは関係がない。九五パーセントの自爆テロは、なんらかの形で外国の干渉を受けている地域で起きていたのだ。

わたしはユディの分析は単純化されすぎているとわかっている。そして、もしもよい目的のために力を使う魔女が魔法の棒を振って、アメリカ政府に、展開している一七七カ国すべてのアメリカ軍を撤退させ、サウジアラビアへの武器売却をやめ、ペルシャ湾岸からの原油の輸入を中止し、反体制派を拷問したり殺害したりする同盟国への援助をいっさい取りやめさせたとしても、銃が好き、仕事、あるいは大義のためなど多種多様な理由をつけて戦おうとする人々がいるのも理解している。

しかしユディの不満を聞いて、わたしはふと思った。アメリカでは#ミートゥー運動やブラック・ライブズ・マター運動が勢いを増している。国内で起きたこのふたつの運動は、フェミニストと黒人が何世代にもわたって用いてきた戦略で行われている。つまり個人の経験をつなげて一連のパターンを明確にし、慣行化されている悪習を非難するのだ。こうした運動が始まる以前には、女優志願の女性が撮影所で好色な関係者から性的いやがらせを受けても、それは個人の不運な出来事として扱われた。武器を持たない黒人男性が背中から撃たれて殺害されても、個人的な不幸であるとして、いとも簡単に片づけられてきた。これらふたつの運動によって、今までは仕方がないという見方が定着しすぎていたがゆえに、注目もされず、関心も持たれなかった横暴な力に対して、世間の目が集まるようになった。

テロリストを救いようのない悪だと見なす、一般的な固定概念をくつがえしたいと思いながら本書の執筆を始めたわたしは、元過激主義者の人生の物語と、個人レベルでの解決策についてたくさんの取材をしてきた。イエス・キリストやオプラ・ウィンフリーのようなリーダー的存在の人々はよく理解しているように、個人が大きな変容を遂げた物語は、人々の認識を大々的に変換させる力強い原動力になる。しかし視線を個人の物語だけに集中させていると力が奪われてしまう。長い目で見ると、個人に焦点をあて続けるということは、有名人がもてはやされる風潮を薄めたようなもので、わたしたちをもっと大きく、欺瞞に満ちた構造から目をそむけさせてしまうのだ。わたしの母の世代のフェミニストたちは、個人的なことは政治的なことと叫んでいたが、わたしの世代は個人主義崇拝のポスト・レーガン時代に育ち、団結した集団ではなく、マドンナやカーダシアン一家のような個人に力があると考えている。#ミートゥーやブラック・ライブズ・マター運動から受けた恩恵のひとつは、個人の物語を使って、構造的な問題に光をあてていることだ。「彼女の名前を叫ぼう」という集会でのスローガンや、ブレオナ・テイラーとジョージ・フロイドの殺害事件といった個人の事件は、根本的で大規模な改革を求めるようにとアメリカ人を奮い立たせた。

今も悲しむ人々にとって、彼らの個人的な喪失は政治的なものである。わたしが会ったある被害者は、テロ事件で家族を失って悲しみながらも、自分に起こった悲劇にはもっと大きな意味があると明確に理解していた。「テロ攻撃の被害者は、政府と過激主義組織という大きな枠組みにおける捨て駒のような存在です。市民はそのふたつの力の板ばさみになっているのです。政府が他国に侵攻し始めるたびに、何かが起こります。テロ攻撃の被害を受けるのは政府や議会ではありません。命を落とすのは罪なき人々なのです。テロの犠牲者とは、国家への生贄なのです」

ユディはアルカイダの崇拝者で、この女性は愛する人をテロ組織のせいで失っているという違いはあるが、ふたりともテロリストによる暴力よりも、政府による暴力のほうを強く非難していた。サバウンのような組織は、社会的な問題にからめとられた個人を救済しようとしている。個人が抱える問題を解決する方法を探り、彼らひとりひとりが出身地へ帰ったときに、その地域を変化させる原動力になってくれるようにと願っている。しかしムハンマドのような少年たちの人生を台なしにした大きな組織に対する解決策を見つけるには、国家および世界レベルの問題に取り組むことを目的とした機関に目を向ける必要がある。わたしは政府が何をしているか取材しなければならない。

第三部
より広い視点

アメリカ外交のブローバック

パキスタンにおいて通りや村を安全にし、人々の精神を安定させる取り組みを細密画にたとえるなら、欧州安全保障協力機構が開催した専門家会議は巨大な絵画のようなもので、対象は世界に広げられている。欧州安全保障協力機構の加盟国は五七カ国で、アメリカやスウェーデン、アゼルバイジャンなど性格の異なるさまざまな国が集い、会合は国際外交に特有のあいまいな雰囲気のなかで始まった。二〇一八年の春の会議はローマで開催され、議題は「外国人テロ戦闘員の逆流」という飾りけのないものだった。会場はボルゲーゼ公園に近いホテルだ。明るい日ざしが国家憲兵《カラビニエリ》のマシンガンをきらりと光らせ、外に駐車された警備車に照りつけ、パトロールをしている騎馬隊の馬の臀部を黒光りさせている。

ホテルの会議場で関係者だけを対象にした会合は、大型客船が進むように厳かに進行している。前方のスクリーンに映しだされた過激主義組織の顔は褐色だが、会議の席についているのは白い顔がほとんどだ。そのなかの例外のひとりは、ノルウェーの国会議員アビド・カユーム・ラジャだ。ヨーロッパの移民を平等に扱うことを求めた彼の演説は注目を集めた（その演説のあとでラジャを取り巻く人々のあいだに、「名刺が足りなくなったのでしょう」と言いながら、ひとりのアメリカ人が割りこんだ）。各国の代表の数名は持ち時間の大半を使って、自分たちの国が開催する予定のテロ対策会議の宣伝をした。それらの会議はモスクワ、ニューヨーク、ウィーンで開かれるらしい。まるで「サーカス」だと言ったのは、会議に詳しい人物だ。あちらこちらで開催されるこのような会議に参加している、専門家や情報部員、外交官たちへの当てこすりだ。「マドリードへは行かれるのですか?」とオーストリア人のコンサルタントがワシントンから来た相手にきいた。「残念ながら、その会議には……」「パリの予定と重なっているので」と彼らは口をそろえて言った。

「サーカス」には仲間内の言葉がある。国連テロ対策局の局長が「元テロ戦闘員の人生の最後」について話すのを耳にしながら、わたしは七年生のときに生物の教科書で見たカエルの解剖図を思いだした。しかしまわりから聞こえてきたのは、外国人テロ戦闘員は卑しいやつ《ウジムシ》という声だった。ほぼ例外なく、ジハード戦士は幽霊のような脅威として仕立てあげられ、会議場のスクリーンには粒子の粗い顔写真や、無味乾燥な統計データ、急降下する矢が映しだされていた。

代表たちは自国の取り締まりについて、おもしろみのない教科書を朗読する従順な学生のように、準備した原稿をだらだらと読んだ。今はもう安心している場合ではない。明日の脅威に備えなければならない。世界的な脅威に直面している。われわれは国境を越えて、より緊密に協力し、情報を共有する必要がある。われわれの国民の安全が危機に瀕している。安全保障政策において人権は完全に尊重されなければならない。

この輝かしい紳士的な総意は、ロシアの外務副大臣オレグ・シロモロトフの基調演説によって傷をつけられた。この演説で彼は、「ロシア軍による多大な支援を受けた」シリア軍が「テロに対して圧倒的な勝利をおさめた」と称賛した。[1] この勝利を持続させるには、戻ってくる外国人戦闘員に厳しい反撃を確実に行う必要があると彼は釘を刺した。ロシアにおいてテロリストは、ヨーロッパのような「心地よく」ゆるい対応ではなく、「逃れようのない、厳しい、刑事罰が科せられる」のだ。人権の尊重を訴えるせいでヨーロッパ人は骨抜きにされ、テロリストたちの術中にはまってしまうのだと彼は言った。「表現の自由を絶対的に優先させる西欧のやり方」は「まぎれもなく危険」である。ヨーロッパで実現しようとしているテロリストの更生と社会復帰は「危険」であり、「そのおかげで『殺人犯』を被害者へ」と変換させる結果となる。

そのあとで、モスクワから参加している検察幹部がロシアの反テロ法について得意気に発表した。「テロに関与したものはすべて刑事責任を負う」と彼女は言った。政府がテロリストだと特定した人物を家に迎えたり、食事を作ったりしたロシア人は、懲役一〇年の刑が言い渡される。ロシア政府が定義するテロリストとは、エホバの証人や、サッカーの試合中に花火を打ちあげた人も含むほど幅広いので、多くの人が対象となる。

現実的には、強権発動がテロ行為を減らすとは限らない。むしろその逆の結果を招く場合が多々ある。市民の自由、マイノリティの人権、そして法の原則を尊重する民主主義が浸透しているほうが、民主主義ではない社会と比較してテロ攻撃を受けにくい。二〇一六年に発表された研究によると、一九八九年から二〇一四年のあいだに起きたテロ攻撃の九三パーセントは、政府の主導で裁判が行われずに刑務所に収監されたり、拷問や殺人などが司法の管轄の外で行われたりするような、国家によるテロ行為の確率が高い国々で起きている。[2] 国連開発計画がアフリカの過激主義者に、どんなプッシュ要因のせいで暴力的過激主義組織に加入したかを聞き取りしたところ、家族や友人の殺害や逮捕を含めた「政府の行為」のせいであると七一パーセントが回答した。[3]

少なくとも報告書のなかでは、欧州安全保障協力機構を含む国際機関に加盟する国々が、テロ組織への勧誘の原因や結果に対して、多角的な取り組みを導入していると主張されている。国連はシリアやイラクから戻ってきた戦闘員たちを含む傭兵たちに、「国際的、全体的、多次元的、戦略的」な対応を呼びかけた。[4] 欧州安全保障機構が二〇二〇年に出した報告書では、「人権と安全保障の相関関係と、侵害、不当行為、不平等に早急に対処する必要性」と、テロ組織を生みだす環境について言及された。[5] さらに「防止、起訴、更生、社会復帰」が高く評価されていた。

しかし報告書では「実際のところ、予防や更生に力を入れるよりも、弾圧や懲罰のほうにはるかに力が入れられている」と続いている。

＊＊

わたしは世間知らずな人間ではない。安全保障に関する国際会議において、テロの社会政治的な原因についてもっと深い討議を望むことは、マーベルのスーパーヒーローたちに母親について語ってくれと頼むくらいに見当違いもはなはだしいと理解している。そして公平のために言うと、ローマでの専門家会議の議題は外国人テロ戦闘員の逆流であり、彼らの動機についてではない。しかしわたしには疑念が残っていた。ロシア代表の長々とした演説は脇に置くとして、会議では世界の地政学的要素が、暴力的過激主義の台頭の原因となっている可能性にみじんも触れられなかった。たとえば欧州安全保障機構の加盟国によるイラクとアフガニスタンへの侵攻、サウジアラビアやエジプトの独裁政権への支援、ハンガリーからアメリカまでの有権者のあいだに広がる極右人気の高まりなどには、まったく言及されていない。

欠落していたのは責任を認めること、すなわち参加国の政府による海外での行為と、国内で直面している脅威のあいだには関連性がある、という認識がないのだとわたしは実感した。ニコラやイギリス人のIS戦闘員の母親、そしてわたしが取材したほかの母親たちが夜中の二時に繰り返していたような自問自答を、各国政府が行った形跡はまったくない。実のところわたしはニコラから、このような国際会議について忠告を受けていた。これまでテロ対策会議に数多く出席しているニコラは、政府の代表者たちが人を過激主義組織に追いやる原因について検討する会議に出席したときの経験を披露してくれた。誰ひとりとして西欧諸国の外交政策について発言しないので、彼女は手をあげて自分の見解を述べた。「外交政策はまさに、人が過激化する過程と関係しているのです！　もしもあなたがソマリア人やアラブ人であれば、西欧諸国の外交政策が人生に大きな影響をおよぼします。ヨーロッパで育ったとしても、家族の人生や文化がどれほど影響されてきたかを、両親から聞かされながら成長するのです。これでも、外交政策とは無関係だと言えるでしょうか？」

沈黙。テロリズムが褐色の肌をした無力な若者の不満から派生しているだけでなく、白い肌の権力者が決定した政策にも原因しているという指摘に対し、少なくとも彼女のいた会議場においては、誰も反応しなかった。

ローマでの会議が終了した午後、わたしはホテルから出て、近くの緑あふれる涼しいボルゲーゼ公園へ行った。ローマに暮らす人々から愛されている公園には、街中の熱気と排気ガスから逃れてきた人の姿がたくさんあった。公園にある美術館ヴィラ・ボルゲーゼには、古代ギリシャの大男スコトッサのポリダマスの逸話を描いた絵画が展示されている。彼は目を見張るほど強く、素手でライオンを仕留めた、四頭立ての馬車を止めた、三人のペルシャ人戦士を負かしたなどの逸話がある。しかし自分の力を信じすぎたがゆえに命を落としてしまう。ある夏の暑い日、彼は友人たちと一緒に午後の日ざしを避けて、涼しい洞窟へ入った。すると天井が崩落してきた。友人たちは逃げだしたが、ポリダマスは自分の強い腕で天井を支えられるだろうと思い、そこにとどまった。ところが彼は岩に押しつぶされて、死んでしまった。老いても筋骨隆々だった大男は、自分が全能だと盲信したせいで亡くなった。

＊＊

ローマから戻ってまもないある日、わたしはラリー・アトリーと話をした。彼は長年テロ対策について研究しているアナリストで、平和構築を目指す組織セイファーワールドの国際政策および提言部門の代表である。暴力的過激主義の根本的原因を検討する際には、「大半の政府は自分たちの行いに目を向けようとしない」のだと彼はわたしに話してくれた。「彼らは『どうしてこの人たちは過激主義組織に加入して、暴力を行使するのだろう？』と考えることばかりに忙しく、なぜこうした組織が存在しているのか？　ほかに誰が暴力と虐待に対して責任があるのか？　外国政府はどのような役割を担うのか？　などのもっと大きな問題を解決しようと考えないのです」

マスコミと政府はともに、暴力的過激主義に注目しすぎる場合が多く、政治的腐敗や人権侵害など、結果的に過激主義組織への加入をあおるような状況にはほとんど目を向けようとしない。たとえばイエメンについて、西欧諸国の政府はアルカイダにとっての天国だと見なすが、汚職にまみれたエリート階級によって支配されている国だとは見ない。彼らはイエメン政府にアルカイダ掃討のための資金を提供するが、それは正当な理由で政府に抗議している反対派の鎮圧に使われている。このために内戦が始まり、混乱に乗じてＩＳやアルカイダがつけ入る隙を与える結果となる。「暴力的過激主義」だけを注視して、その背後にある汚職や弾圧などの大きな問題から目をそむけていると、危険な結果を生むのだ。

「サラ・チェイズを読んでみるといい」とアトリーは電話を切る前に教えてくれた。

チェイズはアメリカ人のジャーナリストで、アフガニスタンで一〇年過ごした経験のあるコンサルタントでもある。彼女は汚職が本質的に安全保障と結びついていることをアメリカの政府高官に納得させていた。二〇一五年に出版された『国から盗む者たち：なぜ汚職は世界の安全保障をおびやかすのか（Thieves of State: Why Corruption Threatens Global Security）』のなかで、反乱のほとんどは政府の汚職が深刻で広範囲にわたっている国で起こるとチェイズは主張している。[6] 日常生活において組織立った汚職のせいで屈辱感を抱かされていると、過激主義組織が示す道徳的な潔癖さがよいものに見えてくる。もしも姉妹が官僚に手なずけられたり、雑貨店主の父親が地元の警察官に用心棒代を払わされたりしているのを目にしたら、セクシャルハラスメントや高利貸しを厳格に禁じるシャリーアを施行するために戦っている組織に加入したくなるのではないだろうか。チェイズは二〇一六年の上院外交委員会で次のように証言した。

（汚職は）自称イスラム国など宗教的過激主義者の主張に対する信頼感を高め、彼らがアフガニスタンやイラクからパキスタン、中央アジア、サヘル地域、西アフリカなどで新人の戦闘員や服従する人々を獲得する助けになっています。[7] 彼らの誘い文句はシンプルで、汚職についての明らかな道徳的逸脱について語るのです。「彼らは政府機関の違反行為について本当のことを話していました。そして、もしもわたしたちの憲法がイスラム体制にもとづいていれば、こうしたことは起こらない。公平な社会になるのだと彼らは言いました」とナイジェリアのマイドゥグリの住人が証言しました。これは二〇一五年一一月二一日に、過激主義組織ボコハラムがその前に行った演説について説明してもらうために、屋外でわたしと会話を交わしているときのことでした。

彼らの道徳的な潔癖さとはまやかしなのだが、組織への強力な吸引力になる。クリスティアンヌの息子ダミアンは、カナダに住む彼の家族の退廃的な考え方を激しく非難するテキストメッセージをシリアから送ってきた。インドネシアのティーンエイジャーでISに加入したアフィファは、イスラム国へ移住した理由のひとつは母国での汚職だと語った。しかしチェイズは社会に定着している組織的な汚職によって、自分たちは社会の道徳規範を回復する正義の戦士だという像を、過激主義組織がいかに作りあげやすいかという構図を説明した。

彼女の本を読んでいると、一九九六年にタリバンが公正、尊厳、秩序を回復するためにやってきたと主張して、アフガニスタンを席巻したことを思いだしだ。国のほぼ全域を実効支配していた軍閥による汚職と暴力にうんざりしていたアフガニスタン人の多くは、彼らの言葉を信じた。当然のことながら彼らが公言した宗教的な厳格さは、少なくともカブールにおいては恐怖政治へと姿を変えた。残酷な手法にもかかわらず、この組織は支援者を獲得し続けた。そして汚職は都合のいい勧誘道具であり続けている。二〇〇〇年代初期のアメリカによる侵攻とカルザイ政権の発足後、政府にはびこる汚職に対する国民の嫌悪感がタリバンへの勧誘にはプラスに働いた。「一〇〇人のタリバンのうち、『本物』は四分の一にも満たないと長老たちはわたしに言った。残りのものたちは、政府に嫌気がさして武器を手にしたのだ」とチェイズは記している。[8]

また別の形を取る組織的な不公平さ──家父長制の文化──への嫌悪感も過激主義組織の魅力を増幅させている。ナイジェリアでは、農村部の女性たちの大半には人生の選択肢が限られているので、ボコハラムへの加入は自分を縛りつけている状況からの解放のように見なされている。こう話すのはナイジェリア政府主導の脱急進化プログラムを発足させた、心理学者のドクター・ファティマ・アキルだ。九歳か一〇歳で嫁がされるような村に生まれた女性たちにとって、戦闘員から組織に加入をすすめる、または彼と結婚しようという誘い文句が、とても魅力的に感じられるのだ。「戦闘員たちは、『もしも組織に入ったら、自分のやりたいことを選べる。奴隷を持ち、おれの妻として采配をふるうこともできる』と言うのです」とドクター・アキルは説明してくれた。[9]女性は料理を作るか、爆弾を組み立てる仕事をさせられる。多くの村の慣習では禁じられているが、ボコハラムは女性たちに、結婚生活に不満があるなら離婚する権利があると確約する。「生まれて初めて、女性たちはたくさんの選択肢を提示されるのです。そして実際にボコハラムのなかでも力を獲得することになります」と彼女は言う。ナイジェリア政府がボコハラムの戦闘員を更生させようとすると、「男性よりも女性のほうが脱急進化は難しい」のだ。それは男性のほうが失うものが少ないからだ。

＊＊

わたしはアメリカ外交の専門家が「ブローバック」という言葉をしきりに使っていたころを覚えている。ワシントンがイランで民主的に選ばれたムハンマド・モサデク首相を、イギリスの石油権益を守るために失脚させた翌年の一九五四年に、アメリカのＣＩＡの分析官が使い始めた言葉で、海外において政府の秘密工作が予期しなかった負の結果をもたらすという意味だ。ブローバックの実例第一号はアフガニスタンのムジャヒディンで、一九八〇年代にアメリカが武装させてソ連軍と戦わせ、その後の一〇年間で彼らは国際的なジハード戦士へと変容してしまった。

人権擁護団体と軍事アナリストたちは長年にわたり、アメリカによるイエメン、ソマリア、イラク、パキスタン、アフガニスタンにおけるドローンの爆撃が、現代のブローバックになるだろうと主張している。二〇〇二年にブッシュ政権が初めて海外のテロリストを標的にプレデター・ドローンを使用した。その使用はオバマ政権下で飛躍的に増加し、トランプは戦闘地域以外にも「敵対行為が見られる地域」へと使用可能な範囲を拡大した。[10]

しかし人権擁護団体、安全保障アナリスト、さらに軍部など――ドローンによる副次的な影響を間近で目にしてきた人々――は、ドローンによる攻撃は逆効果を招くと主張する。誤って民間人を殺害する結果を招くと、ドローンへの懸念や恐怖感とあいまって、かえって人々の離反を招き、戦闘が激化してしまう。保守系のケイトー研究所に所属するフェローで安全保障の専門家Ａ・トレバー・スロールとアメリカ空軍を退役した元大佐エリック・グプナーのふたりは、アメリカが侵攻した国々ではそうでない国と比較して、テロ攻撃が年間で一四三件も多く、そのなかでもアメリカがドローンによる攻撃を行った国々では、そうでない場合と比較して三九五件も増えていたと報告している。[11] イエメンに駐在していたアメリカの元外交官は、アルカイダの工作員ひとりを殺害するドローン攻撃を実施すると、アメリカは一回につき四〇人から六〇人の新たな敵を生みだすと試算している。[12] ジョージ・W・ブッシュの政権下でテロ対策担当の大統領補佐官を務めていたリチャード・クラークは、ドローン攻撃は「アメリカに今後何世代にもわたって続く敵を作ることになる」と警鐘を鳴らした。[13] 「殺害してしまった罪なき人々には、兄弟や姉妹、同じ部族の親類縁者がいる。その多くは、友人や親族が殺されるまで、アメリカに敵対感情を抱いていなかった。だがその後、彼らは一線を越えて、アメリカに敵意を持つだけでなく、武器を手にすることを決めた場合にはアメリカを標的にするテロリストになるのだ。つまり、テロリストを殲滅するどころか、生みだしてしまうのだ」。[14] 二〇一五年に退役したアメリカ空軍のドローン操縦士の四人が、オバマ大統領にドローンを使用した軍事作戦について書簡を送り、そのなかで「現政権と前政権はテロリズムを誘発するもっとも強力な原動力となり、世界中を混乱に陥れる結果を招く、ドローンによる攻撃計画を策定したのです」と明言した。

わたしはさらに地域情勢が戦闘を引き起こした例も見てきた。ペシャワールの貧しい少年が狡猾なリクルーターと出会ったり、ジハード戦士のために働く地元のギャングとつきあうようになったりすることがある。個人の物語に注目しすぎると地政学的な力の作用を見落としてしまうが、その逆も同様である。ブローバック理論は、アメリカ人が使うと、目先のことばかりに集中してしまう。「われわれ」は先手を打つほうで、「あちら側」はそれに反応するほうだと見なす。そしてこれは自分の事情だけに没頭した分析の方法である。つまり「あちら側」の実情ではなく、「あちら側」がアメリカに対してどのように反応するかが重要なのである。

アメリカ同時多発テロ事件以降、初めてアルカイダに加入したブライアント・ニール・ヴィニャスには、「われわれ」も「あちら側」もなかった。彼の物語は個人におけるブローバックの例である。というのも彼いわく、二〇〇八年にロングアイランド鉄道の爆破計画を立てたのは、アメリカによるドローン攻撃が原因だったからだ。

＊＊

わたしはまさにその鉄道を使って、彼の弁護士の事務所で本人と面会するためにマンハッタンからクイーンズのベイサイドまで行った。わたしのポケットにはロングアイランド鉄道の切符が入っており、ピザ店や安いネイルサロンが立ち並ぶ通りを歩きながら、どうして若いときに利用していた鉄道路線を、生まれた街を傷つけるという目的のために爆破しようと思えるのだろうと考えていた。今のブライアントには家がなかったので、彼の弁護士事務所で会う予定になっていた。彼はフラッシングで、ある女性の家に間借りしていた。家族や子供のころの友人とは連絡を取っていない。彼の母親は、「彼はもうわたしの息子ではありません。こんなことをしでかすなんて、理解できません。もう家族でもなんでもありません」と息子の逮捕直後にニューヨークの『デイリー・ニューズ』紙に語った。[15]

ブライアントはしきりに恐縮しながら、遅れてやってきた。イタリアンレストランでの皿洗いのアルバイトの時間が延長してしまったらしい。顔立ちは幼く、グレーのTシャツを着て、野球帽の下に薄手の被り物《ドゥーラグ》を巻いている姿は、三五歳の男性というよりもティーンエイジャーのように見える。伏し目がちで、あえて丁寧にふるまっているような控えめな態度で、長いあいだ失望して生きてきたという雰囲気を漂わせている。ブライアントが育ってきた環境を振り返っても、アルカイダに加入するような要素は見受けられない。ましてや組織にいた七カ月のあいだに、彼が上級指揮官に会っていたとは考えられない。アメリカのテロ対策機関の役人は、彼がアルカイダの主要会議に参加できたという不可解さから、「ジハード界のフォレスト・ガンプ」と呼んでいた。[16] この男性はハイスクールしか出ておらず、知りあいもなく、アラビア語、パシュトー語、ダリー語などいっさい話せないのに、殉教者として死のうと決意したのだ。

一九八二年に生まれたブライアントは、ロングアイランドのメドフォードで、エンジニアをしているペルー出身の父親とアルゼンチン出身の母親にカトリック教徒として育てられた。彼が一四歳のときに父親が母親を捨て、その数年後には母親が息子の親権を放棄した。彼は父親と再婚相手の家に移ったが状況は悪くなるばかりで、車で寝たり、近所の家で寝泊まりしたりしていた。テクニカル・カレッジでいくつかコースを受講したものの、修了はしなかった。アメリカ同時多発テロ事件から半年後に熱烈な愛国心に駆られ、燃料供給の特技兵としてアメリカ軍に入隊したが、わずか三週間しか続かなかった。軍隊での生活に適応できなという理由で、軍の法規第一一章にもとづいて除隊させられたのだ。[17]

ブライアントはトラック運転手、フォークリフトの運転作業員、洗車の係員など職を転々としながら、暇な時間にはボクシングをした。初めてイスラム教に触れたのは、ロングアイランドのショッピングモールでTシャツ売り場の女性にちょっかいを出していたときだった。デートに誘ったところ、彼女は家族からムスリムはデートをしてはいけないと言われているので、無理だと答えた。ブライアントはイスラム教について調べ始めた。パキスタン人の友達が子供向けの入門書をくれた。決められた時間に礼拝をするという戒律、豚肉とアルコールを禁忌とする食物戒律、そして体を強く保つように奨励されているところに惹かれ、彼はイスラム教への改宗を考え始めた。ラマダン月にはムスリムとともに断食もした。ラマダン月のある日、彼は喜捨するためにモスクに立ち寄った。小切手帳を手にして入口に立っていると、彼は男性たちのグループに呼ばれ、わけもわからないうちに「信仰告白《シャハーダ》」をさせられていた。二名以上のムスリムの前でシャハーダの文言を唱えると、イスラム教徒になるのだ。「今からあなたはムスリムです」とブライアントは言われた。彼はイスラム教徒になりたいと思ってはいたが、心の準備ができていなかった。「戒律にはそぐわないことを、もっとやっていたかったのです」と彼はわたしに言った。それまで三〇分ほど話していたなかで、一瞬ではあるが初めて彼は笑顔を見せた。

改宗してから数年のあいだに、イスラム教国に対するアメリカの行為に憤りが募っていった。彼はニューメキシコ州生まれのアンワル・アウラキが配信している、影響力の大きいユーチューブ動画を見た。アウラキはイエメンの活動拠点から、なまりのない英語で不信心者の邪悪さやアメリカによる弾圧を非難した(二〇一一年にアメリカのドローン攻撃によって、アウラキは一六歳の息子とともに殺害された)。

最終的にブライアントをパキスタンへ行かせた要因はアウラキの動画ではなく、西欧諸国によるイラクとアフガニスタンへの侵攻について交わした友人とのEメールだった。「きみは語るだけの人たちと同じだ。間違ったことに対して、決して行動しようとしないのだ」と友人は彼を責めた。その言葉に深く傷つき、ブライアントは外国の占領から同胞のムスリムを守ることが自分の義務だと思いこむようになった。彼はマドラサでイスラム教を学びたいのだと言って、パキスタン系アメリカ人の友人からパキスタンの知りあいの連絡先を教えてもらった。実際には過激主義組織に加入しようとひそかに算段していた。彼の望みはアフガニスタンの戦場で西欧諸国の軍隊と戦って、殉教者として死ぬことだった。

二〇〇七年九月一〇日に彼はラホールへ渡航し、そこからペシャワールへ行った。そこで彼はアメリカ人のバシールという意味の「バシール・アル・アムリキ」という仮名をつけられ、パキスタンの諜報機関である軍統合情報局およびタリバンと提携しているシャーシャブという組織に紹介された。

ブライアントが加入したときには、シャーシャブはアフガニスタンのクナル州を攻撃するように指令を受けていた。これはアフガニスタン政府が計画しているダム建設を阻止するためで、このダムが完成するとパキスタンへの水流が止まってしまうのだ。彼は過激主義組織では高潔な理由を掲げて行動すると思っていたのだが、高潔さなどないことに幻滅した。さらに、アメリカから来た新人戦闘員がいるという話をきっかけにして寄付を集めるために、組織が彼を「マスコット扱い」しているのに気づいた。「彼らがパキスタンの軍統合情報局と結びついているのだとわかった瞬間に、『ここを辞めよう』と思いました。彼らの汚い任務にかかわるつもりはありませんでした。それはわたしの仕事ではありません」と彼はわたしに言った。ブライアントは組織から脱退し、アフガニスタンのヘルマンド州の平地で戦わせてくれる組織を見つけようとした。

「どうしてヘルマンド州を希望したのですか?」とわたしは質問した。

「山岳地帯ではさんざんな目にあいました。高山病に苦しみ、大変でした。ロングアイランド出身なので、海面に近い高度が性に合うようです」とブライアントはニューヨークなまりで言った。彼は自分が不幸だと感じていたので、自爆テロ犯になると訴えた。このみじめな状況を終わらせる高潔な方法は、殉教しかないと考えたのだ。

彼の申し出は却下された。二〇〇八年三月に彼は北ワジリスタン地区へ向かい、そこで別の組織に加入した。彼は仲間の新人戦闘員のクワイティから聞くまで、組織の名前を知らなかったが、教えられてショックを受けた。「わたしは『これがアルカイダ？　本当に？　動画で見ていたのと違うんだけど』と思いました」。ロングアイランドにいたころは、ユーチューブでアルカイダのプロパガンダ動画を見ながら、黒ずくめの男たちが有刺鉄線の下を匍匐前進したり、自動小銃を撃ったりしている姿に胸を躍らせていた。しかしワジリスタンで、レンガづくりの家で生活する毎日は退屈だった。何もすることがないまま、指令が来るのをただ待ちながら、オクラとジャガイモに米飯という食事を流しこみ、同僚の戦闘員たちとしゃべって時間をつぶすしかなかった。そして夜になるとノミだらけの寝袋で寝た。「彼らの大半は本ばかり読む男たちや、つまらないやつばかりで、マスコミで騒がれるような血に飢えた殺人鬼ではありませんでした」と彼は言った。

その家にあるラジオが電波をとらえると、ＢＢＣのニュースを聞けるときがあった。ブライアントは北京オリンピックでのウサイン・ボルトの金メダル獲得や、アメリカ大統領選挙におけるジョン・マケインとバラク・オバマ両候補の勝敗予測などを伝えるニュースを耳にした。湾岸諸国から来た裕福な戦闘員たちはヤギや鶏の肉を買ったり、特別な戦闘訓練を受けるためにお金を使えたりした。ブライアントには無理だったので、アルカイダの戦闘員に必要とされる、基本訓練、発射体兵器理論、爆発物理論の三つだけ受講した。アメリカのドローン攻撃を避けるために、訓練は室内で行われた。ブライアントは自動小銃の分解の仕方や、接着剤とボールベアリングを「サンドイッチのように」重ねて、爆弾の金属片を準備する方法を学んだ。七月までにトレーニングは完了し、それからまもなく彼はアフガニスタンに駐留するアメリカ軍基地を迫撃砲で攻撃するグループに配属された。しかし最初のときには弾着監視兵が任務についていなかった。翌日は迫撃砲が標的に届かず、任務は頓挫した。

＊＊

ブライアントと話をするのは、認知的不協和を体験しているようだった。クイーンズ出身のこの男性からは、自爆テロ犯に志願した人物のような痕跡は見受けられなかった。彼のなかには怒りも認められず、ロングアイランド鉄道の爆破計画など言うまでもない。「何がきっかけで、そんな計画を提案したのですか？　指揮官にいいところを見せるため？　アメリカ人や、ニューヨーカーへの嫌悪感からですか？」とわたしは質問した。

ブライアントは少し考えてから、単調な低い声で話し始めた。「戦闘地帯にいると、攻撃する音が常に聞こえています」。絶えず続く遠い雑音のせいで、それが普通になるのだと彼は言った。

わたしはさらに話を進め、彼をパキスタンで西欧諸国を標的に攻撃していた人間から、ニューヨークの通勤客を狙う人間に変えたものの正体を引きだしたかった。

ようやく彼はわたしに言った。それはアメリカのドローン攻撃だった。最初のころは頭上を飛びまわるプレデターやリーパーも、単にいらだたしく、不安をもたらすだけだった。「ときどきドローンの飛ぶ音が聞こえていました。晴れた日には、姿も見えました。いつでも人生最後の日になり得るという気持ちが常にありました」と彼は言う。

あるときワジリスタンを移動中、彼と戦闘員たちの数人で孤児院に立ち寄り、お茶を飲んだことがあった。それからほどなくして、ドローンがその孤児院を爆撃した。ニュースを聞き、亡くなった子供たちのことを想像すると、体のなかで何かがかたまるような感覚があった。彼のジハードの概念が、この地での戦いから、アメリカ国民を標的にするほうへ移っていった。この攻撃を行った人々に復讐したくなったのだと、彼は落ち着いた声で説明した。「誇れることではありませんが、あの環境にいると、このような考えが普通になってしまいます」

一瞬の間を置いて、彼は静かに言った。「戦争とはとても醜いのです」

こうした理由から、ブライアントは気がつくとワジリスタンにあるアルカイダの隠れ家で、ロングアイランド鉄道を爆破すると、ニューヨーク市を混乱に陥れることができると上級指揮官に進言していた。彼はほかの計画――ウォルマートの爆破や、ペルーでの訓練キャンプの設立――も提案したが、指揮官の関心を引いたのはロングアイランド鉄道の策略だけだった。ある夜遅く、上級指揮官のユニス・アル・モーリタニと夕食をとっている最中に、ブライアントは生まれ故郷のロングアイランドの地図を描き、主要駅、もっとも混雑する時間帯、そしてマンハッタンへ向かうすべての列車が最後にひとつのトンネルへ合流するという、いちばん重要な点を説明した。そして自爆テロ攻撃に最適の計画は、なかを通過する列車からトンネルを爆破することだと言った。アル・モーリタニは興味をそそられた。このタイプの爆撃の重要なところは犠牲者の数ではなく、どれだけ経済を悪化させられるかなのだと彼はブライアントに言った。

この計画は実現しなかった。しかし二〇〇八年の感謝祭が近づくにつれて「裏づけは取れていないが、たしかだと考えられる情報」として、この休暇の時期にアルカイダによる攻撃が計画されていると、ニューヨーク・シティを訪れる人々に警告された。わたしはこの放送をラジオで聞いたのを覚えている。この情報はブライアントが流したものだった。

ブライアントの物語の前半がブローバックについての教訓だとすると、後半は彼の帰国後の複雑な立場だ。ブライアントはアメリカ政府さえも認めるほど、彼が現地にいた期間のアルカイダに関する、おそらくもっともすばらしい西欧諸国の情報源になった。「被告が政府に多大な支援を行ったという表現は、控えめなものだ」とアメリカ政府の検察官が記している。[18]

＊＊

その年の秋にペシャワールでブライアントは逮捕された。春になって戦闘が始まるのを待っていた時期だった。ある日、彼がバザールで店の主人にライフルの照準器の値下げを交渉していると、パキスタン警察に拘束された。それから彼はアメリカ側に引き渡され、アフガニスタンのバグラム空軍基地に連行されてから、アメリカに強制送還された。彼の事件を担当したＦＢＩの管理官ドン・ボレリはニューヨーク州ニューバーグで、ＦＢＩの飛行機が着陸するのを見ていたことを覚えている。「痩せた、ひ弱そうな少年」がおりてきた。

逮捕のほぼ直後からブライアントは司法当局に知っていることを話し始めた。なぜそれほどすぐに協力したのかと質問すると、少し困ったようなそぶりを見せてから、彼は「最初は少し情報をもらすだけで、すべて話すつもりはなかった」とはぐらかした。

過激主義組織の更生にたずさわっている人々から話を聞くと、これは遅々とした、ひと筋縄ではいかない、きわめて個人的な作業なのだと強調する。更生には通常、小さな成功と後退を繰り返しながら何年もかかる。最高のプログラムでは本人の必要性に応じて、慎重に人員が選ばれる。急進的な神学理論に見切りをつけた男性には、イマームとソーシャルワーカー、心理学者が更生にあたることになるだろう。違法薬物に手を出していたネオナチには、薬物依存症カウンセラーと地域の白人至上主義者の事情に詳しいメンターが選ばれるはずだ。

ブライアントの更生には、前者のような支援者はつかなかった。実のところ彼の変化を、本当に過激主義から離脱した結果だと見なすのは難しかった。生きのびるために態度をひるがえした日和見主義に見えるのだ。アメリカの情報機関に協力しようと真剣に思った瞬間をきくと、彼はブルックリンの刑務所の独房で震えながら、ほかの収監者たちの叫び声を聞き、過去の失望したこと、すなわち「交わした約束を破ったり、自分を裏切ったりしたすべての人間」について思い返していたことを描写して語った。

ある日ふたりの刑事が彼を刑務所から連れだした。車でネイサンズに行き、ホットドッグとフライドポテトを食べさせた。刑事たちは彼がずっとメッツのファンだと知っていたので、傘下であるマイナーリーグのブルックリン・サイクロンズが本拠地としている球場に連れていった。刑事のひとりが球場の支配人と知りあいだったので、受刑者の状況を簡単に説明して、内野を歩かせてもらった。そのときに彼は、「ヘイ！　ブライアントがアフガニスタンから戻ってきたぞ！　山奥から帰ってきた」と叫んだ。ブライアントはそのときの様子を思いだしながら笑った。「支配人は驚いていましたよ。『なんだって？』という顔をして」

腰に巻いた鎖とつながった手錠をかけられたまま、ブライアントは内野を一周した。この瞬間に彼は満足感にあふれ、よろこびさえ感じていた。「大好きなものを見ている子供のような」気分だった。

それから刑務所へ戻るために、駐車場で片方の刑事が車をまわしてくるのを待っているあいだ、もう片方の刑事が彼にきいた。「残りの人生をずっと、最高警備レベルの刑務所で過ごしたいか？」。そして腕を広げて、駐車場を見まわしながら、「それとも、人生を取り戻したいか？　二度目のチャンスをもらえる人間は、そんなに多くないんだぞ」と言った。

あの瞬間に、「彼らの手に落ちました」とブライアントは言った。

彼がＦＢＩに供述を始めるとすぐに、アメリカ陸軍が行動に出た。その情報をもとにしてＣＩＡの操縦するドローンが、彼が暮らし、訓練を受けていた場所を、ワジリスタンの泥レンガづくりの隠れ家を含め、すべて爆撃した。[19] 彼の情報によって、かつての仲間たちが命を落としたのはほぼ間違いない。

この点について心を痛めているかどうか、彼に質問した。

「ほんの少しですね。わたしの考えでは、昔の友人たちから離れたということは、彼らはもうわたしの友人ではありません。ひどいかもしれませんが、今後はこのように考えていこうと思っています」と言って、彼は肩をすくめた。

ブライアントが自分の話をふたたび語るときにも、彼の忠誠心に重々しさはなかった。たしかに繰り返すことで話はなめらかになるのを考慮しても、わたしの質問に丁寧には答えるが、感情がこもっているようには聞こえなかった。彼の過激主義組織から正反対の側への変わり身の早さ、すなわちアルカイダに情報を流していた人間が、今度はアメリカに情報を供述する立場へ変化する気軽さを目にして、わたしはジハード戦士のすべてがイデオロギーに固執しているのではなく、ましてや揺るぎない政治的信条を持っているのではないとよくわかった。

ブライアントの弁護士スティーブ・ジソーは、彼のクライアントが見かけほど軽薄ではないと主張した。

「わたしは彼が自らの行いを肯定しているとは思いません。自分が（かつての仲間たちを）死に追いやったという重荷を抱えながら生きるのは大変です」と彼は言った。ブライアントがＦＢＩに話した内容が原因で死亡した人の数を知るのは無理だが、アメリカ政府が彼の情報の重要性を認識していたので、「大勢が亡くなった」のだろうとジソーは推測している。

過激主義者時代の目標を正確にはいつあきらめたのかとブライアントに質問すると、彼は肩をすくめて言った。「人は有罪判決を言い渡されると、過去を捨てるものです」

「あなたの世界観は変わったのですか？」わたしは食いさがった。「つまり、あなたは渡航してまで戦おうとしていた敵、すなわちアメリカを助け、そのせいでアフガニスタンにいた昔の仲間が爆撃されたのです。あなたが最初に戦いたかったアメリカや西欧諸国の不公平さに対する考えは、変わったのですか？」

彼は今でも西欧諸国がイスラム教国に干渉するのは間違いだと信じていると言った。しかし「反対側からも物事を見たせいで、今では双方とも悪いのだと理解できるようになったのです」

自爆テロ犯になりたいと願っていたブライアントが、いとも簡単にアメリカ政府の情報源にするりと成り代わったことに、わたしはまだ当惑していた。ブライアントの件を担当したニコラス・Ｇ・ガラウフィス判事もわたしと同様の困惑があったようで、彼の華麗な一八〇度の方向転換が、判決を複雑にしたとして、次のように言った。「ミスター・ヴィニャスが残忍な犯罪にかかわり、なおかつ逮捕後には異例の協力をしたことは、ミスター・ヴィニャスに判決をくだすという作業を困難にしました」[20]

あとからジソーに、なぜブライアントが忠誠を誓う先をいとも簡単に、そして完全に変えられたのか質問したところ、彼はゆっくりとため息をついた。「そうですね……まあ。わたしにもわからないのです。

一生を刑務所で送りたくないという、単純な理由だったのかもしれません」

めずらしいことではないとＦＢＩのボレリはわたしに言った。逮捕されてから数日のうちに、早ければ数時間のうちに自供を始める過激主義者もいるらしい。多くは単に自分たちの物語を披露したいのだ。彼らは心にぽっかりと開いた穴を抱えており、以前は過激主義組織に加入してその穴を埋めていた。「彼らがつかまって、穴を埋めていた組織がなくなると、自分の物語を話すことで組織の存在を感じ続けようとする場合があるのです。あるいは話をするという目的のおかげで、別の穴を埋められるのかもしれません」

戯曲『セールスマンの死』の主人公ウィリー・ローマンは夢が砕け、注目もされなくなっていた。だがブライアントには注目が集まった。彼は約九年間を刑務所で過ごし、一〇〇件以上のインタビューにこたえ、一〇〇〇枚もの写真を確認し、アメリカと海外における三〇以上もの警察機関の捜査に協力した。「顔も名前も知られていない大勢の被害者を、彼は救ったのです。兵士たち！　ムスリム！　非ムスリム！男性、女性、子供、犠牲になるとは思ってもいなかった人々を！」とジソーは机を叩きながら訴えた。

政府に協力していたので、ブライアントには証人保護プログラムが適用されると彼と弁護士は期待していた。証人保護プログラムを受けられないとジソーが知ったのは、ブライアントが出所する前日で、彼はひどく腹を立てた。「いったいどうすればいいいんだ？」と思案した。家族や友人、お金もないブライアントには、行くあてなどない。ジソーは司法当局にかけあい、出所したブライアントが一カ月のあいだ長期滞在型ホテルを利用できるようにした。彼の件を担当しているＦＢＩのファーボッド・アザド捜査官がホテルにいるブライアントのもとを訪れ、ＦＢＩが一カ月分の支払いをすませたと言って、フルーティー・ペブルス（シリアル）とミルクを彼に渡した。[21]　別の政府機関がもう一カ月分の費用を負担し、そのあとは元犯罪者が利用する更生訓練施設に送られる。彼が行けるように手配されたのは支援が少ない更生訓練施設なので、自分で求職活動をしなければならない。「これは、『どうもありがとう、さようなら。ホームレス施設でがんばってください』と言っているようなものです」とジソーは言った。一年経ってもまだ納得がいかないようだ。「これでは、彼を過激主義組織に戻そうとするようなものです」

白髪で、親戚のおじのようなやさしさを持つジソーは、これまでテロ関係者の弁護を数多く手がけており、元過激主義者を指導して更生させるのは「この職に従事するものの道徳的な責任」だと考えている。もしも出所後に新しい人生を見つける手段を与えられなければ、元ジハード戦士たちが「ふたたび単なる犯罪ではなく、常軌を逸した暴力行為に走る危険があるのです」と彼は言う。

ブライアントとジソーは、弁護士と依頼人という関係を超えてうまくいっている。ジソーは彼に有名な評論集を与え、事務所でランチをしながら哲学や歴史について話しあった。ジソーが彼に理解してほしかったのは、ムスリムが必ずしもアメリカの外交政策に不信感を抱いているわけではないという事実だ。アメリカ同時多発テロ事件以降に成人した世代にとって、かつては中東の人々がアメリカの要人の訪問を歓迎しており、ベイルートにはジョン・ケネディ通りと名づけられた道まであると知るのは大きな驚きだった。

ふたりはさらに、高校も卒業しておらず、家族や友人の支援もなく、元重罪犯がどのように将来を構築できるのか考えた。ブライアントはジソーを「相談役《コンシグリエーレ》」と、ジソーはブライアントを「息子《サン》」と呼んでいる。「二、三日連絡がないと、わたしは彼に『いったい何をしているんだ？　どこにいるんだ？』とテキストメッセージを送ります」そう言いながらジソーはにっこり笑った。「すると彼は『どうしてそんなことを言うんですか？』と返してくるので、『連絡がないから心配しているんだよ！』と送ります」

保護観察期間にはコンピュータの所持を禁じられていたので、ブライアントはジソーの法律事務所でEメールをチェックしている。彼はすっかり事務所になじみ、コーヒーを買いに行ったり、コピーをしたり、無線ルーターを設置したりする手伝いをしている。「事務所のみなは彼を気に入っています。彼はよろこんで雑用を引き受けてくれますから」とジソーは言った。わたしが取材している最中には部屋に顔を出し、「いいか、爆破計画については口を滑らすなよ」と言って元テロリストをからかった。

わたしは落ち着かない気持ちで笑ったが、ふたりのあいだに心が通っているのは手に取るようにわかった。そしてこのような関係が、ブライアントを過激主義組織に逆戻りさせないという難しい取り組みにおいて不可欠なのは明らかだった。

ジソーはブライアントがゆくゆくはテロ対策関連の仕事に就ければいいと願っている。だがブライアントは乗り気ではなかった。「彼は証人保護プログラムに入ることしか望んでいませんでした。姿を消したいと考えていました」とジソーは言った。コンシグリエーレとして彼は何週間もかけて、堂々と生きることで得られる可能性に目を向けるようにブライアントを説得した。「いいか、きみは三五歳だ。この先ずっと怯えながら生きるのか？　意味のある人生を送りたいと思わないか？　本当に名前を変えて、隠れたいのか？　人生を変えるきっかけがあるんだよ」

社会的スティグマとアルカイダからの報復の危険性があるにもかかわらず、逃げずに生きることで、ブライアントに意味のある仕事をする可能性が浮上した。ニューヨーク市警本部の情報分析部門の元責任者であるミッチェル・シルバーが、反過激主義者プロジェクトであるパラレル・ネットワークスの非正規コンサルタントとしてブライアントを雇用し、ふたりで論文を執筆したり、ワシントンのシンクタンクで講演を行ったりするようになったのだ。ジソーが彼の人生をドラマ化する話をロサンゼルスの関係者に持ちかけているので、ブライアントはハリウッドから収入を得る可能性もある。

それまでこの元過激主義者は、ニューヨークの街から鉛やアスベストを除去する仕事で自分を養う。アスベストの除去は奇妙な偶然から、彼にぴったりの仕事なのだという冗談をジソーは口にする。アルカイダの有害性をアメリカの情報機関に報告して除去する仕事の延長なのだと彼は言う。

＊＊

ロングアイランド鉄道の駅まで歩きながら、イデオロギーではなく、生存本能と日和見主義だけにもとづくブライアントの生き方は、まさにアメリカ的だとわたしは考えていた。この国が八年六カ月のあいだ服役していた彼を刑務所の出口で見捨てたのは、アメリカにおける社会復帰戦略の欠如を物語っている。さらに言えば、唐突に自由にさせてしまうのは、個人の自己責任が広く求められている国の常套手段なのだ。彼は北欧の福祉国家や財政が豊かな政府が提供しているような社会のセイフティーネットに期待を寄せることはできない。多くのイスラム教国では得られるような、部族や親類からの援助も彼には期待できない。ロングアイランドの郊外の出身では、帰郷できる村もないし、見守ってくれる長老もいない。幸運な場合には、面倒見のいい弁護士に出会えるという可能性だけだ。

アメリカの文化において繁栄とは社会に根を張るものではなく、伝統や血縁関係よりもダイナミズムや個人主義のほうが高く評価されている。わたしが取材したほかの過激主義者に比べてブライアントは独立独行で、運と機転だけでアルカイダに入り、服役中にはその機転を利かせて、ＦＢＩの重要な情報源へと転身を遂げた。彼の物語の第三幕も、まさにアメリカ的だ。彼は証人保護プログラムに入れず、家族や経済力、政府による更生もないままに刑務所から出所した。

アメリカとは南米からの移民の息子が、ヒンドゥークシュ山脈の村でジハード戦士になれる国なのだ。その逆もしかりで、気持ちを切りかえ、FBIに寝返って情報を提供し、生きのびられる場所でもある。しかし彼はその機敏さを、他国の事情については軽く考えることがゆるされるこの国で、すなわち初期のフェイスブックのモットーのように、「すばやく行動して、破壊する」国で学んだのだ。力をそのように行使する国では、海外でその地に暮らす人々に与えた恐怖と、自国民の多くが感じている恐怖のあいだにはつながりがあるという、ブローバックを理解できないようだ。ネバダ州の砂漠にある空軍基地からワジリスタンへドローンを飛ばすときには、それが物理的に戻ってくると理解できる。しかし国内の政治劇に慣れきった頭では、ワジリスタンで起きることはワジリスタンにとどまっているとしか考えられないのだ。

**

未来を想像することに価値が置かれる国に暮らすアメリカ人は、過去を理解するのが得意ではない。つい最近まで白人は、ネイティブ・アメリカンからの土地の略奪、そして奴隷制度という、歴史における重大な犯罪を見過ごしてきた。何世代にもわたって黒人は、この国に人種差別があるという現実を直視し、それを常態化させている制度の見直しを訴えてきた。そして先日のブラック・ライブズ・マターのような運動が起きてようやく、国をあげての対話と変化が徐々に生まれ始めた。こうした過去に責任を取るのは困難で難しい作業であり、アメリカ人は自国の神話の中身を見直し、家族や組織はその富と権力がどこから来ているのか精査する必要がある。これはすぐに終わる作業ではない。

アメリカ人が自分の国で行ってきた残虐行為を正直に話すのが難しいのであれば、遠い国での共同謀議を認めることは比較にならないほど困難である。わたしたちの多くにとって、長きにわたった奴隷制度が今日の社会にもたらしている影響を見るには、想像力を駆使する必要がある。何世紀にもわたる西欧の帝国主義思想によって、海外で行使されてきた暴力に目を向けるのはもっと骨が折れる。さらに恐ろしいほど大変なのは、この国が関与した対外戦争によって世界にもたらされる結果を認識すること。戦争によって、この国にもたらされる安全が増すのではなく、減少しているという認識。テロと戦うために下請け契約を結んでいる指導者たちが、究極的にはテロが蔓延する状況を生みだしている可能性。そして汚職と国をあげての暴力行為がテロを助長しているという仕組みを理解することである。

テロリストが生まれるのは、家庭や地域社会のみならず、国家的な組織にも原因があるのだ。わたしはさらに広い視点から、かつて暴力的過激主義者に支配されていた国を詳しく取材する必要があると感じた。「あちら側」への嫌悪感に凝りかたまって、数年間にわたって世界秩序を脅かした国。その過去から今日にいたるまで、暴力的過激主義が民主主義を破綻させた経緯について真剣に考察してきた国だ。

次の目的地は言うまでもなく、ドイツである。

量子もつれ

西欧諸国のなかで暴力的過激主義の歴史を清算するように迫られた国といえば、ドイツである。現代のベルリンは街全体が、ナチスに支配されていたこの国の過去を糾弾するモニュメントのようだ。街では歩道にシュトルパーシュタイン——「つまずきの石」——という正方形の真鍮板が埋めこまれており、そこにはかつてベルリンに暮らしていたユダヤ人の名前と、ナチスの強制収容所へ連れ去られた日付などが刻まれている。ヒトラーの総統官邸があった場所の近くには、虐殺されたヨーロッパのユダヤ人のための記念碑がある。ナチスの親衛隊本部の跡地にはテロのトポグラフィーという博物館があり、来場者は愕然とした思いで見学しながら第三帝国の興亡をたどることができる。ベルリンの街を歩くと、通りや石碑などいたるところに、この国が過去の傷を癒そうとする努力が垣間見える。この街では過去を意図的に表に出すことによって、責任を負おうとしているのだ。

わたしはこの国が運営している、寛容の心を広める殿堂ともいえる場所へ向かった。それはベルリンの壁にあった有名な国境検問所の、チェックポイント・チャーリーから脇道に入ったところにある書店だ。この書店はドイツの連邦政治教育センターのメディアセンターにあり、天井から床までの広い棚には、現代社会における喫緊の課題（フェイクニュース、飢餓、環境保護主義、ヨーロッパにおけるサラフィー主義のイスラム教)、および過去(アウシュヴィッツ収容所、東ドイツ、第一次世界大戦)についてドイツ人が学べるような本が並んでいる。プラスチック製品や移民の問題などを特集する、ミレニアル世代向けの雑誌『フルーター(Fluter)』もある。オフィス向けに、同性愛嫌悪や反ユダヤ主義に対する警告標識なども無料で配布している。子供たちはドイツの政治用語を学べるカードゲームで遊ぶことができる。スクリーンには漫画の『ハニサウランド(Hanisauland)』が流れている。これは民主主義国家を建設している動物たちのコミュニティーが、独裁者になりたがっているハハボスに率いられた、赤いサスペンダー姿の意地悪なウサギの集団「ヘイティー・ヘアーズ」の野望をくじく漫画だ。

ドイツ政府から多額の助成金を支給された、志の高いメディアセンターが提供しているものからは、なんでもやるぞという決意が感じられる。その姿はまるでデイジー・ブキャナンの心をつかむために次々とシャツを投げるギャツビーのようだ。店員たちに客層について質問してみると、大半は戦争が影を落としていた時代に育った年齢層の老人が多く、好奇心にあふれた若者も少し来るという話だ。ときどき極右の過激主義者が本を探すのではなく、いやがらせをしに訪れる。棚に並んだ出版物はすべてフェイクだと彼らは叫ぶ。真実は民主主義的な価値のなかではなく、いたるところにある。古きよき時代を取り戻せと彼らは言う。ドイツがドイツ人のためにあった時代を。

レジの横にはポケットサイズのドイツ連邦共和国基本法、つまり憲法が置いてあり、無料で配布されている。このなかでは第二次世界大戦後のドイツの理念である「戦う民主主義」がうたわれている。つまり国は自由民主主義体制を、たとえ多少の自由が奪われることになったとしても、防衛するのだ。これはヒトラーが議会制民主主義のもとで権力の座についたという歴史的教訓から、基本法の枠組みには「永久条項」があり、該当する事項についてはいかなる改定も認められていない。連邦議会において過半数の票を獲得した場合でさえも、人権や、権力の分立は基本法から抹消できない。最高裁判所は、団体や政党が民主主義に反する、あるいは共和国の脅威になると見なされた場合、その活動を禁止することができる。民主主義的な規範を守るために、制限されている表現がある。たとえば公共の場においてナチスのシンボルを表示したり、ナチス式敬礼をしたりすることは、教育的あるいは芸術的な目的での使用以外には禁止されている。インターネット上でヘイトスピーチが増加しているのを懸念して、ドイツはどこの国よりも早くコンテンツの監視に着手した。二〇一八年に施行された「ＮｅｔｚＤＧ」として知られているネットワーク執行法は、ソーシャルネットワークのプラットフォームに対し、「明らかに違法な」コンテンツの速やかな削除を要求し、したがわない場合には厳しい罰金を科すという法律だ。[1]

＊＊

ドイツは国全体を脱急進化するのは難しいと理解している。かつて医師の半数近くがナチ党の党員で、大学では理系の学部が人種差別主義理論を教えていた国で、どのようにして寛容な社会を構築する方向に進めたのだろう？　ナチスのイデオロギーがあまりにも浸透しすぎていたので、「最悪の戦争犯罪人をのぞいて、国全体が忘却のベールでおおわれてしまった」と歴史家のジェームズ・ホーズは書いている。[2] 連合国側も各国の政治文化が色濃く反映された、戦後のナチス再教育プログラムを提供した。ソ連は「反ファシスト学校」を開き、ドイツ人の戦争捕虜にナチ党の信条を放棄すると宣言させてから、マルクス・レーニン主義を学ばせた。[3] アメリカによる「思想教育ファクトリー」では、第三帝国の元兵士たちにファシズムは悪であり、民主主義と資本主義が善であると教えた。イギリスはオックスブリッジの教育法とイギリスの国会形式を模したパーラメンタリー・ディベートの手法を用いて更生を行った。一九四九年に東ドイツが建国されると、西ドイツよりも非ナチ化がうまく進んだと『ドイツ人から学ぶ：人種と悪の記憶（Learning from Germans: Race and the Memory of Evil）』のなかでスーザン・ニーマンは言及している。「東ドイツは西ドイツよりも多くの年配のナチ党員を裁判にかけ、公職追放した」と彼女は書く。[4]「アメリカとイギリスの占領区域では、ドイツ人を罪状に応じて五つのカテゴリーに分け、それぞれ無罪放免、有罪宣告、あるいは再教育するという大がかりな非ナチ化を行おうとしたが、膨大な手間と時間のかかる作業になった」。連合国側には、手ごわいナチスに記入させる質問票を読めるほど、ドイツ語力のある兵士の数が少なすぎた。冷戦の時代になるとアメリカとイギリスの関心は過去の罪を追及することから、新たな敵に対抗する同盟の構築に移ってしまった。西ドイツの非ナチ化プログラムは頓挫し、政府はナチスの更生よりも、犠牲者への補償に力を入れるようになった。

包括的な非ナチ化には失敗したものの、西ドイツは再ナチ化を防ぐ取り組みを始めた。一九五〇年代から、政府は積極的に民主主義と多元主義への土台作りを開始した。新たなヒトラーの台頭を防ぐ最善の方法は、強い市民社会を築くことだ。高い教育を受けた市民、勇敢な非政府組織、そして自由な出版物が政府の力に対抗でき、ドイツがふたたび全体主義に脅かされていないかどうか見極められるのだ。西ドイツの哲学者ユルゲン・ハーバーマスは戦後ドイツの理想的な一般市民とは、ドイツのいかなる民族的あるいは国粋主義的な概念ではなく、何よりもまず自由民主主義的な秩序によって立つものであると明確に述べている。[5]「民主主義を過激主義から防衛することを、これほどはっきりと述べている国はほかにない」

とドイツの脱急進化プログラムに関する調査報告のなかで、ジュリア・ベルツィクとフロリス・フェルミューレンは書いている。[6]

ほかの西欧諸国は暴力的過激主義を異質で、奇妙なものとしてとらえ、文化的な枠組みからは締めだしている。過去の歴史から、ドイツにはそんな幻想を抱くことはゆるされない。おのずとドイツにはこの地球上のどこの国よりも多く、過激主義の撃退に特化したプログラムがある。全体で約七二〇件あるうちの半数は政府が、残りの半数は市民社会が運営している。[7] 現在のドイツでは、東西ドイツ統一後に高まった右翼による暴力行為への対策として、暴力的過激主義に向けた正式な更生プログラムが一九九〇年代に始まった。[8]

イスラム主義の過激主義者への懸念が高まるにつれ、プログラムにたずさわる人々は右翼の過激主義者の更生から学んだ手法を、元ジハード戦士やジハード戦士を志願するものたちに適用している。ドイツには過激主義者が組織を脱退するのを手助けするプログラムが多種多様にあり、何よりもまず加入するのを阻止する方策もたくさんある。脱急進化に従事している人々は、若者文化についての助言から、過激主義への誘惑に対処する方法まで、さまざまな戦術を駆使する。一対一のメンタリングは何年にもわたって続けられる。「過去と向きあう」ことで、ナチスによる負の遺産から目をそらさず、非難するという国家プロジェクトに同調する組織もある。いくつかのプログラムでは、過激主義者個人に過去の犯罪について責任を取らせている。ベルリンの脱急進化組織であるヴァイオレンス・プリベンション・ネットワークには「責任教育」と呼ばれる、暴力的過激主義者たちにグループセッションで、自分の行いに対する責任を言葉にすることを促す独自のプログラムがある。[9]

わたしがイギリスで取材した脱急進化プログラムとは異なり、ドイツでは予防策と離脱策の両方において、個人ごとにプログラムを策定し、必要な限り継続できるだけの十分な資金が提供されている。地元の事情をつぶさに調べ、ナチスに傾倒しているへヴィメタル・バンドのなかでどれが大勢のファンを獲得しているかまで知っているのと同時に、地域や国からの支援も要請できる。ドイツに来て、国家的および制度的な問題点を認識し、なおかつ個人レベルでの対策を行っている国もあるのだとわかった。

＊＊

ドイツ北東部の埃っぽい工業都市のブレーメンを取材して、若者を右翼の世界から引き離すのには根気が必要なのだと教えられた。通りに面した質素なオフィスを訪問して、わたしはオーレに会った。彼は政府の援助で運営されている反過激主義プログラムVAJAのカウンセラーだ（仕事の性格から、彼は姓を公表しないようわたしに求めた）。ブロンドで眼鏡をかけ、まじめな大学院生のように見えるオーレは、右翼の過激主義者を組織から完全に引き離すには何年もかかるのだと言った。「わたしたちは、話をして、話をして、さらに話をするのです」

毎週金曜日にVAJAの現場担当のカウンセラー・チームは、薄暗い駐車場や、公園、バス待合所など、社会から取り残された若者たちがたむろするような場所を訪れる。身分を明確にして、警察と間違われないように、彼らはVAJAのパーカーを着ている。タバコを一本ねだったりして、会話の糸口を探る。最初の一カ月ほど、若者たちは現場担当者たちを試すために、わざとユダヤ人をばかにする冗談を言い、移民を襲撃したと自慢して反応を見る。VAJAのカウンセラーたちは彼らの話を聞き、安心させる。「きみたちは右翼の過激主義者だろう。どんな罪を犯していたとしても、わたしたちは話をしたいんだよ」と若者に言う。

ＶＡＪＡは「受容をベースにした若者への対応」をしている。つまり「わたしたちは相手の行動、考え、そしてその人自身を、それぞれ別のものとして考えます」とオーレは説明する。「たとえばナチスの女性がいるとします。彼女は人間でもあるのです。わたしたちは人間としての彼女を受け入れますが、彼女の思想は受け入れません」。ＶＡＪＡのクライアントはみな一年以上、更生に取り組んでいる。「わたしたちの仕事は、人をいろいろな側面がある人間だと見ることです。相手がファシストだとかナチスだという事実に注目するのではなく、人間として全体を見るのです」と彼は言った。

右翼の「信奉者や支援者」で、右翼の世界に出入りしているが、今のところはまだ強硬派になっていない若者たち、ひとりひとりにオーレは対応している。たとえば右翼のリーダーで、組織から脱退するには新しいアイデンティティーと別の街や国へ引っ越しをする必要がある場合には、オーレはブレーメンから南へ二時間ほどのヴォルフスブルクという街で、元過激主義者が新しい生活を構築できるように訓練を行っている、ＡＲＵＧという組織の専門家に連絡する。

若い「信奉者」は、別の方向に目を向けろと気長に説得を続ければ、更生できることが多い。ＶＡＪＡのクライアントに対するルールには、妥協はゆるされない。彼らはネオナチ関係者との接触を断ち、携帯電話からその関係者すべての連絡先を消去する必要がある。右翼の集会やコンサートに足を踏み入れたり、白人至上主義のシンボルやスローガンがデザインされた服を着たりするのは禁止だ。「着られる服がなくなると言われたら、新しい服を手に入れる手伝いをします」とオーレは言う。「わたしたちの仕事の半分は、彼らを元の仲間から引き離すこと、残りの半分は何か新しい活動を見つけることです。もしも新しい活動を見つけられなかったり、その人の生活が落ち着かず、趣味もなく、一日中することがなければ、すぐに元の世界に逆戻りしてしまいます」

わたしがオーレに取材したとき、彼は一五歳のサッシャというクライアントの更生に二年半ほど取り組んでいたが、先はまだ見えていなかった。大きな目標のひとつはこのネオナチの少年に新しい趣味を見つけることだった。携帯電話にダウンロードした五〇〇曲あまりの、法的に禁止されている白人至上主義の音楽に代わって、情熱を傾けられるものが必要だった。

サッシャは何カ月ものあいだ毎週、オーレに泳ぎに連れていってくれとせがんでいた。違和感を覚えながらも、この少年のために新しい趣味を探していたオーレはついに折れて、彼とプールへ行くことにした。更衣室で、彼はサッシャの太腿に大きな絆創膏が貼ってあるのに気づいた。「どうしたんだ?」ときいたものの、彼にはその正体が薄々わかっていた。

サッシャが絆創膏をはがすと、素人が彫った鉤十字のタトゥーが現れた。公共の場でそれをさらすと、サッシャはナチスのシンボルを掲げたり敬礼したりするのを禁じている、ドイツの刑法第八六a条に違反することになる。

「彼は言えなかったのですが、わたしに見てほしかったのです。だから泳ぎに行きたがったのです」とオーレは説明する。タトゥーを見せたのは、オーレを試すひとつの方法だった。「どこまでなら罰を受けないですむか、いつも試しています。少し挑発してくるものの、同時に『助けて!』と心のなかで叫んでいるのです」

最終的にはサッシャの母親が費用を負担して、鉤十字をわからなくするために、その上に新たなタトゥーを入れることになった。鉤十字をおおい隠すタトゥーはヴァイキングだった。あからさまではないものの、これも白人至上主義のシンボルだ。

右翼からの離脱は長期戦だが、サッシャの場合はさらに長い時間を要するようだ。

＊＊

オーレの仕事は人気があるとは言えない。「単調で大変な仕事ですから」と彼は言う。ドイツの脱急進化専門のカウンセラーは、ネオナチよりもイスラム主義の過激主義者の更生にたずさわりたがる傾向があると、その分野で働く人たちから聞いたことがある。「みなイスラム主義者を選びたがるのです」とアンドレ・タウバートは言う。彼はハンブルクで、イスラム主義の過激主義に走る若者の親に向けたプログラムを提供している、レガートという組織の代表だ。その理由は明快だと彼は考える。極右の過激主義者は頻繁にプログラムの関係者を脅迫するが、少なくともドイツでは、イスラム主義の過激主義者はそこまでしないからだ。「これまでかかわった宗教的な過激主義者たちは、わたしにはいっさい関心を払いませんでした。しかし右翼の過激主義組織の場合には、標的にされてしまいます。たとえば青少年センターで働いていて、極右について警鐘を鳴らす特別プログラムを開催したとしましょう。すると、翌日の夜にはそのセンターが放火されている可能性があります。街なかで袋叩きにされるかもしれないし、自宅の壁を落書きだらけにされることもあります。人々は恐れているのです」

二〇一四年から二〇一七年までのあいだ、右翼の過激主義組織のメンバーは二万一〇〇〇人から二万四〇〇〇人に増え、そのうち約半数が暴力行為におよんでいる。[10] 二〇一五年にアンゲラ・メルケル首相が一〇〇万人のシリア難民を受け入れると決定した翌年、移民と彼らが宿泊する簡易宿泊所を標的にした襲撃事件が三五三三件起こった。もっとも驚かされるのは、放火犯の多くが、右翼の扇動者として知られている人々ではなく、犯罪歴のないドイツ人だったという事実だ。二〇二〇年にドイツの内務大臣ホルスト・ゼーホーファーが、右翼の過激主義者はこの国が直面している「最大の脅威」だと注意喚起した。[11] タウバートが言うように、イスラム主義の過激主義者の行動に比べると、「ドイツでは右翼の過激主義者は一〇〇〇倍も凶暴なのだ」

それでもなお、何年もの長いあいだドイツ人の多くにとって、過激主義は圧倒的にムスリムと関連づけられていた。二〇一七年に「民主主義を生きる！」という政府機関が、過激主義に対抗する市民の価値観を強化するために設立された。この機関が資金提供をした過激主義に取り組むプロジェクト数の内訳は、イスラム主義に関するものが二八件だったのに対し、極右は一二件だけだった。しかし国民の二〇パーセントが人種差別的な見識を持ち、右翼政党ドイツのための選択肢が野党である国において、極右の過激主義者よりもイスラム主義のほうに焦点があてられるのは多数派の考えを反映しているにすぎない。白人のドイツ人は自分たちがジハード主義者の爆弾テロリストに危害を加えられる可能性があると考えているが、右翼の過激主義者から脅かされるとは思っていないのだとタウバートは説明する。「普通のドイツ人は極右の過激主義者を恐れていないのです」と彼は言う。「わたしたちの大半はブロンドで青い目なので、彼らのターゲットにはならないからです」

ニコ・ディ・マルコは地毛がブロンドであるにもかかわらず、極右の標的だ。車のタイヤを切り裂かれたり、外をネオナチが取り巻いて窓を叩くので、反ファシストの会合が開かれている建物から出られなくなったりしたことがある。針金のように痩せ、トカゲのように警戒している四〇歳の男性は、反資本主義の労働組合のロゴである、怒った猫がプリントされた袖なしの黒いTシャツを着ている。髪はぼさばさで、短い三つ編みが何本かある。長いあいだその髪は夕焼けの赤、あるいは鮮やかなピンクにも見える色に染めている。「わたしにではなく髪に向かって話をしているような人がいるんです」と彼は笑顔になって言う。

その髪型は、ニコがパンク・ロックのファンだと示しているだけでなく、仕事のツールにもなっている。ドイツの若者のファッション事情によると、彼の格好は左翼で、暗黙のうちに極右とは敵対関係になる。彼が仕事で会うネオナチの若者にとっては、赤い無政府主義者《アナーキスト》のシンボルマークがついたレザージャケットを着た姿を目にしただけで、挑発したり、攻撃したくなる。彼の外見は、過激主義者の妥協のない世界観をこすって傷つけるために存在する、目ざわりな砂粒のような「いらだたしい存在」なのだ。「ナチズムや人種差別主義についてワークショップをしていると、彼らはわたしが敵だとわかるのです。学校の授業では、若い学生からガス室へ行けと言われます」

ニコはカルチャーズ・インタラクティブで働いている。これはサブカルチャーの力を利用して、硬直した過激主義者の思想を超える可能性を人々に見せる反過激主義組織である。パンク、グラフィティ、スケートボード、DJのワークショップは、過激主義組織に加入していたり、魅了されたりしている若者に向けて行われている。ドイツに豊かで複雑な若者のサブカルチャーが存在するがゆえに生まれたこのような活動は、人種差別主義、暴力、ジェンダー、アイデンティティーについての会話の糸口になるので、視野を広げる助けになるのだとニコは言う。

彼は以前にネオナチ組織に入っている一四歳と一五歳の「とても暴力的な」少女たちを相手にワークショップを開いていたことがある。彼女たちはある男性が小児性愛者だと嘘をついて、その人を野球バットでめった打ちにしたことがあった。彼女たちは年上のネオナチの男たちからセックスを強要されており、その怒りを見知らぬ男性にぶつけていたのだと、あとから判明した。ニコは少女たちにワークショップをしていた一年のあいだに、彼女たちは怒りを他人にぶつけているのだと気づいた。彼女たちだけでいるときは、やさしく、愛らしくさえある。彼は同性愛者のラップの世界ではある程度有名なラッパーのスーキーを招き、少女たちへの特別コンサートを企画した。「彼女たちはそのコンサートを見てからネオナチ組織から離れ、今では全員が同性愛者です！」

ニコの仕事の大半は、夢想家の若者が事実にもとづいた意見を言えるように導くことだ。ネオナチの若者がドイツはいかにユダヤ人とイルミナティに操られているかをとうとうと述べたとき、彼はもっとも裕福な五〇〇人のドイツ人のリストを見せて、この有力者たちは影の秘密結社のメンバーではなく、名前もあり、世間で顔も知られているのだと教えた。

ナチスの社会を建設したいと強硬に主張するティーンエイジャーがいた。一年経っても彼には変化が見られなかったので、ニコはサブヴァーシブ・イリテーション・メソッドと呼ばれている、相手に質問しながら思考を深掘りする方法に訴えることにした。その少年がふたたび、ムスリムと移民を強制収容所へ送ると息巻いたときに、ニコは機会を逃さなかった。「そうか。きみはその人たちを全員集めて、収容所へ送って死なせるのか?」と彼は言った。

少年は話がどこに向かっているのかわからない。

「もしかすると、彼らは行きたがらないかもしれない」ニコは話をやめなかった。「いずれにしても、彼らはこの世界で生きているんだよ。きみみたいに。迎えが来ても、行こうとしないかもしれない。そうなると、きみは暴力をふるわなければならない」

暴力ではないかもしれないと少年がゆっくりと言う。

「なるほど。暴力に訴えないのなら、どうするつもりだ?」

たぶん列車を運転して、彼らを収容所へ連れていくと少年は口にした。

ニコはうなずいた。「当然ながら、きみは彼らを殺すために連れていくんだね」

少し考えてから、列車を運転したくない。収容所の掃除ならできるかもしれないと彼は言った。

「つまりきみは、ほかの人たちに悪いことをさせて、それを手伝うんだね?」とニコが尋ねる。

長い沈黙が続いた。「そうかもしれない。ぼくは人を殺したくない」少年はようやく質問に答えた。

それからまもなく、少年は極右運動から離れた。しかしロックファンが集まってできた暴力的なグループに乗りかえただけだった。「目標は達成しましたが、ハッピーエンドにはなりませんでした」とニコは言う。彼の経験は、反過激主義活動においてよくある話だ。ネオナチに加入するのは表面的な問題行動で、その行動の裏にある核心はもっと深いところに巣くっているのだ。その少年は違法薬物とアルコールを摂取しており、父親は不在だった。「相手の右翼思想を捨てさせることはできますが、そうする過程で、本当の状態がわからなくなってしまいます」ニコは感慨をこめて言った。「わたしたちにできること、そしてできないことが見えてくるのです」

＊＊

ニコは若い極右の過激主義者の心が非常に複雑だと理解している。それは彼も短いあいだだったが、同じ道をたどった経験があるからだ。イタリア人の父親とドイツ人の母親のもとに生まれたニコは、六歳になるまでイタリアで育った。ベルリンの労働者階級が暮らすルードーに引っ越してきたとき、彼のドイツ語にはイタリア語なまりがあったために地元の人々から外国人呼ばわりされた。イタリア人にはシラミがわいていると言って、子供を彼と遊ばせない親たちもいた。イタリア人移民が経営していた近所のアイスクリーム屋は、意地の悪い競争の標的にされた。真向かいに「われわれの国、われわれのアイスクリーム」という看板を掲げた店ができたのだ。ニコは幼いころから近隣に住むネオナチのギャングたちと、移民と見なせば誰でも襲うという彼らの暴力を恐れるようになった。

イタリア語なまりのせいでルードーのドイツ人からよそもの扱いされたニコは、ブロンドのせいで移民たちからの標的にもなった。彼が一四歳のとき、アラブ系とトルコ系の少年たちが彼を袋叩きにした。彼の母親が警察に通報すると、ビール腹に後ろの髪を長めにのばした、トラック運転手のような外見の警察官がやってきた。ニコが襲撃者について、自分よりも浅黒い肌に黒い髪だったと報告すると、警察官はその説明ではなんの役にも立たないと言った。そして「彼らはみな、そんな見かけだからな」と顔をしかめた。

ニコの母親のカウチに腰かけながら、最近はこの界隈で暴力事件が多いのだと言って舌打ちして、身を守るためにドイツ人と一緒にいるのがいいと彼はニコにアドバイスした。このとき、ニコは警察官の言葉にうれしくなった。ニコの不安に対する現実的な解決策を教えられた上に、彼の帰属先を確約してもらったように思えたからだ。「生まれて初めて、他人がわたしをドイツ人と呼んでくれたのです」

ある夜、地下で行われていたネオナチのドイツ国家民主党青年組織の会合に参加し、彼は「真のドイツ人」を「外国人」から守る必要があるというスピーチを聞いていた。ひとりの男性が手をあげて、ドイツ人が必要としていることは、街の秩序を守るためのパトロールグループだと言った。

ニコはこの会合に衝撃を受けた。彼は初めて悪循環を目にすることになった。右翼の人種差別主義がジハード主義者の人種差別をあおり、恐怖が原動力となって分断がもたらされ、恐怖に怯えながらも怒りにとらわれた組織が別組織を襲うという負の連鎖だ。恐怖は——世界的な組織による爆破計画から、ベルリンの学生による暴行事件まで——過激主義組織の数を増やす。移民の子供たちのギャングから襲われたのが原因で、彼の心に恐怖が植えつけられ、助けを求めてネオナチのもとに走った。しかし「パトロールグループ」や「真のドイツ人」という言葉が飛び交う会話を聞いてわれに返り、ギャングによる暴行よりも恐ろしいと感じた。

一七歳のときに彼はルードーのパンクの世界に足を踏み入れた。ここではドイツ人の子供たちと移民の子供たちの対立はなんとか回避されていた。「パンクのあいだでも暴力沙汰はたくさんあった」が、ニコはかかわらないという選択ができた。「わたしは『そんな暴力には巻きこまれたくない』と言えたのです。弱さと恐怖心が受け入れられる場所でした」

＊＊

マリー・イェーガーとニコ、わたしの三人はベルリンのノイケルン区にある、ケバブの店やナイトクラブなどが立ち並ぶざわついた通り沿いのカフェにいた。マリーはまるでワイマール共和国時代のキャバレーのスターが、パンクのギグに出演するために二一世紀にやってきたように見える。黒い髪をスパイキーにして、黒いアイラインで目を縁取り、タンクトップを着て、フェイクパールのネックレスを重ねづけしている。一九九〇年代に東ドイツの小さな町で物心がついたころは、地元の極右グループから逃げるために、ヒップホップやパンク、グラフィティなどをよりどころにしていた。学校からブーヘンヴァルト強制収容所の見学へ行ったときに、クラスメートの数人が小石を並べて鉤十字を作っているのを目にした。ティーンエイジャーのときに彼女はベルリンに来て、同性愛者とフェミニストの世界に引き寄せられ、大学ではイスラム学、哲学、政治学を学んだ。

現在は過激主義に傾倒する若者たちの更生にたずさわっており、ニコは極右を相手にしているが、マリーの場合はムスリムの若者たちである。彼女はＤＪやグラフィティのワークショップを行って会話の糸口を見つけ、人種差別主義やジェンダー問題、過激主義について話しあっている。ニコのように、彼女も長い時間をかけて、若者たちに今の自分の信念と夢に対して疑問を抱くように導いている。ニコが純粋なアーリア人だけのドイツ建国という夢を描く極右の若者を現実に引き戻そうとしているように、マリーは彼と同様のことを、純粋なカリフ制国家の建設、あるいは理想化された古きよきイスラム共同体への帰還を望むムスリムを相手に行っている。

若いムスリムが歴史について語るのを聞くと、ニュアンスの違いを説明しなければならないときが多いとマリーは感じている。「ユーチューブで人気のある動画のひとつに、一九三〇年代にユダヤ人に起きたことと、現在起こっていることを関連づけている、悪質な映画があります。ムスリムが強制収容所へ送られる日が近いと言っているのです。その映画を見たあと、子供たちは『ああ、ユダヤ人は今ではとても安全だ』と言いながら、これまで以上に恐怖と怒りを感じていました』と彼女は言った。この時代に生きるムスリムが社会的に無視されているのに、過去に起きたナチスの所業にばかり焦点をあてる国の姿勢に疑問を呈するものもいる。「反ユダヤ主義の話ばかり聞かされています。少しはムスリムに対する差別について語ってはどうですか?」と若いムスリムの女性が言う。

「あなたの言うことはもっともね」とマリーは答える。「反ユダヤ主義とムスリムへの差別のあいだに共通するものを見てみましょう」

＊＊

この数年でドイツの右翼はますます攻撃的になり、主流に近づいてきた。この国が右傾化している兆候は二〇一〇年に表面化した。この年にドイツ連邦銀行の理事会のメンバーを務めていたティロ・ザラツィンが『ドイツの自殺(Germany Does Away with itself)』という本を出版し、ムスリムの移民がこの国の「レベルを低下させている」と主張した。この本はベストセラーになった。極右の活動がまた活発化したのは二〇一五年で、アンゲラ・メルケル首相が一〇〇万人の移民を中東とアフリカから受け入れると発表した年だった。翌年には一一三件の放火、一〇件の爆破、そして一三一三件の暴行事件が起き、このすべては極右の過激主義組織によるものだった。二〇一七年に極右政党のドイツのための選択肢がこの国で第三の勢力を誇るようになり、第三帝国の崩壊以降、右翼の攻撃がもっとも活発化した。[12]「右翼の強硬派の動きは一〇年前と同じですが、社会の中心は右傾化しています。移民については、一〇年前にはあえて言葉にしなかったことを、人々は口にするようになっています」とオーレは言う。二〇一六年にドイツの新聞社フランクフルター・アルゲマイネ・ツァイトゥングが、ある種の人種差別主義と不寛容が、今では社会的に許容されるようになったという懸念を伝えた。

反ファシストの活動家たちは長年にわたり、極右組織はドイツ全土において警察から守られてきたと強く主張してきた。極右組織と警察が共謀しているという疑いに対する信憑性が増したのは、国家社会主義地下組織の裁判のときだった。国家社会主義組織は極右で、二〇〇〇年から二〇〇七年のあいだに一〇件の殺人――その内訳は九人の移民とひとりの警察官――を犯していた。この有罪判決がくだされたのは二〇一八年だが、それまで警察は何年にもわたり、殺人事件は極右の仕業ではなく、ドイツのトルコ人社会におけるギャング抗争のせいだと主張していた。

世間がそのような空気だったので、国のヒーローたちも社会から冷遇されていると感じていた。わたしがニコに初めて会った月に、ドイツ人のサッカー選手で、二〇一四年のワールドカップで活躍したスター、メスト・エジルが国の代表チームを辞した。彼はドイツに生まれたトルコ系の選手で、かつてはドイツ社会へうまく融合しているシンボルとして栄誉ある賞を贈られたこともあった。しかし彼がトルコのレジェップ・タイイップ・エルドアン大統領と並んで写真を撮ったせいで、評論家たちがドイツへの忠誠心に疑問を呈した。辞表のなかでエジルは、国民の期待を裏切る結果になった二〇一八年のワールドカップ以降、人種差別的な感情をからめた非難をされているのが理由だと述べた。「わたしは勝ったときにはドイツ人で、負けたら移民扱いでした」と彼は記していた。[13] この言葉は約一〇〇年前のアルバート・アインシュタインの発言と、恐ろしいほど似ている。「もしもわたしの相対性理論が正しいと証明されたら、ドイツはわたしをドイツ人だと断言し、フランスは世界人だと宣言するだろう。だがもしも間違っているとなれば、フランスはドイツ人だと言い、ドイツはわたしをユダヤ人だと力説する」[14]

アインシュタインは「量子もつれ」、つまり互いに遠く離れたふたつの粒子の性質が相関していて、一方の粒子の動きがもう一方の粒子に影響するという現象を、「不気味な遠隔作用」と言った。[15] ドイツに滞在中ずっと、わたしは極右とジハード主義の過激主義者たちのあいだの量子もつれのような関係について聞かされており、両者の訴えが、向かう先が違うにもかかわらず、どれほど似かよっているかに気がついた。どちらの過激主義組織においても、リクルーターは相手が帰属意識、生きる意味、物質世界からの超越を求める気持ちを刺激する。そしてどちらの場合も、輝かしい、架空の過去を描きだす。たとえばアーリア人種による最強の国家や、預言者ムハンマドの時代のメディナをモデルにしたと偽った、ムスリムのカリフ制国家などだ。双方の活動と、彼らの補完関係を記録したユリア・エブナーは、著書『怒り：イスラム主義者と極右の過激主義者たちの悪循環（The Rage: The Vicious Circle of Islamist and Far-Right Extremism）』のなかで、社会問題を解決する方法についてはどちらも同じ主張をすると書いている。「どちらもゼロサム・ゲームの思考で、『絶対的な』解を求めている。[16] ジハード主義者とネオナチの物語は本質的に同じなのだ」

ドイツではどこにおいても、右翼の過激主義者とイスラム主義の過激主義者のあいだに正式なつながりはない。それでもなお、彼らの理屈は同調している。「サラフィー主義者が『われわれムスリムはムスリム社会にこもり、ウンマのなかに強さを見いだす必要があるのだ』という発言は、まさに右翼の過激主義者による談話の鏡像である」と言うのは、市民教育と過激主義予防を目的とするベルリンの組織Ｕｆｕｑのゲッツ・ノルトブルッフだ。「ふたつの共同体はどちらも白人のドイツ人、そしてムスリムというアイデンティティーの上に成り立っているので同質です。そして本質的にあるいは神の意志によって自分たちは正統なのだと主張し、双方とも非常に排他的です」

ニコはこの悪しき鏡像を、自分が卒業した高校で目の当たりにしている。一五歳の男子学生たちが極右と、イスラム主義者と名乗るふたつのグループに分かれて衝突しているので、この状態を緩和させるために彼は定期的に通っていた。ネオナチのギャングはルードーでアラブ系やトルコ系移民の家に放火して、勢力を誇示している。サラフィー主義のムスリムの少年たちは自分たちの力を学校で主張している。彼らは校長先生に礼拝用の部屋の確保を求めて嘆願し、そこを自分たちの領域として占有し、ムスリムの女子学生たちに露出の少ない服を着て、頭部をおおうようにとうるさく言い始めた。

ある日ニコは学校の近くの壁に、イスラモフォビアによって貼られたポスターを見つけた。彼は立ち止まり、素手ではなくカギを使ってはがしていた。ネオナチはポスターの裏にかみそりを仕こんで、はがそうとする人は誰かれかまわず指をけがするように細工していることが多いからだ。するとネオナチのギャングのひとりが、やめろと怒鳴りつけてきた。ニコたちが話をしていると、トルコ系ムスリムの男たちが通りがかり、ネオナチの味方についた。そしてポスターをそのまま貼っておくべきだとニコに言ったのだ。ニコ以外の全員が同じ意見だった。

このふたつのグループは、それぞれに分離主義を達成するという目標を掲げているために、ねじれた同盟関係にあるのだ。互いに相手の男性ホルモンにあおられた、文化的な分離という使命感を増強し、双方ともムスリムはムスリム同士かたまっているべきだと考えている。移民の子供たちは、分離という概念をしっかりと取りこんでいる。ポスターが近隣に貼られるようになったのは、ルードーのあるムスリムの家庭が裏庭で羊を解体していたという噂が広がってからだった。右翼の人々は、移民は野蛮であるという証拠だとして、この噂話に飛びついた。ムスリムのギャングたち自身には、屠殺はまったく問題のない行為だが、今回はたまたま白人の目にとまったので噂になったのだ。「ふたつのグループは、『われわれには白人の文化がある』、そして『われわれにはムスリムの文化がある』と言いあうだけで、互いに理解しようとはしません」とニコは言った。ネオナチとサラフィー主義のムスリムのギャングのあいだでは、女性の扱いについても同調する議論が展開される。「白人は女性に『アラブ系とはセックスをするな』と言います。そしてアラブ系やトルコ系のほうは『ドイツ人とデートするな』と言うのです」とマリーが説明してくれる。

一九九〇年の東西ドイツ統一後からはとりわけ、国はナチスの歴史を清算しようと精力的に活動しているが、国民の総意からはほど遠い。国の主導でホロコーストの記憶と第三帝国の恐ろしさに立ち向かう努力をしているが、近年では極右の憎悪がふたたび高まっている。昔と変わらずに反ユダヤ主義を掲げる組織もあるが、多くが新たな敵と見なしているのは、イスラム教徒だ。ニコがよく理解しているように、過激主義組織たちの同盟関係は複雑すぎて、矛盾しているようにも見える。ネオナチのなかにはイスラム主義の過激主義組織と提携し、反ユダヤ主義的な思想を共有し、親パレスチナのデモに一緒に参加して、イスラエルへの攻撃を計画する組織がある。[17]

ＩＳが台頭して移民の波が押し寄せたために、極右の世界では新しい攻撃対象ができた。現在はムスリムが彼らにとって社会の敵である。極右組織の多くでは依然として反ユダヤ主義が根づいているが、極右全体に共通する要因はイスラモフォビアになった。全国世論調査によると、ドイツ人の四分の一は反ユダヤ主義的な思想を持つが、自分がイスラモフォビアだと考える人は半数にものぼっている。[18]

ＩＳのリクルーターにとって、暴力は誘い文句のひとつになっている。「彼らは右翼のあいだで日和見主義とイスラモフォビアが高まっているという証拠を利用するのです」とベルリンを拠点に活動しているヴァイオレンス・プリベンション・ネットワークのジュリア・ライネルトが説明してくれた。「彼らは『いいか？　きみたちはここドイツで歓迎されていないんだ。この国ではイスラム教を信仰しながら暮らすことはできない。社会に受け入れられることは一生ない。だからカリフ制国家へ来るんだ』と言うのです」

そして今度は、ジハード主義者によるテロ攻撃が、極右のリクルーターに格好の理由を与える。極右政党のドイツのための選択肢は、二〇一六年一二月にチュニジア生まれの男性が群衆にトラックで突っこんで、一二人を殺害した事件のあとから支持者を増やした。戦術的には極右もイスラム主義の過激主義組織も互いにアイデアを与えあっている。たとえばＩＳの巧妙なプロパガンダの動画によって、極右はインターネットでの派手な宣伝活動には効果があると学んでいる。被害者意識によってどちらの過激主義組織も活気づく。「学校でホロコーストについて話を始めると、右翼の生徒たちは『わたしたちはこの問題について、まだ罪悪感を抱き続けなければならないのですか？　そろそろやめられませんか？　ドイツ人であることに、ふたたび誇りを持ちたいのです』と言います。しかしこの国のムスリムはナチスの歴史について、違った考えをします。『次は、わたしたちがユダヤ人と同じ目にあうのだ』というふうに、サラフィー主義者と同じ意見を口にする生徒が増え続けています」とマリーは言う。

過去の憎悪と向きあい、現在の憎しみにも対応する努力を慎重に評価しながら、わたしはドイツを離れた。この国は過去を償いながら学び、ふたたび憎悪へと傾かないように注意を払っている。罪の意識と財政的な豊かさにより、ほかのヨーロッパの国々と比べてドイツのプログラムは綿密に策定されている。脱急進化への幅広く、多様な取り組みは、フランスのように懲罰的ではない。フランスでは中央集権型で、安全保障が重視され、最近まで過激主義者はほぼ全員が刑務所に送られていた。資金不足に苦しむイギリスの組織に比べて、ドイツのプログラムは手厚い支援を受けている。表現の自由を標榜しているアメリカ人のひとりとして、わたしは公共の場においてナチスを連想させる表現を禁止する法律に多少の違和感を覚えた。しかしドイツ人にとってこれは「戦う民主主義」を守るために必要であり、過去の惨劇に責任を取る行動の一環なのだ。

＊＊

しかし疑問が残る。「過去と向きあう」のは実際にどれほどの効果をあげているのだろう。極右によるヘイトクライムの増加と、それが軍のエリート部隊にまでおよんでいるという現実は、手厚い政府主導のプログラムの限界を示唆している。実のところ「決して忘れない」という国の誓いは、現代ドイツ人のアイデンティティーの中核に矛盾を生じさせている。ホロコーストを主要な歴史的瞬間としてまつりあげ、すべてのドイツ人がその重荷を背負ってきたことで、この国のムスリムを排斥する理由が作られてしまったと、ケンブリッジ大学の人類学者エスラ・オズユレクは主張する。「過度な国粋主義に反対しているにもかかわらず、ドイツによるホロコーストを忘れないという文化には、社会のなかで民族的にドイツ人ではない人々は含まれていないのだ」と彼女はイスラエルの新聞『ハアレツ』に寄稿した。[19]「今日では、ムスリム系ドイツ人が非難されている。その理由は、ホロコーストの歴史に関係しておらず、ユダヤ人犠牲者に共感を抱けず、さらにはこれまでユダヤ人に対する人種差別にうまく対応してきたと考えられている国に、新たに反ユダヤ主義と同質の人種差別主義を持ちこんだからである」

歴史が国民に重くのしかかると、それは団結を促進するだけでなく、分断もあおってしまう。忘れないという姿勢は、その国が過去の恥ずべき行為を償っていると世界に証明できるが、それだけでは、分断をあおる武器にもなる。八五〇〇万の人口を擁する国では、適切なバランスを取るのはきわめて難しいと証明されている。

小さい規模では、過去の記憶と今の現実を調和させるのが可能かもしれない。実際にベルギーのある小さな街では市長が、過激主義や二極化と闘うのは、移民のグループや母親、安全保障当局だけの仕事ではないと住民に納得させるのに成功している。市長が考えるように、それは市民ひとりひとりの仕事なのだ。

あなたの街を脱急進化する方法

わたしが初めてメヘレンを訪れた二〇一八年の夏は暑く、世間には怒りが蔓延していた。世界のいたるところで指導者たちはこれまでにないほど高い壁を建設し、「われわれ」と「あちら側」という定義をさらに狭めているようだった。アメリカでは最高裁判所がムスリムの入国を禁じるトランプの大統領令を容認した。イスラエルでは立法府《クネセト》がパレスチナ人を正式に二級国民とし、民族自決権を「ユダヤ人に独占的な」権利とする法案を可決した。[1] ハンガリーではヴィクトル・オルバーン首相が率いる極右政権が、難民申請する移民を手助けしたものにはすべて刑事罰を科すという法案を可決した。[2]

こうした風潮のなかで、ベルギーのメヘレンは避難場所のように感じられた。きれいな川が流れ、切妻屋根の家々や大聖堂が立ち並び、古きよきヨーロッパをかわいらしくしたような街だ。このおとぎ話に出てきそうな場所でも、極右が街を「あちら側」の人々から守らねばならないと叫び声をあげている。しかし石畳の通りを歩きながら、わたしの頭に浮かんでいたのは「コスモポリタン」という言葉だった。近年では流行遅れの言葉になり、何ものにもとらわれず、パスポートひとつで世界を飛びまわるエリートを揶揄するときに、日和見主義者や国粋主義者が使っている。しかし正しい意味では、世界主義《コスモポリタニズム》とは、人々がひとつの場所や文化に根ざしながらも、その枠を超えて、世界に目を向けることを可能にするのだ。「コスモポリタニズムは道徳的想像力を拡大する行為」であるとイギリス系ガーナ人の哲学者クワメ・アンソニー・アッピアは書いている。[3]「人間は同心円状に連なった集団のなかで人生を構築している。つまり、家族の一員として始まり、その外側の近隣社会、さらに外側にあり、部分的に重なるさまざまなグループ、そして最終的にすべての人類を包含する領域へと広がっているのだ。コスモポリタニズムはわたしたちに多様であれと要求する。なぜなら、わたしたちは多様な存在だからだ」。メヘレンでは、これと同じ考えを実践しようとしている市長を取材する。

過去の時代において、メヘレンは多元主義を冷酷に拒否していた。第二次世界大戦中はナチスがこの街の一時収容施設を経由して、ベルギーに暮らしていたユダヤ人やロマ民族をアウシュヴィッツへ送っていた。二一世紀を目前としたころは、メヘラースと呼ばれるメヘレン市民の約三分の一がベルギーの極右政党を支持していた。[4]この流れが変わり始めたのは、二〇〇一年に新しい市長が選ばれてからだった。彼は街から過激主義者の不寛容さを一掃すると決意していた。彼が街を変えたいと思うのは、自らの家族が暴力的過激主義に共謀していたという罪悪感によるところが大きい。

＊＊

一七代前までさかのぼる先祖たちと同じく、バルト・ソーメルスはメヘレンで生まれ育った。ソーメルス一族は一五二〇年からメヘレンに暮らしている。一五二〇年は大聖堂に、ヨーロッパでいちばんの高さを目指して塔が建設された年だった。ソーメルスは一九六四年に生まれた。ルーヴェンで法律を学び、のちに政界に進出してフラームス自由民主党で頭角を現し、メヘレンの市長になった。わたしが会ったのは、市長の任期も五期目に入って安泰で、EUでの大役の候補になっているという噂が出ている時期だった。彼は背が高く、白髪まじりの短髪で、頬の血色がよく、ドイツの哲学者のように博学であり、イタリア人のサッカーのコーチみたいに情熱的な人物だ。

何百人というムスリムの若者がベルギーを離れてISに加入していると初めて聞いたとき、彼は自分に重なるものを感じていた。当時一六歳だった彼は、イギリスによる北アイルランドの支配に抗議するために、刑務所に収監されているアイルランド共和国軍（IRA）の兵士たちがハンガーストライキを行っているのに感銘を受けた。この三〇年ほど前には、彼の家族が有害な政治的イデオロギーにかぶれ、おじのヤンが悲劇的な最期を迎えてしまった。「イスラム国へ勧誘された子供たちの話を耳にするたびに、わたしは彼らを単なるテロリストだと思えないのです。会ったことのないおじの姿が重なるのです」と彼はわたしに言った。

ソーメルス一家が暴力的過激主義に傾倒したきっかけは、理想主義だった。彼の祖父ルートヴィヒは教養と公共心があり、学校の校長を務め、地域の演劇クラブを率いて、ブリュッセルのガイドブックの著者でもあった。[5] 彼は少年だった一九二〇年代からずっとフランドルの民族主義者で、ベルギー政府は第一次世界大戦の犠牲になったフランドル人兵士の貢献を正しく評価していないと感じていた。一九三三年にルートヴィヒは国粋主義のフランデレン国民連合に入った。ベルギー政府がオランダ語を話す人々を差別しているという状況に不満を募らせていたので、政党が右傾化してナチ党の新秩序に同調していくなか、ルートヴィヒもそれにならった。第二次世界大戦終盤の一九四四年にヒトラーの最後のあがきとして国民突撃隊が創設され、ルートヴィヒのふたりの息子が入隊した。一五歳だったヤンは東部戦線に展開していたナチスの大隊に配属され、ロシアとの戦闘中に命を落とした。

ソーメルスは子供のころ父親と祖父と一緒に、ヤンおじの墓参りをした記憶がある。祖父は涙を流していた。「わたしの祖父は自問していました。『わたしのような教養のある人間が、民主主義的と呼ぶにふさわしい大義のために奮闘しているというのに、いったいどうして、不満、怒り、否定的な感情のせいで過激主義に傾倒するという事態に陥ってしまったのか？　なぜ暴力的過激主義を支持して、弁解の余地もないような政党に入ってしまったのだろう？』」。このときソーメルスは「政治が危険になり得る」のだと教えられた。「ある種の理由にタイミングが重なれば、人は急進的な考えに取りこまれてしまうのです。このような動きが先へ、先へ、先へと進んでしまうと、最後にはわたしの祖父のように、ナチスの制服に身を包んで殺されてしまった息子の墓前に立つという結果を招くのです」

白人のベルギー人から、なぜムスリムの若者たちがヨーロッパを離れてシリアの過激主義組織のもとへ行くのかと質問されると、彼はヤンおじの話をする。「ヨーロッパでも数十年前には、何百万人もの人々が諸悪の根源はユダヤ人で、民主主義は悪いものだと考えていたのです。狂ったイデオロギーだが、そのせいで五〇〇〇万人が亡くなり、ヨーロッパが破壊されてしまったのです」。この「狂ったイデオロギー」はソーメルス一家だけではなく、もちろんメヘレンの街にも浸透していた。第二次世界大戦中、この街のドッシン兵舎はベルギーのユダヤ人とロマ民族の一時収容施設だった。一九四二年から一九四四年のあいだに、二万五〇〇〇人以上が列車でメヘレンからアウシュヴィッツ・ビルケナウ強制収容所へ移送された。

それから数世代後、西欧諸国のなかでイスラム国に向かう新人戦闘員たちがもっとも多い圏内に、メヘレンの鉄道線路はたたずんでいる。数年にわたり、ブリュッセルとアントワープのあいだの約四二キロメートルの区間は、シリアへ渡航する人々が最多の地域だった。ベルギーは人口に対してシリアへ渡航する外国人戦闘員の割合がいちばん高かった。[6] それは志願者を扇動する、シャリーア・フォー・ベルギーなどの組織がブリュッセルからアントワープまでを行き来して、新人戦闘員を勧誘したのも理由のひとつとしてあげられる。メヘレンのすぐ南に位置するブリュッセルからは、約二〇〇人がシリアへ行った。北のアントワープは、約一〇〇人の若者を失った。メヘレンから列車で三〇分ほどのビルボールデでは、リクルーターはベルギーで、すなわち西欧諸国でもっともたくさんの支援者を獲得していた。人口が四万二〇〇〇のこの街から、二九人がシリアへ渡航してしまったのだ。ビルボールデにあるほぼすべてのハイスクールが、生徒をひとり失った。そしてそのなかにはイスラム国の外務省で高い地位についたものも数人いた。

ビルボールデからこれほど大勢が外国人戦闘員としてシリアへ渡ったという恐ろしい事実を受けて、緊急な対応がなされた。更生と社会復帰に焦点をあてた戦略が取られ、イスラム学を研究している若い大学院生のジェシカ・ソールスが率いる七人のチームを結成した。急進化する恐れのある人を特定する目安として、ソールスは信仰ではなく、社会的に疎外されているかどうかに注目した。「これは長いあごひげを生やしている人ではなく、社会的につらい状況にいる人を探している」のだ。急進化と二極化に対する政策の調整役として、孤立、長期にわたる失業、両親からの虐待などに苦しむ若者への支援が彼女のおもな仕事だ。ビルボールデを出た外国人戦闘員たちが帰国すると、彼らはベルギー各地の刑務所へ送られた。市長のハンス・ボンテは六箇所の刑務所すべてをまわり、元戦闘員たち全員と面会した。「彼は全員に会うと言って、譲りませんでした」とソールスは言う。「彼は『きみはビルボールデの市民であり、ほかの市民と同じ権利を持っている。だがきみの事情を考慮して、われわれが見守っていく』と話しました」

＊＊

ボンテ市長の言葉のように、ビルボールデが国内で生まれた暴力的過激主義者への対応を試行錯誤する「ベルギーの、さらにはヨーロッパ、そして世界の実験室」だとすれば、メヘレンは最初の段階で過激主義に走らせないようにする方法を探る実験室だ。[7] 周辺の街から大勢の若者がイスラム国へと渡航するなかで、メヘレンからはそのような若者がひとりも出なかった。ビルボールデのように、この街の人種構成も多様化している。そしてビルボールデと同じく、この三〇年ほどで人口統計学的および経済的に大きな変化を経験していた。バルト・ソーメルスが子供のころ、メヘレンの人口の大多数は白人だったが、現在では八万五〇〇〇人の住民の出身地は、一三八カ国の多岐にわたっている。ビルボールデもメヘレンもともに、一九八〇年代と一九九〇年代に経済が急激に悪化した。ビルボールデにあったルノーの工場が閉鎖し、メヘレンはベルギーにおいて、犯罪率が高く、閉店した店舗が多い街の代名詞になった。しかし二〇一一年にシャリーア・フォー・ベルギーのリクルーターがメヘレンで列車をおりて勧誘をしようとしたところ、モスクや青少年クラブの指導者たちから追い返されてしまった。

とはいえメヘレンからシリアへの渡航者が出なかったのは、運によるところも大きいとソーメルスは認めている。自らの家族の経験から、どこであろうと急進化されてしまう人はいるのだと彼は理解していた。しかしISがメヘラースを勧誘できなかったのは、ソーメルスがこの街に暮らすすべての人が帰属意識を持てるように取り組んできたからだ。これは単にあたたかく美しい街づくりではなく、安全を確保するという戦略だった。もしも市民のために強力な制度を縦横に張りめぐらせれば、ソーメルスいわく、過激主義的なイデオロギーに傾く人が出た場合でも地域のなかで誰かが気づき、警察やソーシャルワーカーに通報することができる。しかしそれを超えて、社会の一員であるという自覚を持てるようにすれば、過激主義者の大きな不満、つまり社会からの疎外感を取りのぞくことができる。「適切な表現ではないかもしれませんが」と言ってソーメルスはにやりと笑った。「急進的なイデオロギーを持つ人々に連れていかれる前に、わたしたちが社会のために過激主義者を勧誘するのです」

これまでのように、問題のある人だけを対象にした政策では成功しないとソーメルスは考えている。「人にレッテルを貼るのは、組織的に分断を生じさせてしまう」からだ。そうではなく、急進化は孤立から始まるという見方をして、彼はメヘレンの社会的なつながりを強化する方向へ舵を切った。人種がきわめて多様化している社会では、市民は単純にムスリムであるとか、どこの国の出身者だという枠組みでくくられるのではなく、もっと多面的な存在として認められる必要がある。人をひとつのアイデンティティーだけでとらえると、「風刺画の登場人物のように相手を見てしまうのだ」と彼は言う。「たとえば、あなたを単にアメリカ人、わたしをヨーロッパ人であると見なすとします。そうすると、わたしの目には、あなたがドナルド・トランプのように映るのです」。さらに悪いのは、このように過度な単純化をされるのは、「自分のあり方を、他人から決められることをゆるす」のと同じなのだ。政界の日和見主義者たちは一面的なアイデンティティーを利用するので、あっという間に「よきアメリカ人、よきムスリム、あるいはよきベルギー人として何をすべきかを規定する指導者が出てくる。そうすると、自由が失われてしまうのだ」

各人の多面性を無視すると、社会生活は壊れやすいものになる。単一のアイデンティティーだけにしか目を向けない政治家や組織は、たとえば、ソーメルスが市長であるのと同時に「メヘレン市、フランドル地方、ベルギー、ヨーロッパに暮らす市民であり、父親、リベラル、読書が好きな人、そしてサッカーを見るのは好きではない人」であるという側面を見落とすのだと彼は言う。彼にとってはこのすべてのアイデンティティーが、市民や社会とつながりを持つ手段なのだ。「これら全部のおかげで、わたしがほかの人とつながり、共通項を見いだせるのです。そしてもしも三つか四つの共通項があれば、ふたつや三つ違いがあっても脅威にはなりません。むしろ、おもしろいと思えます！　そしてすでに共通項があると認識できているので、互いの違いについて話しあえるのです」。人は多面的であると前向きにとらえ、それが健全で、活気あふれる民主主義を構築するという彼の信念は、同じく情熱的に多元主義を信奉していた先人の有名な言葉を思いださせる。「わたしは矛盾しているのだろうか？　それでもいい。これからも矛盾するだろう（わたしは大きくて、いろいろな面があるのだ）」とウォルト・ホイットマンは記している。[8]

＊＊

二〇一五年にヨーロッパで移民問題が持ちあがるなか、メヘレンは地域の流れに逆らって、積極的に移民を迎え入れた。しかし翌年にブリュッセルで連続テロ事件が起こり、死者三五名、けが人三〇〇名以上を出し、メヘレンから二〇分のブリュッセル空港でもふたりのテロリストが爆破を実行したことで、この街の移民を融合しようとする政策が試されることになった。ソーメルスは殺人と殺人犯を公に非難した。しかし彼の言葉は、ベルギー人のムスリムを融合するというメッセージが的確に入っており、多くの政治家とは違う響きを帯びていた。今回のテロ攻撃によって、この国のムスリムは二度も犠牲になっているのだと彼は言った。一度目はベルギー国民として、そして二度目は自分たちの宗教が攻撃の口実に利用されたからだ。「攻撃はベルギーで生まれた人間が実行したのだ」と彼はメヘレン市民に言い聞かせた。「彼らはテロリストだ。しかもこのテロリストは、『われわれの』テロリストだ。この国で生まれ、この国で育ち、この国の学校に通っていた。彼らはわれわれの問題であり、われわれが対処しなければならない」

手短に言えば、彼はテロリストを「あちら側」の人間として片づけるのを拒否したのだ。ハンナ・アーレントがナチスの幹部の行為を、匿名的な事務作業として行われたと描写したが、ソーメルスは犯人を「われわれのテロリスト」だと再認識させることで、ソーメルスはメヘレン在住のムスリムが社会に包含されているのだというメッセージを発信しただけでなく、すべてのベルギー人に、テロ事件を生みだした原因の一端は自分たちにもあるのだと真剣に考えるように促した。

事件が起きた日の夜、メヘレンの青少年クラブには大勢の人が集まって、テレビで放映されている市長の声明に釘づけになっていた。市長の言葉を聞いて、涙を流す青年たちもいた。「このような発言をしてくれた政治家は、市長が初めてです。わたしたちがこの社会の一員であると言ってくれた、最初の人でした」のちにひとりの若者がソーメルスに語った。

事件後にはベルギー政府が一八〇〇人の兵士に街をパトロールさせ、ムスリムが多く暮らす界隈で尋問や家宅捜索を重点的に実施した。[9] しかしメヘレンでは事情が異なった。ソーメルスは警察官たちに数カ月のあいだ長時間勤務を命じたが、軍の力をちらつかせて牽制する必要はないと感じていた。メヘレンでも警察官がパトロールしたが、威圧的ではなかった。警察官たちは拳銃を携帯することはほとんどなく、防弾ベストも着用しなかった。公共のエリアへの攻撃を未然に防ぐためのバリケードや壁を設置するのではなく、必要な場所には警察官が車両を工夫して駐車することで、市民の保護に努めた。市長に選ばれた第一期目から、ソーメルスは「メヘレンを安全にするが、安全保障問題化は望まない」と考えていたと、イヴ・ボガーツ警察本部長はわたしに言った。この街は理論家が「脱安全保障問題化」と呼ぶ状態へ、すなわち緊急事態の態勢から、普段の街の生活を取り戻す方向へと進んだ。国際関係論の研究者パトリシア・オーウェンズが書いているように、脱安全保障問題化によって「真の公的領域が生まれ、そこではアーレントが言うように、人々が『共通世界を構築するために討論や行動ができる』」のだ。[10]

＊＊

一九九〇年代には、メヘラースも共通世界という考えに無関心だった。モロッコ系移民が麻薬を取引し、軽犯罪の発生率が高く、シャッターの閉まった店舗が並ぶ様子から、「ダイレ川沿いのシカゴ」と呼ばれていた。「移民という言葉は、多くの人にとって否定的に響いていました」とソーメルスは言った。二〇〇一年までにメヘレンの店舗の三分の一が閉店し、ベルギー国内で犯罪率がもっとも高くなり、一般大衆向けの雑誌ではフランドル地方でもっとも汚い街とランクづけされた。白人住民のあいだに恐怖感が広がっていたために極右の民族主義政党フラームス・ベランクが支持率をのばし、二〇〇四年にはメヘラースの三二パーセントの票を獲得した。「右翼の政治家たちは多様性と衰退を結びつけようとします。しかしわたしたちはその結びつきを断ち切りました」とソーメルスは言う。

彼はそうするために、緑を増やし、街をきれいに、そして安全にした。[11] 画期的な再生計画として、古い醸造所をヘリテージセンターに改築して、初めは個人投資家を、その後は中産階級の住民を呼びこんだ。

専門職や高所得の若者が街外れの移民の多い地区にある、一九世紀に建てられた家に移り住むようになった。イギリスやアメリカでは、このような流れは高級化の始まりだ。つまり家賃が高騰して移民や貧しい人々が引っ越しせざるを得なくなり、その跡地に高級なコンドミニアムが建設される。しかしメヘレンでは、こうした現象はほぼ起きていない。外国からの移民であるメヘラースもたいていは家を所有している。人種差別主義が蔓延していると家を借りるのも難しいが、ベルギーでは政府も住宅購入を奨励しているので、国民の大半が自宅所有者だ。ソーメルスが貧しい地区の公園や通りの改修に予算を投入したので、住宅の価値があがった。中産階級の専門職の人々が移民の多い地区で家を購入し始めたが、もとからの住民が引っ越しをする必要はなかった。それどころか、ソーメルスによると、彼らは「家の価値が倍になった。ありがとう、わが街！　ここにずっと住み続けるつもりです」と言った。

近隣の雰囲気は中産階級が移り住んでくると変わる。住人は地域の活動にかかわるようになり、公園のブランコや街灯が壊れていると市役所に連絡し、隣近所とパーティーやバーベキューをする。ささいなことだと思われるかもしれないが、ソーメルスはこうした小さな活動が、過激主義の温床になるような二極化への力強い抑止力になると考えている。

有能な政治家である彼は、例をあげて説明してくれる。「たとえばあなたがピーターという名前の男性だとします。年齢は八二歳で、ここ最近、モロッコ系の人々が増え、街の様子がおかしいと感じています。長いあいだ人など訪ねてこなかったのに、初めてフランドル系の人がやってきて、『来てください』と言われました」

隣近所のパーティーに参加して、近くに住むラシードが作ったタジン料理を食べながら、大好きなエールを飲んだ。数日後、ラシードの息子が大声を出しながら通りで遊んでいたが、「あなたは警察には通報しません。なぜなら、彼の父親とパーティーで会い、言葉を交わしていたからです」とソーメルスは言う。「あなたは彼の家に行き、『息子さんがちょっと、騒がしいのだが』と言います。ラシードは過剰に警戒したりしません。『こいつは白人だ。中産階級の人種差別主義者で、説教をしに来た』などとも思いません。それは、彼もピーターとパーティーで会っていたので、彼が普通の人だと知っているからです」

ソーメルス市長の見解は単純すぎるように思えるが、このような近隣の変化はもっと大規模な融合政策でも支持されている。ベルギーでは、子供が通う学校を親が選択できる。長いあいだ、この制度は分断を生んできた。白人の中産階級の子供たちが通う学校と、移民の子供が通う学校に自然と分かれていた。ソーメルスのチームが二五〇〇人の中産階級の親たちに、子供たちを移民が多い学校に行かせるように説得した。そのために彼らは教育の質を保証し、校長たちとも協議して、水準の高い教育を提供するように約束させた。このチームは次に移民の親たちに会って、子供を中産階級の多い学校へ通わせるように説得した。「最初は移民の親たちからも、『居心地が悪いし、何よりあちらは自分たちの学校ではない』と中産階級の親とまったく同じことを口にした。そこでチームは言った。『いいえ、あなたがたの学校ですよ。お子さんたちは、あちらの学校で十分にやっていけるくらい賢いのですから』」

大躍進ではないものの、この取り組みによってムスリムの子供たちの世代には、第一世代よりもしっかりとした帰属意識が芽生えてきた。人類学者で、メヘレンの脱急進化を担当しているアレクサンダー・ファン・ルーヴェンは言う。最近の調査でフランドル地方の子供にアイデンティティーを質問したところ、地域全体では、移民の子供たちはムスリムやトルコ人、モロッコ人だと感じていた。しかしメヘレンだけは、子供たちが圧倒的に「メヘラース」と答えた。

寛容とは、社会の人々が気を配りながら交流することで、醸成されるのだとソーメルスは信じている。ムスリム市民のグループがイスラム学校を作ってほしいと嘆願してきたとき、彼はメヘレンでは市民を分離しないのだと説明して却下した。モロッコ人コミュニティーのサッカーチームは、すべての若者に門戸を開くように説得された。ベルギーの子供たちにとって、ボーイスカウトやガールスカウトに入ることは、伝統的に通過儀礼となっている。しかし市役所職員は、スカウトには不思議なほど白人しかいないと気づき、移民の親たちに子供を入れるように説得した。

ソーメルスはメヘレンの「スピード・デート」と冗談で名づけたプログラムを支援している。これは外国から新しく引っ越してきた人に、五人のボランティアの委員が友人候補として選んだメヘレン生まれの人を引きあわせるのだ。ペアになるのに同意すると、ふたりは六カ月のあいだ毎週会うという契約書に署名する。これは新たに来た人にとって、オランダ語を練習でき、ベルギーでの生活についての基本を学べる機会になる。「この活動のボランティアをする人は、多様な文化に関心のある人だろうと思っていたのです。しかしなかには、『彼らは適応しなければならないので、わたしが教えてあげましょう』という人もいます」とソーメルスは苦笑する。プログラムのなかでは、古くからのメヘレンの住人が、新しい人に銀行口座の開き方や、買い物する場所などを教える。しかしそれだけにとどまらず、散歩をしたり、コーヒーを飲んだりしながら、移民のほうから先生に、母親と会えない寂しさや、孤独感を打ち明けることがよくある。「これが、心が通いあう瞬間なのです。そしてふたりは仲よくなり、変化が生まれるのです」と彼は言う。これは移民がよきベルギー人になるための訓練だけでなく、ベルギー人がヨーロッパにおける二一世紀の現実を教えられる機会でもある。六カ月後の「卒業式」では、新たな市民と古い住民の双方に修了証書が授与される。

＊＊

メヘレンを改革するために、ソーメルスは右派と左派の両方の政治家から意見を聞いた。保守派から「左派寄り」だと非難されると、市長はメヘレンの通りがディナー用の皿のようにきれいで、ベルギーで最多の台数を誇る防犯カメラが設置されるようになったと指摘する。彼は警察官の人数を増やし、元ニューヨーク市長ルドルフ・ジュリアーニによって有名になった「割れ窓理論」から学んだ。これは軽犯罪を放置しておくと、凶悪犯罪が多発するようになるという考えだ。アメリカにおいてこの取り組みは、警察によるマイノリティへの取り締まりが過剰になるとして、信用を落としている。だがメヘレンでは慎重に警察部隊の脱安全保障問題化を進めることで、そのような結果を招かないようにした。「わたしたちはともに連携しながら働く組織の、小さな一部として警察官を位置づけています。問題が生じた場合には、全体で解決をはかります」と警察本部長のボガーツは言う。

ソーメルスは警察官の存在が目にとまるようにして、外国人への嫌悪感をなくそうとした。街の治安が悪いと思った人々は、「ふたつのグループのせいにする。それは民主的な政治家と移民だ」とソーメルスは考えている。そして彼らは選挙でポピュリストに投票し、街なかでは新たな移民をスケープゴートにする。しかしひとりひとり、体の弱った退職者から高校を中退した若者までが、通りを歩きながら安全だと感じられると、「民主主義への信頼が高まり、多様性へ心を開き、多様性と衰退に関連性はないと考える。

この街は多様性と発展は両立できるのだと証明してきた」

ヨーロッパの政治家の多くが、トイレの掃除をしたり、通りを掃いたりするのと同じく、融合を移民の仕事だと考えるなか、ソーメルスはシャルルマーニュの時代より続く家系の銀行家から、アレッポで生まれた難民までを含む、ヨーロッパ人ひとりひとりの責任だと信じている。「すべての人が新しい常識《ニューノーマル》を受け入れる必要があります。わたしの一族は一七世代にわたってメヘレンに住んでいますが、多様性が現実化した時代に生きるものとしては、わたしが第一世代になります」と彼は言う。メヘラースの五人にひとりがムスリムであるという統計結果を受けて、ソーメルスはハンガリーのヴィクトル・オルバーン首相を正式に招待した。これは冗談ではない。極右のポピュリストで、難民を「ムスリムの侵略者」呼ばわりする人物を街に招いたのだ。「この街にはハンガリーとスロヴァキアのムスリムを足した数より多くのムスリムがいます。しかしわたしたちは両国よりも安全で、繁栄しており、活気があります」と市長は言う。

メヘレンの成功は「ポピュリズムに対抗する武器になる」とソーメルスは断言する。「これは多文化が善だという無邪気な思いこみではなく、数字と事実に裏づけされている」のだ。路上強盗は九一パーセント減少し、ほかの犯罪件数も急落した。メヘレンをフランドル地方でもっとも汚い街だとランクづけした雑誌では、最近はもっともきれいな街として第一位にあげている。かつて市民としての誇りと、同じ市に住む人々に対する信頼がいちばん低かったメヘラースは、今ではどちらもフランドル地方で上位三位に入るまでに回復している。メヘレンの改善は、ソーメルスの市長としてのキャリアにもよい影響を与えている。彼は二〇一六年に世界一の市長に選ばれ、過激主義との闘いについて世界中で講演し、フランドル政府の議員にも選出された。

市長の考えにすべてのメヘラースが納得しているわけではない。グレート・マーケット・スクエアでわたしはカリーナ――ブロンドで豊満な、人を寄せつけない雰囲気の女性――に街の多様性についてどう感じているか質問した。四〇年間ウエイトレスや清掃の仕事をしてきたにもかかわらず、年金が月に七二〇ユーロしか支給されないのに、「移民はここに引っ越してくると自動的に一一一〇ユーロもらえます。彼らは来るだけでもらえるのに、わたしたちは、彼らに奪われているだけです」。彼女は街が安全だとも感じていない。「夜になると、大勢の黒人が外に出てきます。女性にとっては、安全ではありません」。彼女は移民の友人がひとりいると、ようやく認めた。その友人の夫はタクシードライバーで、タクシー会社の経営者はモロッコ系の公平な人物だ。彼女と友人は夫たちもまじえて、互いの家で食事をするときがある。友人夫妻はベルギー人と変わらないので、問題はないと彼女は言う。「スカーフで頭をおおっていませんし、道徳観もすばらしいのです」

わたしたちが話をしている場所から一五メートルも離れていない、グレート・マーケット・スクエアのなかでもいちばんいい場所に、フランドル地方の極右民族主義政党フラームス・ベランフの地方事務所がある。ソーメルスが市長になる前は、地方議会選挙でフラームス・ベランフがメヘレンの票を三分の一ほど獲得していた。だが二〇一四年までに市内の支持率は六パーセントまで急落してしまったとソーメルスは誇らしげに語った。

しかし二〇一九年の選挙では、フラームス・ベランフが支持を約二倍に増やし、メヘレンの票を一五パーセントも獲得するようになった。彼らは地方議会では二三パーセントもの議席を維持しているので、たしかにこの地方全体と比べるとメヘレンではフラームス・ベランフへの支持率は低い。しかし数字が完璧に現実を反映しているとは限らない。インターネットでフラームス・ベランフのメヘレン支部のソーシャルメディアを見ていて、憎悪がむきだしのコメントにショックを受けた。「外国人の大量流入のせいで、メヘラースは自分たちの街でマイノリティになっている」というのが典型的な文言だ。[12]「フランドル地方に暮らすわたしたちのアイデンティティーは完全に失われてしまう。この流れを止めるために闘わなければならない。大量の移民にストップを！ わたしたちのアイデンティティーを守ろう」。第二の標的は「左翼の大物グル#ソーメルス」だ。投稿は彼の「リベラルな狂気」と「この国の国籍を持たないもの、あるいは取得したいと思うものには誰にでも適用される、甘やかし政策」を冷笑している。二〇二一年にソーメルスは若い政治家シハメ・エル・カオウアキビを支援した。するとフラームス・ベランフのフェイスブックでは、彼女を市長の「お気に入り」と呼び、彼女がきょうだいに「共感」していて、しかもそのきょうだいはイスラム主義者の組織とつながっており、「ベルギーの安全保障機関から危険人物だとマークされている」とも書きこまれている。

人種差別主義のトランプ支持者たちのコメントのように、こうしたメッセージは明らかに白人の有権者を想定して書かれ、移民の存在によって彼らの安全とアイデンティティーが脅かされるという恐怖をあおっている。ポピュリストの説得の仕方と同じく、このような投稿はゼロサム思考にもとづいている。新しく来た移民――あるいは四世代や三世代前からベルギーに暮らしていても、西欧人ではないベルギー人――は、ベルギーから必ず何かを奪っていくと考えられているのだ。「わたしたちがひとつでも、これまで社会として成り立っているものを変更したら、ポピュリストはそれを降伏だととらえるのです」とソーメルスはわたしに言った。「ポピュリストはあたかも自由が一キログラムしかないように考えます。そのために、『あちら側』の人々が少しでも優遇されたら、『われわれ』の自由や、『われわれ』の権利が失われてしまうと思うのです」

ベルギー人の自意識が、彼らが生きているあいだにどれほど急進的に変化したか理解するのは、部外者には難しいかもしれない。わたしはアーウィン・ウォーターズに会って、その変容の大きさを垣間見ることができた。彼は赤ら顔の、話し好きな六九歳の男性で、すでに退職して、「スピード・デート」プログラムを修了していた。メヘレンにあるタパス・バーでビールを飲みながら話を聞いていると、彼は青いバックパックからアルバムを取りだして、二枚の写真が貼られたページを見せてくれた。最初の写真はダブルのスーツを着て、蝶ネクタイを結んだ姿の少年時代のアーウィンで、一九五八年にブリュッセルで開催された万国博覧会を訪れたときのものだ。彼はコンゴから来たふたりの男性のあいだに立っていた。彼らはこの当時、ベルギーの所有物だった。この万国博覧会では「コンゴラマ」という人間動物園が呼びもので、何百人というコンゴ人がベルギーの国民や来館者の見せものにするために連れてこられていた。少年時代の写真の下には、もう一枚の写真が貼ってあった。この写真でもアーウィンは同じポーズで立っているが、隣にいるのは移民としてこの街に来た彼の「バディ」で、セネガル人の音楽家ラミン・サンボウだ。ふたりは三年前に「スピード・デート」プログラムで知りあい、今では互いを家族のように思っている。アーウィンと九四歳になる母親は、毎年旅行しているセネガル北部の、ラミンが育った村から戻ったばかりだった。わたしたちはアーウィンの写真をじっと見ていた。ラミンはセネガルのスターであるユッスー・ンドゥールとともに演奏活動をしていたほどの音楽家で、コラというリュート型の撥弦楽器を弾いている。アーウィンとラミンは互いの体に腕をまわしながら、はじけるような笑顔で笑っている。「バディ」を組んだ人々が必ずしも仲よくなるわけではないとアーウィンは認める。しかし「ゆっくりと、ひとりずつ、人に学ぶ機会を与えて、融合すればいいのです」と彼は言う。

しかし「ひとりずつ、ゆっくりと」した社会の変容と、権力構造の変化には大きなタイムラグがある。メヘレンの住人の三分の一以上が移民とその家族だが、二〇一九年の時点で市議会において生粋のベルギー人ではない人々の割合は二三パーセントでしかない。

市議会の方向性と実際の人口構成のあいだにずれがあるが、アーウィンの感情的な側面と、投票行動のあいだにも差があると判明した。メヘレンへ二度目に訪問したときに、わたしはアーウィンが――ベルギーは植民地化したアフリカの国に賠償金を支払うべきだと主張し、セネガルへの文化交流ツアーにメヘラースを引率している男性が――フラームス・ベランフに投票していると知った。彼は支持する政党を落ち着いた様子で話してくれたが、実際にはこの話題を突きつけられて、びっくりしたようだ。彼はこの政党の移民排斥主義の声明を支持してはいないと主張したが、フランドルの人々の権利を守るために支援していた。これは、約八〇年前にバルト・ソーメルスの祖父が、最終的にはナチスを支援した政党に入ったのと同じ理屈だ。アーウィンはフランドルの民族主義者の主張を支持してきた。これは小学校で教師たちから、彼の母語のオランダ語ではなく、フランス語で話すように強制されて以来ずっとだと言った。

しかしフラームス・ベランフの議員たちがフランドル議会で、アーウィンの友人であるラミンが働き、支援を受け、ベルギーに住む権利さえ奪われるような法案を提出したら、どう思うのかとわたしはきいた。

するとアーウィンは信じられないという顔をして、「そんなことは、絶対に起きない」と強い口調で言った。

「わたしは矛盾しているのだろうか？　それでもいい。これからも矛盾するだろう。（わたしは大きくて、いろいろな面があるのだ)」

アーウィンは考えが甘いかもしれないが、人種差別主義者だとは思えない。六〇年ほど前に抱いた被害者意識のせいで、彼は右翼の外国人嫌いの政党に投票している。彼の投票行動は、成功している過激主義組織はさまざまな不平不満を憎悪に仕立てあげていることを思いださせる。もっとも巧妙な組織は、政府が対応できていないせいで人々の心にくすぶっている不足感や不公平感を、それが思いこみか事実かに関係なく上手に利用する。わたしは思った。一九九〇年代に、親が経済的に養ったり、教育したりできないという理由で、「ジハード戦士の製造工場」と言われるマドラサへ送られたパキスタンの少年たち。障害を抱えた息子の治療が必要だという理由でイスラム国へ渡った、インドネシアに暮らすアフィファのおば。そして、暮らしていた村では持つことがかなわない仕事や社会的地位を与えてもらったという理由で、ボコハラムから離れたくないと思ったナイジェリアの女性たち。過激主義組織が勧誘を成功させている裏には、社会のひずみが必ず存在しているのだ。

**

メヘレンへは取材のために二回行き、その両方ともわたしはカゼルネドッシン・ホロコースト・人権博物館を訪れた。この博物館は二万五、六八五人のユダヤ人とロマ族がアウシュヴィッツへ送られる前に収容されていた施設の隣にある。この場所から移送された大勢の人々のセピア色やモノクロームのポートレートが展示された壁の向かい側には、壁の大きさに引きのばされた写真が展示されている。こちらは現代の、おそらくうちの娘たちが夏に行かせてくれとせがんでくるような、野外の音楽フェスティバルで撮影されたと思しきものだ。この写真は圧倒的だ。群衆の熱気とうねり、押しあう力を感じられる。振りまわしている腕、熱い汗のにおい、恍惚とした連帯感。レイバンのサングラスをかけた男性の肩の上に立ち、腕を高くあげて満足気な若い女性。邪悪さとは無縁のこの写真は、見るものを集団の狂喜のなかに一瞬で包みこんでしまう。

この無邪気に大騒ぎしている写真をホロコースト博物館の入口に展示するのは、思いきった選択だ。これはこの階のかなめとなる作品で、「集団」をテーマにしている。博物館のカタログによると、「指導者が鼓舞し、あおりながら眺めているなかで、何も、そして誰も容赦しない破壊的で、致命的な力を築きあげることができる」エネルギーを表現している。[13] 上の階のテーマは「恐怖」で、ベルギーに暮らしていたユダヤ人の迫害に関係する展示があり、最上階は「死」をテーマにして、強制収容所での大量殺人について詳細が語られている。さらに別のフロアでは、視点をホロコーストから人権へと広げている。ひとつの区画はベルギーにおける現代の移民の記録がある。また別の区画では、世界において人種差別主義がもたらした残虐行為を検証している。わたしは目をそらさずに、一九〇四年にコンゴのゴム農園で撮影された奴隷たちの写真を見た。ヘルメット帽をかぶり、口ひげを生やしたふたりのヨーロッパ人にはさまれて、奴隷たちは守衛に殺害された労働者から切断した手を持っている。この博物館のカタログには、わたしの国で歴史の教科書にのっていた写真が掲載されている。それは一九三〇年にインディアナ州で撮影されたもので、トーマス・シップとアブラム・スミスというふたりの黒人男性の遺体が木からつるされている。「陽気に眺めている男女の一団」という説明がついている。

こうした写真を見てもなお、わたしの心から離れないのは普通の生活をとらえた写真だった。あの音楽フェスティバルの写真を見ていると、わたしたちすべての人間の内奥には過激主義に走る可能性がひそんでおり、条件さえ整えばいつでも表出してくるのだと思わされる。武装勢力や過激主義者とつながりを持った人々、そして彼らを更生させるために働いている人々は、自分たちが引きこまれる可能性が無ではないと熟知している。このように認識している人々にわたしは会ってきた。フィジェン・マレーは自らが信者をがんじがらめにするキリスト教系の宗派の餌食になりかけた経験から、息子マーティンを殺害した自爆テロ犯に共感を抱いた。ニコ・ディ・マルコも同様で、ベルリンで極右に傾倒している若者たちの更生にたずさわる彼は、若いころにネオナチの世界に足を踏み入れたことがあった。さらにはジャカルタのヌール・フダ・イスマイルも同じだ。彼は支援している元ジハード戦士たちを「彼らはまったく普通の人間なのです！」と言いきった。

メヘレンでは、バルト・ソーメルスが同じ認識をしているとわかった。彼の祖父が抱いていた文化的に差別されているという被害者意識のせいで、一家は大量虐殺を行った政権を支持してしまった。だがソーメルス市長が地域社会の結束を強めようとするのは、単に過激主義を阻止する以上の、根本的な理由がある。実際のところ彼は、民主主義的な規範を維持するために闘っているのだ。民族性の違いによる分離や、交流のない社会集団、あるいは市民がともに集える場所がないという欠乏感でさえも、市民を互いに対立させる原因となる。「(ヨーロッパでは) 多様性の恩恵について多くが語られています。[14] しかし現実的に、街のなかでは、わたしたちは分離した世界に暮らしているのです」と彼は言ったことがある。社会を体にたとえると、結合組織がだめになったら、「わたしたちは嫉妬する。『あちら側』の地域には公園があるのに、どうしてこちらにはないのかと言い始める」のだ。このような不満から、社会的、そして政治的な二極化へと移行するのは一瞬で、さらにはアメリカ人が体現しているように、民主主義の機能そのものが危機に瀕してしまうのだ。

恐怖は民主主義的な規範を腐食させる。すでに書いたように、かつてイスラム国で暮らしていた人々が難民キャンプに取り残されている。五七カ国から集まった、大部分が女性と子供たちの六万四〇〇〇人を超える人々が、シリア北東部のアルホル難民キャンプとロジ難民キャンプにいるのだ。国連人権理事会は関係各国に彼女たちを引き取るように要請している。「女性や子供たちがあいまいな理由で難民キャンプに拘束され続けるのは、大きな問題であり、説明責任と真実、正義を求める機会が失われてしまうのだ。[15]

わたしはイギリスで議論を引き起こしたシャミマ・ベガムのことを思った。彼女はロンドンに暮らし、学生だった一五歳のときにISに加入した。二〇一九年にイギリスの内相が国家の安全保障を理由に彼女のイギリス国籍を剝奪した。シリア北部の難民キャンプから、彼女は国籍を回復するために帰国を要請していたが、二〇二一年に最高裁は内務省の主張を支持した。シリアに拘束された状態では公平な裁判を受けられないという点は認められたが、国家の安全保障のために帰国は拒否された。ヒューマン・ライツ・ウォッチはこの問題は国民の安全保障とは無関係だと、最高裁の決定に強く反発した。「(シリアの難民キャンプにいるイギリス人に)背を向けるのは、法的および道徳的な逸脱であるのみならず、安全保障が長期的に脅かされてしまう」とこの組織のイギリスのディレクターであるヤスミン・アーメドは書いている。[16]「彼女たちが難民キャンプに取り残されることで、急進化する確率が高まり、その悲惨な状況が勧誘の理由として利用される恐れがある。過去二〇年間から学んだことがあるとすれば、人権を無視した状況で安全保障は成り立たないという事実だ」

＊＊

わたしが生まれた国と現在暮らしている国の双方は、テロリストと見なした人間を社会から抹消したい衝動に駆られている。彼らを刑務所同然の場所に置き去りにし、国籍を剝奪して、帰国する権利も奪う。使い捨て文化という概念が、今では安価な消費財を飛び越えて人間に対して使われるようになったのだ。壊れたら、修理するのではなく、捨てるほうが簡単だと考える。この懲罰的で、あきらめるしかない対処法は、楽観主義と、脆弱で社会の主流から疎外された人々も包含するような公共の利益という、アメリカ人の生活を最高の状態にしていた美徳から著しく逸脱するものだ。

そう考えると、わたしが本書を執筆するにあたり、母親たちの話を聞くことから始めた理由のひとつはここにある。ニコラ、クリスティアンヌ、そしてフィジェンたち全員は、子供に対して激しいまでの責任を感じているのみならず、彼女たちは経験した喪失を原動力にして、社会的な活動の幅を広げている。彼女たちは急進化してしまったよその子供たちの話に耳を傾け、元過激主義者と思いもよらない連帯感を生んでいる。彼女たちが悲劇に対応した方法は、絆を構築し、公共の利益を再活性化する下地になっている。息子について理解していたがゆえに、彼らが急進化した宗教的、政治的、社会経済的な理由を超えたところに存在するものを見ることができたのだろう。彼女たちは子供が空虚感を埋めたがっていて、さらには生きる意味と目的、人とのつながり、自分の尊厳を探していたのだと理解できた。過激主義組織の狡猾なリクルーターもこれを熟知していた。そして急進化の理由がここにあるからこそ、更生は複雑な作業となり、時間がかかる。
本書の取材で会った人々は全員が孤立感と孤独感に向きあっていた。すべての人間には孤立感と孤独感があるだろう。だが草の根レベルでの急進化と脱急進化に取り組む人々は特に、孤立感が問題の核にあると理解している。この孤立感にリクルーターはつけこみ、メンターはこれを癒す。「孤独はテロの共通点」であり、対話と絆、討論を打ち切ってしまうのだと、『全体主義の起源』(大久保和郎訳・みすず書房)のなかでハンナ・アーレントは記している。[17]
わたしは本書を、新型コロナウイルス感染症の世界的大流行《パンデミック》のなかで執筆している。ウイルスとともに蔓延しているのは孤独感だ。ロックダウンされたイギリスでは、家族以外の人々との会話は、映像の粒子が荒く、ときおりゆがんだりする、コンピュータのスクリーンをとおして行われる。わたしたちはアメリカ人の法学者キャス・サンスティーンが「セレンディピティの構造」と呼ぶ、偶然に新しい考えや世界観に出会う余地を失っている。[18] 店は閉まり、通りは無人になり、パブや劇場の灯は消え、こちらの意見に異論を唱えるかもしれない人々と話す――ネットフリックスで何を見るか、あるいは冷蔵庫に入れっぱなしの鶏肉をまだ食べられるかといった、つまらない口論をする――機会が激減した。特にパンデミックが始まったころ、わたしは恐怖感から清潔さを求めるようになった。手を消毒したり、人が触れる場所を除菌スプレーをかけてふいたりするだけではなく、安全性と確実性を求めて混乱した世界を遠ざけるようになった。通りで人々とすれ違うときには、彼らが保持している可能性のあるウイルスに感染しないように、壁に身を寄せて相手からできるだけ遠ざかった。
いちばん古い友達がワシントンD・C・から電話をかけてきて、人が住まなくなったイタリアの村が一箇所につき一ユーロで売りに出されていると言った。そして人が多く混雑した都会から離れ、この際プーリア州の丘の中腹へ、家族で移り住むのがいいかもしれないという話を一時間ほどした。畑で野菜を育て、読書と執筆をしながら、小さなコミュニティーを築くのだ。このような計画が滑稽なのはわかっている。わたしはいなかで一週間も過ごすと退屈し始め、スーパーでバジルの鉢植えを買ってくるたびに必ず枯らす。しかしこの計画には気味が悪いほど聞き覚えがあった。恐怖感と郷愁、そして渇望感という強い感情が入りまじり、純粋さと単純さを求めて意図的に孤立するのだ。

少し前に、一九一八年にスペイン風邪が流行したときにドイツで大量の死者が出たことと、一九三二年から一九三三年の選挙におけるナチ党への支持に相関関係があるのを発見したという、ニューヨーク連邦準備銀行の報告書を読んだ。[19] 失業率や市の予算など、ほかの要因も考慮に入れて、研究者は高い死亡率がアドルフ・ヒトラーの政党への支持をあと押ししたと結論づけた。このような予備的証拠は、過激主義組織が新型コロナウイルス感染症の時代の孤立感と悲しみを利用することを示唆している。アジア系アメリカ人に対するヘイトクライムと暴力が急増している。[20] インターネット上では極右組織がユダヤ人とムスリムに対して意図的に新型コロナウイルスを感染させるようにあおり、イスラム主義の過激主義組織はこのウイルスが西欧諸国の「堕落」に対する神からの罰だと主張している。

アメリカでは新型コロナウイルス感染症の拡大により、孤立して退屈になったせいで、動画を見る時間が急増し、「過激主義組織への勧誘と急進化には絶好の機会」になったと、過激主義の研究機関であるPERILを運営する、アメリカン大学教授のシンシア・ミラー・イドリスがナショナル・パブリック・ラジオの番組で語っていた。[21]

「過激主義者にとって、無力感、家族の経済的困窮、方向感覚の喪失、混乱、恐怖、心配という若者の不満につけこむための理想的な展開」なのだ。学校へ通学できなくなり、教師やコーチなどの大人と対面での交流がかなわなくなったので、「若者が極右にだまされやすくなっている」と彼女は言った。

さらにパンデミックが起きて、アメリカ人のなかに孤立感、恐怖、疑念が蔓延していた年に、街では平和的なデモが起きていた。警察官によるジョージ・フロイド殺害に対して、若者、年配者、黒人、白人、都市部の住民、郊外の住人が数カ月にわたって抗議を続けたのだ。パンデミックによって世界が止まる前には、若者を中心とする四〇〇万人が気候変動への対策を訴えて街を行進した。ヒューストンでは、「通りは洪水による水であふれている、われわれは通りを人であふれさせる」といったメッセージが掲げられたのだ。[22] サンフランシスコではデモの参加者が、「海の水位があがっている、だからわれわれも立ちあがる」というプラカードを持っていた。

夜になると、わたしの生まれ故郷が人類史上もっとも孤立した国になるのではないかと心配した。人々が家に閉じこもり、移動は車で、会うのはアマゾンの配達員だけになってしまうのだ。街に出て瀕死の地球を救うために憤り、責任感を持つように呼びかける人々の姿を最近目にしたことで、わたしは自分の心を慰めている。もしも過激主義者が、実存する恐怖への切なる思いを利用するのであれば、気候変動はこの上ない好機だろう。人が共通の目的を必要とする心につけこむのなら、公共の利益ほど最適な目的はないだろう。

＊＊

世界に新型コロナウイルスという言葉が発表される前の、ある土曜日の朝、わたしはメヘレンの市庁舎で行われている結婚式を見ていた。小塔のついた立派なゴシック様式の、ある専門家が眠れる森の美女が走り出てくるようだと形容した建物から、ムスリムのカップルが姿を見せた。花嫁は白いふっくらとしたドレスを着て、花婿はスーツ姿で恥ずかしそうに微笑んでいた。女性の招待客の多くはヒジャブをつけ、小さいドラムを叩き、ホーホーという声を出しながらふたりを囲んでいた。アラブの女性たちが集団でよろこびを表現するためにあげる奇声が響いていた。市庁舎の正面からは、中世に暮らすメヘレンの人々がヨーロッパ一の高さになるように願って建設した大聖堂の塔が見える。

ソーメルス市長への取材中に、わたしは彼が慎重に策定してきた市の政策が裏目に出ると考えているかどうか質問した。ヒトラーの『わが闘争』（平野一郎・将積茂訳・KADOKAWA）を読んだジョージ・オーウェルが一九四〇年に書いた、将来を予見するような批評を引きあいに出した。人々は必ずしも平和と調和ではなく、むしろ熱烈に信じることができ、それにしたがって行動できるような何かを望んでいるのだ。「人間は快適さ、安全、短い就労時間、清潔さ、避妊、そして一般的な常識だけを求めているのではない。彼らは少なくとも断続的な、闘争や自己犠牲、そして旗が振られ、ドラムが鳴り響くなかで行われる、忠誠心を誓うパレードも必要としているのだ」とオーウェルは書いている。[23]

このオーウェルの言葉を引用して人類学者のスコット・アトランは、よい就職先を提供し、選挙権を与えるだけでは、西欧諸国の若者が過激主義へと走るのを止められないと主張する。[24] ヨーロッパ人の大半は、民主主義の国に暮らすことが「絶対的に重要である」とは信じていないという世界価値観調査の結果を指摘する。[25] アメリカでは所得が高い若者の三分の一は、軍隊のような規律を支持している。ジハードのために戦って命を捧げる過激主義組織の意欲と比較しながら、アトランは民主主義的な価値観のために自分を制限するような犠牲を望むのだと考察する。

こうした状況のなかで、豊かなメヘレンの清潔な街はどこへ向かおうとしているのかと、わたしはソーメルス市長に質問した。もしも人間が目標を達成するために闘争を必要としているのであれば、メヘレンの快適な戦略は市民を満足させられるのだろうか？

「人は実像よりも大きく見せたいものです」とソーメルスは同意する。しかし彼はメヘレンの融合政策は、それ自体が目標なのだと考えている。メヘレンは集団的な英雄の物語なのだ。この街の挑戦は、人々が望み、かつポピュリストが悪用するような、プライドと仲間意識を与えてくれる。二一世紀におけるヨーロッパの超多様性を反映した街を創造するのは、とりわけ分断と不和がはびこる時代においては、栄光に満ちた闘争なのだ。「わたしたちは希望の光です。この小さな街ができる、最大のことは、ポピュリストは間違っているという証明です！」と彼は言う。

この目標は、暴力に頼らずに熱意を生みだせるのだ。この目標は「メヘレンの大聖堂の塔よりも大きい」のだと市長は言った。

謝辞

本書のそれぞれの話は、たくさんの方々の寛大さと勇気のおかげで収録できた。なかでも多くの方は人生における最悪の時期について詳しく語ってくださった。暴力的過激主義者の更生にたずさわっている方々の前向きな姿勢と献身からは学ぶところが大きい。

取材を始めたばかりのころに、トム・ドッドからは励ましと専門的な助言をいただいた。スタンフォード大学のマッコイ・ファミリー・センター・フォー・エシックス・イン・ソサエティーで行われたワークショップのおかげで、初期の草稿を作れた。このノンフィクション・ライターのための一日ワークショップでは、教室にいっぱいのスタンフォード大学の教授が原稿を批評してくださった。ジョアン・ベリーとアン・ニューマンは参加してくださったのみならず、学内から次にあげる専門家を集めてくださった。イーモン・キャラン、コリン・アンソニー・チェン、マーサ・クレンショー、ジョン・エヴァンス、ディヴィッド・ライティン、アリソン・マックイーン、サルマ・モウサ、ロブ・ライヒ、シリン・シナー、シャリカ・ティラナガマ、そしてジェレミー・ワインスタイン。ジェーン・コインはこの日、わたしのサポートをしてくれた。感謝申しあげる。

本書で引用させていただいた方々に加え、たくさんの学者、研究者、更生にたずさわる人々にインタビューさせていただき、きわめて貴重な背景知識をまじえた専門知識をご教授いただいた。ナシール・アバス、ラシャド・アリ、ザヘド・アマヌラー、チョウラ・リニンタ・アニンディア、ランジャ・アワード、ムスタファ・アヤド、バイロン・ブランド、ジーン・ドセティー、ユリア・エブナー、レアン・エドバーグ、ジェームズ・S・ゴードン、トッド・グリーン、ルディガー・ホセ・ハム、ジョージア・ホルマー、メリンダ・ホームズ、ハンブルクのレガートのスタッフである、シャーシ・ジャヤクマール、ムハンマド・アスファンディヤル・カーン、カーリド・コーサー、シラーズ・マヘール、エマヌエル・モーレオン、ウィッセム・ミスーシ、シャーロット・モイエンズ、アライナ・M・モーガン、ジェフリー・ムレー、レネ・ヘドガード・ニールセン、ニーナ・ヌーラリ、ジャムナ・オールマン、フィリップ・オズワルト、ファイザ・パテル、エドワード・W・パワーズ中佐、ベアトリス・プーリニー、ジェレミー・リッチマン、サラ・ファヴァジ、エディット・シュラファー、アニーラ・シャー、ミッチェル・シルバー、アムリト・シン、アン・スペックハード、ヘンリー・タック、ロバード・オレル、バーンド・ワーグナー、ハラルド・ヴァイツェンボック、ファビアン・ワイヒマン、ブレーメンのVAJA／キタブのスタッフである、メリッサ・ヨーマンズ、そしてマイケル・ゼクリン。

才能あふれるクリス・ジャクソンと仕事をさせていただけて光栄だった。彼の編集のおかげで、平易ながらも深遠で、繊細ながらも変革する力に富んだ文章になった。エミ・イッカンダは本書執筆の初期段階にすばらしい貢献をしてくださった。これがどのような本になり得るか、編集の方向性を示してくださった。そしてジュリー・ガローとシンディー・スピーゲルはこのプロジェクトに熱心に取り組んでくれた。執筆後期にはサン・ロビンソン・スミスがいつも快活にわたしに協力してくれた。カーラ・ブルース・エディングス、ルル・マルティネス、ミカ・カスガ、そしてワン・ワールドのチームのみなさんは、本書のすばらしい支持者だ。ジャネット・ビールには丁寧に原稿の整理編集を行っていただいたことにお礼を申しあげたい。アラン・ザレンボはインドネシアに関する部分の編集で大変お世話になった。この部分は『ロサンゼルス・タイムズ』紙に掲載されることになった。マヨリシア・エカヤンティ、パスカル・ミュラー、ペトラ・タンクはインドネシア語とドイツ語からの翻訳を担当してくださった。シャン・ヴァヒディーには編集において、語調や構成について助言をいただいた。ジャクリン・ジェイコブスは写真に関する専門知識を教えてくださり、カイ・エストンは題名を考えるのを助けてくださった。

エリン・ハリスはもう一〇年近くわたしのエージェントを務めてくれているが、いまだに彼女の目にとまった幸運をわたしは信じられないでいる。

サリタ・チョウドハリーは毎日フェイスタイムで笑顔を届けてくれた。そしてリズ・ウナ、カロ・ダクラス・ペナント、フランセス・ストノール・ソーンダース、カミラ・ブスタニはロンドンへの取材旅行中に夕食をともにし、部屋を使わせていただき、そして楽しい時間をご一緒できた。エルケ・ファン・カンペンハウトはブリュッセルという都会にある修道院ですばらしいもてなしをしてくださった。ニナ・バーマンは常に比類のない協力者で、ベルギーとドイツへの報告の旅を楽しいものにしてくれた。レベッカ・ゴールドスミス、ニーナ・ジャイン、アン・トリーガーからはヨーロッパでの常識を教えていただいた。アニタ・ダウッドはパキスタンの芸術界についての考えを共有してくださった。モニ・モーシンは下書きを読んで、イギリスとパキスタンで貴重な方々を紹介してくださった。セリナ・ミルズは大英図書館やル・パン・コティディアンで打ち合わせをするときはいつも、賢明な助言をしてくれた。ベス・ガーディナー、ナターシャ・ランドル、そしてウィメン・フー・ライトのメンバーの方々はズームで元気づけ、同情し、アドバイスをくださった。そして毎週日曜日の午後四時に、ハンナ・クレメンツ、エイミー・デュリン、ジル・ハーツィグはわたしが翌週も執筆を続けられるように鼓舞してくれた。

最後にこの地球上で誰よりもわたしを笑わせ、そして深く考えさせてくれるアントニー・シーリーへわたしの愛と感謝を捧げる。そしてジュリアとニック・シーリー・パワーへ。あなたたちはいつもわたしのそばにいてくれて、よりよい世界とはどういうものかをわたしに気づかせてくれる。

訳者あとがき

テロリズムという言葉が生まれたのはフランス革命期の一七九〇年代だそうだ。それ以降さまざまなテロ事件があり、日本でも一九九五年に地下鉄サリン事件が起きた。なかでも二〇〇一年のアメリカ同時多発テロ事件は世界を大きく変えてしまった。そしてテロの脅威というものが公共交通機関の運航から国際会議の開催にいたるまで、危機管理の項目に必ず入れられる要素となった。

本書はイスラム教の経典であるコーランについて上梓した作者が、今日ではテロリストの代名詞にされていると言っても過言ではないイスラム主義の過激主義者や白人至上主義者に着目し、彼らを過激化あるいは急進化させた原因を探り、そうなった人々を更生させ、急進化を防ぐ取り組みを取材したものである。

イスラム主義の過激主義者や白人至上主義者というと、日本に暮らす大多数の人々には遠い外国の問題のように思えるかもしれない。しかし西欧諸国に生まれ育った若者が急進化し、なかにはイスラム国の戦闘員となってシリアに渡り、命を落とすものまで出る背景を紐解くくだりを読んでいると、その根底にある危うさは現代の日本にも存在しているのだと感じられる。孤独感や自分が何者かわからない不安、社会への不満や絶望感を抱くと同時に、インターネットなどから偏向した情報だけを選択して突き進んでしまうと、テロリストにはならないまでも、ソーシャルメディア上での執拗な攻撃や、右傾化、ヘイトスピーチ、自死の選択など、さまざまな形で問題が現れる。
移民という言葉もマスコミの報道ではさかんに見聞きするが、現在の日本において一般的には身近な問題だと実感できない。しかし本書で取りあげられているベルギーの街の取り組みは、日本の地域社会が移民を受け入れる場合はもちろん、近隣のつながりが薄くなりつつある街を活性化する際のヒントとしてとらえることも可能だろう。

表面的には現代の日本とはあまり関係のなさそうな題材であるにもかかわらず、その根底に存在するものを見ると、わたしたちの社会が抱える問題と共通する点が多々あると実感できるのが本書のおもしろさのひとつだろう。

もちろん、イギリス、ベルギー、ドイツ、アメリカ、インドネシア、パキスタンなどの多様な国と地域において、イスラム主義、過激主義、白人至上主義などへ人々が急進化する背景、各地の事情を反映した脱急進化プログラム、移民との融和政策といった実例もそれぞれ非常に興味深い。

西欧やアジア諸国における急進化とそれを取り巻く事情に触れ、今日の社会について思いを広げる一助となれば幸いである。

星慧子

二〇二〇年八月

原注

題辞

[1] Virginia Woolf, "Thoughts on Peace in an Air Raid," The Death of the Moth and Other Essays (London: Hogarth Press, 1942), p. 211.

まえがき

[1] J. Patrick Coolican, "How Do We De-Radicalize? Three Experts in Political Extremism and Violence Share Ideas," Ohio Capital Journal, February 8, 2021, ohiocapitaljournal.com/2021/02/08/how-do-we-deradicalize-three-experts-in-political-extremism-and-violence-share-ideas/.

[2] Simon Shuster, "'Everyone Thinks I' m a Terrorist': Capitol Riot Fuels Calls for Domestic War on Terror," Time, January 18, 2021.

[3] Chuck Hagel, "Advice for the Next Secretary of Defense," Defense One, January 19, 2021, www.defenseone.com/ideas/2021/01/advice-next-secretary-defense/171466/.

[4] Jane Ronson, "Raymond Williams Papers at the Richard Burton Archives, Swansea University," Archives Hub, October 2, 2017, blog.archiveshub.jisc.ac.uk/2017/10/02/raymond-williams-papers-at-the-richard-burton-archives-swansea-university/.

[5] Verse 9:5, The Quran, trans. Thomas Cleary (Chicago: Starlatch, 2004).

[6] John L. Esposito, Unholy War: Terror in the Name of Islam (New York: Oxford University Press, 2002), p. 28.

[7] Alex Nowrasteh, "More Americans Die in Animal Attacks than in Terrorist Attacks," Cato Institute, March 8, 2018, www.cato.org/blog/more-americans-die-animal-attacks-terrorist-attacks.

[8] "Odds of Dying," Injury Facts, National Safety Council, 2019, injuryfacts.nsc.org/all-injuries/preventable-death-overview/odds-of-dying/.

[9] Florence Gaub, "Trends in Terrorism," European Union Institute for Security Studies, March 2017, www.iss.europa.eu/sites/default/files/EUISSFiles/Alert_4_Terrorism_in_Europe_0.pdf.

[10] Mona Chalabi, "Terror Attacks by Muslims Receive 357% More Press Attention, Study Finds," Guardian, July 20, 2018.

[11] "Equal Treatment? Measuring the Legal and Media Responses to Ideologically Motivated Violence in the United States," Institute for Social Policy and Understanding, April 2018, www.ispu.org/public-policy/equal-treatment.

[12] "Right-Wing Extremism Linked to Every 2018 Extremist Murder in the U.S., ADL Finds," Anti-Defamation League, January 23, 2019, www.adl.org/news/press-releases/right-wing-extremism-linked-to-every-2018-extremist-murder-in-the-us-adl-finds.

[13] Eddy quoted in Mark Mazzetti et al., "Inside a Deadly Siege: How a String of Failures Led to a Dark Day at the Capitol," New York Times, January 10, 2021.

[14] Praveen Menon, "NZ' s Ardern Apologises as Report into Mosque Attack Faults Focus on Islamist Terror Risks," Reuters, December 8, 2020.

[15] Joby Warrick, "Jihadist Groups Hail Trump' s Travel Ban as a Victory," Washington Post, January 29, 2017.

[16] "'I Think Islam Hates Us'" (editorial), New York Times, January 26, 2017, www.nytimes.com/2017/01/26/opinion/i-think-islam-hates-us.html.

[17] "Trump Opens Global Center for Combating Extremist Ideology," Washington Post, May 21, 2017, www.washingtonpost.com/video/politics/trump-opens-global-center-for-combating-extremist-ideology-with-egypts-al-sissi-saudi-arabias-salman/2017/05/21/2875d228-3e4f-11e7-b29f-f40ffced2ddb_video.html.

[18] "Transcript of Trump' s Speech in Saudi Arabia," CNN, May 21, 2017.

[19] Adam Gartrell and Mark Kenny, "Paris Attacks: Malcolm Turnbull Calls the Paris Assault the 'Work of the Devil'" Sydney Morning Herald, November 14, 2015.

[20] J. Weston Phippen, "Theresa May' s Terrorism Strategy," Atlantic, June 4, 2017.

[21] Kevin Rawlinson, "How the British Press Reacted to the Manchester Bombing," Guardian, May 23, 2017.

[22] 同上

[23] Colin Clark, "Counterterror Costs Since 911: $2.8 TRILLION and Climbing," Breaking Defense, September 11, 2018, breakingdefense.com/2018/09/counterterror-costs-since-911-2-8-trillion-and-climbing/.

[24] Erik W. Goepner, "Measuring the Effectiveness of America' s War on Terror," Parameters 46, no. 1 (2016): 113, publications.armywarcollege.edu/pubs/3323.pdf.

[25] A. Trevor Thrall and Erik Goepner, "Step Back: Lessons for U.S. Foreign Policy from the Failed War on Terror," Cato Institute, June 26, 2017, www.cato.org/policy-analysis/step-back-lessons-us-foreign-policy-failed-war-terror.

[26] "Race and Religious Hate Crimes Rose 41% after EU Vote," BBC News, October 13, 2016.
[27] "Terrorists Have Nowhere to Hide, Says Defence Secretary," BBC News, December 7, 2017.
[28] Stewart quoted in "British IS Fighters 'Must Be Killed,' Minister Says," BBC News, October 23, 2017.
[29] D. Elaine Pressman, "Risk Assessment Decisions for Violent Political Extremism," Public Safety Canada, 2009, www.publicsafety.gc.ca/cnt/rsrcs/pblctns/2009-02-rdv/2009-02-rdv-eng.pdf.
[30] Jonathan Powell, Talking to Terrorists: How to End Armed Conflicts (London: Vintage, 2015), p. 10.
[31] "Saudi Activist 'Loses Appeal Against Sentence,'" BBC News, March 10, 2021.
[32] "Government Abandons Attempts to Define 'Extremism' in Law," Irish Legal News, April 8, 2019, www.irishlegal.com/article/government-abandons-attempts-to-define-extremism-in-law.
[33] Martin Luther King, Jr., "Letter from Birmingham Jail," letterfromjail.com/.
[34] Gaitskell quoted in Jonathan Powell, "How to Talk to Terrorists," Guardian, October 7, 2014.
[35] Michael Burleigh, Blood and Rage: A Cultural History of Terrorism (London: HarperPerennial, 2010), p. ix.
[36] Luke Byrne, "McGuinness' Widow to Receive Letter of Condolence from Queen," Irish Independent News, March 22, 2017.
[37] Cheney quoted in Jonathan Powell, "Negotiate with ISIS," Atlantic, December 7, 2015.
[38] Rothko quoted in Gabriella Angeleti, "In Pictures: Rothko Chapel' s 50th Anniversary Celebrated in New Publication," Art Newspaper, March 5, 2021, www.theartnewspaper.com/feature/in-pictures-or-rothko-chapel-s-50th-anniversary-celebrated-in-new-publication.
[39] Allyn West, "Houston' s Rothko Chapel Vandalized with Paint, Handbills: 'It' s Okay to Be White,'" Houston Chronicle, May 22, 2018, www.chron.com/houston/article/Houston-s-Rothko-Chapel-vandalized-with-paint-12931429.php.

ネバーランドに暮らす
ロストボーイ

[1] Ian Ward, Law, Text, Terror (Cambridge: Cambridge University Press, 2009), p. 147.
[2] Sanam Naraghi-Anderlini, "Debunking Stereotypes: Which Women Matter in the Fight Against Extremism?" International Civil Society Action Network, April 7, 2016, icanpeacework.org/2016/04/07/debunking-stereotypes-which-women-matter-in-the-fight-against-extremism-by-sanam-anderlini/.
[3] Robert M. Sapolsky, Behave: The Biology of Humans at Our Best and Worst (London: Vintage, 2018), p. 155.
[4] Cameron quoted in Nadia Khomami, "David Cameron Urges Swift Action Against ISIS," Guardian, August 16, 2014.
[5] May quoted in Gordon Rayner and Jack Maidment, "Theresa May Says 'Enough Is Enough' in Wake of London Bridge Terror Attack as She Confirms General Election Will Go Ahead," Telegraph, June 4, 2017.
[6] Zaman al-Wasl, "Leaked ISIS Documents Reveal Most Recruits Know Little on Islam," Haaretz, January 10, 2018, www.haaretz.com/middle-east-news/leaked-isis-documents-reveal-recruits-ignorant-on-islam-1.5424990.
[7] Jamie Doward, "Revealed: Preachers' Messages of Hate," Guardian, January 7, 2007.
[8] Nazir Afzal, "Young People Are Easily Led. Our Anti-Radicalisation Schemes Need to Be Cleverer," Guardian, April 8, 2015.
[9] John Holmwood, "The Birmingham Trojan Horse Affair: A Very British Injustice," www.opendemocracy.net, December 13, 2017, www.opendemocracy.net/en/birmingham-trojan-horse-affair-very-british-injustice/.
[10] Mark Easton, "The English Question: What Is the Nation' s Identity?" BBC News, June 3, 2018.
[11] Steven Levy, "Facebook Can' t Fix What It Won' t Admit To," Wired, January 15, 2021.
[12]「コンベアベルト理論」については次を参照, for example, Clark McCauley and Sophia Moskalenko, "Understanding Political Radicalization: The Two-Pyramids Model," American Psychologist 72, no. 3 (2017): 205–16, www.apa.org/pubs/journals/releases/amp-amp0000062.pdf, and Arun Kundnani, "A Decade Lost: Rethinking Radicalisation and Extremism," Muslim Association of Britain, January 2015, mabonline.net/wp-content/uploads/2015/01/Claystone-rethinking-radicalisation.pdf.
[13] Tore Bjørgo and John G. Horgan, eds., Leaving Terrorism Behind: Individual and Collective Disengagement (London: Routledge, 2009), p. 1.
[14] Ayman Latif v. Loretta E. Lynch, U.S. District Court, District of Oregon, Civil case no. CV 10-00750-BR, "Declaration of Marc Sageman in Opposition to Defendants' Cross-Motion for Summary Judg-

ment," p. 6, www.aclu.org/sites/default/files/field_document/268._declaration_of_marc_sageman_8.7.15.pdf.
[15] United Nations, Plan of Action to Prevent Violent Extremism, 2016, p. 14, www.un.org/counterterrorism/plan-of-action-to-prevent-violent-extremism.
[16] "Prevent Strategy," HM Government, June 2011, p. 3, assets.publishing.service.gov.uk/government/uploads/system/uploads/attachment_data/file/97976/prevent-strategy-review.pdf.
[17] Randeep Ramesh and Josh Halliday, "In Staffordshire Student Accused of Being a Terrorist for Reading Book on Terrorism," Guardian, September 24, 2015.
[18] "Radicalisation Fear over Cucumber Drawing by Boy, 4," BBC News, March 11, 2016.
[19] "Liberty' s Written Evidence to the JCHR' s Inquiry on Freedom of Expression in Universities," Liberty, March 3, 2020, p. 6, www.liberty-humanrights.org.uk/wp-content/uploads/2020/02/Libertys-Evidence-to-the-JCHRs-Inquiry-into-Freedom-of-Expression-in-Universities-Dec-2017.pdf.
[20] "Privacy Impact Assessment for the Future Attribute Screening Technology (FAST) Project," U.S. Department of Homeland Security, December 15, 2008, www.dhs.gov/xlibrary/assets/privacy/privacy_pia_st_fast.pdf.
[21] Mark C. Niles, "Preempting Justice: "Precrime" in Fiction and in Fact," Seattle Journal for Justice 9, no.1 (2010), law.seattleu.edu/Documents/sjsj/2010fall/Niles.pdf.
[22] "Terrorism Indicators Chart," in Faiza Patel, Andrew Lindsay, and Sophia DenUyl, "Countering Violent Extremism in the Trump Era," Brennan Center for Justice, 2018, www.brennancenter.org/our-work/research-reports/countering-violent-extremism-trump-era.
[23] "Global Terrorism Index 2019," ReliefWeb, November 20, 2019, reliefweb.int/report/world/global-terrorism-index-2019.

「あなたはテロリストの母親だ」

[1] Rita Dove, "'Persephone Abducted,'" Mother Love (New York: W.W. Norton, 1995), p. 13.
[2] "Dabiq VII Feature Article: The World Includes Only Two Camps—That of ISIS and That of Its Enemies," Middle East Media Research Institute, February 18, 2015, www.memri.org/jttm/dabiq-vii-feature-article-world-includes-only-two-camps-%E2%80%93-isis-and-its-enemies.
[3] Enid Logan, "The Wrong Race, Committing Crime, Doing Drugs, and Maladjusted for Motherhood: The Nation' s Fury over 'Crack Babies,'" Social Justice 26, no. 1 (1999): 115–38, www.jstor.org/stable/29767115?seq=1.
[4] Sara Brzuszkiewicz, "An Interview with Daniel Koehler, German Institute on Radicalization and De-Radicalization Studies," European Eye on Radicalization, January 2, 2019, eeradicalization.com/an-interview-with-daniel-koehler-german-institute-on-radicalization-and-de-radicalization-studies/.
[5] United States v. Abdullahi Mohamud Yusuf, U.S. District Court, District of Minnesota, File no. 15-CR-46, vol. 1, Daniel Koehler testimony, pp. 3–34.
[6] Daniel Koehler, Understanding Deradicalization: Methods, Tools and Programs for Countering Violent Extremism (New York: Garland, 2018), p. 75.
[7] United States v. Abdullahi Mohamud Yusuf, U.S. District Court, District of Minnesota, File no. 15-CR-46, vol. 1, Daniel Koehler testimony, p. 34.
[8] Mothers for Life, "Open Letter to Our Sons and Daughters in Syria and Iraq," German Institute on Radicalization and De-Radicalization Studies, June 3, 2015, girds.org/mothersforlife/open-letter-to-our-sons-and-daughters.
[9] Mothers for Life, "A Second Letter to Abu Bakr al-Baghdadi from the Mothers for Life," German Institute on Radicalization and De-Radicalization Studies, n.d., girds.org/mothersforlife.
[10] Murray in dialogue from Victoria Derbyshire, BBC News, May 21, 2018, archive.org/details/BBCNEWS_20180521_080000_Victoria_Derbyshire.
[11] Alex Green, "'We Lost Our Sons to the SAME Monster' : Mothers of Man Killed in Manchester Attack and Man Who Died Fighting for ISIS Forge Unlikely Bond," Daily Mail, May 21, 2018, www.dailymail.co.uk/news/article-5754557/Mothers-man-killed-Manchester-terror-attack-man-died-fighting-ISIS-forge-bond.html.
[12] 読者からのコメント , 同上
[13] Viewers' comments on Victoria Derbyshire, Facebook, www.facebook.com/VictoriaDerbyshire.

ゴッドマザーとゴッドドーターたち

[1] Quoted in Gillian Slovo, Another World: Losing Our Children to Islamic State, performed at National Theatre, London, 2016.
[2] Abdullah Mustafa, "Belgium: Mother of Extremist Killed in Syria

Charged with Financing Terrorism," Asharq Al-Awsat, May 20, 2016, eng-archive.aawsat.com/a-mustafa/world-news/belgium-mother-extremist-killed-syria-charged-financing-terrorism.

[3] Julien Balboni, "Julie a enlevé sa fille pour rejoindre Daesh, elle a 'plongé sa fille dans un enfer,'" DH Les Sports, January 12, 2017, www.dhnet.be/actu/faits/julie-a-enleve-sa-fille-pour-rejoindre-daesh-elle-a-plonge-sa-fille-dans-un-enfer-5876834ccd70717f88f148de.

[4] Jacques Laruelle, "Pas de double peine pour Julie B, partie en Syrie avec son enfant," La Libre, February 9, 2017, www.lalibre.be/actu/belgique/pas-de-double-peine-pour-julie-b-partie-en-syrie-avec-son-enfant-589b5e10cd702bc31911e17e.

[5] Amos Oz, Dear Zealots: Letters from a Divided Land, trans. Jessica Cohen (Boston: Mariner Books, 2019), pp. 8–9.

信頼を獲得する

[1] Dave Merritt, "Jack Would Be Livid His Death Has Been Used to Further an Agenda of Hate," Guardian, December 2, 2018.

[2] Peter R. Neumann, "Prisons and Terrorism: Radicalisation and De-Radicalisation in 15 Countries," International Centre for the Study of Radicalisation and Political Violence (ICSR), 2010, www.clingendael.org/sites/default/files/pdfs/Prisons-and-terrorism-15-countries.pdf; and Gabriel Hoeft, "'Soft' Approaches to Counter-Terrorism: An Exploration of the Benefits of Deradicalization Programs," International Institute for Counter-Terrorism, 2015, www.ict.org.il/UserFiles/ICT-Soft-Approaches-to-CT-Hoeft.pdf.

[3] 脱急進化の取り組みについての参考文献には次のものが含まれる．"Preventing Radicalization to Terrorism and Violent Extremism," from the European Commission-sponsored Radicalization Awareness Network (RAN), and Koehler' s Understanding Deradicalization.

[4] Nic Robertson and Paul Cruickshank, "Cagefighter 'Cures' Terrorists," CNN, July 23, 2012.

[5] Jess Gormley and Alex Healey, "How a German Prison Is Using Theatre to De-Radicalise Young Isis Volunteers—Video," Guardian, March 6, 2017.

[6] James Khalil et al., "Deradicalisation and Disengagement in Somalia: Evidence from a Rehabilitation Programme for Former Members of Al-Shabaab," Royal United Services Institute, January 2018, rusi.org/explore-our-research/publications/whitehall-reports/deradicalisation-and-disengagement-in-somalia-evidence-from-a-rehabilitation-programme-for-former-members-of-al-shabaab.

[7] Marisa L. Porges, "The Saudi Deradicalization Experiment," Council on Foreign Relations, January 22, 2010, www.cfr.org/expert-brief/saudi-deradicalization-experiment.

[8] Elisabeth Zerofsky, "France: How to Stop a Martyr," Pulitzer Center, September 2, 2016, pulitzercenter.org/reporting/france-how-stop-martyr.

[9] Setyo Widagdo and Milda Istiqomah, "Development of Counseling Model of Deradicalization Program in Indonesia," International Journal of Advanced Research, March 2019, doi.org/10.21474/IJAR01/8710.

[10] United States v. Abdullahi Mohamud Yusuf, U.S. District Court, District of Minnesota, File no. 15-CR-46, vol. 1, Daniel Koehler testimony, September 26, 2016, p. 63.

[11] Koehler, Understanding Deradicalization, p. 146.

[12] Helen Warrell, "Inside Prevent, the UK' s Controversial Anti-Terrorism Programme," Financial Times, January 24, 2018, www.ft.com/content/a82e18b4-1ea3-11e9-b126-46fc3ad87c65.

[13] Matt Apuzzo, "Only Hard Choices for Parents Whose Children Flirt with Terror," New York Times, April 9, 2016.

[14] Nate Gartrell, "In Rebuke of Feds, Judge Frees East Bay Man Once Accused of Terrorism," Mercury News, March 30, 2019, www.mercurynews.com/2019/03/30/in-rebuke-of-feds-judge-frees-east-bay-man-once-accused-of-terrorism/.

[15] Townsend at "Deradicalization: Oasis or Mirage?" panel at Global Security Forum, 2011, Center for Strategic and International Studies, www.csis.org/events/global-seuriy-foum-2011-%E2%80%98deradicalization%E2%80%99-oasis-or-mirage.

[16] "Mass Incarceration," American Civil Liberties Union, n.d., www.aclu.org/issues/smart-justice/mass-incarceration.

[17] Joseph Margulies, "Deviance, Risk, and Law: Reflections on the Demand for the Preventive Detention of Suspected Terrorists," Journal of Criminal Law and Criminology 101, no. 3 (2011), scholarlycommons.law.northwestern.edu/cgi/viewcontent.cgi?referer=&httpsredir=1&article=7402&context=jclc. See also James Forman, Jr., "Exporting Harshness: How the War on Crime Helped Make the War on Terror Possible," NYU Review of Law and Social Change 33, no. 3 (2009): 333, digitalcommons.law.yale.edu/cgi/

viewcontent.cgi?article=4018&context=fss_papers.

規則どおりに

[1] Dina Temple-Raston, "He Wanted Jihad. He Got Foucault," New York magazine, November 27, 2017, nymag.com/intelligencer/2017/11/abdullahi-yusuf-isis-syria.html. アブドゥラヒ（Abdullahi）の幼少期についてはテンプル・ラストン（Temple-Raston）の秀逸な報告書および次を参照した。United States v. Abdullahi Mohamud Yusuf, U.S. District Court, District of Minnesota, Defendant's Position with Regard to Sentencing and Motion for a Downward Variance.

[2] Alexander Meleagrou-Hitchens, Seamus Hughes, and Bennett Clifford, "The Travelers: American Jihadists in Syria and Iraq," George Washington University Program on Extremism, February 2018, p. 2, extremism.gwu.edu/sites/g/files/zaxdzs2191/f/TravelersAmericanJihadistsinSyriaandIraq.pdf.

[3] Harriet Staff, "'I'm in the Reservation of My Mind': Sherman Alexie's Early Inspiration," Poetry Foundation, October 2013, www.poetryfoundation.org/harriet/2013/10/im-in-the-reservation-of-my-mind-sherman-alexies-early-inspiration.

[4] David Foster Wallace, "This Is Water (Full Transcript and Audio)," Farnam Street, January 14, 2021, fs.blog/2012/04/david-foster-wallace-this-is-water/.

[5] Oz, Dear Zealot, p. 20.

[6] Michael Herzog zu Mecklenburg and Ian Anthony, "Preventing Violent Extremism in Germany: Coherence and cooperation in a Decentralized System" (working paper), Stockholm International Peace Research Institute, August 2020, www.sipri.org/sites/default/files/2020-08/wp_2005_violent_extremism.pdf.

[7] Maddy Crowell, "What Went Wrong with France's Deradicalization Program?" Atlantic, September 28, 2017.

[8] Angel Rabasa et al., "Deradicalization Process Is Essential Part of Fighting Terrorism," RAND Corporation, November 29, 2010, www.rand.org/news/press/2010/11/29.html.

[9] Arun Kundnani, The Muslims Are Coming!: Islamophobia, Extremism, and the Domestic War on Terror (London: Verso, 2015), pp. 212–16.

[10] Laura Yuen, Mukhtar M. Ibrahim, and Doualy Xaykaothao, "Latest: ISIS Trial in Minnesota," MPR News, June 3, 2016, www.mprnews.org/story/2016/05/09/isis-trial-minnesota-updates.

[11] Faiza Patel, and Amrit Singh, "The Human Rights Risks of Countering Violent Extremism Programs," Just Security, April 7, 2016, www.justsecurity.org/30459/human-rights-risks-countering-violent-extremism-programs/.

[12] Emmanuel Mauleón, "It's Time to Put CVE to Bed," Brennan Center for Justice, November 2, 2018, www.brennancenter.org/our-work/analysis-opinion/its-time-put-cve-bed.

[13] Peter Beinart, "Trump Shut Programs to Counter Violent Extremism," Atlantic, October 29, 2018.

[14] Faiza Patel, Andrew Lindsay, and Sophia DenUyl, "Countering Violent Extremism in the Trump Era," Brennan Center for Justice, June 15, 2018, www.brennancenter.org/our-work/research-reports/countering-violent-extremism-trump-era.

[15] Mary McKinleyへのＥメール, November 7, 2017.

[16] Kundnani, Muslims Are Coming!, p. 289.

[17] Davis quoted in Laura Yuen, "3 of 9 Twin Cities Men Sentenced in ISIS Conspiracy Trial," MPR News, November 14, 2016, www.mprnews.org/story/2016/11/14/first-day-of-sentencing-isis-trial.

[18] "'Hug a Terrorist' Program in Denmark," Federalist, August 12, 2017, thefederalist-gary.blogspot.com/2017/08/hug-terrorist-program-in-denmark.html.

「テロリスト・ドロップオフ・センター」とは

[1] "Denmark: Extremism and Counter-Extremism," Counter Extremism Project, February 18, 2021, www.counterextremism.com/countries/denmark.

[2] Anthony Dworkin, "The Problem with Western Suggestions of a 'Shoot-to-Kill' Policy Against Foreign Fighters," Just Security, December 13, 2017, www.justsecurity.org/49290/problematic-suggestions-western-shoot-to-kill-policy-citizens-fighting-isis/.

[3] Gilles de Kerchove et al., "Rehabilitation and Reintegration of Returning Foreign Terrorist Fighters," Washington Institute for Near East Policy, February 23, 2015, www.washingtoninstitute.org/policy-analysis/rehabilitation-and-reintegration-returning-foreign-terrorist-fighters.

[4] Richard Orange, "Denmark Swings Right on Immigration—and Muslims Feel Besieged," Guardian, June 10, 2018, www.theguardian.com/world/2018/jun/10/denmark-swings-right-immigration-muslims-besieged-holbaek.

[5] Preben Bertelsen, "Danish Prevention Measures and De-Radicalization Strategies: The Aarhus Model,"

Panorama: Insights into Asian and European Affairs, January 2015, psy.au.dk/fileadmin/Psykologi/Forskning/Preben_Bertelsen/Avisartikler_radikalisering/Panorama.pdf.
[6] Andreas Casptack, "Deradicalization Programs in Saudi Arabia: A Case Study," Middle East Institute, June 10, 2015, www.mei.edu/publications/deradicalization-programs-saudi-arabia-case-study.
[7] Crowell, "France' s Deradicalization Program," op cit.
[8] Jeppe Trolle Linnet, "Money Can' t Buy Me Hygge: Danish Middle-Class Consumption, Egalitarianism, and the Sanctity of Inner Space," Social Analysis 55, no. 2 (2011): 21–44, doi.org/10.3167/sa.2011.550202.
[9] Billy Perrigo, "What to Know About Denmark' s Controversial Plan to Eradicate Immigrant 'Ghettos,'" Time, July 2, 2018, time.com/5328347/denmark-ghettos-policies/.

斬首を命じた男に会う
[1] I Gede Widhiana Suarda, "A Literature Review on Indonesia' s Deradicalization Program for Terrorist Prisoners," Mimbar Hukum 28, no. 3 (2016): 526–43, journal.ugm.ac.id/jmh/article/view/16682.
[2] Emma Broches, "Southeast Asia' s Overlooked Foreign Fighter Problem," Lawfare (blog), June 5, 2020, www.lawfareblog.com/southeast-asias-overlooked-foreign-fighter-problem.
[3] Agustinus Beo Da Costa, "Indonesia Brings Together Former Militants and Attack Survivors," Reuters, February 28, 2018, www.reuters.com/article/uk-indonesia-militants-conciliaton-idUKKCN1GC1T6.
[4] "Mitigating Terrorism by Soft Skills," AsiaViews, March 9, 2018, asiaviews.net/mitigating-terrorism-soft-skills/.
[5] Diego Gambetta and Steffen Hertog, Engineers of Jihad: The Curious Connection Between Violent Extremism and Education (Princeton: Princeton University Press, 2018), pp. 7–8.
[6] Nafees Hamid, "What Makes a Terrorist?," New York Review of Books, July 10, 2020. www.nybooks.com/daily/2017/08/23/what-makes-a-terrorist/.
[7] Clark R. McCauley, "The Psychology of Terrorism," Social Science Research Council, n.d., essays.ssrc.org/sept11/essays/mccauley.htm.
[8] Anthea Butler, "Shooters of Color Are Called 'Terrorists' and 'Thugs.' Why Are White Shooters Called 'Mentally Ill' ?" Washington Post, June 18, 2015.
[9] "Militant on Trial for Allegedly Beheading 3 Girls in Indonesia," CBC News, November 8, 2006, www.cbc.ca/news/world/militant-on-trial-for-allegedly-beheading-3-girls-in-indonesia-1.600621.
[10] カーラ・パワー (Carla Power) の記事にフダ (Huda) の言葉が引用されている."'We Have Four Generations of Former Terrorists Here Today' : Rehabilitating Extremists in Indonesia," Los Angeles Times, April 20, 2018.
[11] "Council on Foreign Relations Backgrounder: What Is Hamas?" PBS NewsHour, November 20, 2012, www.pbs.org/newshour/world/hamas-backgrounder.
[12] Shawn Flanigan and Mounah Abdel-Samad, "Hezbollah' s Social Jihad: Nonprofits as Resistance Organizations," Middle East Policy, June 2009, onlinelibrary.wiley.com/doi/10.1111/j. 1475-4967.2009.00396.x/pdf.
[13] Saeed Shah, "Pakistan Floods: Islamic Fundamentalists Fill State Aid Void," Guardian, August 3, 2010.
[14] Jessica Watkins and Mustafa Hasan, "The Popular Mobilization and COVID-19 Pandemic in Iraq: A New Raison d' être?" LSE (blog), April 28, 2020, blogs.lse.ac.uk/crp/2020/04/28/the-popular-mobilisation-and-covid-19-pandemic-in-iraq-a-new-raison-detre/, and Nisha Bellinger and Kyle Kattelman, "How the Coronavirus Increases Terrorism Threats in the Developing World," Conversation, May 26, 2020, theconversation.com/how-the-coronavirus-increases-terrorism-threats-in-the-developing-world-137466.
[15] Dina Temple-Raston, "Al-Qaida: Now Vying For Hearts, Minds and Land," NPR, July 13, 2012.
[16] Linton Weeks, "When the KKK Was Mainstream," NPR, March 19, 2015, www.npr.org/sections/npr-history-dept/2015/03/19/390711598/when-the-ku-klux-klan-was-mainstream.
[17] Erin Blakemore, "How the Black Panthers' Breakfast Program Both Inspired and Threatened the Government," History.com, February 6, 2018, www.history.com/news/free-school-breakfast-black-panther-party.
[18] Richard Jackson, "Constructing Enemies: 'Islamic Terrorism' in Political and Academic Discourse," Government and Opposition 42, no. 3 (2007): 394–426, doi.org/10.1111/j.1477-7053.2007.00229.x. ジャクソン (Jackson) は西欧人がジハード主義の過激主義者について語るなかで「テロリズム」がいかに強調されているかを詳細に批評している.

[19] Robert Chesney, "Fifth Circuit Affirms Convictions in Holy Land Foundation," Lawfare (blog), December 8, 2011, www.lawfareblog.com/fifth-circuit-affirms-convictions-holy-land-foundation.
[20] Sarah Chayes, "Corruption and Terrorism: The Causal Link," Carnegie Endowment for International Peace, May 12, 2016, carnegieendowment.org/2016/05/12/corruption-and-terrorism-causal-link-pub-63568.
[21] Sanam Naraghi-Anderlini, in "COVID-19 and Violent Extremism" (online webinar), Monash Gender, Peace and Security Center, June 3, 2020, www.monash.edu/arts/gender-peace-security/engagement/event-recordings#COVID-19_and_violent_extremism_Gender_perspectives-2.
[22] Hannah Beech, "What Indonesia Can Teach the World About Counterterrorism," Time, June 7, 2010.

信仰の喪失

[1] 2018年にわたしが閲覧した，ソーシャルメディアのTumblrのアカウント(fa-tubalilghuraba.tumblr.com/archive and diary-of-a-muhajirah.tumblr.com)内のシリアからの内容は，インターネット上にもう存在していない．
[2] Interview with Scott Atran by Onbehagen, April 4, 2018, www.human.nl/onbehagen/kijk/interviews/scottatran.html.
[3] "The Adolescent Brain: Beyond Raging Hormones," Harvard Health (blog), March 2011, www.health.harvard.edu/mind-and-mood/the-adolescent-brain-beyond-raging-hormones.
[4] Charlie Winter, The Virtual "Caliphate" : Understanding Islamic State' s Propaganda Strategy (Quilliam, July 2015), core.ac.uk/download/pdf/30671634.pdf.
[5] Amanda Taub, "No, CNN, Women Are Not Joining ISIS Because of 'Kittens and Nutella,'" Vox, February 18, 2015.
[6] Carolyn Hoyle, Alexandra Bradford, and Ross Frenett, Becoming Mulan? Female Western Migrants to ISIS (Institute for Strategic Dialogue, 2015), www.isdglobal.org/wp-content/uploads/2016/02/ISDJ2969_Becoming_Mulan_01.15_WEB.pdf.
[7] Cihan Aksan and Jon Bailes, eds., Weapon of the Strong: Conversations on US State Terrorism (London: Pluto Press, 2013), p. 1.
[8] Nafees Hamid et al., "Neuroimaging 'Will to Fight' for Sacred Values: An Empirical Case Study with Supporters of an Al Qaeda Associate," Royal Society Open Science 6, no. 6 (2019), royalsocietypublishing.org/doi/abs/10.1098/rsos.181585.
[9] John G. Horgan and Mary Beth Altier, "The Future of Terrorist De-Radicalization Programs," Georgetown Journal of International Affairs (Summer–Fall 2012): 88, www.academia.edu/3882144/The_Future_of_Terrorist_De_Radicalization_Programs. 次も参照 .Stefan Malthaner, "Radicalization: The Evolution of an Analytical Paradigm," Cambridge Core, Cambridge University Press, December 4, 2017, www.cambridge.org/core/journals/european-journal-of-sociology-archives-europeennes-de-sociologie/article/radicalization/A91A5B84B27365A36ADF79D3DFFE6C0C.
[10] Marc Sageman, Understanding Terror Networks (Philadelphia: University of Pennsylvania Press, 2004).
[11] Clark R. McCauley and Sophia Moskalenko, Friction: How Conflict Radicalizes Them and Us (New York: Oxford University Press, 2017), p. 104.
[12] Julie Chernov Hwang, Why Terrorists Quit: The Disengagement of Indonesian Jihadists (Ithaca, NY: Cornell University Press, 2018), p. 50.
[13] Peci quoted in John Horgan, "Individual Disengagement: A Psychological Analysis," in Bjørgo and Horgan, eds., Leaving Terrorism Behind, p. 22.

人の心を知るのは神のみである

[1] "Abu Amina Elias, "Hadith on Jihad: Did You Tear Open His Heart to See His Intention?" Daily Hadith Online, December 2, 2020, www.abuaminaelias.com/dailyhadithonline/2012/04/19/jihad-tear-open-heart/.
[2] "Indonesia Jails Driver over Jakarta Hotel Bomb," BBC News, June 14, 2010, www.bbc.com/news/10310940.
[3] Frank Meeink, "Tree of Life, Roots of Rage: 3 Former Extremists Discuss Planting Seeds of Hope in the Context of Rising Hate-based Violence in the United States" (online discussion), Parallel Networks, October 29, 2018, pnetworks.org/tree-of-liferoots-of-rage-3-former-extremists-discuss-planting-seeds-of-hope-in-the-context-of-rising-hate-based-violence-in-the-united-states/.
[4] Niniek Karmini, "Indonesia Brings Convicted Militants and Victims Together," Daily Herald (Chicago), February 26, 2018, www.dailyherald.com/article/20180226/news/302269966.
[5] Cihan Aksan and Jon Bailes, Weapon of the Strong: Conversations on US State Terrorism (London: Pluto Press, 2013), p. 1.

[6] Richard Fausset, "A Voice of Hate in America' s Heartland," New York Times, November 25, 2017, www.nytimes.com/2017/11/25/us/ohio-hovater-white-nationalist.html.
[7] Marc Lacey, "Readers Accuse Us of Normalizing a Nazi Sympathizer; We Respond," New York Times, November 26, 2017, www.nytimes.com/2017/11/26/reader-center/readers-accuse-us-of-normalizing-a-nazi-sympathizer-we-respond.html.
[8] Freddy Mayhew, "Daily Mirror Changes Splash Headline Describing Mosque Killer as 'Angelic Boy,'" Press Gazette, March 18, 2019, www.pressgazette.co.uk/daily-mirror-changes-splash-headline-describing-mosque-killer-as-angelic-boy/.
[9] Lacey, "Readers Accuse Us."
[10] Bruce Hoffman, "Al-Qaeda' s Resurrection," Council on Foreign Relations, March 6, 2018, www.cfr.org/expert-brief/al-qaedas-resurrection.
[11] Michael Fürstenberg and Carolin Görzig, "Learning in a Double Loop: The Strategic Transformation of Al-Qaeda," Perspectives on Terrorism 14, no. 1 (2020): 26–38, www.jstor.org/stable/pdf/26891983.pdf.
[12] Niccola Milnes, "When Less Empathy is Desirable: The Complexity of Empathy and Intergroup Relationships in Preventing Violent Extremism," wasafirihub.com (blog), November 12, 2018, www.wasafirihub.com/when-less-empathy-is-desirable.

政治的駆け引き《グレート・ゲーム》

[1] Global Terrorism Index 2019, November 2019, www.economicsandpeace.org/wp-content/uploads/2020/08/GTI-2019web.pdf.
[2] Secunder Kermani, "Pakistan' s Dilemma: What to Do about Anti-India Militants," BBC News, March 9, 2019, www.bbc.com/news/world-asia-47488917.
[3] 次の例を参照 , Jennifer Wriggins, "Rape, Racism, and the Law," Harvard Women' s Law Journal 6, no. 103 (1983), digitalcommons.mainelaw.maine.edu/faculty-publications/51.
[4] "Proud Boys," Southern Poverty Law Center, www.splcenter.org/fighting-hate/extremist-files/group/proud-boys.
[5] Alejandro Beutel, "The New Zealand Terrorist' s Manifesto: A Look at Some of the Key Narratives, Beliefs and Tropes," National Consortium for the Study of Terrorism and Responses to Terrorism, April 30, 2019, www.start.umd.edu/news/new-zealand-terrorists-manifesto-look-some-key-narratives-beliefs-and-tropes.
[6] Rudyard Kipling, Kim (Garden City, NY: Doubleday, Page), p. 186. [ラドヤード・キプリング『少年キム』三辺律子訳 , 岩波書店 , 2015 年]
[7] Mohammed Hanif による Karachi Literary Festival でのスピーチ , London, May 20, 2017.
[8] Jeremy Scahill, "The Drone Papers," Intercept, October 15, 2015, theintercept.com/2015/10/15/the-drone-papers/.
[9] Jackie Northam, "Popularity of Drones Takes Off for Many Countries," NPR, July 11, 2011, www.npr.org/2011/07/11/137710942/popularity-of-drones-takes-off-for-many-countries.
[10] Grégoire Chamayou, A Theory of the Drone, trans. Janet Lloyd (London: Hamish Hamilton, 2015), p. 169.
[11] Ann Rogers and John Hill, Unmanned: Drone Warfare and Global Security (London: Pluto Press, 2014), p. 85.

世界最高の脱急進化プログラム

[1] "Economic Survey Reveals Pakistan' s Literacy Rate Increased to 60%," News International, June 11, 2020, www.thenews.com.pk/latest/671198-economic-survey-reveals-pakistans-literacy-rate-increased-to-60.
[2] Christopher Boucek, "Saudi Arabia' s 'Soft' Counterterrorism Strategy: Prevention, Rehabilitation, and Aftercare," Carnegie Endowment for International Peace, September 22, 2008, carnegieendowment.org/2008/09/22/saudi-arabia-s-soft-counterterrorism-strategy-prevention-rehabilitation-and-aftercare-pub-22155.
[3] "Individuals Using the Internet (% of Population)—Pakistan," Data, World Bank, 2020, data.worldbank.org/indicator/IT.NET.USER.ZS?locations=PK.
[4] Cathy Scott-Clark and Adrian Levy, "How to Defuse a Human Bomb," Guardian, October 15, 2010.
[5] Christina Lamb, "100% Pass Rate at Boy Bomber Reform School," Sunday Times, April 27, 2013.
[6] Mary Renault, The Nature of Alexander (London: Alan Lane, 1975), p. 131.
[7] Krishnadev Calamur, "New Pakistani Taliban Leader Blamed for Schoolgirl Shooting," NPR, November 7, 2013, www.npr.org/sections/parallels/2013/11/07/243752189/pakistani-taliban-pick-leader-blamed-for-schoolgirl-shooting.
[8] Ayesha Umar, "Dr. Farooq: The Loss of an Intellectual," Express Tribune, October 6, 2010, tribune.com.pk/article/2025/dr-farooq-the-loss-of-an-intellectual.
[9] Jack Guy, "Saudi Crown Prince

Gifted Golden Submachine Gun in Pakistan," CNN, February 20, 2019.
[10] Madiha Afzal, "Saudi Arabia' s Hold on Pakistan," Brookings Institution, May 10, 2019, www.brookings.edu/research/saudi-arabias-hold-on-pakistan/.
[11] Bruce Riedel, "Saudi Arabia Is Part of the Problem and Part of the Solution to Global Jihad," Brookings Institution, July 29, 2016, www.brookings.edu/blog/markaz/2015/11/20/saudi-arabia-is-part-of-the-problem-and-part-of-the-solution-to-global-jihad/.
[12] Scott Shane, "Saudis and Extremism: 'Both the Arsonists and the Firefighters,'" New York Times, August 25, 2016.
[13] "WikiLeaks: Saudis 'Chief Funders of Sunni Militants,'" BBC News, December 5, 2010.
[14] Elliott Balch, "Myth Busting: Robert Pape on ISIS, Suicide Terrorism, and U.S. Foreign Policy," Chicago Policy Review, May 6, 2015, chicagopolicyreview.org/2015/05/05/myth-busting-robert-pape-on-isis-suicide-terrorism-and-u-s-foreign-policy/.

アメリカ外交のブローバック

[1] オレグ・シロモロトフ (Oleg Syromolotov)(ロシアの外務副大臣)による ,OSCE(欧州安全保障協力機構)の対テロ対策会議における発言 , "The Reverse Flow of Foreign Terrorist Fighters: Challenges for the OSCE Area and Beyond," Rome, May 10–11, 2018.
[2] "Global Terrorism Index 2016," Institute for Economics and Peace, November 2016, economicsandpeace.org/wp-content/uploads/2016/11/Global-Terrorism-Index-2016.2.pdf.
[3] "Journey to Extremism in Africa: Drivers, Incentives and the Tipping Point for Recruitment," United Nations Development Program, 2017, journey-to-extremism.undp.org/content/downloads/UNDP-JourneyToExtremism-report-2017-english.pdf.
[4] Helen Duffy, "'Foreign Terrorist Fighters' : A Human Rights Approach?" Brill Nijhoff, December 12, 2018, brill.com/view/journals/shrs/29/1-4/article-p120_120.xml?language=en.
[5] "Guidelines for Addressing the Threats and Challenges of 'Foreign Terrorist Fighters' within a Human Rights Framework," OSCE, 2020, www.osce.org/odihr/393503.
[6] Sarah Chayes, Thieves of State: Why Corruption Threatens Global Security (New York: W. W. Norton, 2015).
[7] "Testimony to the Senate Foreign Relations Committee: Corruption: Violent Extremism, Kleptocracy and the Dangers of Failing Governance," Carnegie Endowment for International Peace, 2016, carnegieendowment.org/files/Chayes_Testimony_6-30-16.pdf.
[8] Chayes, "Corruption and Terrorism," op. cit.
[9] トムソン・ロイターズ財団 (Thomson Reuters Foundation) 主催の会議における , ファティマ・アキル (Fatima Akilu) の意見 . "Is Deradicalization Possible?" London, 2016.
[10] Jack Serle and Jessica Purkiss, "US Counter Terror Air Strikes Double in Trump' s First Year," Airwars, December 19, 2017, airwars.org/news-and-investigations/page/2/?belligerent=us-forces&country=somalia.
[11] Thrall and Goepner, op. cit.
[12] Matt Sledge, "Every Yemen Drone Strike Creates 40 to 60 New Enemies for U.S," HuffPost, October 24, 2013.
[13] "Former Counterterrorism Czar Richard Clarke: U.S. Drone Program Under Obama 'Got Out of Hand,'" Democracy Now!, June 2, 2014, www.democracynow.org/2014/6/2/former_counterterrorism_czar_richard_clarke_us.
[14] Ed Pilkington and Ewen MacAskill, "Obama' s Drone War a 'Recruitment Tool' for ISIS, Say US Air Force Whistleblowers," Guardian, November 18, 2015.
[15] ヘンリック・カロリスジン (Henrick Karoliszyn) およびジョン・マルズリ (John Marzulli) による次の記事に引用されている , "Long Island–Bred Terrorist' s Plea Reveals LIRR Plot," New York Daily News, April 9, 2018.
[16] Paul Cruickshank, "The Radicalization of an All-American Kid," CNN, May 15, 2010.
[17] Bryant Neal Viñas and Mitchell Silber, "Al-Qa`ida' s First American Foreign Fighter after 9/11," Combating Terrorism Center at West Point, January 17, 2019, ctc.usma.edu/al-qaidas-first-american-foreign-fighter-9-11/.
[18] "American Al Qaeda Member Turned Informant Avoids Long Sentence," Reuters, May 11, 2017.
[19] Viñas and Silber, op. cit.
[20] Adam Goldman, "Service to Both Al Qaeda and U.S., with Fate Hanging in the Balance," New York Times, May 15, 2017.
[21] Adam Goldman, "He Turned on Al Qaeda and Aided the U.S. Now He' s on Food Stamps and Needs a Job," New York Times, March 6, 2018.

量子もつれ

[1] Kenneth Propp, "Speech Mod-

eration and Militant Democracy: Should the United States Regulate like Europe Does?" Atlantic Council, February 1, 2021, www.atlantic-council.org/blogs/new-atlanticist/speech-moderation-and-militant-democracy-should-the-united-states-regulate-like-europe-does/.
[2] J. M. Hawes, The Shortest History of Germany: From Julius Caesar to Angela Merkel: A Retelling for Our Times (New York: Experiment, 2019), p. 195.
[3] Frederick Taylor, Exorcising Hitler: The Occupation and Denazification of Germany (London: Bloomsbury, 2014).
[4] Susan Neiman, Learning from the Germans: Race and the Memory of Evil (New York: Picador, 2020), pp. 98–99.
[5] Jeffrey Gedmin, "Right-Wing Populism in Germany: Muslims and Minorities after the 2015 Refugee Crisis," Brookings Institution, July 24, 2020, www.brookings.edu/research/right-wing-populism-in-germany-muslims-and-minorities-after-the-2015-refugee-crisis/.
[6] Julia Berczyk and Floris Vermeulen, "Prevent Abroad: Militant Democracy, Right-Wing Extremism, and the Prevention of Islamic Extremism in Berlin," in Counter-Radicalization: Critical Perspectives, ed. Christopher Baker-Beall, Charlotte Heath-Kelly, and Lee Jarvis (Milton Park, UK: Routledge, 2015), pp. 88–105.
[7] Lukasz Jurczyszyn et al., Report on the Comparative Analysis of European Counter-Radicalisation, Counter-Terrorist and De-Radicalisation Policies (Dialogue About Radicalisation & Equality, 2019), p. 16, www.dare-h2020.org/uploads/1/2/1/7/12176018/_reportcounterradicalisationpolicies_d3.2.pdf.
[8] Witold Mucha, "Polarization, Stigmatization, Radicalization: Counterterrorism and Homeland Security in France and Germany," Journal for Deradicalization, 2017, journals.sfu.ca/jd/index.php/jd/article/download/89/79; "We Talk to Extremists, Not About Them," Violence Prevention Network, 2021, violence-prevention-network.de/?lang=en.
[9] "Breaking Away from Hate and Violence—Education of Responsibility (Verantwortungspädagogik)," Migration and Home Affairs—European Commission, December 11, 2018, ec.europa.eu/home-affairs/node/7422_en.
[10] Michael Herzog zu Mecklenburg and Ian Anthony, "Preventing Violent Extremism in Germany: Coherence and Cooperation in a Decentralized System" (working paper), Stockholm International Peace Research Institute, August 2020," p. 64, www.sipri.org/sites/default/files/2020-08/wp_2005_violent_extremism.pdf.
[11 Tony Barber, "Germany Wakes up to the Far-Right Terror Threat," Financial Times, December 3, 2020.
[12] Germany' s New Nazis, Panorama, BBC, September 30, 2017, www.ronachanfilms.co.uk/2017/10/16/panorama-germanys-new-nazis-2/.
[13] "Mesut Özil: Arsenal Midfielder Quits Germany over 'Racism and Disrespect,'" BBC Sport, July 23, 2018, www.bbc.com/sport/football/44915730.
[14] Albert Einstein, in The Expanded Quotable Einstein, ed. Alice Calapice (Princeton: Princeton University Press, 2005), assets.press.princeton.edu/chapters/s6908.pdf.
[15] "'Spooky Action at a Distance' Makes Sense—in the Quantum World," Mind Matters, December, 2020, mindmatters.ai/2020/12/spooky-action-at-a-distance-makes-sense-in-the-quantum-world/.
[16] Julia Ebner, The Rage: The Vicious Circle of Islamist and Far-Right Extremism (London: I. B. Tauris, 2017), p. 28.
[17] 同上, pp. 181–82.
[18] Esra Özyürek, "Export-Import Theory and the Racialization of Anti-Semitism: Turkish- and Arab-Only Prevention Programs in Germany," LSE Research Online, March 2016, core.ac.uk/display/35437617?recSetID=.
[19] Esra Özyürek, "German Muslims' 'Shocking' Response to the Holocaust," Haaretz, February 1, 2021, www.haaretz.com/world-news/german-muslims-shocking-response-to-the-holocaust-1.9500759.

あなたの街を脱急進化する方法

[1] "Jewish Nation State: Israel Approves Controversial Bill," BBC News, July 19, 2018.
[2] Elżbieta M. Goździak, "Using Fear of the 'Other,' Orbán Reshapes Migration Policy in a Hungary Built on Cultural Diversity," Migration Policy, October 10, 2019, www.migrationpolicy.org/article/orb%C3%A1n-reshapes-migration-policy-hungary.
[3] Kwame Anthony Appiah, "The Importance of Elsewhere," Foreign Affairs, March–April 2019.
[4] Ryan Heath, "Liberal Mayors Launch Fightback against Populism," Politico, December 2, 2016, www.politico.eu/article/liberal-mayors-launch-fightback-against-populism-bart-somers-of-mechelen-francois-decoster/.
[5] Bart Somers, Mechelen Bouwstenen voor een betere stad (Antwerp:

Houtekiet, 2012).
[6] Michael Birnbaum, "Belgian Muslims Face Renewed Anger, Alienation after Attacks in Paris," Washington Post, January 15, 2015.
[7] Hans Bonte, "The Vilvoorde Model as a Response to Radicalism," Strong Cities Network, 2015, strongcitiesnetwork.org/en/wp-content/uploads/sites/5/2017/02/The-Vilvoorde-model-as-a-response-to-radicalism.pdf.
[8] Walt Whitman, "Song of Myself" (1892), Poetry Foundation, www.poetryfoundation.org/poems/45477/song-of-myself-1892-version.
[9] Alissa de Carbonnel and Robert-Jan Bartunek, "Soldiers on Europe' s Streets Dent NATO' s Defence Edge," Reuters, September 14, 2017, www.reuters.com/article/europe-attacks-military-idINKCN1BP1C6.
[10] Lene Hansen, "Reconstructing Desecuritisation: The Normative-Political in the Copenhagen School and Directions for How to Apply It," Review of International Studies 38, no. 3 (2012): 525–46, www.jstor.org/stable/41681477.
[11] Descriptions of the changes in Mechelen before and after Somers took charge appear in citizens' nominations for the World Mayor Prize, which he won in 2016. See www.worldmayor.com/contest_2016/mechelen-mayor-somers.html.
[12] "Vlaams Belang Mechelen," Facebook, www.facebook.com/VlaamsBelangMechelen.
[13] Herman Van Goethem, ed., Kazerne Dossin: Memorial, Museum and Documentation Centre on Holocaust and Human Rights (Mechelen: Kazerne Dossin, 2012).
[14] Bart Somers, The Mechelen Model: An Inclusive City (Barcelona Centre for International Affairs, 2017).
[15] "Syria: UN Experts Urge 57 States to Repatriate Women and Children from Squalid Camps," UN Human Rights Council, February 8, 2021, reliefweb.int/report/syrian-arab-republic/syria-un-experts-urge-57-states-repatriate-women-and-children-squalid.
[16] Yasmine Ahmed, "The UK Supreme Court Has Failed Shamima Begum," HRW.org (blog), March 2, 2021, www.hrw.org/news/2021/03/02/uk-supreme-court-has-failed-shamima-begum.
[17] Arendt quoted in Maria Popova, "Hannah Arendt on Loneliness as the Common Ground for Terror and How Tyrannical Regimes Use Isolation as a Weapon of Oppression," Brain Pickings, September 27, 2020, www.brainpickings.org/2016/12/20/hannah-arendt-origins-of-totalitarianism-loneliness-isolation/.
[18] Cass Sunstein, Going to Extremes: How Like Minds Unite and Divide (Oxford: Oxford University Press, 2009), p. 80.
[19] James Politi, "NY Fed Study Links Spanish Flu to Extremist Voting in 1930s," Financial Times, May 5, 2020, blogs.ft.com/the-world/liveblogs/2020-05-05-2/.
[20] Ali Rogin and Amna Nawaz, "'We Have Been Through This Before' : Why Anti-Asian Hate Crimes Are Rising amid Coronavirus," PBS NewsHour, June 25, 2020, www.pbs.org/newshour/nation/we-have-been-through-this-before-why-anti-asian-hate-crimes-are-rising-amid-coronavirus.
[21] Miller-Idriss quoted in Hannah Allam, "'A Perfect Storm' : Extremists Look for Ways to Exploit Coronavirus Pandemic," NPR, April 16, 2020, www.npr.org/2020/04/16/835343965/-a-perfect-storm-extremists-look-for-ways-to-exploit-coronavirus-pandemic.
[22] Somini Sengupta, "Protesting Climate Change, Young People Take to Streets in a Global Strike," New York Times, September 20, 2019, www.nytimes.com/2019/09/20/climate/global-climate-strike.html.
[23] George Orwell, "Review of Mein Kampf," Book Marks, April 25, 2017, bookmarks.reviews/george-orwells-1940-review-of-mein-kampf/.
[24] Atran quoted in Robert Gebelhoff, "Rethinking the War on Terrorism, with the Help of Science," Washington Post, March 31, 2019.
[25] Scott Atran, "Alt-Right or Jihad?," Aeon, November 6, 2017, aeon.co/essays/radical-islam-and-the-alt-right-are-not-so-different.

◆著者

カーラ・パワー（Carla Power）

ジャーナリスト。全米図書賞、そしてピュリツァー賞で二度、ファイナリストとなった。幼少期をセントルイスで過ごし、イラン、インド、アフガニスタン、エジプト、およびイタリアで暮らした経験もある。1990年代に『ニューズウィーク』誌でジャーナリストとしてのキャリアをスタートさせ、その後は『タイム』誌、『ニューヨーク・タイムズ』紙、『フォーリン・ポリシー』誌、『ヴォーグ』誌、『ヴァニティ・フェア』誌、『ガーディアン』紙にルポルタージュやエッセー、そのほか数多くの記事を寄稿している。現在は家族とともにイギリスのイースト・サセックス在住。著書に『コーランには本当は何が書かれていたか？』（秋山淑子訳、文藝春秋）がある。

◆訳者

星慧子（ほし・けいこ）

関西外国語大学卒業。15年間滞在したシンガポールで博物館のボランティアガイドのかたわら実務翻訳に携わる。帰国後、出版翻訳の道に入る。

HOME, LAND, SECURITY:
Deradicalization and the Journey Back from Extremism
by Carla Power

普通《ふつう》の若者《わかもの》がなぜテロリストになったのか
戦闘員募集《せんとういんぼしゅう》の実態《じったい》、急進派《きゅうしんは》・過激派《かげきは》からの脱出《だっしゅつ》と回帰《かいき》の旅路《たびじ》

●

2022年9月28日　第1刷

著者……………カーラ・パワー
訳者……………星慧子《ほしけいこ》
装幀……………村松道代
発行者……………成瀬雅人
発行所……………株式会社原書房
〒160-0022 東京都新宿区新宿 1-25-13
電話・代表　03(3354)0685
http://www.harashobo.co.jp/
振替・00150-6-151594
印刷・製本…………シナノ印刷株式会社

ISBN978-4-562-07203-3, printed in Japan